本书由 2020 年黑河学院优秀学术著作出版基金资助出版，是国家社科基金项目"旅俄华侨华人的红色档案整理与研究（1921–2021）"（项目号 21BZS079），以及国家社科基金重大项目"俄罗斯西伯利亚远东地区藏 1950 年前中国共产党档案文献的整理和研究"（项目号 21&ZD031）的阶段性成果。

百年旅俄

华侨华人研究

BAINIAN LÜ'E HUAQIAO HUAREN YANJIU

宁艳红　著

人民出版社

俄罗斯远东国立历史档案馆现存最早的旅俄华侨护照

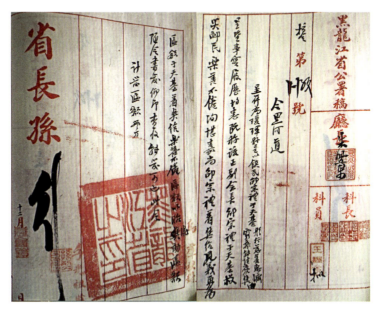

民国九年黑龙江孙省长签发奖励邵宗礼、于天基的公文

瑷珲档案记载徐鹏远请领松树沟煤矿的原文

华侨刘松山和他的妻子

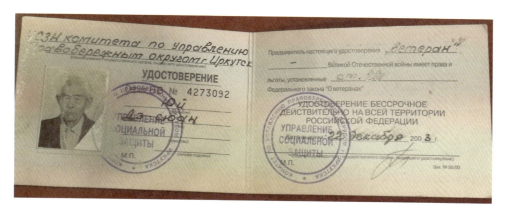

华侨于德玄参加苏联卫国战争的证件

旅居伊尔库茨克五十年的华侨何开立与妻子薇拉

侨批

东北抗联教导旅战士李敏 2015 年带领抗联后代在哈巴罗夫斯克费雅茨克村

前　言

　　悠悠黑龙江，一衣带水情。白山黑水灵韵深藏，峻岭沃土写尽沧桑。中华民族自古依水而生、依水而兴，黑龙江就是这片黑土地的生命发源，它不仅养育着这方儿女，更记录着、诉说着、见证着一个个故事、一段段历史，一群群曾经在这里哭过、笑过、经历过、奋斗过的人们彷徨而又笃定的人生，一个国家与另一国家历史更迭、发展、兴盛的沧桑巨变。

　　一条江、两个国、一批人、两地情，百年历史涤荡古今多少事。在19世纪中叶风雨飘摇的日子里，旅俄华侨华人在一纸条约之下"割地成侨"，之于他们，足下的土地没有变，只是莫名间身份转换带来短暂迷茫，而后依旧乐观、勤劳，为谋取生计，隐忍艰辛，挥镐刨锄，胼手胝足，书写远东开发建设的金色辉煌；在保卫十月革命胜利果实的岁月里，他们在蒙昧中萌醒，在摸索中前进，与苏联战士并肩战斗，捍卫红色政权，推动布尔什维克组织的建立和马克思主义思想的传播，为中国革命和中国共产党的建立奔走斡旋；在外御鞑虏的黑暗之夜，他们心系祖国，情系故土，用满腔喷薄涌动的热血，激发四万万同胞的爱国之情，变卖家产归国兴办实业，散尽千金筹集战斗物资，机智勇敢穿梭在隐蔽交通枢站，舍生忘死奔赴前线战场，尽展实业救国、舍身报国的壮志与豪情，书写着悲壮的红色革命历史。背靠祖国，方有底气。新中国成立后，为兴国强国，改变新中国一穷二白、技术落后的现状，新一代旅俄华侨华人肩负中华崛起、民族复兴的使命与责任，满怀拳拳赤子之心，负笈求学，学成归来将青春年华投入到火红奋斗的岁月，成就了站起来、强起来的中国志气。

　　历史是最好的教科书。百年旅俄华侨华人史在漫长的历史长河中，如星石点缀，但却难掩光华。旅俄华侨华人是历史缔结的产物，同时也承载、缔结着历史。他们怀着淘金梦想开发远东,在战争中迎接枪林弹雨,经历了苏联国内战争、新经济政策、工业化、农业集体化、卫国战争、苏联解体等历史时期。身在异国,难忘故土。他们是黑土地岁月更迭、时事变迁的经历者,是中国从积贫积弱转向繁荣富强的贡献者,是中俄两国历史关系的见证者,是世界移民历史的撰写者和当事人。他们在中俄经济发展互动、优秀民族文化交流、中俄友谊长久缔结等方面作出了重要贡献,为中华民族赢得了国际声誉,是中国移民史中浓墨重彩的一页。

还原历史是史学工作者的初心使命,以古烁今,更是史学工作者的时代责任。本书在诸多研究前辈的毕生研琢基础之上,收集整理封陈已久的中俄边境地区历史档案,查阅丰硕的俄文文献,集结融入个人前期研究成果,汇编整合成书,试图用原始史实、质朴语言、真实数字以及华侨华人及其后裔的回忆口述事实,记录旅俄华侨华人的历史衍生与发展。以史记史,以史传史,以史鉴史,终是要达到以史传情、以史烁今的目的。希望此书能为有意了解旅俄华侨拓荒、创业、奋斗历史,致力旅俄华侨史、中国移民史、世界移民史研究的工作者提供一些帮助,这也是拙著创作的初衷。

该书区别于笔者以往的研究著述,不单是史料整理、编辑、汇编,还注入了笔者近十年旅俄华侨华人研究的学术观点,将其列述于章节开篇、结篇,便于为阅读理解设定背景视野,也为读者形成个人观点提供继承和批判。本书延续了当前史学研究的时间断代、地域分割的方法,以19世纪中叶至20世纪末旅俄华侨华人尤其是黑龙江中上游旅俄华侨华人作为主要研究对象,清晰明确地设定了三个时间断代,即十月革命以前、苏联时期、俄罗斯时期,并以此三个时间断代划分章节,各章在写作上既单独成节,又在逻辑上紧密相连。

第一章写十月革命前的旅俄华侨与华人。该章共分五个小节,总体概括这一时期特殊历史背景下,旅俄华侨的特性、赴俄原因、时间、人数、方式及生活状况,通过赴俄通行证、华侨群体、华侨异族通婚、华侨组织等阐明俄国对华侨的管理,以及华工、华农、华商、旅俄学生不同社会层级的生活状况,映射出特定历史时期海外移民的生活境遇,及其背后深藏的世界力量对比和当时中俄两国关系。

第二章写苏联时期的旅俄华侨与华人。该章以时间为主轴,将这一时期划分五个时段，以五个历史时期为背景，阐明在不同阶段，旅俄华侨的历史任务及历史贡献的特定性。在十月革命时期，旅俄华侨思想警醒，为摆脱长期奴役压迫的生活境遇，拿起武器参与革命，并在革命中促进早期马克思主义的传播。以苏维埃政权建立为节点，分别介绍20年代、30年代、40年代和新中国成立初期赴苏人员怀揣革命理想、奋发图强，报效祖国、振兴民族的追求与探索，同时着重介绍参与苏联卫国战争、支援中国革命活动的旅苏华侨代表，记录在共产国际指导下往返于中苏边境的红色特工及新中国成立后的留苏活动。该章运用图表、举例的方式记述了赴苏寻求革命真理的青年学生，以人物小传的方式记录了活跃在黑龙江边境地区的喋血特工、抗联赴苏集训休整和华侨参加苏联社会主义建设以及华侨华人作出的贡献，同时客观正视历史，真实揭露苏联对华侨采取大清洗行动。

第三章写俄罗斯时期的旅俄华侨与华人。本章记录从苏联解体至今三十年的旅俄华侨华人历史，包括华侨的基本状况、华侨社会与社团组织、俄罗斯移民政策的特点及对华侨的影响、华侨对旅居国和祖居国经济文化的贡献、华侨与俄罗斯社会的融入等。翔实叙述了20世纪80年代后期中苏关系解冻后，中俄边境地区的人员往来与经贸交流，大批中国人涌入俄罗斯远东地区求学、务工、经商的历史，分析了华侨的成分构成、年龄结构、赴俄原因、赴俄人数、分布状况、职业状况，阐述了三十年来远东地区华侨呈现持续减少、小反弹、再下滑、逐年回升、小幅下降、逐年攀升，直至历史最高点的六个发展阶段，通过华侨经济能力、政治地位提升，微型华人社区建立，凸显当今中俄关系视域下俄罗斯移民政策民族性、多样性的特点。

本书注重以史为线，突出逻辑维度考量，讲述史实故事的同时，融入学术观点表达，既肯定学界前辈的研究成果，又追求突破与创新。最为突出的是本书用浓厚笔墨描绘了旅俄华侨华人在边境地区隐蔽战线上的活动，特别是在抗日战争时期，旅俄华侨华人对抗战作出的不可磨灭的贡献，这是笔者长期研究却鲜为披露的内容，也正是这段鲜为人知的内容，使旅俄华侨华人这个特殊群体，在新中国成立那段艰难困苦的斗争历史中散发着红色光辉，彰显着旅俄华侨华人崇高的爱国精神，是特定历史情境下赋予他们的时代特征和当代价值。

本书中大量原始数据、华侨名单、图表，还有人物传记，均为笔者多年整理原始档案，驱车遍访旅俄华侨华人后裔采访编辑的材料，这些珍贵的史料构成了著述本书的坚实基础，这也是本书值得告慰读者之处。

从事旅俄华侨史学研究近十年，十年艰苦的研究之路，仰仗学术前辈的厚爱扶持，国外相关学者的关心帮助，研究团队的携手前行，这些都助力成就了该书的酝酿和撰写，希望本书得到学界关注和指点。

马克思曾说，历史只能提出自己能够完成的任务，因为任务的提出表明完成任务的条件已经具备或正在具备。目前提出的研究命题和研究的成果，也许远没有达到学界求知者的要求和需求，但我会以此为起点，真诚承诺：我们正在努力，我们将永远努力。

万千水滴汇聚江河，古今多少事待由后人评。

作　者

2022 年 3 月

目　录

第一章　十月革命前的旅俄华侨华人

中国和俄罗斯是亚欧大陆最大的两个陆路国家。两国陆地接壤边界线最长,侨民来往频繁且历史悠久。旅俄华侨华人的历史可追溯到 17—18 世纪,中俄两国早期边界形成,开启中俄贸易之门,俄国始现华侨足迹。19 世纪中叶至今,旅俄华侨已经走过一百多年的历史,他们是俄国远东地区开发的建设者,是中俄历史关系的见证者,是俄国社会制度变迁的亲历者,旅俄(苏)华侨华人史是世界华侨华人史中重要的一页。

本书分为三章,以时间的维度叙述旅俄华侨华人产生、发展、变化的历史。本章记录从《瑷珲条约》《北京条约》两个不平等条约的签订到十月革命爆发,近六十年里华侨的赴俄背景、生活状况、职业状况,勾勒出十月革命以前俄国华侨社会的大致轮廓,总结归纳这一时期华侨群体的特征,通过中俄华侨史料对比与分析,映射当时的中俄关系及早期俄国移民政策对华侨的影响。

这一时期旅俄华侨有自愿性和不自愿性两种。一种是为了生存,远赴俄国谋生,另一种是因国土沦丧,割地而成侨。十月革命以前的华侨大多以华工为主,他们在俄国役如牛马,生存如猪狗,具有人数最多、工资及待遇最低、境遇最悲惨等特点。他们默默耕耘,用勤劳的双手开发远东贫瘠的土地,是俄国远东开发建设的重要生力军,俄国大地上浸满他们的心酸血泪。

第一节　华侨的赴俄背景及概况

一、华侨赴俄背景

黑龙江是我国三大河流之一,有南北两源,南源的额尔古纳河与北源的石勒喀河,于黑龙江省漠河县西北部洛古河村附近汇合成黑龙江干流,经黑龙江省漠河、呼玛、黑河、逊克、嘉荫、萝北、同江、抚远等县(市),至哈巴罗夫斯克(伯力)与南来的支流乌苏里江汇合后进入俄罗斯境内,在尼古拉耶夫斯克(庙街)附近注入鄂霍次克海的鞑靼海峡。黑龙江不仅是中俄的界江,也是中国东北各族人民的母亲河,见证了中俄两国之间的风风雨雨、恩恩怨怨。

黑龙江地域辽阔,物产丰富。16世纪末以前,西起贝加尔湖,北至外兴安岭,东至鄂霍次克海,均属中国版图。自8世纪初,唐王朝在黑龙江地区设都督府,册封部落首领为都督起,历代王朝均派官吏对黑龙江地区行使管辖之权。明永乐七年,建立黑龙江流域最高军政机构奴尔干都司。到了清代,居住在黑龙江以北、乌苏里江以东的各族人民分别归黑龙江将军和吉林将军管辖。这里土地肥沃、民族众多,创造了丰富多彩的民族文化。满族、蒙古族、鄂伦春、鄂温克、达斡尔等民族是生活在我国东北边疆古老民族,这里还有赫哲族,少部分费雅喀族(俄国人称之为基里亚克人、尼夫赫人)、库页(专指库页岛的原住民)等少数民族,清廷问鼎中原后,黑龙江中下游为其主要聚集地。

早在17世纪40年代,俄国开始向黑龙江流域进行武装侵犯。1689年,清朝政府同俄国签订了《尼布楚条约》,确认中俄东部边界,阻止了俄国向中国东北地区的继续扩张、侵吞。1847年以后,俄国多次派兵闯入黑龙江,1849—1853年,先后侵占阔吞屯(马林斯克)、庙街(尼古拉耶夫斯克)、克默尔湾(迭卡斯特里湾)、哈吉湾(皇帝港)等战略要地和海港,把黑龙江下游地区大片中国领土置于自己的军事控制之下,为鲸吞整个黑龙江以北和乌苏里以东广大地区和攫取黑龙江航行权奠定基础。中俄签订《瑷珲条约》、《北京条约》后,俄国陆续割占黑龙江以北、外兴安岭以南、乌苏里江以东100多万平方公里的领土,从此,黑龙江和乌苏里江从中国的内河变为中俄两国的界河。

据资料记载,在俄国入侵前,"自格尔必齐河起,至霍尔托库止,黑龙江城附近左岸,向有旗户分驻三十余屯",①连同汉人村庄算在一起,黑龙江以北地区有满、汉"五十余屯,万余人口"。②《瑷珲条约》和《北京条约》正式将黑龙江沿岸地区划属俄国时,在阿穆尔省居住着1.5万名左右的中国人,他们分布于结雅河(精奇里江)到霍尔莫勒津屯间的44个村落里(即江东六十四屯)。在滨海省,有900名左右的中国人沿乌苏里江的支流定居。此外,该省还有不定居的中国渔猎者、挖参者和采金者,这些居无定所的人与定居者一共也不超过2000—3000人。③

1900年7月18日,俄国政府派兵强行进入此时仍属中国管辖的海兰泡和江东六十四屯,将中国人驱赶到黑龙江边,刀杀斧砍杀害万余名中国人,先后制造了骇人听闻的"海兰泡惨案"和"江东六十四屯惨案"。《瑷珲县志》记载,江东六十四屯北起精奇里江口,南至孙吴县的霍尔莫勒津屯,面积3600平方公里,在1900年被俄人割占前约为3.5万人。与之毗邻的海兰泡(布拉戈维申斯克)大约有4万居民,两地居民总数大约在7.5万余人,其中绝大部分为中国人。这些华侨最大的特点就是"非自愿性"、"特殊性",是由于边界领土变更使他们一夜之间成为生活在俄国的华侨,这也是早期旅俄华侨与其他国家华侨不同之处。

明末清初,东北地区到处是"荒城废堡,断瓦残垣、沃野千里、有土无人"的景象,为巩固龙兴之地,清政府多次招民试垦,鼓励汉民出关辟荒。

1909年,黑龙江将军另定《沿江招垦章程》,劝导丰、吉、直、豫、鲁、晋各省人民来江垦地。④ 他们到达黑龙江后,有些人凭借地缘优势,辗转赴俄国远东

① 《咸丰朝始末》,第17卷,第18页,转引中国社会科学院近代史研究所:《沙俄侵华史》第二卷,人民出版社1978年版,第21页。

② 《咸丰朝始末》,第17卷,第18页,转引中国社会科学院近代史研究所:《沙俄侵华史》第二卷,人民出版社1978年版,第21页。

③ [俄]弗·格拉维:《阿穆尔沿岸地区的中国人、朝鲜人、日本人》,圣彼得堡,1912年,俄文版,第5页。(原件现存于阿穆尔州图书馆)

④ 黑河地区粮食志编撰委员会:《黑河地区粮食志》,1996年,第12页。

地区务工经商,赴俄谋生是贫苦人实现淘金梦想的一个重要渠道。

除从黑龙江各地赴俄外,有的内地贫民从青岛、烟台、大连等地通过水路辗转赴俄。连遥远的浙江省青田县,也有人远赴俄国务工谋生。据《中国年鉴》记载,青田县人最早到达俄国时间是1700年前后,青田人在西伯利亚铁路开通前到达莫斯科,然后中转去欧洲其他国家和地区,如山口镇下陈村的陈祥、油竹乡的王则仁、东平村的彭洪康从俄国前往法国、德国、巴西、土耳其、阿根廷、秘鲁、智利等地,其艰难险阻后人无法想象。

二、华侨赴俄概况

华侨赴俄具有政治、经济、生活等多方面原因。《瑷珲条约》和《黑龙江通商条规》中分别规定,两国居民可以互相贸易,俱不征税。1860年《北京条约》规定:"所定交界各处准许两国所属之人随便交易不纳税,各处边界官员护助商人,按理贸易。"1861年4月27日,俄国政府制定并颁布《俄国人和外国人向阿穆尔省和滨海省移民条例》,"实行缓交税务和用地分期付款,规定每户移民最多可占有100俄亩土地,免除兵役10年,免除土地税20年"。[①] 移民条例还规定移民享有只交付国家土地税和城市税款的待遇,阿穆尔地区对俄国和外国移民开放,为俄国及中国人迁移此地提供法律保证。1862年,中俄签订北京续约后,允许两国居民越过国境100华里(35英里)进行自由贸易。诸多的优惠条件和移民政策吸引大批中国人赴俄远东地区务工经商。

自1858年后,二十年来俄国政府部门对华侨实施宽松、优惠的移民政策,在办理签证、入境和用工手续等方面提供方便,如为吸引华工到冶金、煤炭等行业务工时,一些护照手续被废除,对华工居住地、从事职业甚至中俄通婚都不加干涉,以解决远东开发和经济发展等问题。受这些政策的影响,从1862年开始,每年有1000名以上的中国人穿越黑龙江和乌苏里江,赴俄国阿穆尔州和滨海地区。1880年以前,每年都有大批内地流民历尽千辛万苦来到俄国远东地区进行垦殖、采摘、挖参和渔猎等,流入俄境的中国人如同候鸟一样,春至冬归,成为当时的季节性移民。

---

① [俄]翁特尔别格:《滨海省(1856—1898年)》,商务印书馆1980年版,第64—65页。

十月革命以前,俄国远东地区华侨数量远超过生活在这里的俄国人,华侨的数量,受劳动力需求和远东地区移民政策的影响而变化。早期华侨大多集中生活在阿穆尔地区和滨海地区。滨海地区作为远东大开发的重点区域,海陆交通便利快捷,建设工程项目多,是华侨移居的重点区域。

阿穆尔地区。1858 年,在阿穆尔省居住着 1.5 万名左右的中国人,长期居住者 5400 人,其中男性 3240 人、女性 2160 人,其余为务工人员和逃犯。[①]这里常住人口中女性较多,男女比例相差不大,大多数华侨从事农业生产。

滨海地区及乌苏里地区。在 1858 年至 1880 年的 20 多年的时间里,远东地区的华侨数量不断增多,在乌苏里地区分布较广泛。由于华侨大多春至冬归,属于季节性移民,流动性大,住所不固定,统计困难,常有重复统计和漏记现象。

俄国占领黑龙江以北、乌苏里江以东广大地区后,许多华侨陆续返回祖国。如黑龙江北岸的赫哲族居民 269 人,始终不忘祖籍地,不愿忍受俄国殖民主义统治,于 1860 年自动迁回松花江一带居住。从 1870 年开始,远东地区华侨数量快速增长,分布非常广泛,已经遍布整个乌苏里地区。华侨的构成也发生很大变化,早期华侨以流浪者和逃犯居多,这一时期以华工、华农、华商和渔猎者居多。由于华侨赴俄人数不断增多,逐渐形成四个赴俄高峰期。

1. 西伯利亚和远东地区华侨群体形成第一个高峰期:1880—1890 年

据统计,至 1880 年,二十年内乌苏里地区华侨数量增长了 6.6 倍,其中绥芬区华侨人口增长最快,高达 26 倍。1885 年,在乌苏里边区,包括符拉迪沃斯托克在内,华侨人数已达 10353 人,流动人口数量为 4000 人,当时俄国居民为 3 万人左右,即这里的俄国人与中国常住人口之比为 3∶1,加上流动人口则为 2∶1。[②] 这一时期乌苏里地区人口一半是华侨,他们大多以渔猎业为主,

---

① 〔俄〕索罗维耶夫·费德罗·弗拉迪米洛维奇:《资本主义时代俄远东的华人劳务(1861—1917)》,莫斯科:"科学"出版社,1989 年,俄文版,第 38 页。

② 〔俄〕塔·尼·索洛吉娜:《中国公民在俄罗斯远东的经营活动及阿穆尔沿岸边区行政当局的政策(19 世纪末至 20 世纪初)》,鄂木斯克:鄂木斯克国立大学出版社,1999 年,俄文版,第 36—37 页。

在房前屋后进行小规模农耕生产,保持自给自足的生活。每年渔猎季节,大约有 300—400 名的华工来到这里。在 1879—1884 年乌苏里地区有 2300 名左右的华工从事渔猎,人员不断更新,队伍不断壮大。符拉迪沃斯托克作为重要港口,华侨人数增长速度较快,1880 年有居民 8837 人,其中华侨 3461 人;1884 年华侨人数增至 4698 人。1880 年和 1884 年符拉迪沃斯托克中国人口数量接近总人口数量的 40%,资料显示,截至 1889 年 3 月,沿海地区的中国人总数达到 12983 人,其中 54% 属于夏季务工者,其余 46% 居住在城市,并且绝大多数在符拉迪沃斯托克城内。① 由于华侨数量逐年增多,为方便管理华侨,符拉迪沃斯托克政府划定了华侨生活区。随着华商人数的增多和经济实力的增强,为满足自身安全和生存发展的需要,华侨组建社团组织。

这一时期远东其他城市也陆续为华侨划定一定规模的生活区域。1886 年,俄国颁布新的移民法律,宣布对华侨等外国人实施严格限制,规定华侨只能在靠近中国边境 50 俄里(53 公里)区域内居住并从事商贸活动,华侨经商,俄方课以重税,禁止中国人在远东地区落户、占领土地和砍伐森林。受这些政策影响,大批华侨陆续回国,华侨人数锐减。

2. 西伯利亚和远东地区华侨群体形成第二个高峰期:1891—1900 年

这一时期俄国远东地区规划和投资一系列规模巨大的工程项目,如:尼古拉耶夫斯克和符拉迪沃斯托克的筑港工程、黑龙江和乌苏里江流域数十个金矿的开采。1891 年,西伯利亚大铁路的东段开始动工。为了招募华工,俄方被迫取消限制华工的条件,并指定由华俄道胜银行具体负责来华招募季节性工人。1892 年后,每年开春时节,大批务工者从山东烟台及附近港口乘船前往远东地区。1896 年,俄国从烟台运到符拉迪沃斯托克(海参崴)华工 1 万人;1900 年,俄国从烟台运送华工 16000 人。② 在西起车里雅宾斯克东至符拉迪沃斯托克长达 7000 多公里的西伯利亚大铁路上有 10 万余名华工在辛勤

---

① [俄]叶·伊·聂斯杰洛娃:《俄罗斯远东地区南部的管理体制及中国移民(19 世纪下半叶—20 世纪初)》,符拉迪沃斯托克:远东大学出版社,2004 年,俄文版,第 109 页。

② 山东省地方史志编撰委员会编:《山东省志·侨务志》,山东人民出版社 1998 年版,第 20 页。

劳作。

由于此项工程规模宏大,所需大量生活用品,俄国物质资源匮乏,沿着铁路沿线贩运各种食品的华商人数逐年增加,许多华商在符拉迪沃斯托克、尼古拉耶夫斯克等地开设商号。

这一时期,烟台与俄国过货量、来往船只、贸易额逐年加大。1870 年、1882 年、1890 年、1893 年,烟台向俄国输出货物分别为 27571 芝罘两、45036海关两、77363 海关两、240930 海关两①。1865 年俄国在烟台的航运势力为轮船 1 艘次,305 吨位;1899 年,俄国在烟台的航运势力为轮船 3191 艘次,143990 吨位,达到同一时期顶峰。乌苏里地区华侨人口每年以 750 人的速度增长,滨海边疆地区俄国人口也呈现快速增长趋势。

1900 年布拉戈维申斯克有人口 3.8 万人,房屋 3700 栋,华侨 6000—7000人,这里不仅是远东经济贸易中心,而且是俄国最大的采金中心。是年,俄国以"庚子事变"中义和团"虐教杀民"、清政府放任不管,甚至支持为因由,实施大规模排华活动,在远东地区的几万名华侨被无辜杀害或被强行驱赶回国,华侨人数急剧减少,降至历史最低点。

3. 西伯利亚和远东地区华侨群体形成第三个高峰期:1905—1910 年

日俄战争之前,受俄国排华政策影响,华侨数量在一段时间内明显减少。远东大型企业因为缺少劳动力而停工,经济出现萎缩现象,俄国居民的日常生活受到冲击。日俄战争结束后,俄国迫切希望快速发展远东经济,但苦于本国劳动力不足,只好招募华工,中俄边境重新开放,大批华侨开始陆续返回俄国。自 1905 年开始,华侨人数再次呈现上升趋势,1906 年,华侨人数再次达到高峰。每天往返于黑河至布拉戈维申斯克两岸的轮船座无虚席,挤满赴阿穆尔州务工的华工,码头上到处是来自中国内陆省份排队候船的华工。

1906—1910 年,仅烟台就办理 155078 份赴俄远东华工签证。1906 年办理签证最多达 54883 人,1909 年办理签证最少为 15865 人。大多数华侨乘船经海参崴进入俄国。这一时期由直隶,主要是山东省大约有 35 万流民通过大

---

① 交通部烟台港务管理局编:《近代山东沿海通商口岸贸易统计资料1859—1949 年》,对外贸易教育出版社 1986 年版,第 43、87、88 页。

连和营口到达东北各地,然后乘火车前往哈尔滨中转后赴俄阿穆尔地区,哈尔滨是华工赴俄重要中转地。1906—1910 年由长春购买三等或四等客票去哈尔滨和中东铁路其他各站的华人为 150367 人,抵达哈尔滨后的华人从不同方向进入俄境,由满洲里和海拉尔方向去外贝加尔省的为 39024 人;由绥芬河站进入滨海省的有 16631 人;由中东路先到齐齐哈尔,然后沿大路奔向瑷珲去阿穆尔省的有 70902 人。1907 年由于松花江水浅,汽船在松花江干流上航行一度非常困难,故由松花江进入阿穆尔省的中国人只有 4312 人。1908 年为 12000 人左右,1909 年为 17214 人,1910 年为 23555 人。① 五年里,由长春抵哈尔滨的中国人共 24 万人左右。其中去外贝加尔省的有 4 万人左右,去滨海省的有 1.5 万人左右,去阿穆尔省的有 14 万人左右,其余 4.5 万人或滞留在中东铁路地区或步行、乘船避开稽查进入俄境。滨海省同期统计,从烟台或者经波谢特(摩阔崴,在图们江口以北)通过海路进入海参崴的中国人为 197879 人。以上数字资料表明,在五年内流入俄境的中国人有 55 万人左右,平均每年流入 11 万人,返回 40 万人,暂时留在俄境 15 万人。②

　　这一时期,由于滨海地区华工工资比阿穆尔地区华工工资高,所以滨海地区华侨人数偏多,两地国企和私企中华工人数达到 70%,成为重要的劳动生力军,促进了远东地区的经济发展。1910 年 6 月 21 日,俄国颁布禁止在官方工程中使用外国人的法令,华工因失业而陆续回国,华侨数量呈下降趋势。

4. 西伯利亚和远东地区华侨群体形成第四个高峰期:1915—1917 年

　　1910 年后,俄国再次排华,尤其是 1911 年后,俄国开始驱赶华侨,限制华侨过境、取消华侨务工权利和居住权利等。1911 年 1 月 31 日至 2 月 16 日哈巴罗夫斯克市执委会通过关于未入俄籍的中国人、朝鲜人居民的限制③,要求华侨居住在城市郊外,必须在居室内储存蔬菜;酿酒厂、矿泉水厂及格瓦斯厂、面粉加工厂、香肠厂、面包房等食品类工厂只能雇用欧洲人;白天华侨可以在

---

　　① 〔俄〕弗·格拉维:《阿穆尔沿岸地区的中国人、朝鲜人、日本人》,圣彼得堡,1912 年,俄文版,第 15 页。(原件现存于阿穆尔州图书馆)

　　② 〔俄〕弗·格拉维:《阿穆尔沿岸地区的中国人、朝鲜人、日本人》,圣彼得堡,1912 年,俄文版,第 20、21、22 页。(原件现存于阿穆尔州图书馆)

　　③ 哈巴罗夫斯克档案馆,档案号:860-2-66。

军事相关地以外地方工作,晚上必须回到居住地;除技术工程师外,在非开工期华侨不得进城,尤其是挑水工;俄国市民雇用华工作佣人,不得超过2人;一些商业企业雇用华工不得超过2人。

1910—1911年东北地区爆发瘟疫,俄国人担心华侨传播疫情,极力控制华侨过境人数,限定华侨居住范围并驱赶华侨,华工由于失业归国,远东华侨人数开始逐渐减少。

1911年,在俄国常住的中国各省移民已有近20万人,另有短期中国劳工10万人,共计30万人。[①] 俄国当代学者拉林分析,在第一次世界大战爆发前的1914年,俄国阿穆尔省和滨海地区的中国人数为8万—10万人,而同时期当地俄国居民仅为14万人;1916年滨海省华工人数为7.8万人;海参崴居民8.86万人,其中中国人就有2.9万人。[②]

第一次世界大战后,俄国普遍存在劳动力严重短缺问题。为了迅速解决刚需问题,俄国大量官方和私人雇主不仅在俄国招募华工,还到中国东北招募华工。第一次世界大战前后,"达聂尔公司"、"义成公司"等各种人贩子公司应运而生,在中国上演了一幕幕"盗人"的惨剧。俄国彼得罗布委德及索罗克穆尔曼铁路工程局招工代表郭焦里尼国夫与中国直隶省武清县门昌村包工头王作林订立二十九条合同,招募华工挖土垫道,时间为六个月;1916年,俄国卫耳西谢姑工厂招工代表杂哈尔臣图及金那人尔格与中国沈阳工人席静庵订立二十条合同,招募华工1600名,运往俄国彼尔姆省卫耳西谢姑工厂做工,其中砍木工人700名、挖煤工人100名、矿工600名、小工200名;1916年,俄国那结日金铁工厂总办彼诺索夫与中国山东掖县包工人王同文、杨嵩签订三十三条合同,招募工人到伯果斯罗库夫申铁路那结日金铁工厂处车站做筑造、土木工作;铁路公司代表工程师拉夫连节也夫与华商吕泰签订合同三十七条,招收4000名工人至莫习克霍文达委富平斯基铁路公司做工……[③]

---

① 吉林省地方志编委会:《吉林省志·侨务·卷十一政事志》,吉林人民出版社1991年版,第12页。

② [俄]亚·弗·卢金:《俄国熊看中国龙:17—20世纪中国在俄罗斯的形象》,刘卓星等译,重庆出版社2007年版,第123—124页。

③ 黑龙江省黑河市爱辉区档案馆档案,外事类第4624号卷:《华人入俄工作规章卷》,瑷珲档案,1915—1922年卷宗。

1915 年年初至 5 月底,俄国在山东、华北等地招募 25 万余名华工运至中东铁路沿线哈尔滨、海参崴等地做苦力,每人年薪仅 50 卢布。9 月 6 日,北京政府外交部抗议俄国在东北、山东等地招募华工。

华工在前线挖掘战壕、直接参战或者从事后方建设。在山东省内许多地方流传着"上崴子,拾金子"的口头禅。惠民公司散发"招工二十一条"把招工的目的、规章和生活待遇作了详细介绍。俄国招募服务军事劳役华工,均委托其本国商人承办,北京政府因为是"以工代兵"参战,在威海设立侨工局,协助输出华工。《黑龙江省志·大事记》记载:1916 年,俄国在长春、哈尔滨等地设专门机构,大量招募华工运入俄境。沙皇政府采取种种手段残害华工,他们生活悲惨,许多人不堪欺辱辗转回国。另据《黑龙江省志·侨务志》载:"第一次世界大战前后的几年间,经黑龙江地区各口岸出境的华工华商总数达 502621 人,大量未经官方统计的尚不在内,到俄国十月革命爆发时,在俄国各地去做工的华工约有六七十万。"①《山东省志·侨务志》载:"一战期间,在俄国的华工共 50万人,其中山东人约 44 万。"②十月革命之前,华侨人数出现一个新的高峰。

第二节　华侨华人的社会与生活

一、华侨华人社会(社区)的特点及形成

早期华侨按照地缘、血缘、业缘、亲缘等生活在一起,由于语言不通、文化差异,很少与俄国人接触,大多与本国人一起生活在特定的区域,逐步形成具有特色的华侨社会(社区)。

1. 群体特点

这一时期的华侨具有如下特点:

地域更加广泛。19 世纪末的华侨主要来自东北三省和山东省,其中吉林

---

① 黑龙江省地方志编撰委员会:《黑龙江省志·侨务志》,黑龙江人民出版社 2002 年版,第16 页。

② 山东省地方史志编撰委员会:《山东省志·侨务志》,山东人民出版社 1998 年版,第44 页。

省人数接近 50%。进入 20 世纪,不仅山东、直隶人员居多,地域还扩大到河北、江苏、浙江、广东、湖北、新疆等省,连遥远的青田县也有华人不远万里,赴尼古拉耶夫斯克务工。作为华侨输出地,青田人把俄国作为从陆路前往欧洲的中转站或终点站。早在清道光晚期及咸丰年间,章旦乡留庆云到俄国彼得堡、明斯克等城市贩运青田石刻,后转为矿工,这是有据可查的浙江省青田县赴俄第一人。清光绪四年(1878),方山乡裘山季、富典偕石雕赴俄国经商。清光绪三十三年(1907)季美楷卖田 6 担(石)凑银出国,偕两书笼石雕,与两位同乡历尽磨难到达莫斯科。1916 年,西伯利亚大铁路开通后,俄英两国办理铁路联运,并在媒体上刊登行程广告用以吸引旅客,"从东方乘西伯利亚大铁路的火车到达英国,旅途中并不乏味,而是十分有趣,较从北路远赴英国路费价格便宜,由东方到达莫斯科,不需要护照,如果在旅顺不耽搁时间进行验疫的话,二十五天就可到伦敦"。由于价格便宜,青田人往往选择这条路线前往欧洲。

山东省人多地少,烟台、青岛等地海路交通便捷,大批失去土地的劳动力远赴俄国谋生。"这一时期山东籍华侨增长迅速,已居压倒优势,吉林籍华侨所占比例降至 20%。"[1]到 1917 年俄国十月革命前,定居和滞留俄国的吉林华侨、华人 8—10 万人。[2]

成分更加复杂。华侨的组成成分由原来华工、华农和华商逐步扩大到手工业者、工人、江湖艺人、闲散游民等,还有一些红胡子任意滋事,给华侨形象带来负面影响。这一时期,有的华工以工代兵参加第一次世界大战,充当炮灰。由于华侨在海外缺少保护,被凌辱、欺压现象时有发生,许多华工与俄国无产阶级一起反对阶级压迫和奴役,纷纷进行武装斗争,加入红军队伍,华侨成分不断扩大,涉侨事务增多。1907 年,清政府向海参崴派驻常设商务委员。

经济实力明显提升。在商业方面,华侨的经营范围和种类进一步扩大,从

---

[1]　吉林省地方志编委会:《吉林省志·侨务·卷十一政事志》,吉林人民出版社 1991 年版,第 12 页。

[2]　吉林省地方志编委会:《吉林省志·侨务·卷十一政事志》,吉林人民出版社 1991 年版,第 12 页。

贩卖毛皮、白酒、鹿茸扩大到食品、日用品、纺织品、农畜产品。一些经济实力雄厚的华商不仅在俄国开设总店,还在国内开设分店,从日本、中国香港等地运来稀缺的日用百货商品,深受俄国居民喜爱。华商还雇用同胞,少则一人至二人,多则十几人、几十人。俄国远东地区符拉迪沃斯托克、哈巴罗夫斯克、乌苏里斯克、布拉戈维申斯克等地都有知名华商,他们在当地经济发展中占据重要地位。在19世纪末至20世纪初,远东地区布拉戈维申斯克已经形成贸易中心,俄国政府按照商店资本多少、经营商品种类划分一号到四号票,并依据分号缴纳税金。一号票为俄国人经营的商行;二号票多半是华商经营的店铺,经销布匹、绸缎、衣料等。山东华商毕凤芝开设和盛义布匹商店,不仅经营布匹还兼营黄烟和萝卜丝,从日本大阪购进干萝卜丝卖给金矿工人,同时收购黄金到哈尔滨、上海贩卖,是黑河知名的房地产家;三号票是华商经营的杂货店;四号票为摊床和小作坊等。布拉戈维申斯克市区繁华街道有几百家华商店铺,星罗棋布,甚是繁华。符拉迪沃斯托克的华商经济实力更加雄厚。19世纪70年代,中国人蔡成为符拉迪沃斯托克供应燃料的主要商人之一,从1874年到1882年,在城市管理局的准许下,蔡在第47号和第48号地块进行大规模建设,把那里变成真正的"蔡街",建造了异乎寻常结实的建筑,两层石头大楼,十多栋二层的木质大楼等可以居住上百个中国人的房子。① 中国人蔡成为斯维特兰娜大街和北京大街之间最大的房地产家,与其同样享有盛名的还有符拉迪沃斯托克女房地产家郤彩玲、哈巴罗夫斯克的华商潘小子等人,他们具有较强的经济实力和影响力,成为远东远近闻名的纳税大户。

在农业方面,从事垦殖的华农数量较多,在远东地区占据重要地位。华农开垦荒地或者租赁土地,种植蔬菜并贩卖给当地居民,增加收入。他们种植的土豆、白菜、胡萝卜是当地居民蔬菜的主要供应者,满足城市居民所需。

运输路线不断扩大。边境地区纷纷开通到俄国的运输线路。其中,较有影响的是瑷珲到布拉戈维申斯克、哈尔滨到哈巴罗夫斯克、绥芬河到乌苏里斯克,烟台、大连到符拉迪沃斯托克等十余条线路。运输工具由单一的帆船发展

---

① [俄]米兹、安洽:《中国人在海参崴——符拉迪沃斯托克的历史篇章1870—1938》,社会科学文献出版社2016年版,第113页。

符拉迪沃斯托克华人街

为轮船、火车。1907—1911 年,每年由东北输往远东的面粉和牲畜等大宗货物价值不下 1500 万卢布,而由俄境输往东北的商品超过了 300 万卢布。①

社团组织发展迅速。随着华侨人数不断增加,在符拉迪沃斯托克、哈巴罗夫斯克、乌苏里斯克等地陆续成立商会等社团组织,同时还建立许多分会,实施华侨之间互助、保护侨民权利,为华侨争取平等政治地位起到促进作用。由于商业贸易利润大,华商人数日渐增多,经济实力不断增强,加上社会的发展变化以及华侨自身利益的发展需求,俄国的各大城市甚至遥远的山区陆续成立商会,下设很多分会,在俄国较大的地区建立华商总会,为华侨和俄国社区提供各种服务。

男女比例失衡。赴俄路途遥远,由于工作环境、生活环境恶劣和语言的障碍,大多数华侨独自前往俄国淘金,妻子留在家乡侍奉公婆,照看孩子。由于华侨男女比例严重失调,相差巨大,达到千分之一,为中俄通婚提供契机。华侨大多为青壮年,未婚人数较多,有的华侨在俄国务工多年,能熟练使用俄语,属于俄国通,便选择娶俄国女子为妻,组成中俄通婚家庭,留居在中俄边境地区,这一时期,中俄通婚人数较多。

① 吉林省地方志编委会:《吉林省志·侨务·卷十一政事志》,吉林人民出版社 1991 年版,第 12 页。

2. 华侨的社团组织

华侨大多采取群居生活,从踏入俄国后就设法组建各种社团组织。一方面是生存发展的需要。早期华侨身居海外异国,他们大多没有文化,处于文盲半文盲状态,不会使用俄语,无法与俄国人沟通交流,缺少祖国的保护。尤其在一战前,国家积贫积弱,在国际上尚无地位,在个人受到欺凌、压榨、排挤时,无法抵御和反抗。旅俄华侨珍视同乡情谊,为了获取生存和发展的机会,他们与同乡、同伴结成金兰互相照应,延续传统方式以血缘、亲缘、地缘和业缘自发地组织各种社会团体,实行自治管理,并通过选举产生组织机构,负责管理社团内部一切事务。另一方面为了满足俄国政府管理华侨的需要。由于华侨人数日益增多,俄国政府无法有效管理,曾尝试建立由华侨自我管理的方式,作为对华侨实施管理、监督的辅助手段,以减轻政府的负担。俄国政府要求华侨社团组织向华侨介绍俄国的文化知识及法律,尝试把华侨纳入管辖范围之内。

早期华侨在各地建有同乡会、公益会等,如在哈巴罗夫斯克按照华侨来源地组成“广东帮、宁波帮、东(山东)帮、关(东北)帮”等地域帮会。在符拉迪沃斯托克的华商有山东的东帮,广东的广帮,直隶东三省的北帮,江浙的南帮等地域帮会。在滨海省的绥芬区和乌苏里斯克等地,华农常年劳动在山沟和林中,俗称为“沟民”,每沟推选一个头目,叫“沟大爷”,数沟公推一人,称“总大爷”。

华侨还组建公议会、华侨协会、华侨商会和农村的沟(或营)等社团组织。早在1858年,这类帮会在潭克胡(千波山)地区出现。[①] 19世纪60年代,华侨在远东地区建立公益会,该组织主要以血缘为基,通过熟人和乡亲逐渐发展,在伊曼地区逐步垄断人参、鹿茸、毛皮的收购价格,公益会在渔猎业和工商业中占据一定地位。

华侨社团组织最直接、最显著的作用是把分散在不同地域的个体凝结在一起,形成一个个小群体,对于华侨之间在生活及经济上互助、共同抵制俄国

---

① [俄]叶·伊·聂斯杰洛娃:《俄罗斯远东地区南部的管理体制及中国移民(19世纪下半叶—20世纪初)》,符拉迪沃斯托克:远东大学出版社,2004年,俄文版,第118页。

的歧视和欺凌是有利的。由于社团组织成员结构单一、组织能力弱、管理松散,无法组织华侨开展政治和经济斗争,加上有的帮会组织按照原籍划分,阻断了各地华侨之间的横向联系,使华侨群体之间互相打压,形成对立。随着时间的推移,华侨们纷纷意识到单一的组织形式无法适应自身发展需求。由于华商人数不断增多,经济实力增强,加上社会发展及华侨自身利益的需求,俄国各地陆续建立了商会。

1881 年,成立符拉迪沃斯托克(海参崴)华侨商会。1889 年,成立哈巴罗夫斯克(伯力)华侨商会。① 哈巴罗夫斯克商会成员筹资建立孔庙以及设立一个商会行政中心。华侨社团经常组织一些扶危济困、捐款捐物、传播中国历史文化等活动,影响力不断扩大,俄国政府担心华侨聚众,产生恐慌心理,遂对华侨社团组织实施限制活动。1897 年,俄国政府以秘密结社为由,取缔了华侨社团组织机构。

1906 年 10 月 4 日,俄国社团组织法开始生效,滨海省华侨才陆续得到该省驻军司令的批准,先后于 1907 年 9 月 18 日,1910 年 1 月 10 日和 2 月 4 日成立了海参崴、伯力、双城子中国人互助会②,1913 年成立驿马河中华总商会。1906 年以后,吉林华侨同旅俄的山东籍、河北籍华侨组建了华侨商会和华侨联合会,这些组织的出现,为维护旅俄华侨在侨居国的平等政治地位起到一定的作用。③

华侨通过选举产生社团组织负责人,行使管理权。华侨社团组织发展迅速。这一时期随着华侨人数不断增加,在符拉迪沃斯托克、哈巴罗夫斯克、乌苏里斯克等地陆续成立了华侨商会等社团组织。在俄国的省会城市设立华商总会,在二、三线城市设立分会。十月革命以前,西伯利亚地区华侨学校的董事长几乎全由山东华侨社团负责人担任。

远东各地华商会成员仅局限于华商,而华侨从事农、工、商等不同职业,且

---

① ［俄］叶·伊·聂斯杰洛娃:《俄罗斯远东地区南部的管理体制及中国移民(19 世纪下半叶—20 世纪初)》,符拉迪沃斯托克:远东大学出版社,2004 年,俄文版,第 233 页。

② ［俄］弗·格拉维:《阿穆尔沿岸地区的中国人、朝鲜人、日本人》,圣彼得堡,1912 年,俄文版,第 112 页。(原件现存于阿穆尔州图书馆)

③ 吉林省地方志编委会:《吉林省志·侨务·卷十一政事志》,吉林人民出版社 1991 年版,第 12 页。

人数较多，华商会已经无法代表各类华侨的整体利益，无法满足不同群体的需求，于是，俄国较大城市相继建立华侨联合会及华侨总会。

十月革命以前，随着华侨人数不断增多，华侨根据自身需求在各地建立各种社团组织。有根据行业建立的、有根据旅居地建立的，还有按籍贯建立的，同乡会、商会、商业总会、公益会、华侨总会、华侨联合会、西伯利亚东部委员会等各类社团组织层出不穷。如1910年4月，在俄国其林金甲金沟华侨为保护生命财产在以力撮夫设立公议会。1913年，为保护旅俄华侨的利益，远东及西伯利亚地区华侨迫切希望成立自己的社团组织，山东公民鞠澄设法建立西伯利亚华侨联合会，以华侨之间帮扶互助、保护生命和财产安全、抵御外族侵害、谋取生计为根本宗旨。这些华侨社团组织的设立，对于保护监督华侨的合法利益，免受异族侵害和凌辱，加强华侨间的联系，增强俄国对华侨的了解和认知，促进中俄两国之间的沟通起到积极的促进作用。

十月革命前后，民国政府为了维护和解决旅俄华侨的经济利益、政治待遇等问题，鼓励支持华侨建立各种社团组织，为其发展壮大注入强大的动力，这些社团组织发挥桥梁和纽带作用，加强华侨与中俄政府之间的联系，得到各界华侨的欢迎和拥护。俄国革命时期，生活在俄国的华工政治觉悟不断提高，成为旅俄华侨中最活跃的力量。为了维护华工的正当权益和有效组织华工开展活动，1917年，留俄学生刘泽荣与留学生们组织成立中华旅俄华工联合会，后改组为旅俄华工联合会，它是华侨社团组织中帮扶力度最大、分布与活动范围最广、参与人数最多的华侨社团组织，在莫斯科（Москва）、萨马拉（Самара）、叶卡捷琳堡［（прежнее название города Екатеринбург，今斯维尔德洛夫斯克）（Свердловск）］、上乌丁斯克（今乌兰乌德）（Улан-Удэ）、彼得格勒（Петроград）、乌克兰（Украина）、中亚（Средняя Азия）等地分别设立分会，也是唯一得到列宁同志帮助和支持的华侨社团组织，为救助华侨、保护华侨的合法权益，在华侨中传播马克思主义以及在中共党组织的建立方面起到积极促进作用。

十月革命后，俄国民主和法制陷入混乱之中，华侨进一步加强社团组织建设，进行自我保护和防范土匪。一些社团组织实施重组合并、改制并更名。1919年4月3日，黑龙江省黑河商会代理会长宋云桐向外交部递交呈请，拟将商会名称改为阿穆尔省中华总商会（Амуро-китайская генеральная торговая палата），于是，阿穆尔州（Амурская область）旅俄华农、华工、华商等召开全体成员大会，经详细表决将商会更名为阿穆尔省中华总商会（Амуро-китайская генеральная торговая палата）。随后阿穆尔地区（Амурский район）各地纷纷建立分会组织，选举产生新的社团组织机构，各项章程、制度逐步完善，定期选举会长。1921年，阿穆尔华侨总会（Амурская ассоциация китайцев）领导下的黄河口分会换届选举正副会长。1921年6月3日，阿穆尔省中华总商会（Амуро-китайская генеральная торговая палата）进行第三届改选，选出谢宝玲为正会长，刘鸿志、赵亨德、战百祥、姜荣祥为副会长。

这一时期华侨社团组织不断增加，分布范围广。不仅在俄国较大的城市建立，在远东地区偏远山村也有华侨社团组织。瞿秋白《饿乡纪程》载：赤塔有一旅俄东部西伯利亚总联合会，在后贝加尔省（Забайкалье）共有分会12处，侨商总计7万人，赤塔（Чита）当地有4000人。

二、华侨华人的生活状况

在俄国，华工被称为"苦力"、"老伯代"、"跑腿子"。早期赴俄华工生活在祖国被帝国主义列强欺凌、奴役、蚕食、瓜分的年代，在国内处于社会最底层，受到不平等待遇。他们背井离乡来到俄国，却依旧未改变被奴役、剥削的命运，受尽俄国人的奴役，付出与所得报酬和待遇不成正比。他们是弱势群体，缺少社会关注，大多从事俄国工人不愿意承担的最危险、最苦、最累、最脏的工作，每天工作10—16个小时，工作偶有疏忽或误差就被监工殴打辱骂，人身安全也无法保障，只有少数精通俄语的"俄国通"或者与俄国妇女通婚的华侨生活较好。在远东开发建设中，华工用鲜血和生命书写了一部奋斗、辛酸的血泪史。

路途遥远。华工大多贫苦无依，没有川资，只好边乞讨边务工，赴俄路途遥远，淘金路上，华工历尽千辛万苦。据早期曾在俄国雅库特麒麟金沟淘金的黑河工人阎嘉林回忆："从黑河对岸到麒麟金沟约1500公里，开创初期没有路，所需食品和生活用品要到1500公里以外的地方靠牲畜驮运或人背，需要步行 50 天左右,穿越原始大森林才能到达。"①采金工人穿着过膝的杂皮靰鞡,拄着木棍,行走在荒无人烟地带,路途中不知要穿越多少道塔头塘,到了晚上大家围着火堆,倚着树干休息。深夜天凉,他们冻醒后就在树林子里跑步以增强抗寒能力,长时间走路每人脚下都磨出水泡,粮食需要省着吃,不足时就采山野菜充饥。由于路途遥远,有的人未到工作地点,就因体力不支、疾病、饥饿等原因,客死异国他乡。

居无定所。华工大多是季节性工人,贫穷不堪,到俄国是为了实现养家糊口的淘金梦想。他们居住场所经常根据工作地点变化而变化,居住地大多拥挤、潮湿、破旧。在城市里务工的华工大多生活在远离城市中心的地方,居住条件稍好些。修建铁路、要塞的工人,居住条件极其恶劣。所谓房子,就是由几块破板子搭建、四面漏风,几人甚至上百人居住在一起。1875 年,符拉迪沃斯托克政府就以卫生和防疫为由,限定华人居住范围;1892 年,布拉戈维申斯克市(Благовещенск)杜马提出关于将华人迁居在专门地区的决议;1902 年、1903 年尼科利斯克—乌苏里斯克、哈巴罗夫斯克分别建立中国人和朝鲜人居住地。据不完全统计,1910 年,远东地区华侨人数超过 5 万人,其中有 4 万余人没有固定的居住场所。

环境恶劣。华侨在俄国人划定的范围居住,形成独立性和封闭性的华人区。19 世纪末符拉迪沃斯托克谢苗诺夫斯基大街中,华人区的房子被很多公共通道连接在一起,纵横阡陌,四通八达,宛若"迷宫"一样。在华人街里有烟馆、妓院、赌坊、理发店以及大量生意红火的小饭馆。每逢晚上,这里大部分房屋都成为华工的客栈,住宅和娱乐场所窗前的纸灯笼火灯通明,华人区的院落变成了闹市,上空烟雾缭绕,房屋顶棚黏附着厚厚的油烟,华工顺着楼梯爬上爬下,穿梭于通道和内院之间,符拉迪沃斯托克的"百万华人区"是华侨生活的真实写照。远东其他城市的华人区也是这番景象,由于生活条件简陋,华侨的工作地点也经常是居住地和就餐的地方。1908 年《远东报》记载:"在金角湾观察中国船工是件有趣的事情,早餐或者太阳落山之前,每艘船都成为厨房,船头点火做饭,中国人在小案板上使劲揉着面团,做面条和饺子。"由于种

---

① 《旅俄华人史料选》,黑河文史资料第八辑,1991 年,第 101 页。

族歧视,华工在人格上得不到尊重,不仅受到俄国雇主的残酷剥削、凌辱、压迫,还受到中国工头的克扣,吃不饱穿不暖,境遇非常悲惨。采金矿上的劳动繁重而艰苦,春秋两季华工的脚都泡在坑道的水里,严重损害健康,他们的命运完全掌握在工头和宪兵的手里。

卫生条件差。华侨不仅居无定所,卫生条件也非常差,达不到卫生标准,常常暴发疫情。阿穆尔沿岸地区华工的居住条件非常恶劣,住处非常狭窄、拥挤,一所紧挨一所,几乎连接在一起。华工住房紧张,居住环境、饮食条件差,饮用水遭到污染,无法洗净食品,医疗卫生无法得到保障,各种疾病容易滋生蔓延,流行伤寒和其他传染病发病率、死亡率很高,在滨海边疆区多次发生霍乱疫情。1886 年,符拉迪沃斯托克的疫情扩散到其他华人居民点。1894 年,符拉迪沃斯托克暴发了瘟疫,在 141 例病例中,中国人死亡 101 人。[1] 1890 年和 1895 年,在新基辅斯克、波西耶特等地都发生了霍乱,仅 1895 年华侨就死亡 320 例。1902 年 6 月至 9 月间,中东铁路地带霍乱爆发,工人患病死亡率高达 62% 以上。1909 年,符拉迪沃斯托克发生霍乱,中国人死亡 55 人。

医疗条件简单。19 世纪下半叶到 20 世纪初,远东地区医疗服务组织和医疗机构尚未健全,仅在几个城市中某些居民点设有医院和医务所。然而,这些医疗机构条件简陋,空间狭小,设备陈旧,医护人员奇缺,有一半的医务所都因医生不足而停业。分散在俄罗斯岛到哈巴罗夫斯克建筑工程的 8796 名工人中,只有 1 名医生提供医疗服务。阿穆尔州金矿的医疗条件也很差,平均每 3 个金矿有 1 名医生和 1 名医护人员,31 号金矿里只配备 1 名医护人员。

由于种族歧视,华工工作时间长、工作量大,工资比俄国工人低,还经常受到凌辱欺诈,他们忍辱偷生,挣扎在死亡线上。

三、中俄通婚

19 世纪末,俄国加快远东地区开发进程,由于俄国劳动力匮乏,许多直隶、山东、东北等地丧失土地的农民、破产的小手工业生产者远涉重洋赴俄务

---

① ［俄］索罗维耶夫·费德罗·弗拉迪米洛维奇:《资本主义时代俄远东的华人劳务(1861—1917)》,莫斯科:"科学"出版社,1989 年,俄文版,第 83 页。

工,在符拉迪沃斯托克港(Владивосток)、西伯利亚大铁路(Транссибирская магистраль)、乌苏里(Уссури)区段的各类项目建设中,都有华工辛勤劳动的身影。在俄国一些城市行业中,华工占据主导地位。1910年俄国资料统计,在俄国从事公务劳动以及在金矿和乌苏里铁路工作的外国人共有51404人,其中华工占95%以上。[1] 1910年,阿穆尔省、滨海省的金矿共有343个,产值达950万卢布,在这些矿上华工所占的比例高达82.3%。[2]

随着赴俄人数不断增多,远东地区逐渐形成一个庞大的华侨群体,其显著特点是男女比例严重失衡,如1898年,在符拉迪沃斯托克的华侨男女人数比例为10121∶60;在哈巴罗夫斯克男女比例为3608∶33,在尼古拉耶夫斯克男女人数比例为1106∶3。在1900年,哈巴罗夫斯克共有2100名中国男子,只有7名中国女子。[3]

Д.И.Рейдер曾游历乌苏里边疆区,他指出:"这里几乎见不到中国妇女,好像她们在这个世界里不存在。"[4]

为了开发远东,俄国政府有计划地向远东地区移民,成分大多是农民,俄国女性占有一定比例。远东地区路途遥远,华侨赴俄困难重重,生活环境恶劣,工作环境差,家眷无法随同,由于男女比例失衡,这为跨国婚姻提供契机,中俄民间贸易也为中俄通婚提供发展空间。年轻华侨大多以当地少数民族那乃族、鄂伦春族以及俄国女子为妻。关于俄国人和中国人的混合婚姻问题,现代媒体将其视为"黄色扩张"[5]。在19世纪末至20世纪初,跨国婚姻属于常见现象。那时候,大批华工和华商在生产劳动与生活中与俄国女子相识并互生情愫,中国男子勤劳、务实、责任心强、不酗酒等好品质获得俄国女子的青睐,许多华侨常娶俄国女子为妻。这一时期中俄通婚人数不断上升,提高了阿穆

---

① [俄]伊·巴比切夫:《在远东参加国内战争的中国朝鲜劳动者》,转引自李永昌:《旅俄华工与十月革命》,河北教育出版社1988年版,第19页。

② 王晶:《旅俄华工与俄属远东地区的经济开发》,《西伯利亚研究》1996年第4期。

③ [俄]阿·茹科夫:《哈巴罗夫斯克的中国人》,"俄罗斯的远东:历史的经验及当代领土的开发与栖居问题"会议论文第一部分,哈巴罗夫斯克,2001年,第55—59页。

④ [俄]达·伊·施列吉尔:《我们的远东》(在乌苏里斯克区的三年),圣彼得堡:德夫里安出版社,1897年,俄文版,第213页。

⑤ 《族际通婚:幸福还是危险?》,俄罗斯真理,2003年10月9日,来自网址:URL: http://www.pravda.ru/sport/cupper/09-10-2003/38830-brak-0/。

尔地区和滨海边疆区域华侨婚姻数量。

俄国法律规定,华侨必须正式加入东正教,且经过教堂正式洗礼,方可与有身份、身体健康的俄国妇女通婚。只有与俄国女子通婚,华侨才能实现合法留居俄国,这是获取俄国国籍的唯一方式。许多华侨无法摈弃中国传统文化,与当地俄国女子成婚,仅限于双方自愿的事实婚姻,根本无法得到法律保护。据统计,当年沿额尔古纳河的村落中有 33 对这类中俄混合婚姻。俄国地方政府对于中俄通婚持谨慎态度。因为,许多青壮年华侨早已在家乡完婚,妻子在家照顾公婆和孩子,他们再与俄国女人结婚已属于重婚。如果俄国女人婚后不跟随丈夫回到国内便被遗弃。俄国法律规定,如果俄国女人与华侨通婚,无法继续在俄国生活,定居到中国的俄国女子和他们的子女将自动失去俄国国籍。许多俄国女人无法抛弃家庭,只好选择放弃俄国国籍,与丈夫一同返回国内留居。

19 世纪 20 至 30 年代,由于华侨的政治、经济地位不断提高,中俄通婚人数也逐步增多。在 1923 年,滨海省共有华人 37608 人,占当地居民数量的 7.2%。[1] 他们中部分男子娶苏联女子为妻,并在当地留居。E. H. Чернолуцкая 指出,1938—1939 年,苏联政府开始了驱逐中国人出境,部分中国百姓不愿意回国。在 1939 年,滨海边疆区的混合家庭(181 人)被遣送至哈萨克斯坦,被逮捕的中国人还有他们的苏联妻子、孩子共有 1030 人。[2] 在滨海边疆区的档案馆有文件证实,在 1938 年,从乌苏里州随同中国居民出境到中国的苏联人共有 194 人。这些苏联女人年龄在二十岁左右,她们嫁给中国人为妻。同时,从乌苏里州向阿穆尔州遣送具有苏联国籍的华人及其妻子儿女共有 554 人。[3]

20 世纪 20—50 年代,由于政治因素,中俄通婚数量有所增加。由于特殊

① 〔俄〕阿·谢·瓦舒科:《二十世纪滨海边疆区的民族迁移过程》,符拉迪沃斯托克:俄罗斯科学院远东分院出版社,2020 年,俄文版,第 79 页。

② 〔俄〕叶·尼·契尔诺卢茨卡雅:《滨海边疆区驱逐出境的中国人》,17 世纪和 20 世纪阿穆尔和滨海边疆区的开发及迁移的历史经验(波亚尔科夫在攻阿穆尔战役 350 周年之际)国际会议资料,第二部分,符拉迪沃斯托克,1993 年,第 80 页。

③ 〔俄〕亚·吉·拉林:《俄罗斯的华侨:历史与当代》,莫斯科:东方之书出版社,2009 年,俄文版,第 27—37 页。

的地理位置,在中俄边境地区有许多中俄通婚家庭,形成独具特色的俄罗斯村屯,促进中俄边民在饮食、语言、服饰、文化等方面的融合。俄罗斯学者认为,中国政府积极提倡和大力支持中俄通婚,是为了同化俄罗斯民族。我们远东地区的邻居就是利用跨国婚姻这种形式,来和我们进行民族融合。① 此论断缺少理论依据,中俄婚姻都是双方自愿,具有一定感情基础。这种混合婚姻的结晶——中俄混血孩子具有先天的优势,他们可以把汉语和俄语都作为母语熟练掌握,在两种不同文化的融合下接受教育,把俄国人和中国人都能当作本民族人,不存在跨文化交际障碍。而对于孩子未来的成长而言,不存在"本民族的"和"他民族的"意识划分问题,他们对另一种文化采取绝对包容的态度。

1. 独具特色的俄罗斯村屯

由于战争等原因,俄国男女比例严重失衡。与俄国远东地区毗邻的中国,由于连年战乱、灾荒频发,为了谋生,贫苦男性大多只身到东北地区,通过中俄边境地区赴俄国远东地区谋生。20 世纪初,黑龙江上中游中俄边境地区的漠河、呼玛、黑河、逊克、嘉荫等地不仅是赴俄的重要通道,也是华侨归国的离散地和留居地,当年有许多华商、华工与当地俄国女子通婚后回国定居。由于中俄通婚人数多,黑龙江沿岸逐渐形成独具特色的俄罗斯村屯,仅黑河市爱辉区就有张地营子乡小新屯俄罗斯民族村、白石砬子俄罗斯民族村、爱辉镇外四道沟俄罗斯民族村,还有逊克县边疆乡,这些村屯形成区域性的民族融合。

黑河市沿江附近有许多岛屿,距离俄岸几十米,赴俄方便快捷,是赴俄重要通道和华侨留居地。1928 年,曾在俄国腾达麒麟金矿"沙金"的山东华工刘松山与苏联雇主的女儿秋达国娃结婚。1931 年,他们积攒一点钱财后带着长子刘全福坐着马爬犁过江到黑河定居;20 世纪初,山东人徐鹏远在俄国行商时娶俄国富商女儿安托妮娜·娌润里娜·依莎润瓦为妻,后到黑河开办逢源金厂、德昌火磨公司、万福广酒庄、恒曜电灯公司,创建振边酒厂,成为名震东

---

① ［俄］维·伊·加特洛夫:《当代贸易少数群体:稳定或是冲突因素?》,莫斯科:纳塔利斯出版社,2000 年,俄文版,第 121 页。

北的民族企业家;青年时期杨显章到苏联求学,思想不断进步,加入苏联共产党,后娶苏联女子为妻。[①] 1936 年,他受苏联远东情报部门的派遣,秘密返回中国,秘密开展抗日活动。

嘉荫县隔黑龙江与俄罗斯阿穆尔州(Амурсеая область)、哈巴罗夫斯克边疆区(Хабаровский край)、比罗比詹犹太自治州(Биробиджан-Еврейская автономная область)的 11 个城镇隔江相望。嘉荫县的朝阳镇、乌云镇、常胜乡、向阳乡、红光乡、保兴乡为沿江乡镇,中俄后裔主要聚居在这些村屯,尤其是常胜乡、乌云镇等地最为集中。张荣花父亲张本瑞,祖籍山东,20 世纪初闯关东来到黑龙江上游湖通镇(在呼玛下游)淘金。索尼卡 1894 年出生于俄国锡蒙诺沃镇,19 岁时与在此镇务工的中国男人结婚。十月革命后随丈夫移居中国湖通镇,丈夫去世后,索尼卡改嫁善良勤俭的张本瑞;王秋红的母亲西道诺夫娜,祖籍乌克兰,二战中参加苏联红军,在野战医院当护士。1945 年初,她来到嘉荫县常胜乡对面的赖奇欣斯克野战医院。年轻漂亮的西道诺夫娜短时间内意外结识了在当地经商的中国侨民王进才,[②]年轻人从爱慕到相恋。不久,一次意外变故彻底改变她的人生。王进才父亲病重,无钱治病,淳朴的西道诺夫娜帮助筹钱,请一周的假跟随王进才到黑龙江常胜乡,把钱交给王进才的老乡后,准备折返到布列亚(Бурея)。但形势突发变化,苏日即将交火,日本侵略者加强对界江监控,数次返回计划均失败。假期已过,西道诺夫娜被迫留居在常胜乡,两年后二人成家。

在黑呼公路 110 公里处的黑河市爱辉区张地营子乡小新屯俄罗斯民族村已有近百年的历史。东与俄罗斯隔江相望,是黑河连接大兴安岭地区的必经之路。该村与俄罗斯村镇谢尔盖耶夫卡、马尔柯沃等仅一江之隔。20 世纪初,一些单身汉赴俄谋生娶妻后在此留居。刘文胜最早在江心岛开设酒柜,并娶俄国姑娘为妻。刘文胜,1893 年出生于山东省,1910 年前后他到俄国谢尔盖耶夫卡、马尔柯沃一带谋生。1929 年中东路事件后,刘文胜带着年仅 19 岁的

---

① 宁艳红:《中俄边境地区旅俄华侨在抗日战争中的贡献》,《黑河学院学报》2015 年10 月。

② 潘华、谢春河、师清芳:《黑龙江省嘉荫县沿江地区俄裔状况考察》,《黑龙江史志》2008年 3 月。

华侨赵彦邦和他的妻子

俄国新婚妻子安娜·安德列夫·牛拉科从马尔柯沃附近乘坐自制木排返回中国，落脚小新屯。夫妻二人共育有三女四男，子孙已多达九十余口；丁红山祖籍山东，20世纪初经黑河前往俄国务工并娶俄国女子为妻。1925年，他携带妻子返回中国定居在小新屯。他们一共生育三女二男，其中有一个姑娘在20世纪50年代随俄裔丈夫回迁苏联，至今仍与国内亲属保持联系；在中俄开交通时期，山东华商张福盛经常往返于中俄两国之间，背着酒桶沿街叫卖，逐渐引起一位俄国富农女儿的青睐，两人互生情愫，结为连理。1911年，28岁的张福盛带着俄国妻子来到黑河张地营子乡上游1公里处，距离黑河岸边15米的东夹信子岛经营玉盛和酒柜。如今小新屯俄罗斯民族村华俄后裔已经繁衍到第四、第五代，该村有华俄后裔48户142人，占全村人口的55%。

孙吴县沿江乡哈达彦村与俄远东地区康斯坦丁诺夫卡区隔江相望，两地直线距离不到18公里。20世纪初期有10个俄国女人过江来到哈达彦与当地村民结婚。河北省黄骅县的赵彦邦，青年时闯关东到东北，1918年，他来到中苏边境娶妻娜塔莉娅后定居在孙吴县哈达彦村。截至2016年9月，哈达彦村有人口331户1142人，俄罗斯人口36户113人，成为边境特色的俄罗斯民族村。

黑河市逊克县边疆镇俄罗斯民族村俗称"小丁子村"，已有100余年的历史，位于逊克县城下游12.5公里处，北与俄罗斯阿穆尔州米哈伊洛夫区首府波雅尔科沃镇隔江相望。当年许多闯关东的山东人在苏联娶妻后回国在此定居。逊克县边疆乡苗平章是山东平度县人，19世纪末，他与父亲到俄国波雅尔科沃谋生，学会照相技术，走街串巷照相。1909年，38岁单身的苗平章娶18岁俄国少女伊琳娜为妻，婚后共同养育五个子女。1932年，四儿子苗忠林，俄名瓦西里,出生于阿穆尔州米哈伊洛夫地区波雅尔科沃镇,1933 年,为了躲避边境战乱,苗平章带着妻儿迁入逊克县边疆村。1926 年,勤劳善良的山东人马福邦在苏联经商与苏联少女菲利道娃·安娜·米哈洛芙娜相识,婚后二人回到逊克定居,为了丈夫和家庭,她离开苏联 59 年,至死没有回国,长眠于黑龙江畔,默默守望着黑土地。王维德的奶奶是乌克兰人,姥姥是白俄罗斯人,他的爷爷和姥爷都曾有闯关东到东北,后到俄国娶妻生子的经历。他的父亲和妻子的姐姐都在俄国出生,是典型的中俄通婚家庭,他们一家是中苏关系发展和变化的见证人和经历者。尹秀兰,1935 年生于苏联。其母为苏联人,1942 年春她跟随父母移居逊克县边疆村。尹秀兰的婆婆是苏联人,公公是山东人,年轻时曾在苏联波雅尔科沃开中国餐馆,后举家前往逊克县边疆村。赵世奎的父亲是中国人,母亲是苏联人。他在苏联出生,在他一岁时,跟随父亲坐着马爬犁回到"小丁子"村。2003 年,"小丁子村"更名为逊克县边疆乡俄罗斯民族村,这也是我国第一个俄罗斯民族村。2016 年,逊克县边疆乡俄罗斯民族村有农户 276 户 1084 人,其中俄罗斯族 114 户 327 人,占全村总户数的 41%。

中俄通婚的后代明显带有欧洲人的体貌特征。早年,黑龙江畔经常有俄罗斯妇女漫步,她们在中国最多生活几十年,早已熟悉并适应当地的生活环境,这里早已成为她们的第二故乡,她们能听懂并使用汉语和当地人交流,只有与俄罗斯人交谈时才使用母语,他们的后代已经完全汉化,几乎不会使用俄语。

华侨具有很深的故乡情结,一旦生活条件好转,积累一定钱财后,便携妻带子回到故乡。中俄通婚家庭不仅落户在中俄边境地区,也曾回归故乡。许多浙江省青田县人漂洋过海到俄国谋生并娶妻生子。山口黄坑底村蒋阿城,1915 年赴俄国贩卖青田石,后转为劳工,与俄国姑娘罗曼谢结为伉俪,在俄生活 19 年。1934 年,蒋阿城带着妻女回到故乡山口黄坑底。1936 年 6 月 2 日,国民政府内政部核准青田县旅苏华侨赵耀令、邱珠普、叶金山、蒋德斋、陈寅清、陈作彬、林令元、裴碎乃 8 人的原苏联籍妻子加入中国籍,青田县政府为其办理户籍登记。

2. 生活在俄罗斯的华裔

中俄混合家庭不仅落户中国边境地区,还选择在俄国留居。布拉戈维申斯克市的尼古琳娜,她的曾祖母是俄国吉卜赛女郎,姓塔兰。在远东她的曾祖母与中国富商王旭林(音译)相识结婚。王旭林婚后改用妻子的姓氏。家史中没留下什么文字记载,塔兰的后代们只记得,先辈们曾经住在阿穆尔州坦波夫卡,那里有许多淘金的华工。1927 年,尼古琳娜的奶奶出生,家族人丁兴旺。20 世纪 30 年代,苏联"大清洗"肃清远东地区华侨,塔兰家族一夜之间家贫如洗。如今,老奶奶八十多岁,当年跟随父亲学的汉语几乎全部忘记,只留下少量的生活用语。后来她的兄弟娶了来俄经商的中国女孩,后代的外貌特征与华人无异。

生活在布拉戈维申斯克市 83 岁的周金娜,就是俄籍华人。她的父亲周光甲是黑龙江省嫩江县人,早年赴俄国务工,是共产国际远东情报员。周光甲曾娶苏联女子为妻,离异后只身带着年幼的儿女生活。抗日战争爆发后,周光甲只身回国参加抗战,把女儿周金娜及儿子留在苏联。新中国成立后周光甲到苏联寻找周金娜姐弟,不幸的是由于战争和饥饿,儿子早早离开人世,周金娜随父亲回到沈阳阜新一所大学里工作。由于不适应环境,加上逃离婚姻的束缚,她返回苏联生活。如今她和儿孙们生活在布拉戈维申斯克,周金娜能简单使用汉语,儿孙们完全俄化,并加入俄罗斯国籍。

生活在布拉戈维申斯克的波波夫一家是中俄混合家庭,如今已是第五代,为铭记先辈移民俄国的艰辛历史,他们把 1906 年祖上的入籍申请和俄国政府颁发的入籍证明供奉在客厅窗台的一角,已经供奉了一百年。波波夫的曾孙说,19 世纪末 20 世纪初,他的祖上在赤塔州皈依东正教后入籍,后来全家到阿穆尔州生活。1937 年爷爷曾被任命为乌兰乌德监狱的典狱长。

在布拉戈维申斯克建筑公司工作的吉马,是中俄通婚的后代,他的太爷和太姥爷都是中国人,太奶和太姥都是乌克兰人,他的太奶 1905 年出生,名字叫阿霞。他的太爷在阿穆尔河畔收购黄金到哈尔滨出售或者加工。在苏联国内战争时期,苏联红军杀害他的太爷并没收其全部财产,他的太奶带着孩子们逃难到哈尔滨。1955 年,他的太奶带着孩子们回到苏联,吉马的相貌和中国人无异,只能简单使用汉语。

1890 年,张思昌出生在山东烟台。20 世纪 30 年代,张思昌在滨海边疆区丘古耶夫卡村组建中俄家庭,他的妻子是收大烟债顶账的那乃人。1937 年,张思昌夫妇搬迁到阿穆尔州的谢列姆金斯克区的科博尔多村定居,以种植烟草换取生活费用。1957 年,张思昌欲举家回国,遗憾的是临行前,他因病去世,家人只好留居在布拉戈维申斯克,他的儿子会简单的汉语,其余人员只会俄语。如今他的重孙女叶琳娜与中国人结婚,再次组建中俄通婚家庭。截至 2012 年 5 月,别洛乌索夫—张思昌家族由 131 人组成,59 个男性和 72 个女性。至今在阿穆尔州的结雅市还有许多采金华工的后裔,他们仍保留祖辈们

1947 年周光甲(左)与胶东军区政治部的同事魏梓林

留下的中国印记,如民国二年魁升堂出版的中俄通俗话本、铜铃铛、铁锅等。

中俄开交通时期黑河的徐树松在布拉戈维申斯克皮鞋厂务工,1931 年,日军占领东北后,边境封锁,无法回国。他到伊尔库茨克与苏联女人安娜结婚,后到吉尔吉斯斯坦加盟共和国伏龙芝定居;苏籍华人南国安早年与家人怄气从黑河过江到布拉戈维申斯克,被关进苏联监狱十年。服刑期间正赶上苏德战争缺乏粮食,吃不饱,由于他从事木工需要体力才给饭吃,释放后他娶妻加入苏联国籍,儿子萨沙只会俄语,完全俄化。

20 世纪二三十年代留居在苏联的华侨,有的加入苏联国籍,享受苏联公民的权利和义务,他们加入集体农庄,参与苏联的社会主义现代化建设。

这一时期,俄国对外国人加入俄国国籍管理严格,手续繁杂,除等待时间

较长外,还硬性规定:如申请人必须在俄国境内住满五年以上,必须皈依东正教等,但是大多数华侨不愿意在俄国生活,加入俄国国籍的主观愿望不强,回国返乡是他们最大的愿望。

第三节　华侨华人的职业状况

为了开发远东,俄国政府制定一系列优惠政策,吸引外国劳动力弥补本国劳动力的不足。受俄国宽松的招募条件吸引,大批华工辗转赴俄。

十月革命以前,在远东经济开发中华侨的业态广泛,包括资源开采与加工、交通与通信、建筑、贸易、服务业、农业等各个领域,华工大多从事单一、技术含量低的体力劳动,如仆役、伐木、船舶、采石、修路、航运、捕捞、渔猎、采集和与城市建筑行业相关的细木工、石工、石雕工、房屋油漆工、砖瓦匠等。那些需要技术及创造力的岗位由俄国人承担,单调、乏味又笨重的岗位由华工承担。

华工朴实憨厚、任劳任怨,虽然工资只是俄国工人的二分之一,甚至三分之一,但是他们认真完成工作,不酗酒、不偷懒,俄国的企业主和资本家非常愿意雇用廉价的华工。海兰泡交易所委员会 1897 年调查资料显示,在纤维、畜产品、金属以及非酒类的饮料加工和生产工业中,俄国工人要占优势。反之,在矿物加工业(制砖、石灰焙烧)、化学及与此有关的生产(煮盐)、制酒以及食品加工业(磨面与碾米)中,黄种人——主要是中国人占大多数。工业家和商人较少,如在阿穆尔省他们只占当地中国人总数的 4.4%。① 全区黄种工人的主要成分是壮工(即从事简单劳动的没有专门技术的工人)、木工和泥石匠。在滨海省,从事这三类职业的工人,在全部工人总数中所占的比例如下:壮工41.7%,木工 26.4%,泥石匠 16.4%。而且,中国人和朝鲜人又占壮工总数的81.5%,占泥石匠总数的 96.8%,占木工总数的 79.4%。在阿穆尔省,黄种工

---

① 　[俄]伊·巴比切夫:《在远东参加国内战争的中国朝鲜劳动者》,塔什干:乌兹别克斯坦苏维埃社会主义共和国国家出版社,1959 年,俄文版,第10—12 页。

人多半也从事这类职业。[①] 在采金部门,华工人数占较大比例。

一、生活在社会最底层的旅俄华工

俄国企业家们认为华工头脑灵活,性格温和,不拖家带口,对工作条件、生活环境以及工作性质不挑剔,无不良嗜好。所以,俄国业主非常愿意雇用廉价的华工。俄国城市里华工在各行业所占的比例较高,占据主导地位。据1910年俄国政府官方统计资料,在俄国从事公务劳动,以及在金矿和乌苏里铁路工作的外国人共有51404人,其中华工占95%以上。[②] 1911年旅俄华工占滨海省硅酸盐工业劳动力总数的92.5%,占森林工业劳动力总数的67.1%,占码头行业劳动力总数的57.8%,占乌苏里铁路劳动力总数的53.3%,占阿穆尔河流域船舶劳动力总数的32.8%。1913年占远东采金业劳动力总额的87.6%。[③] 以上数字说明华工在远东大开发中的地位和作用。华工所占比例较高与远东地区大规模移民密切相关,大批华工的涌入促进当地的经济发展。

19世纪80年代,阿穆尔省和滨海省成为俄国最大的木材加工和外运基地,俄国政府从木材砍伐和木材加工业中获得巨额收入,远东地区的木材制造与加工业发展较快,逐步向大机器生产过渡,工业快速发展,产值不断上升,远东经济进入资本主义原始积累时期。1906年阿穆尔省(Амурская губерния)有工厂424家,产值5255094卢布,工人2322人。1910年工厂增加到892个,产值达到8918720卢布,工人4173个;滨海省(Приморская губерния)1906年有工厂1007个,1910年增加到1280个,产值也从3208800卢布增加到9809700卢布,工人从4273个增加到6100个。[④]

1910年,远东地区共有120万俄罗斯人,中国人口占总人口的10%—

---

① 〔俄〕弗·格拉维:《阿穆尔沿岸地区的中国人、朝鲜人、日本人》,圣彼得堡,1912年,俄文版,第74—75页。(原件现存于阿穆尔州图书馆)

② 〔俄〕伊·巴比切夫:《在远东参加国内战争的中国朝鲜劳动者》,塔什干:乌兹别克斯坦苏维埃社会主义共和国国家出版社,1959年,俄文版。

③ 〔俄〕弗·卡尔鲁索夫:《俄罗斯远东的中国机关:历史经济分析》,符拉迪沃斯托克:远东问题,2002年,俄文版,第3页。

④ 〔俄〕翁特尔别格:《阿穆尔边区(1906—1910年)》,圣彼得堡,1912年,俄文版,附录6。

12%,然而他们的经济贡献是巨大的,远远大于其在该地区的人口统计上的数字。① 因此,华工是远东地区劳动力市场的重要劳动力资源,成为远东资本积累过程中不可或缺的生力军,加快远东大开发的步伐。

1. 采金工人

金矿业对于俄国经济发展具有重大意义。19 世纪 50 年代以前,俄国黄金开采地主要集中在乌拉尔和西伯利亚地区(Уральский и Сибирский районы)。由于远东地区出台优惠的移民政策,移民人数与农业经济的快速增长,拉动了边疆工业的发展,特别是黑龙江(Хэйлунцзян)、乌苏里江(Река Уссури)沿岸金矿的开采。

阿穆尔州和滨海边疆区金矿开采始于 1866 年。从 19 世纪 70 年代中期开始,数百名华工到远东采金场做工,随着俄采金业的发展,华工人数越来越多,占较大比例。1900 年,阿穆尔州(Амурская область)共有 204 个金矿,采金量达 493 普特(沙皇时期俄国的主要计量单位之一,1 普特 = 40 俄磅 ≈ 16.38 千克)。1907 年在阿穆尔河(Река Амур)沿岸区有 206 家金矿开工运转,俄国工人仅占三分之一。1910 年,阿穆尔省、滨海省的金矿共有 343 个,产值达 950 万卢布,在这些矿上华工所占的比例高达 82.3%。② 以加林达金矿为例,1906 年雇用华工最少,人数为 5933 人,之后华工采金人数逐年上升,1909 年雇用华工最多,人数为 30429,实际数字与之相差甚远,大部分华工分散在泰加森林,无法统计。在远东阿穆尔金矿华工人数占据首位,仅在阿穆尔私人矿上的华工就有 12239 人。国内金矿工人也大批赴俄,在俄国境内采金场中,华工占采金工人的绝大部分。据赵春芳的《边务采辑报告书》中记载:"宣统三年,由于中国漠河金矿管理不善,官与民争利,小民无利可图,所以数年前商人矿丁尽行迫入俄界金厂,除俄界华侨商人外,充当矿丁者不下 10 数万人。"③另据刘文嘉《收回俄厂华侨之办法》中记载:"我国矿丁在俄国金厂

---

① 亚·格·拉林:《旅俄华侨简史(1850—1920)》,"中央研究院"近代史研究所:《"中央研究院"近代史研究所集刊》,台湾:1995 年,第 24 期下册。

② 王晶:《旅俄华工与俄属远东地区的经济开发》,《西伯利亚研究》1996 年第 4 期。

③ 赵春芳:《边务采辑报告书》,宣统三年,"呈民政司宪宋禀条陈要政四则由",中山大学图书馆,1918 年。

工作者,较在本国金厂之工居多数。如黄河金厂华侨二万余人,葛拉毕之金厂华侨一万余人,曰林特金厂华侨七千余人,李瞒子金厂华侨九千余人,麒麟甲金厂华侨一万余人,统计六万六千余人。"①

没有华工的辛勤付出与努力,俄国采金业就无法发展与壮大,华工承担远东地区采金业的重要工作任务。20世纪初,薪金低廉的华工使俄国金矿开采业度过了经济危机。

2. 修路工人

华工除采金外,大多数人还修筑铁路。华工们参与符拉迪沃斯托克港口、西伯利亚大铁路、乌苏里区段的军事和交通设施项目建设,冒着严寒与酷暑日夜奋战在铁路建设的每一个角落。

1891年,西伯利亚大铁路乌苏里区段破土动工,筑路工程的绝大部分由华工完成,他们克服重重困难,在极其恶劣的环境中完成建设工作,经常有雪崩等意外事故造成人员伤亡。

建设乌苏里铁路的华工主要来自山东省。春季满载着华工的轮船自芝罘出发,开往符拉迪沃斯托克,每年人数高达1万多人。俄国建筑工期大多在4月到10月,阿穆尔河沿岸各地,建筑工期各不相同。如,边疆区北部的尼古拉耶夫斯克的工程以及阿穆尔铁路基建工程,每年的工期只持续5个月,南方地区工期就会延长。边疆区年平均工期为6.5个月,沿海地区是8—12个月,阿穆尔州只有5个月。由于工期长,滨海边疆区华工的工资会比阿穆尔州华工工资高一些。在阿穆尔河沿岸的私营企业中,工期的平均期限将近8个月。因此,私营企业的华工工资较国营企业具有较大优势。没有华工的辛勤付出,就无法顺利完成俄国西伯利亚大铁路、摩尔曼斯克铁路的建设,在远东地区的布拉戈维申斯克、哈巴罗夫斯克、符拉迪沃斯托克等地的官方工程中,华工洒满辛勤的汗水。

3. 仆役

19世纪末20世纪初华工从事职业广泛,在远东地区工业、农业、商业等行业中到处可见其辛勤劳作的身影,他们还从事种花、挑水、洗衣、做饭等繁杂

---

① 《刘文嘉关于争取俄厂华侨回国办厂办法建议案》,黑龙江矿物辑要,1915年。

的家政服务。他们勤劳朴实，踏实肯干，思维敏捷，接受事物较快，认真完成雇主交办的各项工作任务，服从安排，熟练掌握生活用语，具有俄国仆役无法比拟的优点。在远东各地大多数富裕家庭都雇用华工从事各种杂役，他们大部分从事缝补、洗衣、挑水、园艺、清扫等手工体力劳动。其中有女华工，她们只占华工总数的极少一部分，她们学习俄语能力较弱，不能长期从事此项工作，大多数人只能从事短工、季节工。女佣人工资较低，一个月只有 12 卢布，男仆役大多从事繁忙的重体力工作。

20 世纪初，正值中俄边境开交通时期，黑河与布拉戈维申斯克一江之隔，江上有摆渡船，乘船渡江只需要 5 戈比，方便快捷。在布拉戈维申斯克赚钱方便，华工劈 1 天木桦子能净挣 20 戈比；饭菜经济实惠，1 斤面包 4 戈比，每顿饭花费不到 10 戈比。因此，渡江赴俄从事仆役的人数较多。1914 年，中俄边境霍尔莫津卡华俄越界营业表记载：4—10 月赴俄佣工 74 人，其中 5 人在俄国轮船上包饭，3 人铁匠，20 人割地、42 人打场。[①] 仆役的工资非常低，俄国雇主大多不负责膳食，他们大多通过中介组织或者乡邻帮助寻找工作。

同期，黑龙江省萝北县对岸的俄国人喜欢种植大烟，每年农历六月，华人到对岸俄境割大烟，每割完一季能赚取烟土 20 两左右（16 两秤），而当年此地买一头上等公牛或者一匹役马只用 8—10 两就可以买到。

在仆役中不乏聪慧精明者，他们不仅赚钱，还学习技术知识。山东籍华侨黄诚礼曾经在布拉戈维申斯克某工程师家作仆役，由于他聪慧善学，深得雇主喜爱。雇主教授自家孩子学习造船知识时，他就在一旁偷艺，几年后他娶俄国妻子为妻并回到黑河安家落户。1947 年他带领技术工人，设计制作黑河第一艘"泽东号"轮船，后改为黑河号，开辟黑河轮船业发展之始。

俄国人满意中国仆役的工作，唯一让他们恐慌的是，某一天，这些仆役从俄国土地上一夜消失，他们无法适应没有华工的生活。

4. 船运工人

华工在远东地区近海运输业中占据重要地位。在远东地区最普遍的交通方式是海上运输。在符拉迪沃斯托克贸易港口开放之前，国内沿海航行帆船

---

① 瑷珲档案馆，《霍尔莫津卡华俄越界营业表》，1914 年。

就在滨海边疆区海岸上航行。[①] 1860—1870 年,帆船队在奥利亚湾设立了主要船站。每年开春,许多载重量为 10 吨的帆船从中国到达此湾,在这停靠的黑色帆、平底型号的国内帆船达到 500—800 个。轮船运送的商品大多数为豆油、白酒、烟草、茶叶、盐、丝绸以及其他物品。华工用这些商品换购俄国的海带、海参、扇贝、螃蟹、人参、毛皮以及其他物品,这些物品都是由华侨猎户、渔民和阿穆尔河沿岸区本地居民采摘捕获的。在俄国远东的内河航运和远洋运输业中,华工发挥重要作用。1891 年,仅阿穆尔河航运中,就雇用了 506 名华工,占工人总数的 30%。[②] 在远东地区近海运输业的华工大多从事下等工作,如水手、厨师、司炉工、仆役。据远东贸易港口管理局资料显示,1899 年,只有 9 个外国船只在近海航行。中国船只及华工人数较多,有名的中国船只和船工有李兰亭船、福新兴船、鸿顺泰船、刘百顺船、刘书绅记、义顺兴记、义顺祥记、刘泮林记、义顺魁、王仁元记等。1909 年,远东地区贸易港口增加至 13 个俄国船只和 9 个外国船只。同年,俄国船只建立了 207 条航线,其中有 23 条外国航线。[③] 从 1903 年起,俄国船只要求统一配置俄国船员,由于远东地区俄国劳动力极度匮乏,雇用工资高,俄国船主常常雇用价格低廉的华工和中国船只从事近海运输业务。在波西耶特沿岸,在符拉迪沃斯托克和奥利亚湾之间,很多中国帆船和驳船在此航行、停泊。通航期华工驾驶的船只驶过港口的频率达 8—20 次,而另一部分船只,则每天在阿穆尔河和乌苏里湾水域通航。在俄国远东的内河航运和远洋运输业中,华工发挥极大的作用。随着西伯利亚大铁路的全线贯通,符拉迪沃斯托克港开展铁路海运联运业务,海洋运输量猛增,远东海洋运力不足,便利用外国商船,主要是中国帆船从事近海运输业务。

由于外国船只较多,俄国鉴于滨海区域的特殊地理位置,从安全角度考虑为外国近海船只划定航线,只有在非常时期,外国船队才可以进入滨海区域近海航行。1910 年,俄国杜马颁布法令,禁止外国船只在滨海边疆区邻近海域

---

① 宁艳红:《浅析早期旅俄华侨在俄国远东大开发中的作用》,《黑河学刊》2015 年第 1 期。

② 殷剑平:《远东早期开发中的外国劳工》(下),《西伯利亚研究》1997 年第 6 期。

③ [俄]索罗维耶夫·费德罗·弗拉迪米洛维奇:《资本主义时代俄远东的华人劳务(1861—1917)》,莫斯科:"科学"出版社,1989 年,俄文版,第 58 页。

从事货物运输,这是滨海地区对沿海港口使用外国船只的一项禁令,在法令颁布以前,中国运输船和其他国家船队一起垄断远东沿海的海洋运输。

削减和禁止中国人近海运输,会导致粮食等价格上涨,为了避免与中国人近海运输捆绑的消费者利益不受损失,俄国当局不允许把外国公民和船队开出去。远东著名研究者 B.E.格鲁兹多夫斯基的资料记载"最近一段时间,在小型近海运输和河运船上可能有 75%的中国服务人员"。①

5. 从事捕捞和采集的华工

远东地区人口稀少,森林广袤,自然资源丰富。1858 年之前,就有许多中国人在这里从事捕捞海产品和采摘森林土特产工作,过着日出而作、日落而息的生活。由于海洋捕捞、采集土特产利润丰厚,吸引大批华工加入,于是海洋捕捞业和森林特产采集业在滨海边疆区快速发展。华工沿着乌苏里江上游,到苏城、日本海沿岸,沿着伏锦河穿过锡霍特山脉到达阿瓦库莫夫卡和奥利加湾逐步分散,经过十年左右时间,苏城河(Река Сучан)、松树河(Река Судзухэ)流域遍布华侨生活的足迹,他们依照自西向东、沿着东北的路线前行,开垦耕地,建造房屋,以捕捞为生,也从事一些农耕生产,过着自给自足的生活。1879 年,南乌苏里共有 303 户华工渔猎者的房舍,兴凯湖区到绥芬河有 92 户,苏城区有 81 户,阿瓦库莫夫卡(Аввакумовка)区有 78 户。1884 年,北乌苏里边疆区有 85 处(个)华工房舍,住着 256 名华工。每年渔猎季节,大约有 300 名外来华工到北乌苏里边疆区。据统计,1879—1884 年乌苏里江流域有 2256—2356 个华工从事渔猎业。② 从此,乌苏里江流域的华工渔猎队伍不断扩大。1905—1910 年,乌苏里斯克边疆区共有 1.5 万名华工渔猎者。

20 世纪初,彼得大帝湾沿岸各种贝类海产丰富,在乌苏里沿岸地区有许多从事捕捞华工的房屋。每户拥有几条帆船,夏秋两季可捕捞大量的螃蟹、扇贝、乌蛤,在乌苏里江东岸各支流两岸还有不少华工潜水采集珍珠。乌苏里地区(Уссури)盛产人参,由于人参个儿大质优,采集利润高,吸引了很多采参

---

① [俄]米兹、安洽:《中国人在海参崴——符拉迪沃斯托克的历史篇章(1870—1938)》,社会科学文献出版社 2016 年版,第 44 页。

② [俄]索罗维耶夫·费德罗·弗拉迪米洛维奇:《资本主义时代俄远东的华人劳务(1861—1917)》,莫斯科:"科学"出版社,1989 年,俄文版,第 62 页。

者。采参者每年 6 月进入原始森林进行采摘。1882—1883 年,仅在乌苏里北部地区就有 300 余名华工采集人参。1890 年在乌苏里地区开采出近 50 普特价值 55 万卢布的人参。在 1900 年有近 3 万名华工在乌苏里地区采集人参。黑龙江宁古塔的知名商人张嘉、杨哈林、邱刚发等都雇用猎户、采集者在南乌苏里边区渔猎、采集药材,向上海、天津等大公司供货,获取高额利润。黑河华商邵宗礼早年在哈巴罗夫斯克一带打猎、收购毛皮获取高额利润,后来到黑河建造房屋、开设金厂、创办戏院,成为当地知名房地产家。

二、华侨华人中的农民群体——华农

黑龙江流域土地广袤肥沃,粮食产量高。俄国占据远东时,生活在这里的中国人大部分从事农业生产,以种植小麦、大麦、小米、玉米、燕麦、高粱为主要产业。阿穆尔地区华农人数较多,而滨海边疆区的华农却很少,大片土地荒芜,无人耕种。由于农耕用具和役畜的匮乏,远东农业经济发展缓慢,农业生产效率低。俄国颁布废除农奴法令后,远东出现买卖和兼并土地的现象,出现地主、农场主以及土地经纪人。华农高价从哥萨克农民手中租赁土地,平均租金为每俄亩 7—14 卢布。租金受质量、位置和供求关系的影响和制约,在鸦片和白酒销售旺盛时期,租金就会不断上升。由于华侨人数不断增多,较多的人从事农业垦殖,远东地区耕种面积不断扩大。据资料显示,1879 年,南乌苏里地区共有 5791 俄亩的土地被中国农民耕种,其中,兴凯区有 2034 俄亩,苏城区有 2567 俄亩,绥芬区有 497 俄亩,阿瓦库莫夫卡区有 693 俄亩。[①]

华农积极开展农副业生产和经营活动,中国的农业耕种技术较俄国先进,一些华农把多年积累的耕种经验带到了俄国,向当地农民传授耕种栽培技术,远东地区农村开始实行中国的垄耕法。华农不仅种植粮食,还发展蔬菜栽培技术,在农副业生产方面发挥积极作用。19 世纪末,位于黑龙江左岸江东六十四屯的华侨仍以务农为生,每个较大的村屯都有许多种粮大户。他们多则拥有 1000 多垧土地,有三五十头或者六七十头牛,有十几匹或者数十匹马;拥

---

① ［俄］索罗维耶夫·费德罗·弗拉迪米洛维奇:《资本主义时代俄远东的华人劳务(1861—1917)》,莫斯科:"科学"出版社,1989 年,俄文版,第 59 页。

有较少土地的华农也有百余垧土地,一些种粮大户经常雇用同胞耕种土地。华农除把粮食留出一部分自用外,其余大部分粮食卖给俄国人,少部分卖给瑷珲城。这里的每户华农除种粮外,在房前屋后都开垦耕地种植蔬菜,过着自给自足的富裕生活。

20世纪初,距俄国布拉戈维申斯克市5公里(伊格纳基耶沃机场)附近的机场村,俗称小北屯,集居着许多华侨,他们大多是清朝末年从山东、河北一带逃荒到俄境的农民,以种植蔬菜和出卖苦力为生。小北屯华农是种植蔬菜的行家,有西红柿、马铃薯、黄瓜、洋葱、胡萝卜等,华农把蔬菜运到市场里销售,还有部分华农在玻璃暖窖中培育鲜花,供应城市居民。

华农在乌苏里江沿岸俄国居民点附近开垦大片耕地,用于栽种白菜、土豆、西红柿等。他们是种植蔬菜能手,产量高,农产品非常畅销。有的华农直接将这些蔬菜运往城市,在市场、广场、城市十字路口等处设蔬菜销售点,有的华农沿街叫卖出售,还有的俄国居民可以提前订购蔬菜,华农送货上门,货到付款。1882年至1883年间,新鲜蔬菜在远东地区供不应求,华农在南乌苏里、尼科利斯克和远东地区之间建立118个蔬菜种植基地,有493名华农在这里耕种。在符拉迪沃斯托克1名华农为25—26名俄国居民供应蔬菜,这证明华农在当地农业发展中的作用。由于鸦片和酒的利润高,华农还种植酿酒的粮食和罂粟。1870年,兴凯区和乌苏里区域种植罂粟范围逐渐扩大,慢慢往乌苏里江上游扩散,从苏城、日本海滨海区到马尔格林多夫卡。在1890年,奥利金斯基州成为鸦片的主要货源地。1906年后,罂粟种植面积逐年增加,乌苏里区域的鸦片产量逐年递增,由于需求量大,华农人数逐渐增多。据不完全统计,仅在1897年,从俄国滨海边疆区销往中国的鸦片高达200普特。[①]

1892年,俄国颁布法令禁止外国人购买不动产,这样华侨拥有土地和其他不动产者极少。据海参崴城市杜马提供的资料,在整个阿穆尔沿岸地区只有12家华人私产拥有者。[②] 1897年,阿穆尔省有华侨11160人,从事农业生

---

① [俄]索罗维耶夫·费德罗·弗拉迪米洛维奇:《资本主义时代俄远东的华人劳务(1861—1917)》,莫斯科:"科学"出版社,1989年,俄文版,第60页。

② [俄]弗·格拉维:《阿穆尔沿岸地区的中国人、朝鲜人、日本人》,圣彼得堡,1912年,俄文版,第45页。(原件现存于阿穆尔州图书馆)

产的占 33.1%。19 世纪末在乌苏里地区的华农在 2 万人左右,随后华农数量逐步下降。因为土地面积减少,后移居的俄国农民不再享受优惠政策,开始抢占华农的土地。另外,1900 年俄国实施的排华政策致使华侨人数降到历史最低点,大批华侨被迫从精奇里江(结雅河)沿岸回国,剩下为数不多的华农变成了租赁者或雇工。

早期,俄国对华农从事农业生产一直采取宽松政策,直到 20 世纪初,俄国政府对华农的种植活动未曾监管,促使华农队伍发展壮大。华农耕种经验丰富,粮食产量多,种植的农副产品不仅满足了当地俄国居民的生活需要,还向远东其他地区输送大量的农副产品,补充并繁荣了远东经济。华农为远东地区经济发展作出突出的贡献。连俄国人都承认在农业方而,只有依赖中国人。华农保留远东地区几个世纪延续下来的传统土地开垦技术,俄国的农民,只是在后来才逐渐吸取中国人的耕作经验。通过中俄两国农民的不懈努力,西伯利亚(Сибирь)和远东地区的农业发展较快。1906—1910 年,滨海省的粮食产量从 2813705 普特增加到 3756921 普特,阿穆尔省的粮食产量从 12120931 普特增加到 12615484 普特。[1] 阿穆尔省的土地播种面积 1906 年达到 180028 俄亩,1910 年又增加到 240583 俄亩;滨海省的小麦产量也有很大的增加。[2] 华农为远东开发做出突出贡献,解决粮食不足的难题。

三、华侨华人的中上层阶级——华商

在远东大开发初期,俄国移民的主体是哥萨克军人、农民、职员和知识分子。移民类别多而总量相对小,生产能力低,粮食和日用消费品奇缺,从该国欧洲部分工业城市中运来的商品因路途遥远价格奇高,这为中国商人从事跨境贸易带来了商机,华商赴俄贸易从 1860 年开始,到 1870 年渐成规模。远东地区华商经营的商品质优价廉、种类繁多,满足了居民日常生活所需。

在俄华商来自国内各省,按原籍分为四大帮:山东为东帮,河北、东三省为

---

① 赵俊亚:《旅俄华人研究》,博士学位论文,吉林大学东北亚研究所,2007 年。
② [俄]翁特尔别格:《阿穆尔沿岸(1908—1911 年)》,圣彼得堡,1912 年,俄文版,附录 4。

北帮,江浙为南帮,广东为广帮。山东、山西省华商店铺数量、从业人数、资本总额均占优势,是远东地区华商的主体。

1. 分布情况

华商历尽千辛万苦来到俄国远东地区,并深入俄国中部、西部以及俄蒙边境的库伦、恰克图等地经商,不仅分布在符拉迪沃斯托克、哈巴罗夫斯克、阿穆尔州、乌苏里斯克等地,连遥遥的庙街、萨哈林也有华商的身影。华商在莫斯科(Москва)、圣彼得堡(Санкт-Петербург)、托木斯克(Томск)、克拉斯诺亚尔斯克(Красноярск)和新西伯利亚(Новосибирск)等较大的十几座城市里设有商行,销售中国的丝绸、茶叶、大黄、瓷器及各种手工艺品,购买俄国的金沙、呢绒、皮货、毛毯等行销国内。

2. 华商的经营方式

华商以沿街叫卖的小商小贩为主,他们采用先付货后结账、商业代理、易货贸易等非常灵活的手段,利润高、生意红火,对俄商产生较强的压力和竞争力,在商业经营领域占有主导地位。1919 年 9 月 14 日《阿钦斯克报》载:"伊尔库茨克 8 月 26 日报道,伊尔库茨克的市场贸易控制在华商手中,他们几乎垄断市场中全部面粉的价格,涨价和降价全部由他们掌控,华商的势力有所增加。"虽然华商经营的大企业数量较少,但是两国企业之间的良性竞争使物价降低,当地居民获得了实惠。华商以企业资金周转灵活、薄利多销、雇工工资成本低等优势,零售批发业迅速占领并垄断远东地区的市场,在与俄国商人竞争中具有较大的优势。

3. 华商在符拉迪沃斯托克占有举足轻重的地位

1870 年,符拉迪沃斯托克已经发展为俄远东最大的工商业城市,华商数量在各国商人群体中居于首位,商号数量最多,资本总量最大,达一千数百万。1877 年底,南乌苏里斯克地区和符拉迪沃斯托克港口的居民数达到 15106 人,按贸易额计算,每位居民每年花费近 20 卢布来购买中国的商品,而当时南乌苏里斯克(Южный Уссурийск)地区只有 26 名俄商,可见华商操纵该地区的商业贸易总额。

1879 年,乌苏里地区有华侨 6956 人,其中,从事工商经营者 201 人,从事纯商业经营的 141 名,营业额一年 308210 卢布,人均 2186 卢布。商铺中有

符拉迪沃斯托克的华人菜贩

133 座酒坊、2 户皮革作坊、8 处客店均由华商经营。① 1884 年，符拉迪沃斯托克财政收入 60%来自华侨商业税收，即市场店铺租赁费 25497.5 卢布、船坞使用费 6003 卢布、商业文件费 1157.28 卢布以及其他收费 2065.83 卢布，共计 34723.61 卢布。由此可见华商在当地经济发展中所占的比重。

4. 在滨海地区华商的烧酒作坊发展迅猛

在远东滨海地区，华商主营的烧酒作坊发展迅猛。属于高纬度的远东滨海地区，常年气温低，冬季潮湿寒冷，用来御寒的烧酒是当地居民的生活必需品，年消费量大，华农和作坊主是当地烧酒的最早供应者。南乌苏里地区每年能拿出 20.5 万公斤粮食酿造烧酒。②

1878 年，在南乌苏里斯克地区共有 126 家年产量超过 63320 升的烧锅作坊，在各行各业中有 97 家年营业额高于 33670 卢布的企业。1879 年，南乌苏里斯克地区有 128 家年产量超过 64840 升的烧锅作坊，北乌苏里斯克地区有 35 家酿酒厂。酿酒产业发展态势好，从 1887 年到 1906 年，乌苏里斯克地区

---

① ［俄］纳达罗夫：《北乌苏里区现状概要》，上海人民出版社 1975 年版，第 101、104、45 页。
② 山东省地方史志编撰委员会编：《山东省志侨务志》，山东人民出版社 1998 年版，第 82 页。

酿酒厂由 143 个发展到 204 个,白酒产量从 75290 升提高到 107120 升。① 自 1879 年起,南乌苏里斯克地区白酒年产量达到当地居民人均 16 瓶,50—60 度 的白酒仅售 15—20 戈比,受到消费者的喜爱,销售量大,供不应求。

5. 布拉戈维申斯克华商经营种类广泛

布拉戈维申斯克(Благовещенск)是近代中俄商品贸易中心,是远东地区 经济发展的核心。

华商是布拉戈维申斯克商业的主力军,早在"1856 年阿穆尔督军报表·房子与其他建筑数目一览表"里统计道:"布拉戈维申斯克房屋带商店:小货摊 52 家,中国人 23 家。"②当时人口总数仅为 2341 人,可以看出华商经营店铺在当地商业所占的比例。

布拉戈维申斯克还有很多中国的手工业者,开设皮鞋店、成衣铺、帽子铺、照相馆等。在布拉戈维申斯克伊格纳基耶沃机场附近的机场村(小北屯)的华商开设豆腐坊、粉条作坊、屠宰场等。华商经营烧酒利润丰厚,1893 年仅在"江东六十四屯"的补丁屯就有以经营酒为主的商铺 30 余家,库存白酒十数万升。

1902 年 9 月 12 日,"布拉戈维申斯克市警察局城市工业企业一览表"中记载够规模的中国人翁吉科、夏禄伯、罗瓦、由沃发分别开设 4 家砖厂。③ 许多华商不仅在布拉戈维申斯克开设商号,还在一江之隔的黑河建立分号,从上海、哈尔滨、日本上货,生意兴隆。20 世纪初,布拉戈维申斯克到处可见华商开设的店铺,商业繁华。据《瑷珲县志》记载,有华商经营的店铺 500 余家。俄国政府按商店资本及经营种类划分为一至四号票,并依据分号缴纳税金。一号票多为外国人经营的商行,资本在 5000 卢布以上;二号票有华商 12 家,资本为 3000—5000 卢布,主要经销布匹、绸缎、衣料等;三号票为华商经营的杂货日用品商店,资本为 300—1000 卢布,四号票为随处可见经营日用小商品的摊床和小作坊等。

---

① [俄]索罗维耶夫·费德罗·弗拉迪米洛维奇:《资本主义时代俄远东的华人劳务(1861—1917)》,莫斯科:"科学"出版社,1989 年,俄文版,第 56 页。

② [俄]尼·安·申佳洛夫:《布拉戈维申斯克历史》,高永生译,中国国际文化出版社 2010 年版,第 30 页。

③ [俄]尼·安·申佳洛夫:《布拉戈维申斯克历史》,高永生译,中国国际文化出版社 2010 年版,第 52 页。

6.华商广泛开展舢板交易

华商在黑龙江、松花江和乌苏里江边广泛开展舢板交易。他们在松花江沿岸的三姓、白都泊等地居住,雇用船员从事舢板运输,把农产品运到俄国。1893年到1895年,从东北出发的中国舢板沿着松花江运输小麦、粟米、豆类、面条、油、烟草等到达伯力。1894年,通过舢板交易向伯力(Хабаровск)运送268.6万公斤的农产品,第二年增长20%。每年为黑龙江沿岸的俄国居民运送819万公斤的产品,这些商品大多集中到伯力,然后由伯力再装上舢板出发,沿着黑龙江和乌苏里江运输到其他居民点。

许多华商通过舢板交易,获取高额利润。华商潘小子用舢板运送粮食,生意逐渐兴隆,成为伯力赫赫有名经营商。1918年,俄国人彼杨科夫租用了乌苏里斯克华商潘小子经营超过10年的面粉厂①。在哈巴罗夫斯克经商的山东人纪凤台,不仅做房地产生意,还利用舢板、轮船等在中俄之间运送货物,牟取暴利。在镇压义和团时,纪凤台向俄国军队提供了两艘轮船,作为与大沽和芝罘通信所用②。

7.华商遍布远东及西伯利亚

华商进货渠道广,分别从国内外进货,种类繁多,价格低廉,富裕的华商不仅开设总店铺,还在国内外设立分店,华商的经济活动不断扩大,经济实力大幅度提高,分布在俄国大大小小的城市和乡村,在服务行业遍布他们的身影,在远东各地均有规模较大的华商企业。

在滨海边疆州中国人的最大企业(1911年)③

企业名	店主	店主出身地	从业员人数	营业年数	资本金（卢布）	企业所在地
新兴永	孙福江	黄县省	14	20	15,000	伯力

① ［俄］玛莉亚·布利洛娃:《哈巴罗夫斯克过去的社会生活》,《老哈巴的社会——纪凤台》,哈巴罗夫斯克出版社,2007年,俄文版,第379页。

② ［俄］玛莉亚·布利洛娃:《哈巴罗夫斯克过去的社会生活》,《老哈巴的社会——纪凤台》,哈巴罗夫斯克出版社,2007年,俄文版,第376页。

③ 《在俄中国商人职业统计》,驻海参崴中华共和国总领事报告书,农业广报第45号,1911年,第23—34页。

企业名	店主	店主出身地	从业员人数	营业年数	资本金（卢布）	企业所在地
东聚盛	丁继茂	黄县省	18	20	15,000	伯力
公顺永	韩积厚	山东省	1	1	10,000	伯力
德源翔	刘连德	招远省	10	5	30,000	伯力
义聚成	刘文进	山东省	12	4	10,000	伯力
同泰和	单问清	山东省	14	23	20,000	伯力
永顺福	郑延信	黄县省	12	16	20,000	伯力
德聚成	王澄岩	山东省	12	10	10,000	伯力
福鸿吉	孙会卿	山东省	15	2	10,000	伯力
谦益成	孙国儒	黄县省	12	8	15,000	伯力
德增祥	王知祥	山东省	10	8	10,000	伯力
福泉永	王葆五	牟平省	9	22	25,000	伯力
德增福	孙德钦	山东省	15	10	15,000	伯力
东来兴	梁理堂	山东省	11	5	30,000	庙街
宝兴东	霍秉敬	山东省	12	3	12,000	庙街
宝兴成	孙嘉信	山东省	10	16	20,000	庙街
同顺成	牟洪纲	黄县省	10	4	10,000	庙街
元只茂	姜殿奎	黄县省	15	3	20,000	庙街
信奉源	郑雒九	山东省	15	11	30,000	庙街
同登昌	李经纶	掖县省	9	9	10,000	—
东盛恒	孙鸿儒	山东省	14	23	10,000	苏城
东顺祥	孙祥书	掖县省	15	17	18,000	—
庆祥泰	玉瑁	山东省	11	8	10,000	—
德聚永	刘长聚	山东省	16	11	10,000	—
庆登福	王烦焕	山东省	24	10	30,000	伊曼
同义公	李守义	山东省	19	11	17,000	伊曼
德增盛	刘文屿	山东省	18	23	10,000	伊曼
祐兴和	凌世纶	山东省	8	15	13,000	伊曼
祐增和	刘子儒	山东省	16	8	12,000	—
东和盛	鲍登鲨	山东省	8	15	12,000	—
和丰泰	吴金钧	黄县省	12	8	10,000	

以上资料得出,华商在当地经商时间最多23年,经商时间超过20年的有6名;资本金最多达3万卢布,最少也在1万卢布,可见当时华商在远东地区的经济实力和影响力。从原籍看,这些企业均由山东人经营,由此可见山东人聪慧好学、吃苦耐劳、善于经营的好品质。

华商不仅在符拉迪沃斯托克、哈巴罗夫斯克、布拉戈维申斯克等规模较大的城市,连遥远的尼古拉耶夫斯克也有他们的足迹。20世纪初,在尼古拉耶夫斯克有大量的外国侨民,如波兰、德国、朝鲜、日本、中国,建立许多民族村庄如中国新村和朝鲜村庄,中国村庄在山谷地带。据俄方资料记载,19世纪末20世纪初,中国公民从事各种贸易,穆国京、苏万里从事各种产业,采金、建筑、房屋出租等,这里还有日本人、美国人;舒杰海从事酒贸易,修国印从事商品批发和零售。①

1903年9月14日,在尼古拉耶夫斯克华商财产拥有者一览表②

序号	姓名	身份	地点	财产额（卢布）	城市纳税额（卢布）	城市管理费用（卢布）	总计上缴（卢布）
1	李武娜	中国公民	72街区	6751	6.75卢布		
2	常有申	中国公民	23街区126号	4842	9卢布	4.85	13.85
3	佟春谭	中国公民	136号	1428	3卢布	1.43	4.43
4	宋阿留	中国公民	224号和231号	3220	6卢布	3.22	9.22
5	佟春谭	中国公民	227和2街区、274街区	1998	4卢布	2	6
6	中俄银行	中国公民	4街区22—24街道	13470	26	13.5	39.5
7	刘宏强	中国公民	中国村庄	250	1	0.25	1.25
8	舒杰含	中国公民	中国村庄	1675	2	1.68	3.68
9	楚阿大	中国公民	中国村庄	250	1	0.25	1.25

① ［俄］叶琳娜:《尼古拉耶夫斯克市志》,尼古拉耶夫斯克图书馆,俄文版。
② ［俄］叶琳娜:《尼古拉耶夫斯克市志》,尼古拉耶夫斯克图书馆,俄文版,第135页。

序号	姓名	身份	地点	财产额（卢布）	城市纳税额（卢布）	城市管理费用（卢布）	总计上缴（卢布）
10	佟阳霍	中国公民	中国村庄	300	1	0.3	1.3
11	桑良火	中国公民	中国村庄	800	1	0.8	1.8
12	邱吉三	中国公民	中国村庄	800	1	0.8	1.8
13	常万顺	中国公民	中国村庄	675	1	0.68	1.68
14	常兴丹	中国公民	中国村庄	300	1	0.3	1.3
15	王武力	中国公民	中国村庄	650	1	0.65	1.65
16	佟春阳	中国公民	中国村庄	2150	3	2.15	5.15

1898年,在尼古拉耶夫斯克有华侨1106人,截至1914年,尼古拉耶夫斯克有俄国人11840人、美国欧洲52人、中国人1179人、朝鲜371人、日本381人,总计15443人,由此看出华商在当地所占的比重。

由于华商较多,已经形成一定规模,在尼古拉耶夫斯克占据重要地位,截至1922年11月13日,在尼古拉耶夫斯克中国饭店名单:中国费家食堂、中国曲货良食堂、中国食堂(在大集市)、森有堂食堂。由于华商的店铺较多,俄国开始限制华商经营企业,以各种理由勒令关闭停业。1922年11月20日,尼古拉耶夫斯克市政部负责人下发文件,从12月6日开始,李季山家的食堂、齐祖秀家的万哲品食堂、齐祖秀家的冉秀冉食堂、根长博家的长恒木面包房、刘祖波家酱子食堂、刘祖波家时节壁饭堂以及奇齐澡堂子,由于没有经商许可证被勒令关闭。由于十月革命和苏联国内战争,华商逐渐减少。

早在19世纪末华商就在克拉斯诺亚尔斯克留下大量足迹,媒体褒贬不一。1919年8月26日《米努辛斯克劳动报》报道,8月24日警察搜查城里居住的中国人,在鞠天昆居住的屠格涅夫街普波科夫楼内搜出4325罗曼诺夫卡纸币。中国人马洛夫·伊住在米哈伊洛夫斯克街的一楼,警察又搜查了荣邵先、胡安先、周诺鲁,翻出1650罗曼诺夫卡纸币,还搜出306.5所洛特尼克金子,一个大金质勋章,上面有沙皇玛利亚·菲德罗夫娜的头像。

四、华侨华人中的知识分子群体——旅俄学生

在早期赴俄华侨中,有一个特殊的群体——留俄学生,占华侨人数比例较低。早期留俄活动始于中俄两国国家关系的开启。自19世纪下半叶起,受国际国内形势的影响,尤其是中俄签订《尼布楚条约》后,两国之间交涉日益频繁,亟须培养一批熟悉俄国国情,精通俄文的俄语人才。在清政府的推动下,留俄活动渐次兴起,陆续有中央、地方派遣的各类型官费、自费留学生赴俄国求学深造。早期留俄学习活动不仅开辟赴俄留学的先河,培养一批精通俄文的外交、外语人才,也开辟近代中俄教育、文化交流的新渠道,并为后续留苏活动奠定坚实的基础。

鸦片战争后,西方列强用炮火轰开了国门。1862年,经洋务运动领袖恭亲王奕䜣奏准,兴办京师同文馆,开设英语课程。1863年,同文馆增设法文馆、俄文馆。俄文馆是留俄教育的预备学校,学生毕业后大多留学俄国,成为对俄工作的骨干。如驻俄公使刘镜人早年毕业于北京同文馆,1906年出任驻俄使馆参赞。俄文馆的学生除在馆肄习正课外,还兼任总理各国事务衙门的译员,承担各种翻译工作,这是提高俄语会话和翻译水平的重要途径。学生以借工作之便,经常到俄国直接与洋人打交道为荣。清朝后期,清政府陆续创办上海方言馆、广州同文馆、新疆俄文馆、珲春俄文书院、湖北方言学堂、黑龙江俄文学堂等,这些外语学校充分发挥留俄学生培训基地和预备校的作用。为了考察各国的风土人情和社会情况,1866年,清政府首次派出以斌椿为代表的考察团游历俄国、法国、英国、荷兰、比利时等国家,考察团成员除斌椿父子外,随行人员还有同文馆3名学生。随着西学的传入,国内掀起学习西方的热潮。鸦片战争后,中国逐渐成为半殖民地半封建社会国家,先后与列强签订不平等条约。为了熟悉中外交涉业务,增加知识,扩充阅历,提高翻译和会话能力,1868年,清政府又派遣蒲安臣使团赴俄国等办理外交各项事务,随团人员中有同文馆学习英、法、俄文的学生6人,充任翻译。1878年,清政府任命总理各国事务大臣崇厚为俄国钦差大臣,赴圣彼得堡(Петербург)与俄国交涉索回被占领的伊犁地区,使团成员包括同文馆学生共计20人。

据俄罗斯对外政策档案馆记载:清朝官员被派往俄国学习俄国教育经验。1888 年,一位中国高级官员访问圣彼得堡的教育机构,随后,中国官员对俄国教育产生兴趣,并多次访问圣彼得堡和俄国其他城市的教育机构。这一时期由于赴俄人数增多,两国之间交涉日趋频繁。为了进一步提高翻译水平,储备俄语人才,1896 年,清政府首次向俄国派出两批"住馆"学生,第一批为邵恒浚、桂芳、陈嘉驹和李鸿谟;第二批为张庆桐、傅仰贤、陈翰和郝树基四人。① 俄国驻北京使节亚瑟·帕夫洛维奇·卡西尼给俄国外交部亚洲司司长德米特里·阿列克谢维奇·卡普尼斯特写信要求,根据学生的意愿和学习能力,安置他们到某些特殊教育机构学习课程②。彼得堡国家历史档案记载:1897 年 9 月,俄国彼得堡教师学院校长圣伊勒与中国驻圣彼得堡外交使团陆征祥于 1897 年 9 月 20 日在瓦西里夫斯基岛 28 号楼内签订《四名中国大使馆奖学金获得者去圣彼得堡教师学院学习的入学条件》。根据协议,把中国学生安置在学院宿舍,每间房间两个人。该协议的第五条规定:"第一年,中国学生学习一年级所有的课程,除了绘画,唱歌,体操和德语外,还学习法律。"该协议还规定:"每两个月要将中国大使馆奖学金获得者的学习成绩、考核结果发给大使馆。"留学生们克服语言障碍,刻苦学习。1897 年 11 月 25 日,邵恒浚、桂芳、陈嘉驹和李鸿谟顺利通过考核③。

1899 年,中国大使馆的学生范志宽(音译)被分配到彼得堡师范学堂。1899 年 11 月 29 日至 1902 年 6 月 1 日的学习期间,他举止文明,在俄语、地理和历史方面成绩较好。他还学习了物理、化学、算术、代数、几何、三角学和绘图。1901 年张庆桐因无法提供在俄居住证及相关文件,而被罚

① 朱有:《中国近代学制史料》,华东师范大学出版社 1983 年版,第 52、144 页,转引郝世昌、李亚晨:《留苏教育史稿》,黑龙江教育出版社 2001 年版,第 19 页。

② 俄罗斯帝国对外政策档案馆:中国档案 2752 号文件,第 99 页。转引 В.Г.达旗生在第四届国际科学会议"俄罗斯西伯利亚和东欧国家的人民:历史与现代"会议论文《俄罗斯帝国的中国学生》,被《东方》期刊于 2002 年收录并发表。

③ 圣彼得堡国家历史档案:彼得格勒师范学堂档案 412 号,1 号目录,888 号文件,第 25 页。转引 В.Г.达旗生在第四届国际科学会议"俄罗斯西伯利亚和东欧国家的人民:历史与现代"会议论文《俄罗斯帝国的中国学生》,被《东方》期刊于 2002 年收录并发表。

款 10 卢布。[①]

留俄学生学成回国后都担任重要职务,发挥重要作用。如桂芳学成后曾任外蒙议约专使、驻海参崴总领事官等职务;李鸿谟回国后,曾任吉林省滨江道尹;陈嘉驹回国后曾任外交部主事。

1. 官费和自费留学生

留俄活动兴起于清末。为求"以西方之学术,灌输于中国,使中国日趋于文明富强之境",[②]光绪皇帝下旨要求各省选派学生出洋到各国学习农业、工业、商业、矿业等实业学科,以便学成回国后著意传授,大兴实业,从此揭开百年中国人留学大潮的序幕。从 1899 年起,清朝的中央各部和地方各省纷纷向俄国派遣留学生。1904 年 7 月 31 日,尼古拉二世颁布法令"接收 7 名中国人作为旁听生入学圣彼得堡师范学堂",前提是学校颁发的是所学课程证书而不是毕业证。[③] 1905 年 11 月,学部选派柏山和魏渤二人赴俄圣彼得堡学习政法专科。同年 5 月,湖北总督端方首开省级留俄先列,选派湖北方言学堂的学生萧焕烈、严式超、夏维松和刘文彬赴俄圣彼得堡皇家大学堂学习政法专科。

清末民初部分官费留俄学生情况一览表[④]

姓名	籍贯	到俄时间	何处咨送	到学年月	所在院校	专业	毕业时间	毕业去向
柏山	广州驻防镶白旗	光绪三十年五月	京师大学堂译学馆	光绪三十年十月	森堡大学堂	法政科	宣统二年	回国
魏渤	江苏海门厅	光绪三十年五月	京师大学堂译学馆	光绪三十年十月	森堡大学堂	法政科	宣统二年	回国

---

① 圣彼得堡国家历史档案:彼得格勒师范学堂档案 412 号,目录 1 号,888 号文件,第 37 页。转引 В.Г.达旗生在第四届国际科学会议"俄罗斯西伯利亚和东欧国家的人民:历史与现代"会议论文《俄罗斯帝国的中国学生》,被《东方》期刊于 2002 年收录并发表。

② 容闳:《西学东渐记》,湖南人民出版社 1981 年版,第 23 页。

③ [俄]阿·库里科娃:《俄罗斯法律东方学》,圣彼得堡:圣彼得堡科学院,1994 年 9 月,俄文版,第 290 页。

④ 王焕琛:《留学教育——中国留学教育史料》,台北编译馆出版社 1980 年版,第 659—668 页资料整理而成。表中所说的"森堡大学堂",即"圣彼得堡皇家大学堂"。

姓名	籍贯	到俄时间	何处咨送	到学年月	所在院校	专业	毕业时间	毕业去向
萧焕烈	湖南衡州府清泉县	光绪二十九年五月	湖北	光绪三七月	森堡大学堂	法政科	预计宣统三年	回国
严式超	湖北黄州府黄冈县	光绪二十九年五月	湖北	光绪三七月	森堡大学堂	政法专科	拟于宣统元年	三年护重夏回绪四假病学松光十暑送同维国
魏立功	江苏海门厅	光绪三四月	江苏	光绪三十一年八月	森堡中等实业学堂	/	宣统二年	学业军学务毕入大商堂后医堂
				光绪三十四年八月	森堡商业学堂	商务普通科		
朱世昌	安徽安庆府桐城县	光绪三十二年闰四月	黑龙江	光绪三十三年八月	森堡矿务学堂	勘苗科	民国初年	/
车席珍	黑龙江省海伦厅	光绪三十二年闰四月	黑龙江	光绪三十三年八月	森堡矿务学堂	矿务专科	民国初年	回国
唐宝书	广东香山县	光绪三十二年闰四月	黑龙江	光绪三十三年八月	森堡大学堂	格致科	民国初年	/
车仁恭①	黑龙江省巴彦州	光绪三十二年闰四月	黑龙江	光绪三十三年八月	森堡大学堂	法政科	民国初年	/
王佐文	黑龙江省呼兰府	光绪三十二年闰四月	黑龙江	光绪三十三年八月	森堡大学堂	法政科	民国初年	/
王忠相	黑龙江省海伦厅	光绪三十二年闰四月	黑龙江	光绪三十三年八月	森堡实业学堂	商务法律	民国初年	回国
朱绍阳	湖北武昌府兴国州	光绪三十二年闰四月	黑龙江	光绪三十三年八月	森堡商业学堂	商务专科	民国初年	/

① 根据《巴彦县志》记载及其亲属回忆为自费生。

续表

姓名	籍贯	到俄时间	何处咨送	到学年月	所在院校	专业	毕业时间	毕业去向
李毓华	吉林省吉林府	光绪三十三年六月	黑龙江	光绪三十三年八月	森堡大学堂	法政科	民国初年	回国
刘雯	吉林省吉林府	光绪三十二年闰四月	黑龙江	光绪三十四年八月	森堡矿务学堂	矿务专科	民国初年	回国
钟镐	吉林满洲镶黄旗	光绪三十三年六月	黑龙江	/	陆军马队学堂	/	照章四年毕业	回国
李宝堂	江苏上海县	宣统元年三月	邮传部	光绪三十三年八月	森堡铁路大学堂	铁路专门科	民国初年	回国
陈瀚	江苏江宁府江浦县	光绪二十五年十一月	外务部	光绪二十八年	俄京道路学堂	道路工程	/	光绪三十一年商部调,三十二年伊犁将军奏调
范其光	江苏江宁府上元县	光绪二十五年五月	外务部	光绪二十八年九月	俄京道路学堂	桥工、铁路,等等	/	光绪三十一年商部调,三十二年通艺司分司行走
李垣	顺天府大兴县	光绪三十三年十二月	吉林	光绪三十四年	森堡大学堂	/	照章四年毕业	回吉林省

李家鳌,早年曾自费留俄学习,1887 年 11 月担任驻俄使馆翻译。1909—1910 学年他的侄子 Ли-потань(李宝堂)就读于森堡铁路大学堂,他因未通过数学考试被开除。但第二年,应外交部长要求,他再次被录取。[1]

---

① 俄罗斯对外政策档案馆:中国档案第 2752 号文件,第 29 页。转引 В.Г.达旗生在第四届国际科学会议"俄罗斯西伯利亚和东欧国家的人民:历史与现代"会议论文《俄罗斯帝国的中国学生》,被《东方》期刊于 2002 年收录并发表。

1911 年,中国军官李毓华毕业于圣彼得堡大学法学堂。同年,中国驻圣彼得堡外交使团的学生 Ван-Юн-чин(王永驰)被圣彼得堡大学录取为旁听生。这一时期,除东北选派赴俄留学生外,与俄相邻的新疆开始选派留俄学生。1902 年,锡伯营领队大臣、副都统色布西贤从锡伯、索伦营中选拔锡伯族青年远赴俄国学习西方文化,这是新疆官派锡伯族青年赴俄国阿拉木图学习俄语的第一批留学生,他们是关清廉(13 岁、字欣谦)、段德善(字克明)、伊立春、崇恩(12 岁)、春宝、萨拉春(字锡纯)、巴图沁(字松如)等。此外,还有博孝昌(字雨晨、满族)、李凤翔(字丹初、汉族)等,萨拉春和巴图沁原本以侍从身份赴俄,到达阿拉木图后,得知俄国政府已为中国留学生配备专职服务员,两人转为正式留学生,同其他学生一起在维尔内(意为"忠诚之城",今阿拉木图)的格木那孜亚(当时阿拉木图最高学府,相当于高中)学习俄语。1903 年,伊犁将军马亮从当地精心挑选留俄幼童 10 名,由索伦营领队大臣志锐带领赴俄国的阿拉木图当地学堂留学,另派新满营佐领伊勒噶春带领大学生两名驻俄照料。① 1908 年,署理伊犁将军广福增派两名大学生同赴阿拉木图留学。② 1883 年到 1885 年,新疆阿图什县胡赛英·木沙巴耶夫兄弟即派出 7 名学子赴俄国喀山师范学校留学,截至清末,该地先后派出 50 余名优秀学子前往俄国、土耳其等国求学,为新疆的后续留学教育事业奠定坚实的基础。

相对于官派留俄生,作为留俄学生重要组成部分的自费生则起步较迟缓。留俄初期,有华侨子女及清廷权贵子弟陆续赴俄求学。如广东籍华侨刘峻周的子女刘泽荣和刘娟、山西汾阳的牛文炳和广东南海关鹤朋等人,以及清朝权贵子弟黑龙江将军程德全之子程世模、驻俄公使胡惟德之子胡世泽和蒙古八旗霍隆武佐领下人乌铭濬和乌益泰,汉军镶蓝旗春奎佐领下人毕文彝、毕文鼎,上海的魏立功和李宝堂等。有的留俄学生归国后,为清朝对俄外交工作注入活力。在留俄学生中还有少数民族。1866 年,新疆地区锡伯族青年福善赴

① "伊犁将军马亮奏出洋学生考选拔学并养正学堂改添教习限定学额片",《东方杂志》1905 年第 2 卷第 6 期,第 101 页。转引刘振宇:《清末民初中国人留学俄(苏)活动的历史考察》,《俄罗斯研究》2013 年 1 期。

② "奏为伊犁满蒙幼童赴俄学堂游学期满继续留学学生经费开支等事",光绪三十四年二月初十日,中国第一历史档案馆藏,军机处录副(光绪朝)缩微号 538—2148。转引刘振宇:《清末民初中国人留学俄(苏)活动的历史考察》,《俄罗斯研究》2013 年 1 期。

俄国谋生,归国后一直在塔城从事汉、满、维、俄等多种文字的翻译工作。19
世纪末20世纪初,负责新疆与俄国外交事务关系的伊犁将军府参赞大臣锡伯
人扎拉丰阿、继任者办事大臣富善两人曾经是清朝索伦营的小官吏,19世纪
下半叶伊犁暴乱时到俄国避难,他们在俄国居住三四年,开阔了眼界,学习了
新技术。回国后,他们发挥精通俄语和维吾尔语的优势,在外交活动中发挥作
用。后来扎拉丰阿被委任驻塔尔巴哈台参赞大臣,主事南北疆对俄、英等国的
外交工作。这期间,他还从阿拉木图引进良种苹果、草莓、橡树、钻天杨以及种
马、种牛技术和先进的农业用具等,为北疆农牧业发展做出积极的贡献。1915
年,锡伯族青年阿昌阿(字慰文、锡伯营三牛录人)、德全(字羽生、尼勒克县哈
拉乌苏人)、文和图(锡伯营头牛录人)等三人,不顾国内外政治动乱,自愿到
阿拉木图留学。

晚清部分自费留俄生情况一览表①

姓名	籍贯	到俄时间	何处咨送	到学年月	所在院校	专业	毕业时间	毕业去向
程世模	四川夔州府云阳县	光绪三十二年闰四月	黑龙江	光绪三十三年八月	森堡实业学堂	商务法政科	民国初年	回国
牛文炳	山西汾州府汾阳县	光绪三十三年六月	学部	宣统元年八月	森堡大学堂	物理专科	民国初年	回国
胡世泽	浙江归安县	光绪二十六年	/	光绪三十一年	森堡中学堂	普通科	民国初年	毕业后入专门大学堂
乌铭潘	镶黄旗蒙古霍隆武佐领	光绪三十三年	/	宣统元年三月	森堡商务高等学堂	商务专科	/	/
乌益泰	镶黄旗蒙古霍隆武佐领	光绪三十三年	/	宣统元年三月	森堡商务高等学堂	物理科	/	/

① 王焕琛:《留学教育——中国留学教育史料》,台北编译馆出版社1980年版,第659—
668页,资料整理而成。表中所说的"森堡大学堂",即"圣彼得堡皇家大学堂"。

续表

姓名	籍贯	到俄时间	何处咨送	到学年月	所在院校	专业	毕业时间	毕业去向
刘泽荣	广东肇庆府高要县	/	/	光绪三十一年	俄南省府白通城中学堂	普通科	预计宣统三年	毕业后入森堡大学堂
毕文彝	汉军镶蓝旗春奎佐领	光绪三十三年四月	/	/	俄国普通中学毕业并兼习俄、法文		/	赴比利时留学
毕文鼎	汉军镶蓝旗春奎佐领	光绪三十三年四月	/	/	俄国普通中学毕业并兼习俄、法文		/	赴比利时留学
关鹤朋	广东广州府南海县	光绪三十三年十月	/	光绪三十三年	森堡实业学堂	/	/	回国

虽然清末民初的留俄学生在规模上无法与同时代留学欧美、日本等国留学生等同并论,无法像20世纪20年代、50年代那样掀起留苏热潮,无法对近现代中国产生广泛深远的影响,但作为赴俄留学的开启阶段,为近代中国培养了一批精通俄文的各级政府官员,促进了中俄文化教育交流的发展。刘泽荣等部分留俄学生积极投身于侨务与革命事业,在维护华侨利益等方面做出突出贡献。

2. 清末民初黑龙江省留俄活动特点

自《瑷珲条约》签订后,黑龙江与俄国远东地区有长达半个世纪的"开交通"时期,由于边界等原因,各种纷扰不断,亟须与俄进行交涉。因此,培养留俄人才工作迫在眉睫,加速黑龙江留俄活动的兴起。

(1) 设立俄文学堂,开辟留俄先河

20世纪初,中俄两国交涉纷繁,为方便中俄边境交涉、沟通,黑龙江政府急需熟悉俄国国情及历史文化的俄语人才。黑龙江政府高度重视留俄工作,1902年,时任黑龙江将军萨保建立俄文学堂,①委任曾有三次出洋经历的分省

---

① 俄文学堂也称兴育学堂。参见1902年,为了应边务翻译人才之急需,黑龙江将军萨保设立"兴育学堂号曰'俄文大学'其实但习俄语"。林传甲:《黑龙江教育状况》,第一章,转引自《黑龙江教育史资料选编》,黑龙江教育出版社1988年版,第193页、214页;参见俄文学校,定名"兴育学堂",号称俄文大学,实即俄语专科学校。高丹枫:《黑龙江旧籍考异三则》,《北方文物》1993年第2期。

补用知府黄志尧及熟悉黑龙江风土人情的仓官候补主事瑞庆担任学堂总会办，聘请俄京高等师范生沙斐诺甫与山东福山县廪生柳旭和作为俄文、汉文教师，并从各旗营屯站挑选年龄在二十岁左右的聪颖子弟补习俄文，学制三年。为确保学堂教学质量，萨保要求黄志尧、瑞庆按季考查学生的汉文功课，并请俄国驻省城官员协助按季考查俄文功课。经过三个月的试办，萨保于1903年1月20日（光绪二十八年十二月二十二日）呈奏《为援照旧章筹办俄文学堂折》，向清政府阐明设立黑龙江俄文学堂的必要性和可行性，并汇报了学堂学生的学习情况，得到清政府的批准。

学生完成学业后，择优选送到俄国进行留学实践。1909年，学堂停办，校址改为黑水中学。[①] 1906年黑龙江俄文学堂仅有4人毕业，1907年在校生31人，在短暂时间内，虽然培养学生人数较少，但是解决了当时俄语人才短缺的问题。这是黑龙江省为适应国内国际形势需要培养的首批俄语人才，是黑龙江赴俄留学工作的初始，俄文学堂也成为黑龙江赴俄留学的预备校。

（2）择优选派学生，悉心照料生活

20世纪初，清政府刚刚打开尘封已久的国门，开始陆续向西方选派学生之时，黑龙江将军程德全深知黑龙江与俄国接壤，向俄派遣留学生工作的紧迫性和重要性。他率先选派赴俄留学生，学习了解俄国，补己之短，实现黑龙江富民强省的目标。1906年，他向清政府递交的奏折中写道："查各省咨送外洋肄业学生，若日若美，若英法德，为数约以万计，独于俄则寥寥无几。亦于内地离俄较远，交际无闻，固不必视为急务。江省界连壤接，密迩周旋，将来两国铁轨大通，界务、商务以及一切交涉事宜，接踵而起。若以彼都政事俗尚不加深究，何以收安内辑外之效？"[②]得到清政府的批准后，黑龙江省政府责令学务处考察学生学习成绩，严格审查拟赴俄留学生的优点和特长。从俄文学堂（兴

---

① 参见崔多立:《清末黑龙江地区的高等教育》，黑龙江史志，2005年5月;参见杨晓梅《清末民初黑龙江高等教育发展述论》,《北方文物》2011年1月。备注:笔者发现国内个别史料上记载1906年，与史料不符。

② 程德全:《学生赴俄游学折》(光绪三十二年闰四月二十六日),《程德全守江奏稿》,台北文海出版社1982年版，第1331—1332页，第385页。

育学堂)"择其程度高者十人①咨送俄罗斯肄业"②③赴俄国圣彼得堡(Санкт-Петербург)学习勘探、矿物、理化、法政、商务、军事等专业。

笔者查阅资料得知,1906 年(光绪三十二年)黑龙江将军程德全官费选送的留俄学生有④:

【1】朱世昌,27 岁,安徽安庆府桐城县民籍,监生升用知县,在森堡矿物学堂学习勘苗科,曾在天津俄文学堂毕业;

【2】车席珍,27 岁,黑龙江省海伦厅民籍,在森堡矿物学堂学习矿物专科,曾在黑龙江省兴育学堂学习三年;

【3】唐宝书⑤,31 岁,广东广州府香山县民籍,监生,光绪三十二年闰四月黑龙江将军程咨送来俄,黑龙江官费,三十三年八月入森堡大学堂,习格致科,预计宣统三年毕业,正在天津俄文学堂肄业三年;

【4】车仁恭⑥,27 岁,黑龙江巴彦州民籍,在森堡大学堂学习法政科,曾在黑龙江华俄学堂肄业;

【5】王佐文,22 岁,黑龙江省呼兰府民籍,监生,在森堡大学堂学习法政科,曾在黑龙江省兴育学堂肄业三年;

【6】王惠相,27 岁,黑龙江省海伦厅民籍,在森堡实业学堂学习商务法律,曾在黑龙江省兴育学堂肄业三年;

---

① 台湾资料为 11 人,参见刘真主编:《留学教育:中国留学教育史料》第 2 册,台北编译馆出版社 1980 年版。

② 谢岚、李作恒主编:《黑龙江教育史料资料选编》,黑龙江教育出版社 1988 年版,第 473 页。

③ 1906 年 4 月,黑龙江选派"俄文学堂肄业生王忠相、车席珍、朱绍阳、王佐文、车仁恭、刘雯、朱世昌等七名"。程德全:《学生赴俄游学折》(光绪三十二年闰四月二十六日),《程德全守江奏稿》,台北文海出版社 1982 年版,第 1331—1332。

④ 刘真:《留学教育:中国留学教育史料》第 2 册,台北编译馆出版社 1980 年版,第 659—668 页。

⑤ 笔者查阅资料得知,1906 年黑龙江省程将军咨送官费留俄学生为 9 人,这与国内资料记载 7 人不同。国内许多档案资料如郝世昌、李亚晨:《留苏教育史稿》,黑龙江教育出版社 2001 年版,第 21、27 页没有记载唐宝书和王惠相,王惠相年长 2 岁,他与王忠相同是黑龙江省海伦厅民籍,笔者推断二人为同族兄弟。

⑥ 王岱修、李麟兮纂,柳成栋校注:《巴彦县志》,黑龙江人民出版社 1987 年版,第 111 页记载 1906 年,自备斧资,西洋俄国留学惟车仁恭,五年毕业。车仁恭自费留学,这与国内外其他档案资料不符。

【7】朱绍阳,22 岁,湖北武昌府兴国州民籍,在森堡商业学堂学习商务专科,曾在黑龙江省兴育学堂肄业一年;

【8】王忠相,25 岁,黑龙江省海伦厅民籍,监生,在森堡实业学堂学习商务法政科,曾在黑龙江兴育学堂肄业三年;

【9】刘雯,33 岁,吉林省吉林府民籍,监生候选府经历,在森堡矿物学堂学习矿物专科,曾在漠河俄国中学堂毕业。

光绪三十三年(1907)黑龙江将军程德全官费选送的留俄学生[①]有:

(1)李毓华,26 岁,吉林省吉林府民籍,监生花翎五品衔候选通判,在森堡大学堂学习法政科,曾在吉林俄文官学堂三年毕业;

(2)钟镐,28 岁,吉林满洲镶黄旗人,花翎四品衔候补通判,拟入陆军马队学堂,曾在北洋巡警高等学堂毕业。

从资料得知,1906 年、1907 年黑龙江将军程德全先后派遣黑龙江省本籍和客籍学生 11 人赴俄留学。为做好赴俄学生的资金保障,黑龙江政府每年拨付专项资金,用于留俄学生所需川资及学费。希望留俄学生辄思海外壮游,扩充识见,博通中外,条贯古今,成为适应国内国际形势发展需要的对俄外交人才,实现实业兴省的目标。

为解决边务翻译人才之急需,除官费外,自费留俄学生应运而生,人数逐年增多。据《黑龙江志稿·学校志》载:"出洋留学之人数,亦逐渐增加。最近留学俄、日之学生,其数超过晋、豫各省。"[②]这一时期,黑龙江的商贾及政府官员纷纷送子女到俄国学习。如 1906 年,黑龙江将军程德全自费送 25 岁的儿子程世模,随任首批赴俄人员到森堡实业学堂学习商务法政科。程德全主政黑龙江时期,其麾下名为阜海的哈喇沁蒙古族人,早年曾自费赴俄国学习语言文字。25 岁的牛文炳,籍贯山西汾州府,尚志义学生,1907 年(光绪三十三年)呈请学部自费来俄,宣统元年入森堡大学堂学习物理,宣统五年毕业,曾

---

① 刘真:《留学教育:中国留学教育史料》第 2 册,台北编译馆出版社 1980 年版,第 659—668 页。

② 张伯英:《黑龙江志稿》,黑龙江人民出版社 1992 年版,第 1104 页。

在俄国普通中学堂及森堡专门预备学校毕业①。

程德全不仅积极派遣黑龙江省学生赴俄留学,还对留俄学生关爱有加,悉心照料学生的生活。他责令相关部门为留俄学生解决生活困难,解决他们的后顾之忧,使留俄学生安心学习。1917 年,黑龙江省政府支付留俄学生朱世昌毕业回国川资三百元;支付留俄学生刘雯回国川资三百元;1920 年,黑龙江省财政厅由 1918 年下学期留俄学费项下提拨本省一二大洋五百元汇交外交部转给朱绍阳作为回国川资,②保证其完成学业。

(3)战乱学业受阻 江省补缴学费

十月革命期间,俄国内乱,留俄学生的学业中断,开课遥遥无期,致使学生生活受到严重影响,无法继续完成学业,或辗转回国或逃难于他乡。因战乱黑龙江省政府未及时汇缴留俄学生学费,学生的生活受到影响。黑龙江政府官派学生朱绍阳因内乱逃到法国,驻俄代办郑延禧代为垫付学费,才得以维持生活,完成学业。史料记载,"省长鉴:生绍阳学费,因俄乱断绝交通,七八两年,业经本馆垫付,请拨还汇交北京交通部代收,并盼复,驻俄代办郑延禧七日。"③黑龙江省省长孙烈臣接到呈请后,责令相关部门核实查办。

战乱后在黑龙江省政府的督办下,省财政厅如数补缴朱绍阳的学费及回国川资费用。黑龙江省长公署卷中有二十余页档案,详细记录当年黑龙江省财政厅、驻俄代办郑延禧向省长孙烈臣递交的呈请与省政府的批复,从中可以看出黑龙江省政府对留俄学生的重视和关爱。

(4)异国苦心求学 归来报效祖国

留俄学生学成归来发挥俄语优势,在中俄外交工作中发挥积极作用,成为对俄外交工作的栋梁之才。这些学生抵俄后先在校外进修一年补习俄文,再入普通学校学习普通课,然后进入专门学校学习实业矿科,到 1913 年已有五

① 刘真:《留学教育:中国留学教育史料》第 2 册,台北编译馆出版社 1980 年版,第 659—668 页。

② 《关于留俄学生学费事项》,黑龙江省长公署卷,第五种第四类第八十八卷,1919 年 10 月。

③ 军 103 号法京郑延禧电,黑龙江省长公署卷,1919 年 10 月。

人毕业回国,其余五人仍在俄国学习。①

留俄学生车席珍、王佐文、王忠相、程世模等人不辱使命,在俄国克服困难,刻苦学习,成绩优异,归国后倾其所学,为民国的经济文化发展建设贡献力量。民国初年车席珍归国后曾任黑河道尹张寿增的顾问,在争取黑龙江主航道航权时凭借语言优势,发挥了积极作用;程世模归国后任公府外交顾问;朱绍阳留学俄国十余载,曾在商务学堂及马队学校毕业,后复考入兽医医学堂,苦心孤诣,一意求学,曾任驻苏联伊尔库茨克领事、驻芬兰使馆代办。1929 年3 月,派兼驻苏联使馆代办,7 月任驻芬兰公使,朱绍阳曾受冯玉祥委托与苏联交涉释放国民革命军留苏学生事宜;②1917 年刘雯与朱绍阳、刘泽荣等人在俄国彼得格勒成立中华旅俄联合会,刘泽荣被选为会长,十月革命期间,中华旅俄华侨会积极救助同胞,为旅俄华侨顺利归国做了大量工作,副会长刘雯归国后任东省铁路稽核局局长。

清末民初黑龙江留俄活动,不仅开辟龙江学子赴俄留学的先河,培养出一批精通俄文的外交人才,还储备一批社会发展急需的留俄人才,开辟了近代黑龙江留俄教育、文化交流的新渠道。这一时期留俄学生不仅有法政专业,还有勘探、矿物、理化、商务、军事、勘苗等专业,实现了学习西方先进技术和文化,兴边富民的目的。他们在俄学习少则四年,多则六年;选派留俄工作大多应临时之需,缺少长远规划,疏于管理;留俄学生就业前景好,均为委任或者聘任,他们发挥俄语优势,为地方乃至中俄外交等工作付出辛勤努力。

第四节　华侨的民俗文化

华侨中大多数为山东人,注重孔孟文化,恪守孝道。到达俄国后,俄国人划定华侨单独的居住范围,他们大多与本国人生活、工作在一起,逐步形成特

---

① 　齐齐哈尔市政协文史资料委员会编:《龙沙教育史料》1995 年 12 月,第 264 页。

② 　"第二集团军留俄学生回国",《申报》1928 年 12 月 27 日。转引刘振宇:《清末民初中国人留学俄(苏)活动的历史考察》,《俄罗斯研究》2013 年第 1 期。

定的华人社区,因此,中国传统文化得以保留和传承。

冬季,远东地区的华侨制作传统冰灯,悬挂在门前,既有美化装饰的功能,又有照明作用。有的华侨还在房屋里悬挂铜铃铛,用于辟邪。在中国的传统节日,如端午节、春节,华侨们聚集在一起,扭秧歌、舞龙、舞狮,进行魔术表演。每逢春节,华侨放下手中的工作,连码头上的工人及街头上的小商贩也停止工作,他们提前准备各种各样美味食品,包饺子、蒸年糕,大人孩子们换上干净的衣服,贴对联,燃放鞭炮,街上一片祥和的节日景象。

一位在俄国生活近七十年,在伊尔库茨克的山东潍坊县老华侨谢尔盖尼古拉耶维奇·于德玄的女儿斯维特兰娜·谢尔盖耶夫娜告诉我们:"每逢春节,父亲包饺子时,往饺子里放钱,还给孩子们压岁钱。我从小就体会到中国春节的年味,压岁钱的习俗我保留至今,现在过年我也要给儿子和孙子压岁钱。包饺子时,也往饺子里放钱。"

在阿穆尔州张思昌的后代回忆:"小时候,我们非常喜欢和中国人一起庆祝传统节日春节。我清楚记得,父亲常把我们叫到一起,带领我们去中国邻居家做客,他们会送给孩子们小礼物和钱,我们按照大人们的要求坐下,吃大人们包的饺子,以及按照中国的菜谱烹饪的大烩菜和土豆。大人们做的馒头很特别,里面放上肉馅,就是包子,包子的味道好极了。大人们也不喝酒,就是在一起聊聊天,吃完饭就各自回家。大人们也不唱歌,就是几个中国人聚到一起打扑克消磨时间,扑克很有趣,玩法也很多,他们玩得很有兴致。"

1893年2月,《符拉迪沃斯托克报》上刊载中国春节的景象:摆上供桌,上面摆放红色蜡烛、香炉、贡品,家族成员依次向家神和祖先磕头拜年。1895年1月,《符拉迪沃斯托克报》上刊登远东著名文学家和城市大事记作者尼·巴·马特维耶夫的札记,描写了旅俄华侨庆祝春节的有趣细节,如舞龙、家宴、包饺子、踩高跷。《远东报》《遥远边区报》《阿穆尔沿岸报》经常对中国的春节进行报道。

华侨身居异国,遭受欺压,凄苦的生活无处倾诉,他们修建寺庙,供奉山神、关公,希望得到神灵的庇护。沙俄抢占黑龙江以北大片土地后,在森林里常常能见到华侨用原木盖的山神庙。有一座山神庙,庙前一块红布上的对联是:"昔日齐国为大帅,今朝大清镇山林"。横批:"山神之位"。另一座山神庙的对联是:"昔日汉朝治国相,今做人间福禄神"。① 华侨在俄国多年,有的还信奉道教、佛教、儒教,他们虔诚地供奉关帝、观音,作为精神上的寄托。许多华侨家都有自己的祠堂,供奉祖先和神像。在远东地区,一些老华侨去世后,他们的后代还依然供奉祠堂,虽然像父辈们一样祭祀,但是程序简化许多。

华侨在远东哈巴罗夫斯克、符拉迪沃斯托克等地建立寺庙,大多由一些经济实力雄厚的华侨集资兴建。1880年,华侨在符拉迪沃斯托克建立寺庙,经常举行祭祀活动。1899年,符拉迪沃斯托克市医院完成建造工程,医院以与中国寺庙相邻,对护理重症病人不利为由,向市议会提出申请,请求拆除中国寺庙。1907年7月17日,市杜马第4636号令,市议会决定扩建医院,将中国寺庙从现址搬迁到新地块。于是华侨会花费大量资金进行土地平整工作,仅修建地基就花费8000卢布,遗憾的是,中国寺庙新建地址与巴克罗夫斯克公墓教堂距离较近,引起该市大主教的不满,并提出抗议。1909年6月,总督作出第24898号批示,中国寺庙暂停施工。尽管没有建成独立寺庙,华侨们还坚持在租用的建筑物内进行祭祀活动。

在苏维埃政权建立之前,俄国人没有制止中国人燃放烟花爆竹,城市当局无人破坏中国的传统风俗习惯。为了消防安全,城市当局还设立固定地方允许华侨燃放鞭炮。1899年,符拉迪沃斯托克市政府禁止在朝鲜大街中国寺庙旁边燃放,防止打破城市医院的宁静,干扰病人休息。1922年10月,苏维埃政权对华侨的宗教行为采取不能容忍的态度,坚决根除"人民的鸦片",庙宇被关闭,宗教节日被禁止。他们认为,在中国节日里,华侨购买许多食物停止工作,商店关门、菜市场停业、运输停滞,出现面包等食品供给不足,这给俄国人的生活带来不便,遭到俄国市民的抗议。

1929年2月,苏维埃政府开始反对中国人的节日,认为节日带有宗教性质。1931年1月25日,联共(布)符拉迪沃斯托克市委通过了第18号决议,批准《就东方新年(2月中旬)进行群众性工作的计划》,要求市委宣传办公室在1月23日前制订反宗教报告提纲,吸收无神论者联盟和汉学家参加;开展

---

① 山东省地方史志编撰委员会编:《山东省志侨务志》,山东人民出版社1998年版,第117页。

反宗教展览;用汉语和朝鲜语印制传单和标语口号,并按企业和文化地点悬挂、张贴;在中国影剧院演出开始前,定期举行反宗教报告会,苏联电影用汉语制作电影广告在影剧院播放宣传;宣传队在东方工人的宿舍举行反宗教报告会。在开展与"人民的敌人"斗争中,"启用"苏维埃社会主义共和国联邦法典第 58 条第 8 款,制造花炮和爆竹物被定性为"旨在反对苏维埃政权的代表或革命个人和农民组织活动家的恐怖活动","这些制造者将被枪决或者宣布为劳动人民的敌人,要么没收财产,剥夺苏联国籍,永久驱逐出苏联,在情节较轻的情况下,剥夺自由不少于三年,没收全部或者部分财产。"①在苏联国家权力机关的密集打压下,在苏联化生活方式影响下,20 世纪 30 年代中期,中国新年不再具有鲜明的民族色彩,中国传统节日已经转为地下秘密进行,甚至在春节期间,华工仍要放弃休息日,承担工作任务,完成工作计划。这一时期,所有象征中国传统节日的活动都被禁止,人们再也听不到新年里噼噼啪啪的鞭炮声。

在远东地区华侨聚居的地方,都设有戏园、赌场及烟馆等。据庚子俄难幸存的老人们回忆:"在 19 世纪末,旧瑷珲屯屯子周边有一道木垒土城墙,墙的上面很宽,可以行人,屯内有个戏院。"这些戏院成为许多富裕华侨休闲娱乐的场所,有的华侨从早坐到晚度过他们全部闲暇时间,更有甚者花光全部积蓄。在阿穆尔沿岸地区华侨人数众多的村镇,都有这类戏院。

远东地区许多城市都建立中国剧院。从 1898 年到 1936 年,在近四十年里,远东中国剧院的所有者或者租赁者有:陈尚立、王腾星、侯富强、杜启云、宋阳春、纪凤台、云和赞、玛丽亚·库别尔。在苏联时期,符拉迪沃斯托克还有国家级的中国剧院。其中较闻名的是南方和北方剧院。南方的是"永享茶香",北方的是"笋尖舞台"。北方剧院以场地大,价格低廉,无产者光顾较多;南方剧院规模较小,接待人群以富裕华侨为主。20 世纪 20 年代,远东地区华侨工会投资兴建一些中国剧院,作为开展华侨文化活动、进行文化普及的场所。到了 30 年代,中国剧院成为苏联意识形态的宣传阵地,上演《太平天国起义》、

---

① [俄]米兹、安治:《中国人在海参崴——符拉迪沃斯托克的历史篇章 1870—1938》,社会科学文献出版社 2016 年版,第 198 页。

《打渔杀家》、《怒吼吧,中国》以及音乐剧《白毛女》等剧目。在哈巴罗夫斯克、符拉迪沃斯托克的中国剧院,还在远东地区进行巡演,对华侨进行文化普及。在符拉迪沃斯托克、尼科利斯克—乌苏里斯克和哈巴罗夫斯克等地的官方剧院或在其他居民点的娱乐场所里,还进行跳棋、象棋和多米诺牌等娱乐活动。1939 年 2 月 11 日《共青团报》报道,那乃族自己创办第一个"奈新"民族剧院,在哈巴罗夫斯克边区纳奈区投入运营,演出的剧目有自己创作的歌剧、歌曲、剑术和其他节目。2 月 8 日,剧目在哈巴罗夫斯克市的教师宫演出,剧院的演员有纽拉·别尔德、盖凯尔和薇拉·别尔德。20 世纪 30 年代末,苏联肃清远东地区时,中国剧院的命运随之终结。

在远东地区还建立电影院,在联共(布)边疆区所属的中国委员会倡议下,为做好文化启蒙工作,1929 年 8 月 20 日,建立第二太平洋工会大会远东第一中国电影院,苏联各大报纸进行宣传报道,电影引起华侨广泛的兴趣,开业第一个月,就有八千多人观看电影。电影院的墙上悬挂红布标语"中国革命万岁"、"各民族工人和农民联盟万岁",以及列宁的肖像。

这一时期,在远东还开设一些华侨学校,对华侨进行文化普及活动,在第二部分有详细介绍,暂不一一累述。

第五节　黑龙江上中游地区的归侨及其后裔的生活

一、庚子俄难与开交通时期归侨及其后裔的生活状况

1900 年,沙俄武力侵占海兰泡、江东六十四屯,屠杀中国居民,枪炮声、哭喊声打破往日村庄的宁静,华侨被驱赶屠杀,尸横遍野、血染龙江,成千上万的中国人被驱赶到黑龙江中活活淹死。幸存者妻离子散,颠沛流离,千辛万苦奔走在逃生的路上,衣衫褴褛、食不果腹,辗转逃到黑龙江省齐齐哈尔又遇上瘟疫,大多数人只好折返到瑷珲。他们望江兴叹,近在咫尺的家园早已面目全非,只好选择在黑龙江右岸一带安家落户。坚强不屈的瑷珲儿女不抱怨、不灰心,在荒芜的土地上重新点燃生活的希望,他们日出而作、日落而息,不惧艰难

险阻,重建家园,在黑龙江右岸开枝散叶、繁衍生息。

庚子俄难时期的华侨及其后代大多生活在黑河沿江一带村屯,与俄罗斯隔江相望。这些村屯土地肥沃,如瑷珲镇、幸福乡长发村、张地营子村、上马场乡等。幸存的华侨大多数家产全无,以务农为生。他们白手起家,胼手胝足,凭借顽强的意志和辛勤的劳作开创新生活。华侨中的第二代、第三代中的个别优秀分子已经走出乡村,进入城市,第二代中以工人居多,分布在黑河市区内,如张地营子乡的宁氏家族、坤河乡的何氏家族等;华侨的第三代中有的已经走出黑龙江省,职业有工人、教师、公务员、医生等,华侨中汉族占大多数,还有一些少数民族、如满族、达斡尔族等,他们的先祖大多是清朝时期随萨布素戍守边关的满八旗和汉八旗。

笔者在黑河沿江一带采访当年"跑反"①过来的华侨后代,了解他们的生活情况:

何氏家族:先祖满洲正白旗人,姓恒克勒哈。祖居黑龙江左岸何家山屯。何家山屯村南有个二里多长的大水泡子,像个月牙,人称月牙泡。村周围有白桦林、柞树林、松树林,土地肥沃,春天撒下种子,秋天就有好收成,盛产苞米、谷子、黄豆、糜子等主要农作物。月牙泡里有鲤鱼、草根、黑鱼、鲶鱼、狗鱼、鲫鱼等,是鱼米之乡。何宗学曾祖父去世后,"跑反"前曾祖母带着一家人过江到右岸瑷珲黄旗营子村居住。自此何家在瑷珲镇开枝散叶,后代中有医生、公务员等,第五代子孙中有的走出黑龙江省,在北京林业出版社工作。

宁氏家族:满族正黄旗,姓尼克团,先祖在清朝康熙年间,奉命到黑龙江旧瑷珲城驻守边疆。宁氏家族曾是海兰泡②大户,家族人口众多。"跑反"后曾经落户在黑河瑷珲镇外三道沟村,后来一支在瑷珲外三道沟村居住,另一支在瑷珲张地营子乡生活。宁氏家族从江东逃难至今已经延续到了第六代,人丁兴旺,家族不断壮大,仅张地营子乡一支直系成员达到五十多人,有工人、教师、警察、公务员、行政管理者,家族中教育者居多,在黑龙江的高校、中小学、

---

① 指庚子俄难年俄国人反了,中国人为逃避兵乱而逃亡他乡。
② 海兰泡:地名,现为俄罗斯阿穆尔州布拉戈维申斯克。

幼儿园工作,第五代子孙大多本科以上学历,有的在国外留学。第四代、第五代子孙中大多走出黑河,在哈尔滨、青岛、上海、深圳、北京等地工作。

何氏家族:满族镶黄旗,原在江东六十四屯务农,"跑反"后在瑷珲上马场乡、孙吴沿江乡生活,如今子孙们大多在孙吴县沿江乡务农,如今第三代孙女何石环年近九十岁高龄,但她精通满语,能完整叙述满族人物故事,是满族说部的传承人。

关氏家族:满族正黄旗人,原在江东六十四屯中最大的屯子黄山屯务农,"跑反"后落户张地营子乡霍尔沁村、逊克县姚地营子村,子孙中务农、个体者居多。

吴氏家族:汉族,祖籍小云南宝塔,原在江东六十四屯的断山屯吴家窝棚,"跑反"后落户张地营子乡霍尔沁村,第五代子孙在黑河市区从事务农、务工、经商、教师等职业。

付氏家族:满族,原在江东六十四屯经商贩酒,第一代华侨付福生"跑反"后在幸福乡长发村落户并经商,第二代、第三代子孙务农,第四代子孙中有的经营知名乡村饭店、有的务农。

关氏家族:满族,原在江东六十四屯务农,"跑反"后落户瑷珲上马场乡,子孙中务农居多。

呼玛县刘氏家族:第一代华侨刘俊卿在海参崴、海兰泡经商二十年,1918年回到呼玛县三卡乡务农,其长子刘奎元(1924—1946年),1945年参加革命,东北民主联军黑龙江省军区黑河军分区司令部文书,1946年牺牲,现王肃公园烈士墓上刻有其英名;次子刘奎恒、1939年出生,副处级干部退休,现在齐齐哈尔市居住;三子刘奎利,曾任加格达齐区长,呼玛县副县长等职,已故;四子刘奎珍,呼玛县林业局退休干部,现居秦皇岛市。

二、归侨对地方经济文化建设的影响

20世纪初,黑龙江沿岸黑河等地人口稀少,百业待兴。大批华侨的留居,为当地带来难得的发展机遇,他们凭借雄厚的经济力量,拉街基、建工厂、选煤矿、开设采金厂,购进大批先进的俄国机械设备,为黑龙江沿岸的城市建设和发展注入新活力。

1. 经济方面

制粉业：20世纪初,黑河制粉业发展缓慢,所需面粉由俄人低价从华岸购买小麦,出口俄国后加工成面粉,再往华岸销售,价格昂贵。1913年7月,瑷珲绅商郭福林、姚申五、徐述之、谢惺天、张恩发①等共集资12万卢布,从俄国购置制粉机械,在瑷珲创建永济火磨②。1914年10月6日,永济火磨开工生产,日产300普特,年产20万普特,附设发电机一座、火锯一处。除生产面粉外,还负责供应各户用电,对外加工木材,日产面粉4万斤,年产60万斤。③该厂在投产后的二年中除一切花销外,共赢利羌洋2684万元。1918年,黑河绅商陈丰绅额等集资12万元,从俄国买进制粉机械,在黑河大兴街东头新建一处德昌火磨。④1919年黑河绅商姚万才见火磨盈利,集资50万元,从布拉戈维申斯克购买全套制粉机械,在黑河西岗子建"万丰益火磨"。1925年瑷珲县永济火磨与黑河德昌火磨、万丰益火磨三家制粉厂合并,于黑河西岗子成立黑爱联合面粉厂。⑤

华侨徐鹏远在俄国经商多年,视野开阔,敢于创新。他通过调研发现,黑河本埠碓碾各种米粮大多采取土法,人工磨制耗费时间长,费工多,产品供不应求。1928年9月6日,他从江北俄国布拉戈维申斯克定购碾高粱米机器一套、碾小米机器一套。⑥现代化机器碾米既快捷又省工时,所碾米外形美观且价格低廉,实现惠民又获取丰厚利润的目标。

电力业：1914年,华侨徐鹏远以羌洋2万元购买福增合木材厂锅铊机从事直流发电。一年后因资本少经营困难,被梁德懋等人以2万元接兑。1915年,他以黑河街内"公济栈"、"共和栈"和布拉戈维申斯克中国人开的"西盛泰"、"成发祥"为招股点,以每股羌洋5元,添招股本近60万羌元,成立了恒曜电力电灯公司(公司设在黑河镇的中原街与西兴路交叉路口,现中央街与

---

① 旅俄华侨。

② 黑河地区粮食志编撰委员会:《黑河地区粮食志》,1996年,第14页。

③ 黑河地区粮食志编撰委员会:《黑河地区粮食志》,1996年,第14页。

④ 黑河地区粮食志编撰委员会:《黑河地区粮食志》,1996年,第15页。

⑤ 黑河地区粮食志编撰委员会:《黑河地区粮食志》,1996年,第16页。

⑥ 黑龙江省档案馆:《黑龙江省公署卷》,《振边酒厂购置碾米机器请予放行》,1928年9月6日。

电厂北路交叉路口）。① 他从俄国购买卧式锅炉 1 台,以木桦为燃料,供黑河街内 776 盏 16 度灯泡的直流电。他不断扩大营业范围,公司经营木材加工和直流发电。此时他实有资本 20 万元,已有卧式锅炉 1 台,30 马力锅驼机 1 台,直流发电机 4 台,在黑河的衙署、局、所、商铺共装电灯 728 盏、路灯 48 盏,月收入银洋 1267.5 元,开辟了黑河用电之始。由于需求不断扩大,恒曜电力电灯公司不仅给他带来丰厚利润,还让边陲黑河的街道亮了起来,给百姓带来光明。

1916 年,该公司又从俄国购进 60 马力和 120 马力锅铊机各 1 台,供电灯数增至 1000 盏。1918 年,他从俄国购进蒸发量为 2.5 吨/小时锅炉 2 台,220 千瓦蒸汽发电机 1 台。1919 年,他又招新股共羌洋 50 万元。1926 年公司改名为"恒耀电灯电力股份有限公司",有职工 240 余人。该电厂一直持续到建国后,黑河电厂、黑河热电厂都是在此基础上发展起来的。

煤炭业:黑河的煤炭工业受俄国影响,在华侨的积极推动下逐渐发展起来。1897 年瑷珲阿林别拉沟(今西岗子煤矿)发现煤矿。为了在俄岸打开销路,黑河商人李文展等即与俄商纪凤台、卢宾诺夫签订合同,合股开采,后被黑龙江将军恩泽得知上奏朝廷,未予批准,这为日后建厂开采奠定基础。1919 年,华侨徐鹏远与河南的周维泰,山东招远县的鲍登贤、赵学雍,还有瑷珲的郭福林,在瑷珲城西 25 里松树沟东南,探得正经煤线,至第三层煤槽厚约 9 尺,煤质略逊于抚顺,坚硬黑亮,较满洲里煤质优良。徐鹏远请领矿地 6 方里 468 亩 29 方丈,拟建松树沟煤矿地。② 徐鹏远向政府申请开办煤矿时陈言:"沿边燃料全恃森林,近年人烟日密,所需燃料者日繁。山已无采伐之余地,取材日远,运价日昂。向之取不尽而用不竭者,今已有供不给求之势。且俄境森林严禁采伐,其火车、轮船、工厂以及居家之燃料无不仰给于煤炭。我生材有数,用路无穷,长此以往,何以为继承,应采办煤矿以期裕国利民。"③1920 年 3 月 23

---

① 盖玉玲:《爱辉古今名人传》,黑龙江人民出版社 2014 年版,第 143 页。

② 黑龙江省档案馆:"徐鹏远帖为请领瑷珲城西松树沟矿地恳请出具保结由",《商会卷宗》852 号。

③ 黑龙江省档案馆:"徐鹏远帖为请领瑷珲城西松树沟矿地恳请出具保结由",《商会卷宗》852 号。

日,徐鹏远在查出煤层后集成股本 20 万元,拟从事开采。同年 5 月 12 日,他成立宝兴煤矿公司。徐鹏远还在吉林蛟河、鸡西等地开设煤矿,满足市民生活所需,为黑龙江煤矿业的开采和建设做出突出贡献。

采金业:19 世纪末 20 世纪初俄国远东采金业兴起,大批华侨赴俄采金,他们在俄国积累丰富的采金经验,赚得钱财后回国投资开办金矿。1915 年 1 月,华侨徐鹏远在瑷珲和黑河沿边上下游一带探采未经勘探产金的矿区。于是他和朋友采取集资的方式,自己出资羌洋 8000 元、季学绰出资 12000 元、姜德清出资 8000 元、刘应昌和沈希曾、韩广业分别出资 4000 元,共筹集 4 万元羌洋,①申请创办黑河商办裕源金矿,以振兴实业,同时解决归国华工的生计问题。

1915 年 2 月 23 日,黑龙江巡按使公署批准了裕源金矿采苗公司。1916 年 4 月 23 日,由黑河商会出保到黑龙江金矿领取执照,宋云桐带领把头矿工在黑龙江省黑河道呼玛县境内恰尔布特河内地方踏勘矿苗线。② 于是,徐鹏远等商人联手开办裕源金矿,这是他在黑河创办的第一家金矿,后来他又创办了逢源金矿。1921 年,他在公别拉河试办采金矿,面积为 1 方里 110 亩 25 方丈 3 方尺。1924 年,他试办瑷珲县哈达霍洛沟金矿,后转包给仲子元生产,自己占 20%永久性股份。1930 年,徐鹏远还在托泥河上游探苗采金,振兴了黑河采金业。

房地产业:民国初期黑河道尹张寿增规划黑河街区建设,俗称"拉街基",旅俄华商邵宗礼、朝鲜人金秉恒,毕凤芝、徐鹏远等领得成片"街基"开辟黑河房产建筑之始。毕凤芝领得成片"街基"后,兴建了大片房屋,不仅有砖木结构的二层楼房,也有铁瓦盖的平房。1917 年,他在大兴街建房产。③ 如今他修建的二层洋房成为黑河旅俄华侨纪念馆,仍旧伫立在黑龙江畔,是黑河所剩不多的俄式老建筑。

徐鹏远于 1918 年、1920 年、1923 年,先后 8 次分别从孟连成、曹惠玉、车玉环手中买到生荒地 8 块,共 296 垧 7 亩 7 分 5 厘,这些地块就是后来振边酒

---

① 盖玉玲:《爱辉古今名人传》,黑龙江人民出版社 2014 年版,第 143 页。
② 黑龙江省黑河市爱辉区档案馆:《商会卷》。
③ 《瑷珲档案》,1917 年。

厂所用地。他还在黑河购买了 13932 平方米的土地,先后在兴隆街 24 号、25 号 3608 平方米,大兴街 30 号 2128 平方米,通行街 107 号 2112 平方米,兴隆街 22 号、24 号 3072 平方米,中原街 206 号 1638 平方米,南大街 721 号 1374 平方米建立房屋和厂址。① 他为黑河城镇建设投入大量的精力和资金,是屈指可数的房产家。

华侨邵宗礼凭借雄厚的资金领取成片的"街基",他耗费巨额资金大兴产业,在龙兴街建造房屋 8 处、在大兴街建造房屋 1 处、在中原街建造 1 处房产②,绰号"邵半盖"③。他兴建黑河知名的邵家大院,开办商号"广聚公",还与人合伙开办金矿,开采黄金并投资兴建两处戏院。同期还有华商张德馨建造的楼房、朝鲜人金秉恒于 1919 年建造的楼房、王殿铭于 1921 年兴建的恒源茂。

酿酒业:黑龙江盛产玉米、高粱,是酿酒的主要原料,用黑龙江水烧制,酒味甘甜醇美,深受沿江中俄居民喜爱,白酒在俄国销路很畅。20 世纪 20 年代初,由于俄国境内取缔酒精走私活动,俄国人购买量锐减,黑河对俄酒精走私出口额下降,酒精在俄国境内的行市高达每桶 32 元,与本地价格差大,因此酒精走私出口额依然可达到每年 10 万桶左右,是本地区对俄走私出口商品中的大宗商品,大多从哈尔滨引进。华侨在黑龙江沿江一带兴办各类家庭烧锅作坊,如哈尔滨田家烧锅、万福广烧锅等。民国时期,黑河酿酒业不断发展,由家庭手工业发展为手工业作坊。1916 年,李暴喜在瑷珲城天市街开办兴源烧锅,有工人 35 人,年产白酒 3 万斤,产值达羌洋 10500 元。1910 年,华侨徐鹏远在哈尔滨开设万福广机器火磨、广记机器制酒厂。第一次世界大战时,他了解到俄国远东地区各种生活用品急缺,于是瞄准了对俄贸易,来到黑河创设徐家分号万福广烧锅,采取手工作坊制酒,利用地缘优势,产品销往对岸的俄国。

1923 年 4 月 19 日,徐鹏远向瑷珲县程县长递交呈请,欲创办振边西皮酒烧锅以图振兴沿边实业。振边酒厂总投资 922250 块大洋,历经四年建成工厂

---

① 盖玉玲:《爱辉古今名人传》,黑龙江人民出版社 2014 年版,第 144 页。据黑河市爱辉区档案馆全宗 3 案卷号 9085、全宗 3 案卷号 8950 整理而成。

② 《瑷珲档案》,1917 年。

③ 俗语,半条街的意思。

面积 21 坰,面积共 7849 平方米的酒厂①。每桶酒精的制造费大约二元五角左右,酒精原料为马铃薯、高粱、大麦等,受价格影响,原料以马铃薯为主。大正十五年八月六日,外务省秘书生下村未郎递交外务大臣男爵币原喜重郎殿下关于黑河酒精商业情况之文②中记录:"大正十二年八月(1923 年),本地中国商行万福广的徐鹏九,在黑河上游一里左右的五道壑洛投资八十万大洋购买设备、建立了制酒厂(叫振边酒厂)。振边酒厂建成后,立刻着手酒精生产。并于大正十三年,加入满洲辛迪加(企业联合组织)酒精商会,自此断绝了从哈尔滨引进白酒的历史,形成了振边酒厂独占当地酒精市场的格局……辛迪加一个月收购它们的产品的最低额是八千桶。该酒厂拥有两台蒸汽机械,生产能力达到一整天生产酒精六百桶以上,据说现在每天的平常产量是四百桶,那么每年的产量至少是二十万桶,然而,除了二千桶用于生产伏特加和烧酒外,其余的全部从黑河上下游走私出口到了俄国境内。"

1926 年刚建成的振边酒厂

振边酒厂生产的"西皮酒",在黑河当地有一联合批发处,销售商家有旭东商店、悦来号、集春号、三合涌、元茂昌、恒茂昌、同裕昶、永泰祥、华通药局、

---

① 黑河市政协文史资料编撰委员会:《黑河文史资料》第三辑,第 79 页。
② 日本外务省外交史料馆,3-1950,0483。

东兴商店、东洲饭店、恩记饭店、德聚园等,黑龙江上中游大大小小的酒柜都从振边酒厂批发然后向俄岸出售。

振边酒厂不仅雇用本国劳动力,还雇用扎木果夫、扎木果娃、格拉斯诺乌索夫、格拉日耶夫斯基等苏联工人。振边酒厂每昼夜最大生产能力为生产酒精和白酒6—7吨,年产3000吨。其规模和设备,是东北十六家酒精厂中,设备最完善、生产能力较高的一个工厂,在当时也是国内一流的现代化酒厂。

兴办各类百货商店、饭店:华侨积累钱财后,纷纷把国外资金调回国内兴办各类产业,繁荣和丰富当地的经济,满足了城市居民所需。

1911年1月,华侨毕凤芝、姜德海投巨资羌洋(卢布)二十万元兴办和盛永商铺,经营绸缎布匹,由季麟三任执事,[1]和盛永商铺生意兴隆,远近闻名,不仅在布拉戈维申斯克、哈尔滨设店,还在黑河中原街设立分号。日俄战争前,远在海参崴经商的张廷阁就向哈尔滨的义合成杂货店投资五万卢布,为双合盛在国内建立第一个立足点。民国时期,工商业者倡导实业救国,张廷阁积极劝说其他股东抽资回国,转商为工,发展民族工业。1912年,他亲自办理回国转工事宜,1913年,张廷阁又在黑河设立了双合盛的分号,委派刘思恭、鄂振海两人负责具体经营,并利用黑河盛产黄金的优势,将货物出售后,廉价购买黄金,为双合盛储备大量黄金,为日后归国兴办实业储备条件。

1916年建立乌云设治局时,"前在海参崴、伯力经商的山东人胡维臣、于会东等到温河镇设店铺";[2]1917年,华商方奇峰把海参崴的恒聚栈迁到哈尔滨,在道里新城大街创办"恒顺昌"百货店,(位于道里区尚志大街108号),成为当地有名的华商;1923年10月1日,海参崴彼得罗夫商会在哈埠头区中国大街开办支店。另外还有蓬莱县旅俄华侨张钦堂在哈尔滨设东升隆总号及各埠分号;福山县旅俄华侨傅宗渭在哈尔滨设立文信公司和呼兰巴彦等地十数处设立分公司;牟平县旅俄华侨刘兆瑞在旅顺、芝罘开设公和利钱庄等。

在哈尔滨尚志大街的餐饮业,最具盛名的就是创办于20世纪30年代新华楼和永安号这两个饭店,厨师均属于"崴子派"。哈尔滨开埠初期,侨居符

---

① 引自《黑河商会康德三年报告书》。

② 嘉荫县志编委会编撰:《嘉荫县志·商业》,黑龙江人民出版社1988年版,第349页。

华商张廷阁创办哈尔滨双合盛制粉厂

拉迪沃斯托克的山东名厨捷足先登,首先将鲁菜引进哈尔滨市,这些名厨被称为"崴子派"、"崴子帮"。

在开交通时期,旅俄华侨归国无数。仅 1921 年 9 月 9 日,旅居伊尔库茨克华侨五百余人归国到哈。他们在中东铁路沿线及黑龙江沿岸扎根落户,一些有实力的华侨纷纷兴办实业。这一时期,黑龙江沿岸对俄贸易繁多,华商带动地方经济的发展,民族工商业发展较快,促进了城市的建设和发展,黑河、呼玛、奇克以及绥芬河、三岔口等地经济发展迅速。如在黑河的奇克特镇,自民国五年秋起,本埠荒地日辟,人户臻多,俄人大小男妇,来此贸易日以千计,车辆日以百数十计,于是,商务日以发展近大小商户五十余家。①

华商纷纷投资创办实业,中东铁路沿线赴俄通道日渐繁华。1912 年,三岔口(东宁县)有同顺和、功成泰两家木材商,在大、小绥芬河沿岸采伐,做成木排,沿绥芬河,经三岔口流放到俄国双城子(今乌苏里斯克)、海参崴等地。②

---

① 县佐陶炳然采辑:《奇克特志略·商政》,1916 年 12 月。

② 中共东宁县委党史研究室编著:《中共东宁县地方史》,黑龙江人民出版社 2012 年版,第 11 页。

据 1908 年绥芬河统计三岔口街已有工商业户一百多户，资金在一万吊以上的有万来东、万来西、兴盛永、福生公、德昌号、恒兴昌、永记号、复合成、广远昌、利兴福、福源永、郝恒昌、义成昌、永恒昌 13 户①，其中万来东注册资金 10 万吊。1902 年中东铁路通车后，铁路沿线工商业得到较快发展。据 1914 年统计，绥芬河有 140 户，小绥芬（绥阳）17 户，细鳞河 12 户，三岔口也有 100 多户。到 1931 年"三岔口已发展到 299 户"。② 1910 年，萝北观音山金矿进入兴盛时期，同时新开辟九里庄、老沟、火烧营子、新河口等金矿，采金工人达 1 万余人，有些华商看到商机。从此，太平沟有 14 家坐商，兴东有 5 家，肇兴镇有 2 家，计 21 家，其中著名的有双合德、德发祥等；1916—1917 年，同江县城北沿江南岸一条街，有小本商号 10 余家杂货店。当时最大一家是岳永茂商店，由俄国归国华侨岳某开设，货物主要从伯力进口，生意颇为兴旺。③

农业：20 世纪初，黑龙江沿岸土地荒芜，一些华侨纷纷购买俄国先进的农业用具在沿江一带开发土地。1914 年，黑龙江设"黑龙江省招垦局"并放荒垦丈，海参崴华侨王玉玲闻讯后到萝北县跑马占荒，为了抢先开垦沿江草甸植被好的土地，他从俄境购进 1 台拖拉机进行开荒，在萝北县购买 96 方土地，成为萝北县放荒的首位认领者。1914 年，海参崴华侨王义寿兄弟二人到肇兴镇开办义盛东商号，并在沿江用拖拉机垦荒。④ 1920 年，义盛东商号乘机从俄国购进一台拖拉机，抢开肇兴沿江一带草原植被优质地 1200 响，加快了萝北土地开发的进程。⑤ 这一时期，胡匪、红胡子等也回国开荒屯垦，抢占商机。1919年，"五月，吉林珲春一带胡匪头目刘单子，自俄境率十余人并枪械跨江入本县境，本系苏俄所派，以为开辟共运之先行。刘入境爽约，投县知事刘懋昭，愿为本国屯垦实边效力，刘授之以县保卫团团总职收用之"⑥。华侨不仅发展农

① 《东宁县志》，黑龙江人民出版社 1989 年 3 月第 1 版，第 327 页。
② 《东宁县志》，黑龙江人民出版社 1989 年 3 月第 1 版，第 328 页。
③ 吴文孝：《同江县志》第七篇"商业"，上海社会科学出版社 1990 年版，第 216 页。
④ 萝北县地方志编纂委员会：《萝北县志》，中国人事出版社 1992 年版，第 16 页。
⑤ 萝北县地方志编纂委员会：《萝北县志》，中国人事出版社 1992 年版，第 197 页。
⑥ 饶河县地方志编纂办公室：《饶河县志》卷十六"要事简介"，黑龙江人民出版社 1992 年版，第 884 页。

业,还积极发展畜牧业。1908 年 11 月,一些华侨将部分俄国奶山羊带入呼伦贝尔地区和大兴安岭地区南部,经与当地山羊长期杂交,逐渐形成新的品种——布特哈奶山羊。

民国初期,在华侨的推动下,中俄边境地区如漠河古城村、瑷珲县、呼玛一带就已经普遍使用了农业机械和半机械化农具。

翻割地工具已开始使用拖拉机(我岸农民称为火犁)和各种半机械犁具。如"戈足犁"、"三马辽兹"、"大摆手"(日本产割地机)、"沙马牙子"(苏联产的自割、自捆式割地机);收获工具主要是马拉摇臂收割机;脱谷工具有脱谷机,也称"打场马神",有以锅铊机为动力的,也有以马拉为动力的;清粮机器称为转筛子、打场用的"马神箱子"(脱谷机)以及圆盘耙、钉尺耙、播种机、搂草机等,解放后黑龙江沿岸村屯从苏联进口一些农业机械,如"别拉沃兹"(苏联原动力机械,用于场上作业和带动粉碎机、磨面机以及供电)等。这些先进的农业生产工具除拖拉机外,1900 年前就传入了"江东六十四屯"地区,江东"大粮户"从海兰泡购进,以后又由江北岸逐渐向江南岸推广,到民国末年在黑河沿江一带得到普遍使用。据瑷珲县民国档案记载:到 1931 年,瑷珲县境内有打场机(脱谷机)30 台,割地机(马拉摇臂式)300 台,撒子机(播种机)200台,洋犁 1500 台,清粮机 200 台,洋耙 70 台,火犁(拖拉机)4 台。这些农业机械都由布拉戈维申斯克的孔士洋行、秋林公司、俄满洋行购进,这些商号在黑河设有分号,经营农业机械的出口和农机零件的销售。华商推动了当地农业的开发和发展,建国后爱辉区已经成为全国农业机械化推广较早和程度较高的地区。

公益事业:华侨热衷公益,慷慨解囊,扶危济困。华侨邵宗礼性情豪爽、秉性慈祥、乐善好施,仁义慷慨,每遇到镇上居民有困难,总是慷慨解囊,伸出援助之手。由于他躬先倡率、不辞辛怨,为黑河人民所共仰。1915 年,经黑河地方人民推举为慈善会会长。他还兼任黑河镇劝学员,积极劝导地方兴办教育。邵宗礼肩负提倡新学、筹集款项的重任,为黑河镇教育的改革发展作出突出贡献。民国初期,俄国以防疫为名驱逐华侨回国,华侨贫困无依,无返乡川资,为了帮助黑河府减轻负担,邵宗礼筹集善款,救助贫困灾民。数年来,邵宗礼不辞劳苦乐施不倦,截至 1920 年,黑河已经增修贫民住所 6 大间,养病室两大间,惠及穷黎①。1921 年 11 月,黑河道尹张寿增呈请黑龙江省长,对躬行慈善、惠济穷黎的慈善会正、副会长邵宗礼、于天基给予奖励。同年 12 月,孙烈臣省长签署黑龙江省公署嘉奖令,对躬行慈善、惠济穷黎、乐善不倦的慈善会正、副会长给予奖励,奖邵宗礼"见义勇为"牌匾。

华商韩子和在黑河小兴隆街开办"双发祥皮铺",他待人热情、豁达豪爽,经常慷慨解囊资助贫困的回族同乡,虽然生意兴隆,但实际上常常亏空。他的善举赢得广大回民的敬重,被誉为黑河回民的乡老,成为黑河回民会会长。在巴英额、马占山担任黑河镇守使期间,韩子和与他们交往密切,特别是马占山在黑河誓师抗日时,韩子和积极响应,并给予部队物资上的支持。

山东掖县华商张廷阁是符拉迪沃斯托克首屈一指的商业大户,被推举为崴埠中华总商会经理。在实业救国思想的影响下,他抽资回国兴办实业。1931 年,张廷阁支持抗战,为"江桥抗战"的马占山部捐款捐物。江桥抗战期间,"双合盛"的面粉及钱物源源不断地送往前线中国军队的营地。② 抗美援朝期间,爱国华侨张廷阁捐献一架飞机。旅俄华侨还捐款在哈尔滨等地修建文庙、戏院,开办学校,为贫苦子弟减免学费,建立义务养病院,修建山东义地等,他们躬行慈善,带动当地经济发展,为旅居地经济发展贡献自己的力量。

2. 饮食及文化

受地缘影响,黑龙江沿岸形成独特边境文化。一方面受俄侨影响。十月革命时期,一批白俄贵族纷纷越江逃入黑龙江沿岸村屯生活。1918 年 3 月以来,"来自俄境之流民跨江来本县者 600 余人,因俄国十月革命战乱风云,有自俄境携眷来此地者达 50 余人"③。1918 年秋,一批白俄要求在漠河、黑河、逊克等地避难。这些人到中国后,带来俄国文化和风俗,对我岸居民的饮食、服饰等产生较大影响。

另一方面,华侨久居俄国,饮食、服饰上趋于西化。尤其是中俄通婚者,他

---

① 《瑷珲县呈镇民邵宗礼等躬行慈善转请褒奖事项》,《黑龙江省长公署卷》,第一科、第三类、第九十二卷,1921 年 1 月。

② 莱州市政协文教和文史委员会办公室主办:《莱州文史》2009 年第 1 期,第 9 页。

③ 饶河县地方志编纂办公室:《饶河县志》卷十六"要事简介",黑龙江人民出版社 1992 年版,第 884 页。

们留居黑龙江沿岸后,促进中俄边民在饮食、语言、服饰等方面的文化融合。早期俄国女子通婚后常被汉化,讲汉语,认同汉族文化,但是他们依然保留俄国风俗习惯,头戴围巾,身着衣裙,喜欢做俄国美食,他们的子女均使用汉语,这些华侨后裔只有三分之一、四分之一的俄国血统,从相貌上看与中国人无太大差别。

在饮食方面。由于中俄边民贸易繁多,俄国饮食文化也随之传入我岸,面包、牛奶、苏伯汤、啤酒、格瓦斯饮料等自清末民初至今一直是黑河人喜爱的食品,黑龙江沿岸的农村都有养奶牛的习惯。沿江一带村屯居民从俄人那里学会自制面包的技术,用列巴花发面,用别拉搭(炉子)烤制。俄国妇女常常向街坊邻居传授酸黄瓜的腌制方法以及俄国传统菜的烹饪技巧,如今中国的餐桌上经常有苏伯汤、烤肉饼、各色沙拉、俄式面包、都柿果酱、酸黄瓜。每到夏季,沿江一带居民经常三五成群在郊外嬉戏玩耍,俄罗斯大串和啤酒成为餐桌上不可或缺的美味。

在服饰方面。民国时期黑河即流行西装,一些在俄国皮革、服装加工厂学徒做工归来的华侨开办成衣铺、皮铺生意兴隆,这种影响一直持续至今。受俄国服饰的影响,俄国西装、礼帽、皮靴、毛线大披肩、银狐紫貂各式皮帽、裘皮大衣、布拉吉等一直被沿江人所青睐,在黑河沿江一带无论是年轻漂亮的姑娘,还是中老年妇女都喜欢佩戴各种各样颜色鲜艳的纱巾,着长裙,足蹬长靴,即使是冬季,她们也会在大衣里面身着长裙。

在语言文化上。黑河市大街小巷男女老少几乎每个人都会讲一两句俄语,许多外来词流传至今。早期中俄轮船同在黑龙江上航行,由于技术上的原因,中国轮船导航、信号、测水等动作及量词一律使用俄语,沿用到 20 世纪 50年代。如轮船前进称为"比辽兹"、停车称为"达比马劳"。① 饮食类词汇:列巴—面包、苏伯—汤、沙拉—俄式凉菜、格瓦斯—俄式饮料、雅格达—野果;服装鞋帽类:布拉吉—连衣裙、施俩巴—礼帽、巴金克—皮鞋、宾夹克—皮制上衣;日常生活用品类:班克—方形铁皮桶、维得罗—口大底小水桶、别拉搭—砖砌长方形火炉、别拉气—铁制长方形火炉、暗巴拉—装杂物的小仓房;生产工

① 黑河市委员会:《旅俄华人史料选》,《黑河文史资料》第八辑,1991 年,第 83 页。

具类:葛竹梨—双手扶的铁犁、三马镣子—二铁轮、大铧、翻地犁,马神—机器、马多罗—蒸汽机、马神威—脱谷机、三把镣子—小麦收割机;其他词语:笆篱子—监狱、谷别子—泛指兜杂货的小贩、老娃—行商的人、老博代—体力劳工、马达姆—太太、戈必丹—军官、骚达子—士兵。

有趣的是,民间俄语传入黑河后,当地人在俄语中加入汉语,如缝纫机,称为"马神针"、收割机称为"割地马神"。由于中俄贸易频繁,计量单位多采取俄式,如:普特为重量计量单位,一普特合 32.76 市斤;阿拉申为度量单位,一俄尺合 71.12 厘米;多罗为黄金计算单位,96 个多罗为 1 个金,86 色的 1 个金合 4.25 克。

受俄国文化影响,黑龙江沿岸地区成为中俄文化的交融带,形成独具特色的边疆文化。

3. 交通、航运、筑路业

华商归国后购买航船、马车等交通工具并修建公路,为地方交通事业的发展贡献力量。1918 年 5 月,哈尔滨邮船局派"庆澜号"试航黑龙江,6 月 2 日安全抵达黑河。试航成功后,哈尔滨市船商孟照常、章贲等人筹集股款,赴黑河购买俄轮 29 艘、拖船 20 艘,以戊午年通航为由成立了"戊通公司",并在黑河设立"戊通公司"分公司。从此,中国轮船于黑龙江上往来不绝,黑龙江航线才有中国旗帜飘扬。

20 世纪初,河北吴桥青年黄诚礼在俄国布拉戈维申斯克市一造船工程师家务工谋生。由于他聪明好学、悟性高,俄国工程师愿意教授他和孩子相关造船业务知识,黄诚礼在务工时期便熟练掌握造船技术。

抗战胜利后,苏军把黑河的水运航船、汽艇等作为战利品一同带回苏联。由于没有运输工具,外界粮食运不进来,给沿江人民的生产和生活带来很多困难。黑河政府下决心造船解决这个难题。1946 年 11 月,黑河成立造船工程处,当时困难重重,既没有船体原料,也没有施工设计图纸,黄诚礼凭借自己在布拉戈维申斯克学到的造船知识和积累的实践经验,带领工人们自己设计制作轮船。没有木材,就用位于牡丹江木材厂剩余的木材,并动员市民上交木材;没有木材加工工具,只能靠人工拉大据;船体放样没有厂房,就在露天铺上木板放线;船体的铆钉、螺丝、拉筋等都是用私人铁匠炉带料加工的。黄诚礼等人克服重重困难,在7个多月的时间里,带头设计制作"泽东"号轮船,后改为"黑河"号,1947年7月份投入运输生产,第一个航次开往黑龙江上游漠河县,受到黑河和沿江人民的热烈欢迎。第一艘轮船的建造结束了黑河轮船需要进口的历史,黄诚礼也为黑河造船业培养了造船技术人员,把毕生精力和心血奉献给黑河航运事业发展建设。

在陆路运输上,清末黑河就有俄人四轮车(铁轴、木轮、四方车架)、马拉轿车(也称快车、洋车)、俄式爬犁(大翅、铁皮底)传入,在黑河沿江一带普遍使用。1911年,俄国以防疫为由,遣回华侨无数,黑河府为解决华侨生活,维持灾民生计,组织华侨修建库漠路、爱海路,方便了城乡间运输工作。

1912年,黑河道尹公署为方便交通,倡导兴办汽车运输业,并鼓励绅商集资筹办此业。为此,黑河、爱辉两商会联络嫩江、讷河、龙江三商会,提议开设齐齐哈尔至黑河的汽车运输线。1913年1月,俄人驾驶汽车4辆由齐齐哈尔出发,经嫩江向黑河试行,俄人认为这条路线用公路同俄城海兰泡联系起来,可以连接中东铁路。黑河公路运输打通后,各地商人见有利可图,纷纷购置汽车建立汽车运输公司,自此黑河境内城乡间的线路也陆续开通。

1919年华侨徐鹏远筹款10万卢布创立黑河恒曜电灯公司,设立黑河恒曜电话局。当时该局只经营各机关和较大商铺的电话。1922年,经爱辉交涉员与旅俄华侨总会的努力,同俄国签订合同设黑龙江水下电话线,将黑河与对岸海兰泡市电话接通。双方接普通电话费每分钟5角,特急电话费每分钟收费1元,不但可以接通俄国境内,亦可接通欧洲。

4. 在城市建设及中俄贸易方面

民国时期,受俄人影响,黑龙江上中游地区华商纷纷建造"木刻楞"房屋。这种房子以粗大圆木(多为松木)咬扣叠起,外面刷以绿色油漆,玻璃门窗,门窗楣上雕有图案;一种是欧洲式楼房建筑,有的是圆房顶,墙壁顶上饰以圆形大球;有的是"哥特式"建筑,屋上有造型挺秀的尖塔,轻盈通透的飞扶壁。在沿江农村一带所建房屋也多以圆木叠成,为了保暖往往在外面又抹上一层泥土。房盖是用樟松劈成一米左右长,十厘米左右宽,一厘米左右厚,晒干后铺就,这种房盖既轻又遮风挡雨,今俄式建筑的房屋已经成为边境地区一道亮丽的风景线。

在中俄开交通时期,华侨把辛苦积攒的钱财陆续带回国内,拉街基、投资建厂、开设商铺,中俄边境地区商铺林立、人流如织,扩大了城市规模。如黑龙江省漠河连崟镇建于 1861 年,是漠河县境内第二大集镇,与俄国加林达镇隔江相望。由于漠河金矿的繁荣及森林砍伐业的兴盛,加上毗邻俄国,俄国人购买需求量大,使连崟镇成为一处繁荣的街市。商号林立,所销售的酒、布匹及其他生活用品,多数来自哈尔滨、黑河等地,或从俄国进货。1912 年,黑龙江省财政司在漠河设立连崟税务分局,据民国三年(1914 年 2 月 15 日)漠河设治局调查,连崟镇有商号 8 家,而此时漠河县城才有 10 家商号,1916 年,连崟商号已增加 14 家。

俄国占据远东后,由于布拉戈维申斯克市远离俄国商业中心,路途遥远,所需货物单一且运费昂贵,便与我岸进行互市。民国九年《爱辉县志》记载:布拉戈维申斯克建立后,俄岸遂请中国商贾互市。最初的边境贸易是免税定点互市贸易,即双方贸易均不纳税。定点,最初规定"每隔八天轮流在海兰泡与爱辉各组织一起集市,为期七天"。后来因俄方无物到我岸交易,只能我方"日以过江"到布拉戈维申斯克(海兰泡)进行贸易。这种定点互市贸易一直持续到清同治年间,后因俄方单方面对我商户收税,我方商民一气之下拆毁板房迁返我岸,定点互市贸易中断。后来由于两岸贸易的需要,边境贸易愈加开放、自由,随之进入了自由贸易时期。这一时期两岸边民可以随便往来两岸边界百里之内进行贸易,还可以在对方建立店铺,从事劳务、合资办企业等其他经贸活动。1898 年,中国人在布拉戈维申斯克建立的商号就有 150 多家,中国人在对岸从事采金的就有 15000 人。

第一次世界大战后,黑河与对岸边境贸易再度出现兴盛局面。据瑷珲海关统计,1913 年到 1922 年十年间进出口贸易货价总值平均每年有 550 万两海关银,最高年份达 760 余万两(折美元 968 万美元);十年往来黑河、布拉戈维申斯克市及黑龙江上下游船只 40941 船次,总吨位 3193532 吨;十年间经瑷珲海关往来各种旅客共计 218339 人次。这一时期又是中俄交往较为紧密时期,俗称开交通时期。

黑龙江省萝北县与苏联一江之隔,国境线长达 246.5 公里,双方边民贸易频繁。1925 年中俄贸易更加活跃,苏方从中方买花布、烟酒、茶、糖和黄豆等物;中方从苏方购买食盐、石油、火柴、五金之类商品。除以物易物外,主要用砂金、银圆和羌贴作交易。日本侵占萝北后,严禁商人与对岸苏联人进行贸易,1932 年,《萝北事情》上记载,仅肇兴一地私商秘密向苏联贸易金额年达 35 万元。

19 世纪 80 年代,吉林珲春同俄国的边境贸易往来频繁,大批华人在海参崴经商,海参崴 200 余家店铺中有 80% 是中国人开设的。李金铺在《奉札议复交涉禀》中所载:"海参崴自通舟车以来,华民日盛,务农、务工、务商计七八千人"。1897 年,中国政府在海参崴驻有商务委员。20 世纪初,珲春进出口的货物额每年保持在三百万吊,进口的商品中大量是俄国产品,连珲春人食用的营口食盐,也由海参崴进来。大批货物在海参崴装船,驶进距珲春百余里的天然罕奇港卸货,用牛马车走俄国境内的大路,经长岭子山口运到珲春城内货栈卸车,而后再将出口产品装车运到俄境的罕奇港,由帆船运至海参崴。据珲春衙门档案记载:宣统元年,由海参崴运至珲春码头的大宗货物有花棋布、黑瞎布、套布、毡、锥头、毛巾、肥皂、火柴、碱、蜡烛、精米、糖、灯等物品销往延吉、敦化等地。由珲春运往俄境岩杵河、海参崴一带的货物有豆饼、豆油、菱大麦、小米、山鸡、家鸡、山鹿、山狍等。当时在中俄边境设集市进行民间贸易。1923 年 7 月,开设杨泡、烟筒砬子两个市场,逢四、九开市,主要进行牛马交易。同年 10 月开设马滴达市场,逢二、七开市,以牛、马、谷物等进行交易。春化乡潘家窖市场同时开办,逢一、六开市。1923 年末,俄方关闭海参崴自由港,并封锁中俄边境俄方一侧,中俄之间的边境贸易完全中断。[①]

附:归侨人物小传

能工巧匠郭友三

郭友三[②],1901 年出生在山东省一个农民家庭。1915 年,他随乡亲到符拉迪沃斯克日露工厂学徒。1919 年学成回国,无业可就,辗转在瑷珲、哈尔

---

① 《珲春市志》,吉林人民出版社 2000 年版,第 460 页。
② 《嘉荫县志·商业》,载嘉荫县志编委会编撰:《嘉荫县志》,黑龙江人民出版社 1988 年版,第 571 页。

滨、呼兰、绥化、海伦、汤原、佳木斯等地经商营生。

1947年，他行商到佛山镇的乌拉嘎金矿，正值佛山县实施土地改革，工作队动员他参加，他欣然应允。他见多识广，精明干练，善于理事的能力被领导赏识。1949年春，翻身农民手里拿着粮食很难换到生活日用品，奸商出售一包火柴或一尺粗布，要一普特(32斤)苞米，农民要办自己的合作商业，想到了郭友三，公推他当佛山区供销社主任。翌年。他又设计出水榨，办起第一家国营油坊，区长让他兼任经理。

郭友三青年学工，成年经商，长于巧思，勇于任事，但在旧社会却技无用武之地，身无栖息之所。新中国成立后，已近"天命"之年的他焕发了青春活力，浑身是劲，在他的带领下供销社和油坊办得红红火火。1952年，佛山县开展"三反"运动，郭友三被误当"老虎"抓起来，轮番审讯，严刑拷打，他从容叙事。1953年，佛山县划归黑河地区，郭友三的冤案得到平反昭雪。同年夏，他设计、组织施工建成砖瓦结构的佛山小学校舍；1955年，他又设计并组织建成县委青砖房；1956年，他设计并组织施工落成佛山县第一栋楼房——县人委大楼(二层)。

郭友三不吸烟，不喝酒，喜欢吃瓜子，走路或聚精会神思考问题时，常常顺手抓几个瓜子扔到嘴里，慢慢地踱步，沉思。虽然他只读过四年私塾，没学过土木建筑，但懂力学原理，并善于在实践中应用。1958年，全县建第一座火力发电厂时，要竖28米高的烟囱，正当施工人员发愁时，他想出了用三盘绞磨、一根抱杆启动的方法，仅用半天就把烟囱竖起来。1956年后。他又升任工业科副科长，县联合加工厂厂长，并被公举为县第二、第三、第四、第五届人民委员会委员。

郭友三性格沉稳，内向，兴趣广泛，尤酷爱京剧。1965年，郭友三病逝于原籍，时年64岁。

垦荒创业焦文珩

焦文珩①，别号宝善，山东掖县人。生于1881年，卒于1929年。他10岁

---

① 嘉荫县志编委会编撰：《嘉荫县志·商业》，黑龙江人民出版社1988年版，第567页。

时背井离乡闯关东来到东北,曾先后在黑河及海参崴等地经商,清末定居在乌云县温河镇。

1918 年,他举家迁居常家屯,经营商号"复昌厚"。1921 年,被推选为商会副会长。1924 年,他弃商务农。1927 年,他首倡成立乌云设治局农会,并被选为农会会长。十余年间,他曾多次回原籍招徕乡民至乌云开垦荒地、经营商业,以致乌云日臻繁盛。民国期间,乌云县商农大多是黄、掖县人,由此可见其招钦垦殖之功。他热心于地方建设,曾倡导并主办建设船埠乌云站。1928年冬,他与农会副会长张世德、商会会长胡维臣等人联会倡议将水灾救济粮款改为"以工代赈",修建从乌云至车陆的汽车山道。1929 年,乌云县在推荐省志人物中记载:"焦氏开设商铺,创建乌云镇,实为乌云县之第一人物也。"

1921 年 6 月,省长吴俊升通令整顿保卫团,乌云设治局因财政拮据,无法成立"保甲团练"。直到 1924 年才成立。焦宝善身为团总,公而忘私,在既无活动经费,又无薪资与补贴的情况下,尽心竭力训练地方武装。1929 年冬,苏军突袭常家屯,他率领团丁奋力抵抗,终因寡不敌众,在掩护乡亲们撤退时中弹身亡,时年仅 48 岁。

商贸奇才张振标

张氏,满族镶蓝旗人,清朝道光末年,被清政府从山东派到黑龙江瑷珲城戍边,在清军镶蓝旗炮营中任炮兵,后在江东六十四屯之一的太平沟屯安家立业。当时太平沟屯有两个大户人家,回族张家和满族陶家。1900 年 7 月 16日,张家亲属曾任清兵的陈某告诉他们中俄要打仗,赶快过江逃命。全家几十口人仅带少量吃穿和贵重用品,趁黑夜划小船摆渡逃到瑷珲。

清军与沙俄作战时,张家先辈三人参战,二人受伤,后随清军撤到卜奎退往蒙古。俄难平息后,全家人陆续返回瑷珲定居。在重建瑷珲城中,张氏家族分为五家各谋生路。在中俄开交通之际,张氏第二代孙张奎祥在瑷珲城开设益盛公粮栈,他采取集资的办法,带领自家兄弟与俄国人做买卖,并与俄商签订长期供应牛肉合同,在布拉戈维申斯克市小北屯(现为机场村)附近开设打牛房子,用自家的拖轮往于江两岸送货。当时中俄贸易兴隆,他从蒙古购买牛,分批运到黑河,在俄国出售。

他还在布拉戈维申斯克开设义和公杂货铺,从俄国购进开荒用的"三把镣子"(大洋犁)、"革足力"(小洋犁)、"割地马神"(马拉收割机)等先进的农业用具,优良的马车和快马车在国内出售,获利颇丰,由于经商有道,逐步发展为大商业主。

1923 年中俄交通中断,通商受阻。他把设在俄国的商店和打牛房子全部撤回黑河。后来,张奎祥在黑河购买街基,兴盖楼房,从瑷珲举家迁往黑河,其他几家在瑷珲务农。1920 年,黑河有商号 48 家,其中有布匹、毛料、食品、农具等兼营杂货商号 37 家,资本额在 1 万元以下的 21 家,1 万元至 3 万元的 14 家,3 万元以上至 5 万元的 8 家,5 万元以上的 5 家。资本额最多的是张德馨①经营的益盛公杂货商店,资本额为羌洋 30 万元,由此可见张家在黑河经济中的地位。

巧善经营徐鹏志

徐鹏志,1880 年生,山东掖县西由镇后猴吕村。家中兄弟五人,他排行老五。1893 年,他与四哥徐鹏远背井离乡闯崴子。1910 年前后他回到哈尔滨,是哈尔滨早期的民族资本家,民国时曾为哈尔滨总商会董事,投资经营的产业有面粉业、油坊业、航运、电力、化工等。

他经营产业中较著名的有万福广火磨,现位于哈尔滨道外中马路和新马路交界处,前身为中俄合资开办的布扎诺夫休般斯火磨。1917 年,徐鹏志、胡克锋将其买下,改名万福广火磨。后将其转卖给东北官银号,改称东兴火磨二厂。1932 年,哈尔滨沦陷后,东兴火磨一厂、二厂为日本人强行收买,改称日满火磨一厂和日满火磨二厂,即日满制粉株式会社的制粉厂。解放后为哈尔滨第五制粉厂,后更名为哈尔滨双合盛面粉厂。

他在傅宝善皮袄庄附近的成平街(今十二道街)开办哈尔滨第一座发电厂,称耀滨电灯公司。1920 年 5 月间,徐鹏志等人在地方官员的合作与支持下,投资 100 万元(哈大洋),取得了办电厂的发电权和市区供电管理的电业

---

① 张奎祥的儿子。

权。1921 年春,哈尔滨电业公司筹备处成立,徐鹏志任筹备处处长。1922 年 1 月 21 日,哈尔滨电业公司与美商华胜公司在美国驻哈领事馆签订承包市内电业合同。1 月 24 日市董事会与徐鹏志筹办的哈尔滨电业公司签订承办哈尔滨市内电业问题草约。1927 年 10 月,建成了马家沟发电厂(文景街 38 号)。截至 1930 年发电厂装机总容量 1 万千瓦,稳坐哈埠电力龙头宝座,由于扩大了供电范围,企业不断壮大,后改名为哈尔滨电业局,掌握哈市的主要发电、供电权。

1916 年,奉天(沈阳)人袁大章筹资 10 万元,经吉林省农矿厅核准,农商部颁发 403 号采矿执照,雇用矿工 30 余人,开设"密西煤矿公司"(指密山以西)进行季节性土法开采。密西煤矿公司后来因为拖欠税款,转售给徐鹏志经营,更名为裕边煤矿。徐鹏志投资三十八九万元,扩大生产,工人增加到 150 多人,日工资 0.8—1.5 元。他采用"掏耗子洞"的采煤方法,开采时工人上山用小车拖煤,下山用土筐挑煤,平巷用小车前拉后推,这样开采数量较多。1932 年,裕边煤矿成为日伪军"讨伐队"的驻地,被迫停产。1945 年 1 月,该矿被密山炭矿株式会社收买,成为恒山炭矿的鸡西采炭所,1946 年 9 月以后称为恒山煤矿鸡西区,恒山煤矿一井,1965 年报废。

徐鹏志还涉足航运业。1932 年 7 月 1 日,他购买的"鹏翔"号船开始在松花江航运,在道里警察街设立账房。他热心公益事业。1939 年 10 月,由滨江省、哈尔滨市公署出资,他与华侨张廷阁,商人贾文传、胡润泽等捐助,开始修缮哈尔滨文庙,1940 年 10 月竣工,花费 8.4 万元。

1933 年 11 月 21 日,他开设哈尔滨大同酒精株式会社,位于马家沟永和街 1 号。主要从事酒精及其加工品的制造贩卖,徐志鹏任社长,资本金伪币 167 万元,其中东洋拓殖株式会社 76 万元、徐志鹏 74 万元、其他 17 万元。在哈尔滨马家沟设有第一工厂、顾乡屯设有第二工厂、滨绥线一面坡设有第三工厂。

由于日伪时期他投靠日本人,当过哈尔滨商工公会参事。据伪满时期曾任哈尔滨市长的袁庆清供述,"徐鹏志以委员身份,勾结日寇军部,在哈尔滨、黑河、天津遍设制粉、制油、制酒工厂,以为日寇侵略政策服务"。日本资料记载,1933 年大同酒精厂社长徐鹏志,副社长本庄庸三,常务取缔役山田小一,资本和股票当社资本满洲国币 167 万元全额入账,本期股份没有变化。[1] 通过昭和 8 年—昭和 18 年大同酒精厂的年度决算报告书等得知,每年大同酒精厂的财务预决算均上报日本东洋拓殖株式会社,1933 年,徐鹏志签订不动产让渡契约书,1933 年 11 月 24 日会社设立登记,11 月 27 日在哈尔滨埠头区地段街 98 号,本社事务所正式开始社务。[2] 1946 年,哈尔滨解放后,徐鹏志被宣布为汉奸,被没收一切财产。

名扬海内外的张道友

1912 年,曾在俄国海参崴等地经商的张道友返回国内。当时哈尔滨是万国之埠,俄国十月革命后,大批俄国贵族、地主和临时政府官员逃亡到哈尔滨,她们把欧陆风情与服饰带到哈尔滨,哈尔滨成为欧洲新潮的窗口,许多哈尔滨人受外侨的影响从服装到装饰也逐渐西化。

此时国内的毛织厂产品大多数是粗纺,所生产的毛织布无法加工精美的服装和饰品。面对中国东北出产羊毛的优势和特点,洋货充斥中国市场的现状,他决心筹办一座毛纺织厂。1922 年 5 月,张道友与国内巨商张用廷、吕熙斋等人集资 65 万元,合股开设哈尔滨裕庆德毛织厂,公司地址在滨江县 20 道街(现哈尔滨市道外区 20 道街)。1924 年 9 月工厂开工生产,成为哈尔滨第一家毛纺织工厂,也是中国最早建成的毛织厂之一,是中国第一家生产纯毛提花毯的毛织厂。该厂占地 20 余亩,投资哈大洋 100 万元,年产提花毛毯 91400 件和各色毛呢。

裕庆德毛织厂的诞生,成为中国民族工业升起的一颗新星。第一条纯毛提花毯的诞生,对于国人来说,已经是一个飞跃。但是产品的质量,和波兰毛毯相比,仍稍逊一筹。张道友决定改良技术,一方面购入外国先进设备,为我所用;另一方面引入外国的先进技术,学人所长。为了提高纯毛提花毯的质量,1926 年,他以 16800 元的高薪聘请波兰技师,引入先进的生产工艺,即在毛毯洗缩后加药剂和亚麻籽浆,在烤前用手工敲打,从而使毛毯毯面立绒、光

---

[1]　日本国立国文书馆历史资料:E0531,第 70 页。
[2]　日本国立国文书馆历史资料:E0531,第 70 页。

亮,毛毯质量明显提高,可以和波兰高级毛毯相媲美。

裕庆德毛织厂从筹建之日就瞄准了世界先进技术,从德国购入全部生产设备,包括 2 台走锭细纱机(共 720 枚纱锭)、16 台毛织机。全厂职工 150 名,以破产农民、城市贫民组成的产业工人为主。

裕庆德毛织厂还生产人字呢和制服呢。在开工投产之后,不断加强技术管理,产品质量不断提高,销路畅通,呈现出快速发展之势。到 1931 年,职工增加到 306 人。裕庆德毛织厂产品分毛毯和呢绒两大类 50 多个品种,其中,"太少狮"牌纯毛提花毯不仅行销本市,畅销全国,并冲出国门,远销日本和朝鲜,年产量可达 9 万条,打破波兰毛毯垄断中国市场的局面,"太少狮"牌毛毯在国际市场上一展风采。据《滨江尘嚣录》记载,该厂产品"不仅在国货中堪称上品,即舶来品亦可与之抗衡"。为此,东北地方当局对该厂采取优惠政策,准予免纳关税和厘捐,张学良还曾指令东北边业银行给该厂贷款。

1937 年 10 月,裕庆德毛织厂被日商"满洲钟渊纺绩株式会社"强买,改名为"康德毛织厂"。1946 年哈尔滨解放后,工厂收归国有,改名为"东北第二毛织厂"。1950 年定名为"哈尔滨毛织厂"。

商业泰斗王守山

王守山,1890 出生[1],山东栖霞人。幼年家贫,12 岁时他随亲族贩卖鱼虾。18 岁婚娶,妻子因分娩而去世,无力再娶,于是赴海参崴,双城子以收购废旧为业,积累一些财资。他生活好转后续娶金氏,岳父是北朝鲜流民,精通汉语,岳母卡克拉人(满族支系),精通毛皮技术,遂兼收购毛皮,繁兴一时。俄国内战,商道阻艰,他归国寄居饶河县城。

民国十五年(1926 年),县内鸦片烟业繁荣,他将积累的钱财作为资本,创立东生泰茶庄、鞋店,兼收毛皮,并零售文具等。他为人聪慧,营他人之所不营,夤缘广交,财资陡聚。伪康德五年,日本施行靖乡清野,归屯并户之举,县内人口大减,市井萧条,商贾关门倒闭者百余家。县内唯东生泰兴隆不衰,每

---

① 饶河县地方志编纂办公室:《饶河县志》卷十四"人物传":黑龙江人民出版社 1992 年版,第 735 页。

以低价收揽弃余。伪康德六年，德盛厚书局、志成远刻字铺、表店之铅印、石印机全套设备，均为其所有。他还以受托代管名义，接收增顺泰油坊的机器、房产及设备。日伪实行粮食统购，全县唯留东生泰所属机器油坊独家加工，其余各家榨油坊一律关封停业。伪康德十年，县内之茶庄、文具、书店、印刷业、榨油业，全集合于其一家，他不仅攀交官吏，还对贫病乞丐、四方寒士怜悯接济。当年伪县公署在城北门里建立一长厢，收养贫病游民乞丐五十余人，每逢端午、仲秋、新年，他必派人送些粮米、油、肉之类。伪康德十二年春，日本人经营的三泰粮米配给公司转让东生泰兼理，他新开垦耕地150余亩，雇工耕种，年获粮谷二三十吨。他还开办制酒烧锅，在东北光复时，已经成为该县独一无二大商户。

1946年，东北民主联军三五九旅独立团1200余人开赴本县剿匪，解散匪伪政权后，遂将东生泰所有产业予以查封充公，将王缉捕入狱。他抑郁患脑血栓，轻度半身不遂，后保释回家。同年12月，他以外出治病为由，携家眷到哈尔滨，徒步辗转至沈阳，重开商铺，经营日用杂货。1955年，他再转迁至北京营商，翌年商铺转为公私合营。1968年，他因病去世。王守山开设的东生泰成为饶河县内油米厂、制酒厂、印刷厂的开创之始。

地产巨贾傅巨川

傅巨川，1862年生于山东烟台，1898年闯关东落户哈尔滨，时值中东铁路始建，俄国远东开发商机无限。1903年，他告别妻子经海参崴一路向西，一边走一边做小买卖，一直闯到莫斯科。三年后，他回到哈尔滨继续从事对俄生意。

从1910年开始，每年都有数十万山东人闯关东来哈尔滨谋生，他们大多贫穷无依沿街乞讨，傅巨川经常接济他们。此时他住在南岗区黑山街，每次出行都能看到成群结队的乞丐。他意识到只靠救济养活不了这么多穷人，必须给他们寻找谋生的出路。于是，傅巨川抓住老道外地方当局开发东四家子的重要机遇，放弃自己的对俄生意，改做房地产开发。在他的辛勤努力下，获得第一批十六道街戏院、商铺、旅馆、饭店、市场和民宅的开发建设权；第二批正阳街北侧十三道街至二十道街的商民两用建筑的开发建设权，获得了大部分老道外东区至东四家子的开发建设份额。

　　1917 年,傅巨川联合于喜亭、胡润泽等老道外著名房地产商合股成立哈尔滨第一家开发与建筑公司——阜成房产股份有限公司。傅巨川任董事长,成为老道外最早、最大的地产开发商。他从事房产建筑,不仅解决了山东移民的就业温饱问题,还解决他们住房问题,他惦记同乡,组建山东会馆并任会长。山东会馆是山东移民来哈尔滨的第一个落脚点,是山东移民的家,他想方设法帮助山东同乡解决吃住及就业问题。为了解决贫困山东同乡子女上学问题,山东同乡会创办一所小学,学生全部免费上学;会馆还设立为贫困同乡诊疗疾病的诊所;还在极乐寺附近购置一片荒地,设立山东义地,安葬有名和无名的山东老乡遗体,并派专人管理丧葬档案供山东老家来人查询,他担任山东会馆会长 26 年,为山东同乡倾心解囊、排忧解难,深受同乡们拥护和爱戴。1940 年,他在南岗区黑山街住处病逝。

　　早期华侨拉街基、兴建房屋,创设养殖业、采金业、建立面粉厂、煤矿、酒厂,使黑龙江沿岸城市、乡屯建设初具规模,拉开黑龙江哈尔滨、黑河、饶河、萝北、同江等地早期建筑的序幕;他们投资建厂,壮大黑龙江的经济力量,成为知名的民族资产家;他们建立跑马场,改良马种,从俄国带来养殖奶牛和蜜蜂技术,促进畜牧业的发展;他们引进俄国农耕用具和先进的碾米机器,加快农业的发展,促进边境地区经济的繁荣,成为当地经济发展中不可或缺的重要力量。

第二章　苏联时期的旅俄华侨与华人

苏联时期的旅俄华侨与华人主要介绍十月革命至苏联解体时期的旅苏华侨与华人。主要包括华工与马克思主义传播、赴苏寻求革命真理的青年学生、边境地区浴血谍战的红色特工、参加苏联社会主义建设的华侨、苏联对华侨大清洗、东北抗联教导旅成员及其后裔的历史与现实、20世纪40年代在苏联国际儿童院长大的孩子以及"4821"留苏人员、五六十年代的留苏学生和赴苏援建工人等。

记录了十月革命爆发后，同处于社会最底层，与俄国无产阶级生死与共的大批华工，纷纷拿起武器进行武装抗争，成为俄国革命、变革社会制度的参加者、见证者，是传播马克思主义的骨干力量；十月革命胜利后，华侨参加保卫新生的苏维埃政权，捍卫社会主义成果的艰苦卓绝斗争；20世纪二三十年代留苏学生肩负中华崛起、民族复兴的使命与责任，负笈求学，投身革命，报效祖国；苏联社会主义建设初期华侨政治地位、经济地位、社会地位大幅度提高，与苏联公民享有相同的教育权和选举权，参加扫盲班，加入集体农庄，为苏联的社会主义建设贡献力量；在大清洗运动中，华侨蒙冤受牵，大小"百万华人区"被取缔，华侨被遣送、入狱或者流放，人数降到历史最低点；第二次世界大战后，华侨纷纷回国，为了解决自身就业吃饭等生计问题，有的华侨在浙江省余杭县闲林镇创办华侨农场；在中苏"蜜月期"，大批学生和工人赴苏学习先进的生产经验和科学文化知识，成为新中国建设的骨干力量。

这一时期华侨的成分较为复杂，有华工、华农、华商、赴苏休整的官兵及寻求革命真理的留苏学生，还有黑龙江沿岸的红色特工等。由于成分复杂，其赴苏目的、渠道各不相同；华侨的政治和经济地位明显提升，具有选举权和教育权,参加工会和扫盲班,提高了文化素养和政治素质,一些积极分子加入苏联共产党和列宁共产主义青年团,他们在各工厂和集体农庄工作,有的进入当地政府机关工作,与苏联工人一起参加苏联社会主义建设;华侨纷纷加入工会组织,工会及党团活动丰富多彩;有的华侨娶苏联女子为妻加入苏联国籍,中苏通婚人数增加。这一时期华侨是马克思主义传播的重要力量,为党组织的建立奠定思想基础;华侨参加新民主主义革命建设和社会主义建设,彰显华侨追求正义真理的革命精神和奉献精神。

第一节　十月革命时期旅俄华工与马克思主义传播

一、旅俄华工与十月革命

1. 华工为摆脱奴役地位纷纷抗争

一战期间旅俄华工的实际数字无法统计。有统计资料表明,俄国共招募15万名华工,其中5万人被送往前线,1916—1917年有16万山东人在东北三省应募。苏联学者统计,第一次世界大战期间,俄国在华招工20万—30万人,俄国政府向前线派出的华工共计30余次,人数达8万余名。另据中华旅俄联合会1917年12月17日报告:"查俄国自上年夏间迄今,招来华工,其数已逾十万"。《黑龙江省志·侨务志》记载:"第一次世界大战前后的几年间,经黑龙江地区各口岸出境的华工华商总数达502621人……大量未经官方统计的尚不在内。"第一次世界大战期间,先后有数十万华工赴欧洲战场从事战勤服务,英国、法国、沙俄在1916—1917年就"招募参战华工,其中约90%是山东人",在山东省招募的"华工共约30多万人"。[1]另外还有直隶、辽宁、吉林、黑龙江以及浙江青田人。1917年,仅莫斯科和彼得格勒两地就有青田华侨100余人,以贩卖青田石制品及中国瓷器为生,后大多改为皮件生意。

十月革命期间,工厂纷纷倒闭,大批华工失业,生活艰难,人身安全难以保

---

[1]　中共山东省委研究室主编:《山东省情》,山东人民出版社1986年版,第870页。

证,财产损失惨重,他们纷纷逃回国内。华侨身陷水深火热之中,成为被欺凌的对象,经常发生白卫军屠杀华侨事件。据1919年3月28日《真理报》记载:"2月初,白卫军在乌克兰勉里托波里惨无人道杀害原籍中国湖北省和山东省居民50多人,其中有11名妇女和儿童。"

时值西伯利亚大旱,俄国灾荒严重,华工回国无望,到处流浪,在白俄罗斯、乌克兰、高加索和库班等地到处都有流浪的华工,他们衣衫褴褛,冻饿病故,令人目不忍睹。华工遭受剥削、压榨的事情屡见不鲜,一些媒体纷纷报道。1917年10月8日,布尔什维克的《乌拉尔工人报》上登载文章,揭露了华工濒临死亡边缘的生活状况。

他们纷纷抗争,要摆脱奴役地位,提出增加工资、改善条件,争取自由的要求都遭到拒绝。在1915年到1917年十月革命爆发前的两年时间里,旅俄华工不断掀起反奴役和反压迫的斗争,仅在1916年就发生6起较大的华工反抗斗争事件。

2.十月革命促进华工的觉醒

十月革命期间,华工处境更加艰难,他们被当作收购来的商品和奴隶看待。十月革命初期两次"对华宣言"宣布废除所有沙皇俄国同中国政府签订的不平等条约,放弃沙俄在华权益时,处于社会最底层的华工看到了新的希望,这些政策和口号符合他们的利益诉求,并促进了旅俄华工的觉醒。[①] 他们认识到只有参加革命才能彻底改变被压榨、被奴役的悲惨命运,纷纷参加武装斗争,走上革命道路。1916年在彼得格勒造船厂做工的刘福臣、冯作发是第一批报名参加赤卫队的战士,曾经参加进攻冬宫的战斗,并加入布尔什维克党。1917年11月,仇山旺、佟立方、刘宝山等大批华工加入莫斯科赤卫队。明斯克巴赫工人赤卫队建立后,当地伐木场的千余名华工全部报名参加,在遥远的柯维契车站附近伐木工厂做工的2000名华工在布尔什维克党的帮助下全部报名参加赤卫队,后改编为红军。1917年在莫斯科、彼得格勒、彼尔姆、弗拉季高加索、彼得罗扎沃茨克等许多城市都有华工参加工人赤卫队。彼得堡赤卫军支队战士对待革命事业忠心耿耿:有刘福臣、冯作发、成鼎山、宋林

---

① 宁艳红:《十月革命对旅俄华侨的影响》,《黑龙江工程学院学报》2017年第10期。

海、史家祥、傅瑞章、王永福、李鳌书、刘友臣、马有忠、张日山、张朝贺①。

远在乌拉尔地区也有许多华工红军队伍。1919 年 1 月 17 日,《米努辛斯克劳动报》以"神秘的中国人"为题报道,乌拉尔地区有一些中国士兵组成的武装队伍,当地人对他们不了解,这样的队伍还有几支……。当年华工一度成为革命武装的主力军,发挥重要作用。1919 年 5 月 8 日,《米努辛斯克劳动报》报道,在米努辛斯克县的米努辛斯克镇,连续四年的战斗中,有中国人参加武装队伍,他们为部队补充了力量,尽管有他们的帮助,战斗力量还是不足。

在哈巴罗夫斯克档案馆发现阿穆尔第十七步兵团中国士兵名单②

时间:1920 年 10 月 3 日

四连:张子奎　刘琼铎　秦尚善　平　兴　张旺臣　韦永宽

　　　吴　福　李　才　李　琴　秦　京　顾谢武　等(124 人)

五连:张旺友　习魁武　刘伟奇　张　发　马　石　等(124 人)

六连:田文清　冯奇塔　刘崇义　李旺海　吉　清　等(127 人)

10 月 12 日补充第二国际团指挥人员四连(13 人)张魁梧、华永字、杨忠等;五连(13 人)唐尚勤、王多友、胡永胜等,六连(13 人)于长江、刘福林、王才等。

这仅仅是一个团的中国士兵就达 414 人,在远东地区有大量的华工参加中国团、中国营、中国连。1919 年 9 月 13 日《真理报》报道:"在远东和西伯利亚,能组织起 20 万中国人。他们意识到他们的阶级利益,他们和我们组成严整的队伍来建设社会主义。"③十月革命为华工带来新生,在十月革命的洗礼中,他们的觉悟不断提高,把苏俄的工人当作阶级兄弟,与苏俄工人一起并肩战斗。

3. 旅俄华工用鲜血铸成中俄友谊,完成形象的转变

1918—1920 年,在俄国持续三年之久的战争中,华工勇敢地同苏俄人民站在一起,谱写了一曲国际主义的赞歌。华工参加红军人数众多,规模之大,

---

① ［苏］刘永安编著:《为苏俄而战的中国志愿军》,王宜光译,解放军出版社 1989 年版,第 8 页。

② 哈巴罗夫斯克档案馆,档案号 1503-13-1。

③ 宁艳红:《十月革命对旅俄华侨的影响》,《黑龙江工程学院学报》2017 年第 10 期。

数字之多令人惊叹。仅在顿巴斯矿区的高尔茨克矿,70%以上华工志愿者参加了乌克兰红军,其余华工则参加了护矿赤卫队。1918 年 2 月,在彼得格勒诞生工农红军第一国际团,由中国人、芬兰人、波兰人、德国人、捷克人等十几个国家的国际共产主义战士组成,其中第一营第三连完全是中国人。① 华工参加红军的人数无法统计。1919 年 4 月 11 日《申报》估计 3 万人。在 1921年 9 月 26 日《申报》记载华侨加入红军者 5 万余人,军官不下千人。

1919—1920 年中国部队主要分布在苏俄工农红军东线第二、四、五集团军,南线第十、第十一集团军,西北线和北线第七、第六集团军。苏俄工农红军部队中至少有 3 个华人团、5 个华人营、7 个华人连。

在俄国许多城市里都留下华工战斗的足迹。这支守纪律、能作战、无比忠诚的无产阶级国际主义大军中,涌现出国际主义战士任辅臣和他的中国军团——"红鹰团";保卫弗拉季高加索的传奇英雄包其三;骁勇善战的中国营长孙富元和蒂拉斯波支队;威震阿穆尔的陈柏川和老头队。他们用行动彻底改变了中国人在苏联的形象,他们的名字铭记在苏联国内战争的史册上。②

华工不畏艰难,不怕牺牲、骁勇善战、战功显著,为苏维埃解放事业牺牲自己的生命。在列宁格勒的伏洛索伏站安葬着为苏维埃共和国献出生命的 9 位中国志愿军战士;为纪念在蒂拉斯波英勇献身的中国战士,当地人民在他们战斗过的地方竖立一座纪念碑;为纪念在莫罗佐夫斯克车站战役中牺牲的中国战士,苏联政府在莫洛佐夫斯克市建成一座纪念碑;在诺沃霍漂尔斯克市附近的阿尔非洛夫卡安葬着争夺诺沃霍漂尔斯克战役中牺牲的中国营的 18 位红军战士。还有许许多多的无名华工英雄,他们为保卫苏维埃政权献出年轻生命。至今在莫斯科红场上还有旅俄华工张、王烈士的墓碑,这些英雄纪念碑是旅俄华工用鲜血和生命援助苏联人民解放事业的历史见证。③

这些中国战士是数十万华侨中最先觉悟、最富于革命精神的一部分,他们为世界上第一个社会主义国家的诞生献出宝贵生命,为苏联人民的革命事业作

---

① ［苏］尼·波波夫:《他们同我们一起为苏维埃政权战斗》,列宁格勒,1959 年,俄文版,第38—39 页。

② 宁艳红:《十月革命对旅俄华侨的影响》,《黑龙江工程学院学报》2017 年第 10 期。

③ 宁艳红:《十月革命对旅俄华侨的影响》,《黑龙江工程学院学报》2017 年第 10 期。

莫斯科列宁红场的旅俄华工张、王的墓碑

出巨大的贡献。他们在战斗中与苏俄官兵结下深厚感情,用鲜血书写中俄两国人民的友谊,用实际行动改变自身形象,改变俄国人对他们的看法。当年在苏联的报纸和杂志上,经常刊发中国华工的英雄战斗事迹,给予他们很高评价。

4. 他们为苏维埃政权的建立而战斗①

1959 年 6 月 8 日,在哈巴罗夫斯克举行为建立苏维埃政权而战斗的中国老兵聚会,他们积极参加赤卫军及游击队,为伟大的十月革命的胜利奉献自己的一切,甚至不惜牺牲生命。

来自哈巴罗夫斯克各个地区的老游击队员及赤卫军等共同欢聚在一起,他们共同回忆华工参与保卫苏维埃政权而斗争的英雄事迹。阿穆尔州的中国游击队队长张京方即扎哈罗夫·尼古拉·尼古拉耶维奇,尤什凯维奇游击队中国排长祁桑,老头队游击队员、英勇的共产党员侦察兵张旺友,赤卫军副营长李胡桑,老头队游击队员侦察兵甘永生和宋洪昌都相继来到哈巴罗夫斯克。尤什凯维奇游击队侦察排的前排长亚历山大·叶夫盖尼耶维奇·史亚也赶到此地,远东地区参加国内战争的阿吉木·阿利亚诺维奇·瓦洛什宣读了保卫苏维埃政权战士、退休人员宋有为的一封电报……,阿吉木·阿利亚诺维奇·瓦洛什也宣读了自己的文章。在这些战士们的眼前,伟大而英雄的中华儿女不怕牺牲,与苏联工人像亲兄弟一样共同为建立苏维埃政权而斗争,英勇战斗的情形一幕幕如画面般不断闪过……

随着时间流逝,百年前的往事早已湮没在历史长河中。当年旅俄华工与苏联红军结下的生死友情,与白匪军激战的英雄事迹,除了苏俄报刊有限的宣传外,国内鲜有旅俄华工的历史记忆。他们生活在社会最底层,地位卑微,他

---

① 《太平洋之星》,苏联报纸,1959 年 6 月 13 日,第 137 期。

们的史料和事迹,不仅华侨的输出地山东各地档案馆没有只言片语的记载,国内知名档案馆也鲜有关于他们的记录。由于年代久远,除了极少数人能弄清其身世、事迹外,多数人甚至连名字都没有留下,他们的英雄事迹淹没在历史长河里。直到20世纪80年代末,随着中国和苏联关系的解冻,这段尘封的历史才被重新提及。

二、旅俄华工联合会与马克思主义传播

1. 旅俄华工联合会

十月革命爆发后,旅俄华侨迫切希望建立全俄性的华侨组织。1917年留俄学生刘泽荣带领爱国留俄学生刘雯、张永奎、朱绍阳、音德善、伊里春、李宝堂和妹妹刘娟发起成立"中华旅俄联合会"。[①] 4月18日,中华旅俄联合会召开成立大会,讨论通过由刘泽荣起草的《中华旅俄联合会章程》,选举15名干事组成干事会。浙江青田县油竹人陈协丰到莫斯科经商,曾任旅俄华工联合会干事。会址设在彼得格勒,后来改为"旅俄华工联合会",任命刘泽荣为联合会执委会主席,全权代表该联合会处理保护华工利益事宜,联合会的宗旨是联络旅俄华侨,竭力辅助"法律范围内旅俄学商工三界之行动,无论何界发生何种事故,概由本会竭力设法保护办理"。[②]

旅俄华工联合会吸引众多华侨加入,截至1920年6月已有会员5万余名。在彼得格勒、莫斯科、基辅、萨马拉、叶卡捷琳娜堡、维亚特卡、塔什干、车里雅宾斯克、鄂木斯克、秋明、托木斯克、克拉斯诺亚尔斯克、伊尔库茨克以及新尼古拉耶夫斯克等城市均设有联合会的地方组织,后又在布拉戈维申斯克、赤塔、摩尔曼斯克、彼尔姆、上乌丁斯克、奥琳堡、伯力、海参威等地增设了华工地方组织。

旅俄华工联合会实行救助华工的责任和义务,与俄国临时政府内务部、彼得格勒自治会、工兵代表苏维埃等机关洽谈,取消华工不平等待遇,设立华工收容所,仅两个月就收留华人1000余人,并提供免费医疗,经费由彼得格勒市

---

① 宁艳红:《十月革命对旅俄华侨的影响》,《黑龙江工程学院学报》2017年第10期。

② 张建华:《旅俄华工与十月革命前后中国形象的转变》,《学习与探索》2009年第1期,第232页。

《华工实报》

自治会拨付 7 万卢布,由联合会自拨 1 万卢布。旅俄华工联合会为华工谋取职业,运送病残及失业华工回国,到 1918 年 5 月,已运送华工 3 万人回国。

旅俄华工联合会积极与共产国际联系,多次表达在未来中国开展无产阶级革命的意愿。刘泽荣作为华侨社会主义党的代表应邀列席 1919 年共产国际成立大会,作为中国南方革命区工人代表讲话。1919 年至 1920 年期间,列宁先后三次接见刘泽荣。

2. 传播马克思主义

旅俄华工联合会还承担传播马克思主义的任务。十月革命后,苏俄是早期马克思主义在中国传播的主渠道之一。为加强教育和宣传工作,旅俄华工联合会及分会创办多种中文报纸,如《震东报》、《共产主义之星报》、阿穆尔《社会警钟报》和《工人之路》等,《华工实报》每月出版四期。1918 年 10 月在彼得格勒创刊中文周刊《华工周报》就以宣传共产主义思想为宗旨。① 随着红军中华工人数的增加,报纸作为传递消息、发布革命言论的重要媒介,尤其是在东部战线,成为部队迫切的需求。因此,旅俄华工联合会决定尝试创办一个不定期的刊物——《旅俄华工大同报》。报纸受众群体主要是在红军队伍中作战的华人战士,每期发行 2000 — 3000 份,总共发行(至 1920 年秋)40 — 50 期。苏联外交部将此报转送军事部门分发给在俄红军中的中国士兵阅读。

《旅俄华工大同报》编辑孙言川,祖籍青田县仁庄镇孙山村。清末民初他

---

① www.chinaqw.com(中国侨网世界华文传媒网上论坛)。

赴俄经商，担任旅俄华工联合会干事和中文秘书，负责编辑《旅俄华工大同报》。十月革命期间，孙言川为保护华工的合法权益及人身安全，做了大量护侨归国工作。浙江省青田籍和天门籍200多名华侨受到迫害，他设法营救，使他们免于冻饿和流离的厄运。当获悉9位青田同胞无辜受到杀害时，他挺身而出，与俄国政府交涉，终于查清凶手并处以极刑。青田籍华侨杨廷丰从日本进口价值4万卢布的货物，莫斯科海关无理扣押半年之久，孙言川应杨氏请求前往交涉，据理力争，终于物归原主。1918年6月18—24日，全俄第三次华工代表大会召开，孙言川被选为大会秘书。

1919年，《旅俄华工大同报》首先译载苏俄政府对华政策的第一个纲领性文献《对华宣言》。1920年4月22日是列宁同志的诞辰，刘泽荣代表全体旅俄华工写了一首祝寿词，登在《旅俄华工大同报》上。据刘泽荣回忆和苏联学者诺沃格鲁茨基、杜那耶夫斯基记载，《旅俄华工大同报》曾刊登过《致中国人民和北方及南方政府的宣言》、齐切林给孙中山的信、红军解放伊尔库茨克等消息，《旅俄华工大同报》成为旅俄华工联合会宣传马克思列宁主义的重要阵地。

旅俄华工联合会还将列宁的一些著作和其他革命书籍译成中文，并在华工中大量散发各种报刊和中文小册子，推动了革命思想在华侨中的传播。1918年12月15日，旅俄华工联合会向国内同胞发出呼吁："中国工人应该记住，中国革命的命运与俄国工人革命的命运息息相关。只有同俄国工人阶级紧密团结起来，才能在被压迫的中国取得革命胜利。"

除创办报刊外，旅俄华工联合会还陆续派人从水路和陆路秘密回东北宣传革命，促进东北地区工人的觉醒，扩大十月革命在中国的影响。有资料记载，到1918年，大约4万名华工由中东铁路回国。早在1919年1月，鲍贵卿密电北京参战处，称"欧俄华工附和激党，回国鼓吹社会主义"[1]的情况；同年2月5日，北洋政府国务院密电奉天、吉林、黑龙江、新疆等地督军，电文称，"在俄华工因受俄过激派运动，潜行回国，分股散往各地，煽惑军民"，"请密饬严切侦防，以遏乱萌"。

1919年1月，旅俄华工联合会建立俄共华籍党员支部，在秋明有64名华

---

[1]　李述笑：《哈尔滨历史编年(1986—1949)》，黑龙江人民出版社1989年版，第172页。

工加入布尔什维克,成为俄共华籍党员,并设立党支部,开办最早、较具规模的共产主义党校,拥有 50 名学员;在远东地区还出现了自称"中国社会主义党"或"中国布尔什维克党"的组织。俄共华籍党员组织促进了俄共华籍党员队伍的壮大。据资料记载,截至 1920 年,有确切数字的华籍党员在彼得格勒有 20 人,鄂木斯克有 100 人,秋明 64 人,在莫斯科、叶卡捷琳堡、萨拉托夫等地也有很多。

在俄国所有的华侨红军队伍中都有共产党支部,在一个连就已经有几十个华侨共产党员,部队中广泛散发中文报纸《华工》和中文宣传小册子。据档案记载,1920 年 6 月至 7 月,布拉戈维申斯克的华侨党支部每天都派人到附近的阿斯特拉罕诺夫卡村,去给驻在这里的第一阿穆尔革命团体中国连战士读政治消息通报。① 阿穆尔省还出版许多中文版政治读物,从 1920 年 5 月 5 日到 11 月 1 日期间,散发了宣言及传单 2.03 万份,中文版小册子 5000 册,《共产主义明星报》5.08 万份。② 这些报纸在华工中引起强烈反响,使他们在思想上发生蜕变,再次掀起了华工参加红军的高潮。

1920 年 6 月 25 日,旅俄华工联合会举行第三次代表大会,成立俄国共产党华员局,并于 7 月 1 日得到俄共中央委员会的承认。它是旅俄华侨共产党组织的统一中央领导机构,接受俄共(布)中央委员会的领导,设中央委员 5 名,候补委员 2 名。大会通过《旅俄华人共产党员组织章程》,把在苏俄的华籍俄共党员组织起来。

3. 旅俄华工是马克思主义传播中一支重要力量,加速在黑龙江的传播进程

中俄边境地区是华侨赴俄和归国的重要通道和离散地,中东铁路贯穿其中,具有重要位置,是马克思主义的重要传播通道。十月革命以前,哈尔滨就是俄国社会革命党的重要活动地,1908 年 3 月,俄国社会革命党在哈尔滨出版秘密刊物《革命思想》③,使哈尔滨的工人较早受到马列主义的影响。

---

① 李永昌:《旅俄华工与十月革命》,河北教育出版社 1988 年版,第 276 页。

② [苏]刘永安编著:《为苏俄而战的中国志愿军》,王宜光译,解放军出版社 1989 年版,第 27 页。

③ 《大兴安岭历史编年》,第 298 页。

十月革命期间,旅俄华工是十月革命的亲历者和见证者,他们发挥义务宣传员的作用,把十月革命的消息通过声音、文字、图像、书籍、报纸、广播等多种传播手段沿着中东铁路传播出去。这一时期旅俄华工联合会还陆续派人从水路或陆路回国宣传十月革命。旅俄华工大部分留居在黑龙江沿岸地区,通过口耳相传向身边的人介绍十月革命的情况,在中东铁路沿线各站到处传颂着苏俄工人阶级新的生活境况。俄共华员局总部迁到远东赤塔,与中国东北近在咫尺,促进了马克思主义在东北的传播。

1919 年初,一批华工代表从远东秘密回到东北宣传革命。"十月革命,建成了一条从西方无产者经过俄国革命到东方被压迫民族的新的反对世界帝国主义的革命战线"。① 1919 年 6 月 24 日,长春《大东日报》刊发报道《苏俄又派赤化宣传员华工协会李子馥等十二人回华》:"江北阿穆尔省当局……现乘中俄邦交恢复之机会,又派华工协会会员李子馥、张玉绅、李国思等 12 人,赴中国各省宣传赤化。该员等领用执照旅费,现皆改扮工商装束,于本月 8 日来到黑河,10 日已分乘轮船火车,返祖国矣。"②《黑龙江省志・大事记》1915—1923 年条目记载:1918 年 7 月 7 日,中国工人 600 余名由苏俄归国到哈尔滨。1919 年 3 月 1 日,昂昂溪站以前扣留俄人所招之华工已返哈尔滨。现俄人又续招华工 1500 名,拟变装分运北上。3 日吉林省电各道、县查禁。3 月吉林省长公署训令:有华工 2000 余人曾投入俄国"过激党",近有 300 余名行将回国,要严加防范。1921 年 9 月 9 日旅伊尔库茨克华侨 500 余人归国到哈尔滨。

大批华侨归国使东北的工人迅速觉醒,他们和俄国工人站在一起,纷纷起来革命。1917 年 4 月 12 日,三十六棚中国工人捐款,援助俄国资产阶级民主革命。同日《远东报》报道"三十六棚华工亦为俄国工党联为一气"。在十月革命影响下,中国第一个哈尔滨工兵代表苏维埃出现,东北工人的政治觉悟有很大的提高。5 月 14 日,中东铁路哈尔滨总工厂中、俄工人联合货栈、商场、作坊工人举行罢工,高举红旗,抬着"工党万岁"、"民主大同"等标语,在秦家

---

① 《人民日报》社论:《沿着十月社会主义革命开辟的道路前进——纪念十月革命胜利 50 周年》,1967 年。

② 张贤达:《马克思主义在长春的早期传播》,《长春晚报》2010 年 2 月 1 日第 10 版。

岗教堂广场集合,游行示威,纪念"五一"国际劳动节。

1919 年 6 月 23 日,旅俄海参崴中国工人抗日救国告白书在哈尔滨散发、张贴。7 月 2 日,海参崴乌苏里铁路工人开始罢工。中国工人阶级为捍卫十月革命的成果,再次援助俄国工人阶级。1918—1920 年,中俄工人一起举行多次大规模罢工,从哈尔滨逐步扩展到中东铁路全线,由单纯的经济罢工迅速发展为政治大罢工。

1922 年 3 月 12 日,苏俄西伯利亚社会主义革命青年团哈尔滨支部创办《青年社会主义革命者》报。1923 年 3 月 12 日,据《滨江时报》载,"莫斯科共产党宣传学校女子部毕业生 22 人经赤塔来哈"进行革命宣传。

归国华工的革命活动,引起中外反动势力的恐惧和担忧。1919 年 2 月 10 日,《米努辛斯克劳动报》报道,从俄国到达斡利亚来了 6 个人,穿军装的人把他们送到边界,这些中国人被视为可疑分子,在他们的衣服和行李中藏着 650 万卢布,怀疑他们是布尔什维克。1919 年 1 月 15 日,《米努辛斯克劳动报》报道:"北京政府已经注意到俄国华侨,他们在俄国参加了红军队伍,对他们要严加防范。"

十月革命后,华工思想发生转变,回国后成为坚定的无产阶级战士,优秀的马克思主义的传播者。青田县罗溪人郑祢,1917 年应召赴法国当华工。1922 年与工友一起赴苏联投奔胞兄,与苏联东方大学的留学生、中共党员谢文锦(永嘉人)来往密切,并接受革命思想,曾经当过克里姆林宫近卫军战士。1928 年他与十多名山东同乡回国。1930 年在阜山参加红军第十三军,1932 年在兰溪创建中国工农红军第十三军第二师,任师长。1933 年在龙游因叛徒出卖英勇就义,年仅 40 岁。

十月革命促进东北地区工人的觉醒,加速了马克思主义理论与中国工人阶级和先进知识分子的结合,掀起了马克思主义在东北传播的浪潮,中东铁路沿线成为马克思主义在东北的重要传播带,加大了马克思主义在东北的传播途径和速度,加快了东北地区党组织的建设步伐。①

---

① 宁艳红:《十月革命对旅俄华侨的影响》,《黑龙江工程学院学报》2017 年第 10 期。

第二节　20世纪二三十年代的留苏人员

一、赴苏寻求革命真理

十月革命爆发后,国内爱国青年和仁人志士将目光投向苏联。苏维埃政权建立后,先后发表三次对华宣言,在中国人民,特别是知识分子和进步青年学生中激起强烈反响,到苏联求学,寻求革命真理成为青年学生热切的向往。

此时,为了提升世界共产主义运动,1919年3月在列宁的倡议下成立共产国际,共产国际成立后,为东方各国革命培养人才就提上日程。莫斯科及远东地区开办一系列共产主义学校,用以培养和教育东方各国学生和革命者。如东方劳动者共产主义大学军事速成班、东方劳动者共产主义大学中国班、孙中山中国劳动者大学以及M.B.伏龙芝军政学院、H.Γ.托尔马切夫军事政治学院、高等火炮学校、飞行军事理论学校、国际列宁主义学校、中央共青团学校等。其中最著名的有四所学校,分别是莫斯科东方劳动者共产主义大学(1921—1938年)、莫斯科孙中山中国劳动者大学(1925—1930年)、莫斯科国际列宁学院(1926—1938年)、苏联远东边疆中国高级列宁学校(1929—1938年)。

留苏学习活动得到国内进步团体和人员的重视。1920年3月,毛泽东和李大钊商量派遣青年到苏联学习无产阶级革命经验,同年8月,在湖南长沙,毛泽东、何叔衡、方维夏和彭璜等人发起成立了湖南俄罗斯研究会,大力推行勤工俭学赴俄留学。1920年9月,杨明斋①在上海共产主义小组的帮助下创办外国语学社,主要招收浙江、湖南、湖北、安徽和广东一些渴望追求新知识的革命青年,教授俄语和一些马克思主义基本常识。在外国语学社开办数月后,上海共产主义小组决定派遣二三十名优秀学员分三批赴莫斯科东方大学学习。

① 苗体君:《鲜为人知的杨明斋》,《党史文汇》2010年第7期。

1. 东方大学中国班

根据当时的革命形势需要,1921 年 4 月,共产国际创建隶属于民族事务委员会的东方训练班,这所大学一开始就担负着双重任务:既为苏俄东部地区培养民族干部,又要考虑东方"国家革命发展的一切特点,培养来自这些国家的干部"。[①] 东方大学全称东方劳动者共产主义大学,接受俄共民族事务部人民委员会的领导。1923 年该委员会的副主任 Г.И.Бройдо(勃罗伊多)担任首任校长,后斯大林任名誉校长。斯大林担任校长后,大学发展较快,一跃成为苏联最大的学校之一。大学分国际部和国内部,国际部设波斯班、朝鲜班、日本班、中国班、内蒙班和外蒙班等;国内部设乌兹别克班、哈萨克斯坦班和格鲁吉亚班等。建校之初学校学制为 2—3 年,1926 年改为 4 年。

1921 年 8 月,东方大学第一届中国班成立,当时只有 26 人,此后学生人数逐渐增多,1921 年末有中国学生 35—36 人。1921 年 4 月,上海共产主义小组的杨明斋派出第一批留俄学生。第一批留学生中有刘少奇、任弼时、肖劲光、曹靖华等十几个人,为掩人耳目,他们出发时化装改变身份。从 1918 年起,黑龙江省督军就封闭中俄边境,切断中俄交通。刘少奇等人被迫从海路取道被日本人占领的海参崴,转站红军占领区哈巴罗夫斯克后分水陆两路出发:任弼时等人坐火车西行,刘少奇等人乘轮船西行。到了布拉戈维申斯克后,在红军的帮助下,刘少奇等人乘坐一辆装载货物的闷罐车,经赤塔继续前往莫斯科,他们一直坐了三个多月的火车,终于在 1921 年 7 月 9 日,刘少奇一行抵达莫斯科。共产国际第三次代表大会结束后,刘少奇一行被分配到莫斯科东方劳动者共产主义大学中国班学习。

该班的学员除刘少奇外,还有罗亦农、王一飞、任弼时、肖劲光、彭述之、任作民、俞秀松、柯庆施、胡士廉、许之桢、汪寿华,卜士奇、任岳、陈为人、谢文锦、曹靖华、蒋光慈、韦素园、吴芳、周昭秋、韩慕涛、傅大庆、廖化平、李宗武、吴保萼[②]等人,至此,中共第一批留苏学生正式诞生。由于革命斗争需要,在学习期间,每个中国学生都有一个俄文名字。例如,彭述之的俄文名字是 Иван

[①] 《斯大林全集》第 7 卷,人民出版社 1958 年版,第 126 页。

[②] 赵俊亚:《旅俄华人研究》,博士学位论文,吉林大学,2007 年,第 79 页。

Петров，卜士奇—Иван Алеексевич Пролетариев、罗亦农—Бухаров、王一飞—Крупник、肖劲光—Глосский、蒋光慈—Уткин，任弼时的俄文名字是Белинский，与俄罗斯 19 世纪伟大的文学评论家别林斯基同名。

1922 年，陈独秀决定分批抽调中共旅欧支部的部分同志转入莫斯科东方大学学习，1923 年和 1924 年，旅欧支部抽调的同志和国内选派人员分别抵达莫斯科，这是东方大学的第二批中国留学生。来自欧洲的有赵世炎、王若飞、刘伯坚、陈延年、陈乔年、郑超麟、任卓宣等人，来自国内的有聂荣臻、李富春、黄平、叶挺、徐成章、张浩、关向应等人。国内选送或留法转道赴东方大学学习的女青年也不乏其人，蔡畅、郭隆真、李林等从法国转道到苏联学习，向警予、赵一曼、谢雪红等是从国内选送的。

1924 年初，东方大学有中国学生 51 人，1924 年底有中国学生 109 人，当年，东方大学已成为苏联最大的政治大学之一，共有来自 73 个国家和民族的1015 名学生，其规模仅次于斯维尔德洛夫大学。1925 年 4 月中旬有中国学生122 人。中国班用俄文字母"А"表示，后改成俄文字母"Ц"。据史料记载，到1927 年上半年，到东方大学学习的中共人员前后达百人左右。[1]

东方大学中国班开设课程较多，学习内容集中在政治学科，尤其是马列主义理论。

2. 东方大学军事速成班

1925 年 9 月，应共产国际和中国共产党的要求，联共(布)决定拨款 1.5万卢布组建军事短训班。1926 年 2 月短训班成立，由莫斯科红军军事学校和莫斯科伏龙芝军事学院的教官授课，学员为朱德、彭干臣[2]等有作战经验的留学生。国内大革命失败之后，共产国际和中国共产党为在短时间内培养一批军事干部，在中国各地挑选六七百人，赴莫斯科东方大学军事速成班学习。这些人先后于 1927 年 10 月抵达莫斯科，并从中选拔出数十人参加东方大学二年制的中国班学习，如著名抗日女英雄赵一曼就是此时进入东方大学学习的。军事速成班学员分成几十个小班，学习的主要课程有列宁主义、政治经济学、中

---

① 赵俊亚：《旅俄华人研究》，博士学位论文，吉林大学，2007 年。

② 张泽宇：《莫斯科东方大学旅莫支部论述》，《广东社会科学》2011 年，第 24 页。

国革命运动史、简易工程兵学等。冬天主要在课堂学习理论知识,春、夏两季进行野营实习。1928年夏,东方大学的军事速成班结束后,大部分学员回国。

东方大学的中国学生经过1—3年的学习后,很多人都成为坚定的马克思主义者。从1922年起,因国内战争需要,部分学员提前结束学业回国,1924年以后,他们中的大多数陆续回国。1928年东方大学中国班并入莫斯科中山大学。1938年,应中共中央代表团的提议,共产国际执委会将中国部原有的几个教学部门合并为一个,称为共产国际中共党校,仍隶属于民族殖民地问题研究院之下,由郭绍棠任校长。学校下设政治班和军事班。

1938年,东方大学关闭。1941年东方大学中国分校停办。

3. 满洲班的中国学生

1933年5月,莫斯科东方大学重新开设中国班,称为满洲班,专门从东北抗日联军(包括兵败后退到苏联境内的部队)中选拔干部进行短期培训。1933年6月3日,共产国际委派时任共产国际远东局委员的美国共产党员蒂姆·赖安前往中国,负责招生工作。[①] 截至1935年底,东方大学的中共留学生由原来的20人增至70人,班级数量也增至9个。原来的满洲班升级为中国部,分为三个部分:基础班(军政训练班)、远东特别班、短期特别培养班。[②]

1936年2月11日,共产国际执委会决定进一步扩大中国部的规模:满洲班扩充至100人,远东特别班扩招到20人,研究生班增至10人,特别培训班增至15人,新成立华北班,从华北的日占区招收30名骨干,特别设立党的领导人员班,招生10名,主要是为负伤或患病的中共高层领导提供疗养和学习机会。这样,中国部的中共留学生达到185名。[③]

东北抗日联军的李兆麟、魏拯民等人都曾先后在此基础班学习过。据不完全统计,在苏联院校学习过的东北地下党员干部(军籍)有数十人。

---

① 《共产国际执行委员会政治书记处政治委员会非常会议第356号记录》,中共中央党史研究室第一研究部译:《联共(布)、共产国际与中国苏维埃运动(1931—1937)》卷14,中共党史出版社2007年版,第80页。

② 郝世昌、李亚晨:《留苏教育史稿》,黑龙江教育出版社2001年版,第121页。

③ 《共产国际执委会书记处关于为中共培养干部的决定》,《联共(布)、共产国际与中国苏维埃运动(1931—1937)》卷15,第131页。《共产国际执委会书记处关于为中共培养干部的决定》,《联共(布)、共产国际与中国苏维埃运动(1931—1937)》卷15,第131页。

1921—1937 年中国满洲的留苏人员一览表①

序号	姓名	性别	曾用名	曾任职务	所在学校
1	于化南	男	原名于诗勋、化名李文生	中共吉东省委常委	1937 年 4 月在莫斯科东方大学学习
2	于忠友	男	别名张德福、曹吉人、潘湘	中共吉东交通员	1936 年春到苏联学习
3	于培真	女	别名于秀美、于培贞、于资静、于迪迪	中共满洲省委委员	1926 年到莫斯科中山大学学习
4	毛诚	女	原名武文璞	满洲省委交通员	1934 年冬到莫斯科东方大学学习
5	田孟君	女	化名女张、卡加、林丽	中共吉东特委委员、妇委书记	1936 年到莫斯科东方大学学习
6	刘少奇	男	别名胡服、赵子琪、之启、刘作黄、刘光明、刘祥等	中共满洲省委书记	1921 年在莫斯科东方大学学习
7	乔树藩	男	原名乔德本	中共穆棱县委书记	1933 年赴苏联学习
8	苏子元	男	别名萍魂	中共哈尔滨市委宣传干事,在满洲省委工作	1929 年赴莫斯科劳动大学学习
9	李范五	男		历任中共黑龙江省穆棱县、宁安县委书记,中共吉东特委组织部部长、吉东特委代理书记	1936 年 2 月被派赴苏联莫斯科共产国际东方殖民地问题研究院(又称东方大学第八分校)学习
10	李秋岳	女	原名金锦珠,化名张一志、柳玉明,朝鲜族	先后任中共珠河县委委员、妇女部长、铁北区委书记等职	1927 年 8 月派往苏联学习
11	李耀奎	男	别名王达理、王月新	满洲省委代理书记	1926 年 11 月,党组织派他赴苏联莫斯科中山大学学习,1929 年夏,调到海参崴中国党校任校长
12	何能	男	原名何成德,别名陈屏章、陈瑞文、小秦	共青团满洲省委宣传部长	1927 年 6 月赴苏联莫斯科东方劳动大学学习
13	张林	男	原名张树仁,化名郝长发、郝光	曾任吉东特委团书记	1938 年春去苏联学习

---

① 此表根据在苏联院校学习过的中共东北地下党员简介(之一)整理而成。http://blog.sina.com.cn/blog98d94ed70100zpok.html。

续表

序号	姓名	性别	曾用名	曾任职务	所在学校
14	张金	男	原名张润田	中共吉林省海龙县中心县委委员	1933 年 7 月赴苏联莫斯科东方劳动大学学习,任军事连长、班党支部书记
15	张有仁	男		国际情报交通员	1931 年春到苏联海参崴学习,后到列宁党校学习,1936 年毕业在海参崴苏联国立东方大学外语系当中文教员
16	林一	女	别名刘书兰	地下工作者	派到苏联学习
17	林纳	女	原名关淑兰,满族	在吉东局工作	1933 年在苏联莫斯科东方大学学习
18	林电岩	男	原名林炯,曾用名阿木林、老马、马良、王德	任中共满洲省委代理书记	1925 年赴苏联莫斯科中山大学
19	杨松	男	原名吴兆镒,别名吴平、吴绍镒,化名华西里	任中共吉东特委书记	1927 年 2 月受团中央派遣进入莫斯科中山大学学习
20	杨超时	男		曾任中共依兰县委书记兼独立团政委	1936 年在苏联莫斯科东方大学学习
21	尚钺	男	原名尚忠武,字建庵,化名谢潘、丁祥生、聂树先	任中共满洲省委秘书长、省常委、宣传部长	1932 年 7 月去苏联学习,在苏联红军第七军做政治工作
22	单殿元	男	化名榴田、吕田、柳田	任绥芬河党支部书记、赤色工会领导人和国际交通员	1933 年 6 月派到苏联东方大学学习,研究生。1939 年在军校学习一年
23	侯志	女	别名侯玉兰、侯兰英、马琳、郭张青莲	中共北满特委妇女部长	1935 年赴苏联学习
24	钟子云	男		中共满洲省委特派员、中共汪清县大甸子工委书记	1935 年赴苏联莫斯科东方大学学习
25	高庆有	男	字雪樵,别名高清友、张玉焕、奇金斯基	任东宁特支书记	1927 年去苏联学习
26	凌莎	女	原名李雾仙,化名张凌霄、费敏	中共满洲省委秘书长、省委候补委员	1927 年派遣到苏联莫斯科东方社会主义劳动大学学习,1936 年被派到苏联莫斯科东方大学学习

序号	姓名	性别	曾用名	曾任职务	所在学校
27	黄秀珍	女	原名王辩,字慧琴	先后在中共满洲省委文书处、交通站、印刷所工作,担任吉东局委员等职	1925 年 11 月赴苏联莫斯科中山大学学习
28	褚志远	男	别名赵贵元、宋池、胡醒云	密山县团委书记	1936 年 5 月去苏联莫斯科东方大学学习
29	潘庆由	男	原名李起东,化名潘向允、老潘	任中共吉东局常委、组织部部长	到苏联学习
30	武胡景	男	原名武怀让	任中共北满特委书记	1924 年去苏联莫斯科东方大学学习
31	杨佐青	男	原名杨奠坤,别名杨树田	曾任磐石游击队政委	1930 年春赴苏联学习,1934 年去莫斯科
32	金石峰	男	现名金尚杰,朝鲜族	曾任中共吉东省委秘书处主任	曾在东方大学学习
33	孙万贵	男	别名李申	任宁安县民主大同盟秘书长	1935 年赴苏联莫斯科大学学习
34	陈凤岐	男	别名王占一	东北抗日联军独立师任警卫员	1936 年 6 月派到苏联莫斯科东方大学(第八分校)学习
35	刘福臣	男		东北抗日联军独立师	1936 年 6 月派到苏联莫斯科东方大学学习
36	富振声	男	原名董贵林,别名胡林,满族	东北抗日联军独立师政治部主任	1936 年 7 月去苏联莫斯科东方大学第八分校学习
37	陈山	男	原名佟双全	任东北抗日同盟军第四军第二团通讯员	1936 年 1 月赴苏联东方殖民地研究院学习
38	陈龙	男	原名刘汉兴	曾任东北抗日联军第二军参谋长	1936 年 5 月派往莫斯科东方大学学习
39	陈久荣	男	王福东	任东北抗日联军第七军军长兼一师师长	1934 年秋派往莫斯科东方大学学习
40	陈维哲	男	原名陈万言,化名张德、陈郁文、杨占一、林千	任东北抗日联军政治军事学校教官、抗联三军七师政治部主任	1933 年末到东方大学学习
41	赵一曼	女	原名李坤泰,学名李淑宁,又名李一超	曾任黑龙江省珠河县县委特派员、铁北区委书记	1927 年 9 月赴莫斯科中山大学学习

续表

序号	姓名	性别	曾用名	曾任职务	所在学校
]42	赵毅敏	男	原名刘焜	曾任满洲省委兼宣传部长、组织部部长	1925年赴莫斯科东方大学学习,曾任莫斯科东方大学分校校长
43	胡伦	男	原名胡明德,别名胡志敏、胡子明	曾任东北抗日同盟军第四军参谋长	1924年到莫斯科东方大学学习
44	姜德	男		任东北抗联第三路军第六支队队员	1943年10月派往苏联学习,在苏联远东情报局学习一年
45	姜振荣	男	别名姜子荣	任东北抗日联军第五军第二师副师长兼第五团团长	1936年赴莫斯科东方大学学习
46	徐昌	男		在东北抗日同盟军第四军二师九连战士	1936年11月赴莫斯科东方大学第八分校学习
47	徐光新	男	别名徐老三、潘长春、陈炳	任密山赤色游击队班长、司务长	1936年3月在莫斯科军事学院学习
48	蒋泽民	男	原名蒋向福,别名蒋兴武,满族	在东北人民革命军第二军第四团任战士	1934年12月派往苏联学习两年多
49	韩光	男	别名孟克、晓孟	曾任东北人民革命军第一军代理政治部主任、哈东支队政治部主任	1935年底派往莫斯科东方劳动者共产主义大学学习
50	傅文忱	男		曾参加抗日自卫军,任国际交通员	1936年1月赴莫斯科东方大学学习
51	蒲秋潮	女	字振声、逸民	曾任抗日联军敌伪工作部办公室主任	1926年赴莫斯科东方大学学习
52	鲍林	男	原名宋文锡,别名邵林、鲍满	曾在东北抗日同盟军第四军二团做政治工作	1933年冬派往莫斯科东方大学学习
53	黎侠	女	原名黄晓英,别名刘桂兰	曾在东北抗日联军第五军工作半年	1936年夏在莫斯科东方大学第八分校学习三年多
54	朱德海	男	原名吴基涉,朝鲜族	密山县锅全村党支部书记、东北抗日联军第四军第三团后方留守处党支部书记	1936年去莫斯科东方劳动大学学习

4. 莫斯科中山大学

为了支援中国革命,培养革命骨干,1925 年 10 月 7 日,莫斯科中山大学成立。是日,在国民党中央政治会议第六十六次会议上,鲍罗廷建议选派学生到中山大学学习。成立了由谭延闿、古应芬、汪精卫组成的选拔委员会,鲍罗廷担任委员会顾问,指定高级官员(包括谭延闿)来甄别学生是否具备资格。国民政府还委派丁惟汾、吴稚晖、王法勤、于右任、李石曾等人担任国民党北京中央执行分部委员,由丁惟汾主持党务,并负责选拔留俄(苏)学生事务。① 第一次国共合作时期,国共两党都积极选派学员赴中山大学留学,第一批学员共计 340 人,其中来自广东招收的有 200 人、北京和上海的是 140 人,学员中一部分是留欧青年中的党团员,如邓小平、傅钟、李卓然、杨品荪等;另一部分是从国内选派的党团员和进步青年,如张闻天、王稼祥、乌兰夫等。这些学生每四五十人分成一个班,每个学生都有一个学生证,记有俄文姓名、性别和年龄。中山大学里还有一个班叫"特别班",大约成立于 1928 年,成员多为中共领导干部,由于年纪较大,经验丰富,被编成一个班。该班成员主要有董必武、林伯渠、吴玉章、徐特立、叶剑英、何叔衡、夏曦、江浩、杨之华(瞿秋白夫人)等人。②

中山大学课程有:语言、历史、哲学、政治经济学、经济地理、列宁主义、军事学。新开设的课程有:党的建设、苏维埃建设和工人运动。③ 此外,每个年级还有劳动课、实习课以及参观考察。十月革命后,苏联百废待兴,物资匮乏,即使在这样艰苦的条件下,学校还为中国学生创造良好的学习环境和生活条件。

中山大学设有中共支部局,经共产国际特许,国民党也设立支部局。1925—1927 年,中山大学约有 500 名学生,国民党党员人数占学生总数的一半还多。④ 1927 年 7 月,国共关系破裂后,国民党中央发布命令,宣布撤销中

① "中华民国"留俄同学会:《六十年来中国留俄学生之风霜踔厉》,台北中华文化基金会1988 年版,第 561 页。

② 吴霓:《早期留苏热潮与中国共产党人的崛起》,《徐州师范大学学报》2004 年第 2 期。

③ [美]盛岳:《莫斯科中山大学和中国革命》,奚博铨等译,东方出版社 2004 年版,第73 页。

④ [美]盛岳:《莫斯科中山大学和中国革命》,奚博铨等译,东方出版社 2004 年版,第109 页。

山大学,"不得再送学生前往苏联",①在苏联国民党籍学生大多数回国,部分左派学生加入共产党,继续学习。从此,国民党留苏教育活动结束。一些中国党团员也相继回到国内开展武装斗争,之后中山大学一部分中共党团员则进入苏联正规军事学校学习,如伍修权等11人于当年秋天进入莫斯科步兵学校;左权、陈启科等进入伏龙芝军事学院;朱瑞、于树功等16人进入莫斯科克拉尔炮兵学校;王稼祥、张闻天、沈泽民等人则考入莫斯科红色教授学院;俞秀松、周达明等人进入列宁学院继续深造,王明、吴亮平等人留校任教或做翻译工作。国共合作破裂后,在白色恐怖下的中国共产党,为了疏散干部,培养发展革命力量,派到苏联留学的党团员不断增多,"这就从根本上改变了赴苏学习人员队伍结构"②,学员中的共产党员和共青团员约占三分之二,这些人赴苏寻求革命真理后,接受系统的革命教育和培养,成为坚定的马克思主义者,产生一大批政治理论家、革命家、军事家,许多人担任中国共产党的重要领导干部,为新民主主义革命的胜利做出不可磨灭的贡献。1929年初,第二期学生毕业。大部分学生被秘密护送回国,博古、何子述等十多名学生留校任教,杨尚昆、李竹声、盛中亮(即盛岳)留在中山大学社会发展史教研室工作,另有少部分学生被转入苏联其他学校深造。后来,原东方大学的中国学员全部并入中山大学。

1927—1928 年主要留苏学生情况表③

姓名	性别	就读学校	赴俄时间	生源	入学前身份
李剑如	男	中山大学	1927.7	上海	工运骨干
陈一诚	男	中山大学	1927.8	湖南长沙	干部
李欣荣	男	中山大学	1927.8	湖南长沙	干部
杨幼麟	男	中山大学	1927.8	湖南长沙	干部

---

① 中国第二历史档案馆:《蒋介石关于不再遣送人员赴莫斯科孙逸仙大学留学事致国民政府呈(1927年8月10日)》,中华民国史档案资料汇编,第5辑第1编教育(一),江苏古籍出版社1991年版,第403页。

② 于洪君:《关于二三十年代中国革命者和青年学生赴苏学习的几个问题》,《苏联问题研究资料》1988年第6期。

③ 黄利群:《中国人留苏(俄)百年史》,中国文史出版社2002年版,第80—83页。

续表

姓名	性别	就读学校	赴俄时间	生源	入学前身份
杨林	男	中山大学	1927.8	广州黄埔军校	黄埔军校教官
何克全	男	中山大学	1927.9		
王一	女	中山大学	1927.9	武汉	干部
王观澜	男	中山大学	1927.9	上海	中共沪东区工运干部
曾中生	男	中山大学	1927.10	武汉	《汉口国民日报》主笔
冯定	男	中山大学	1927.10	上海	
钱瑛	女	中山大学	1927.10		
张明	男	中山大学	1927.10	上海沪东区委	工人
沈培民	男	中山大学	1927.10		工人
俞湘	女	中山大学	1927.10		
张健尔	男	中山大学	1927.10		
张崇德	男	中山大学	1927.10	武汉	杭州《民国日报》编辑
张崇文	男	中山大学	1927.10	浙江党组织	
曹舒祥	女	中山大学	1927.10		
丁云波	男	中山大学	1927.10		
秋妹子	女	中山大学	1927.10		
陈伯达	男	中山大学	1927.10		
江浩	男	中山大学	1927.10	武汉	革命元老
朱阿根	男	中山大学	1927.10	上海	工人
应修人	男	中山大学	1927.10	广州	黄埔军校工作
帅孟奇	女	中山大学	1927.10	武汉	中共汉口市委宣传部妇女部干事
刘群先	女	中山大学	1927.10	上海	工运领袖
毛齐华	男	中山大学	1927.10	汉口	中共武汉印刷总工会党团书记
程一鸣	男	中山大学	1927.10	上海	工人
陈修良	女	中山大学	1927.10	武汉	中共湖北省委宣传部秘书
阮仲一	男	中山大学	1927.10	武汉	
袁家镛	男	中山大学	1927.10		
韩铁声	男	中山大学	1927.10	武汉	干部
黄浩	男	中山大学	1927.10	上海中共沪西区委	工运骨干

续表

姓名	性别	就读学校	赴俄时间	生源	入学前身份
卢育群	女	中山大学	1927.10		
朱家瑞	女	中山大学	1927.10		
范文惠	女	中山大学	1927.10		
李震夫	男	中山大学	1927.10		
曾爱华		中山大学	1927.10		
张阿毛	男	中山大学	1927.10	上海	工人
吕万林	男	中山大学	1927.10	上海	工人
李贵林	男	中山大学	1927.10	上海	工人
戚水宝	男	中山大学	1927.10	上海	工人
何子述	男	中山大学	1927.10		
王善宇	男	中山大学	1927.10		工人
恽雨棠	男	中山大学	1927.11		
李俊夫	男	中山大学	1927.11		共青团支部书记
陈昌浩	男	中山大学	1927.12	武汉	学生运动骨干
徐以新	男	中山大学	1927.12	南昌起义	贺龙的秘书
陈祥生	男	中山大学	1927		
王保礼	男	中山大学	1927		工人
余笃三	男	中山大学	1927	武汉	武汉工运骨干
李秋岳	女	中山大学	1927	武汉中央军校	武汉中央军校学员
金贯真	男	中山大学	1927	广州	东路军总指挥部政治部秘书
唐义贞	女	中山大学	1927	武汉	汉口工运领袖
熊天荆	女	中山大学	1927	上海武装起义	工人纠察队分队长
郑一俊	男	中山大学	1927	赴法勤工俭学生	勤工俭学学生
陈阿金	男	中山大学	1927	上海	工人干部
吴玉章	男	中山大学	1928	南昌起义人员	革命委员会委员兼秘书长
徐特立	男	中山大学	1928	南昌起义人员	革命元老
陈明	男	东方大学	1928	北伐军	军官
朱代杰	男	东方大学	1928	国民革命军	国民革命军总政治部职员
姜震中	男	中山大学	1928	中共旅欧组织	旅法勤工俭学学生
吴福海	男	中山大学	1928.3	江苏省上海手工业机器工会	工人

续表

姓名	性别	就读学校	赴俄时间	生源	入学前身份
方维夏	男	中山大学	1928.6	南昌起义领导者	中共元老
杨之华	女	中山大学	1928.6	上海	中共中央委员、中央妇委书记
许权中	男	中山大学	1928.7	西北军	高级军官
董必武	男	中山大学	1928.8	南昌起义人员	高级干部
杨子烈	女	中山大学	1928.10	上海	中共党员
叶剑英	男	中山大学	1928.12	广州起义干部	第四军军官教导团团长
唐有章	男	中山大学	1928.12	广州起义干部	
周保中	男	中山大学	1928.12	国民革命第六军	少将副师长

1925 年前后,苏联党内展开了反对同托洛茨基分子的斗争,1929 年达到高潮,许多学生都不同程度地卷入了斗争。

1928 年 9 月 17 日,联共(布)中央政治局通过决议,将中山大学更名为中国劳动者共产主义大学。1929 年,改为中国工人共产主义大学,大约有 1600 名中国人在中山大学完成了一门课程。1930 年,大多数中国学生回国参加革命工作,中山大学于这年秋结束。此后,中国赴苏学习的青年都在国际列宁学院就读。

从 1925 年到 1930 年,历时五年多,中山大学培养 1200 多名毕业生,他们对中共党组织的发展壮大、工人运动的发展、革命军队和无产阶级文化建设作出特殊贡献。据统计,在 1945 年中共七大选举中,44 名中央委员中莫斯科中山大学的留学生占 9 名,在 33 名候补委员中占 4 名;在 1956 年中共八大选举中,莫斯科中山大学的留学生在 97 名中央委员中占 14 名,在 73 名候补委员中占 8 名。[①] 莫斯科中山大学的开办,对中国革命产生了重大影响。

5. 列宁学院的留学生

1925 年共产国际建立列宁学院,列宁学院又称共产国际列宁学院、国际大学或列宁学校,位于莫斯科市中心红场附近。首任院长是著名的布尔什维克政治理论家布哈林,具体院务由卡桑诺娃主持。共产国际直接领导列宁学

---

① 周棉主编:《留学生与中国的社会发展》,吉林人民出版社 2008 年版,第 230 页。

院,是共产国际的一所高级党校。

1926 年 10 月 1 日,列宁学院正式开课,最初只分三个语种部:德语、英语、法语。刘仁静和蔡和森成为首批去列宁学院学习的中国学生。1927 年列宁学院增设了俄语部,此后,几名东方大学或中山大学的毕业生,如周达文、董亦湘、俞秀松等陆续来此学习。1928 年,列宁学院开设了中国部,对外称"Ц"部,是专门为外语水平低的中国学生而设立的。此后,几乎所有俄语部的中国学生都转入中国部,当时学生人数不多,只有十余人。中国部还设有研究班(高级班)和初级班,1928—1931 年还建立四个短期学习小组:对外称"А"组、"Б"组、"В"组和"Г"组。

1930—1933 年,列宁学院成为招收中共留学生的主要院校。中国初级班学员大多来自苏维埃区的红军指战员、城市学生、工人党员。在高级班学习的有中共一大代表如刘仁静、董必武;中共著名领导人如陈郁、李维汉和李立三等。1934 年秋,列宁学院组建中国军事班,招收许光达、滕代远、阎红彦等一批红军指战员入学。1935 年列宁学院又组建一个特别班,主要是参加共产国际第七次代表大会和青年共产国际第六次代表大会的陈潭秋、饶漱石、曾山、孔原、滕代远、高自立、陈云、欧阳生、林育英、杨松、林达森等 11 位代表。1933 年 12 月 21 日,应中共要求,任命康生为中国班班主任,康生回国后,由陈潭秋接替中国部主任。

列宁学院对学生的管理十分严格,严格限制学生将求学之行告诉他人。列宁学院学生的待遇较高,除伙食免费外,每月还可领到 50 卢布的零花钱,如果学员在国内有子女,学院还按月寄钱给予接济。中国学生宿舍有的位于果戈里大街,有的在赫尔岑大街 51 号,还有的在瓦尔霍尼卡大街 16 号楼等。列宁学院的教学活动比较灵活,开设长期班、短期班。长期班是两年制,短期班3—9 个月。1932 年还开设了两年制的研究生班。从 1928 年起一共开设 15门课程。总之,国际列宁学院作为培养各国精英革命家的摇篮,为中共培养了一批理论和军事人才。1939 年国际列宁学院关闭,中国学生陆续回国,投入到抗日斗争的伟大洪流中。

6. 苏联远东边疆中国高级列宁学校

为了远东边疆地区经济发展和革命建设培养人才,1922 年夏,在伊尔库茨克为东方国家中国、朝鲜的革命者建立东方劳动者共产主义大学分校。截止到 1933 年,在远东地区陆续成立培训华侨的学校还有哈巴远东边疆共产主义大学中国分校、赤塔苏维埃党校中国分校、符拉迪沃斯托克滨海边疆区中国苏维埃党校。1932 年 1 月 1 日,在远东地区接受教育和培训的有 809 名中国革命分子和 3828 名中国儿童。这些学校不仅承担着培训中国领导干部和革命积极分子的任务,还解决在苏联参加社会主义革命建设的华工文化素质较低的问题。

1925—1926 年,在符拉迪沃斯托克党校开办中国分校,学生人数达到 16 人。在 1926—1927 年,中国分校学生 14 人,其中 11 名男性,3 名女性,学制两年。1927 年滨海省海参崴党部学校中国班收纳新生材料如下:①

1. 名额:中国班原定招收新生 15 人,插班生 3 人,共计 18 人。但突然减为 12 人,比较高丽班、俄国班,减少特别多,我不懂俄语,无法争论,只好置之。但这种轻视中国革命的做法,我认为是党校的一个弱点。现在在校的新生共计 14 人(旧中国送来的学生不便送回),12 人由党校供给食宿等费,余 2 人则由我国倡议私人供给。

2. 名额的分配:伯力 1 人,苏城 1 人,海参崴 6 人,哈尔滨 2 人,上海 4 人。

3. 性别:男子 11 人,女子 3 人。

4. 党籍:俄共候补党员 1 人,俄少共党员 6 人,中国党员 4 人,中少共党员 2 人,不在党者 1 人。

5. 职业:纺织工人 7 人,铁路工人 1 人,印刷工人 1 人,运输工人 2 人,煤炭工人 1 人,厨业工人 1 人,建筑工人 1 人。

6. 文化程度:初中 1 人,高小 9 人,初小 4 人。

7. 服务:在党里服务者 2 人,在少共服务者 5 人,在青年团服务者 1 人,在工会服务者 5 人。

8. 年龄:32 岁 1 人,28 岁 1 人,25 岁 1 人,24 岁 1 人,23 岁 1 人,21 岁 2 人,19 岁 4 人,18 岁 1 人。

---

① 符拉迪沃斯托克国立滨海边疆档案馆,档案号 67-1-13。

从中国工作人员记录的资料还原 1927 年海参崴党校招收新生的详细情况,再现招生名额分配、学生年龄、职业、文化程度等状况,对于我们深入研究海参崴党校具有重要的作用。

1927 年 3 月,海参崴和赤塔的第一届党校改组成第二届学校,布拉戈维申斯克的第一届党校被废除。学校计划招收 150 名学生,其中招收中国学生 40 人。1927 年海参崴党校一年级招收了 20 名中国学生。

在苏联远东地区,最有名的政治学校是苏联远东边疆中国高级列宁学校,这所学校的教师和管理人员大部分都是东方大学和中山大学的毕业生。这所学校创办于 1929 年,是苏联共产党远东党组织根据当时的具体情况创办,又称"苏兆征中国苏维埃党校"。

学校学员基本上都是在苏联的华工或中共党员,为了便于开展工作,学生们参加学校的政治活动,绝大部分都加入苏联国籍,由联共(布)候补党员转为正式党员,教学活动基本上都用汉语,开设的课程有:列宁主义思想、政治经济学、中国经济学、布尔什维克党史、共产国际历史、俄罗斯历史和苏联历史、近现代中国革命史、教育学、自然科学、物理学、天文学、数学、中国文学、俄语等。每一个毕业生都要熟练掌握汉字和拉丁字母,定期用汉字刊印出版刊物,教师坚持用汉字书写板书。林伯渠教授中共党史和中国语文,吴玉章教授中国革命问题等课。

1931 年 7 月 18 日,在市委员会秘书处的决议中强调,苏兆征中国苏维埃党校已经有 163 名学生,党的积极分子从 49% 增长到 65%,学生奖学金从 30 卢布增加到 50 卢布,学生的饮食得到改善。[①] 学生们积极参加远东地区经济政治活动如播种活动、扫盲组织等,为少数民族编辑教科书。学生党员出版墙报,参加戏剧演出,开展国情与革命讨论。1932 年,苏兆征苏维埃党校有 166 名学员,学校的职员有 46 名,其中 17 名是教师。在夏季党员学生参加实习活动,男生参加工会活动,女生在幼儿园工作[②]。

---

① 奥·弗·扎列斯卡娅:《俄罗斯远东华侨 1917—1938》,符拉迪沃斯托克:远东科学出版社,2009 年,俄文版,第 176—177 页。

② 奥·弗·扎列斯卡娅:《俄罗斯远东华侨 1917—1938》,符拉迪沃斯托克:远东科学出版社,2009 年,俄文版,第 176—177 页。

这所学校的校长、教务处长兼教员李一平、陈大刚分别于 1929 年、1931 年调到本校。李一平，俄文名字 Г.И.Стаканов，又名李耀奎，曾在北京大学学习，1926 年 11 月，党组织派他赴苏联莫斯科中山大学学习，1929 年夏，李耀奎调到苏兆征中国苏维埃党校任校长。

陈大刚，后改名为张锡俦，又名张锡畴，俄文名字 И.Н.Гуйский，曾任海参崴中国党校教务长。1927 年冬，他被党组织派往苏联莫斯科东方大学学习，次年 1 月，张锡俦转入中国劳动者共产主义大学（原莫斯科中山大学）学习。毕业后被派到海参崴远东边疆苏兆征中国党校任教务主任、教员。

1931 年，张锡俦加入苏联国籍，次年 5 月与同校教员列宁格勒人柳芭结婚。

1931 年 1 月，林伯渠、吴玉章从"苏大"调来当教员。稍后，盛忠亮（后曾任中共上海中央执行局负责人）、杨松（后曾任中共吉东特委书记，东北抗日同盟军第四军政委、延安"解放日报"总编辑）也从莫斯科"苏大"调到海参崴任苏兆征中国苏维埃党校教员，协助党校工作。1932 年 3 月，董必武离开莫斯科回国，途经海参崴时停留了三个月，也曾在该校讲课并协助工作。此外，原在苏联伯力任中文《工人日报》主编的王肖地、在苏联远东"苏动班"任教的赵某都被调到该校工作。

林伯渠和吴玉章还进行汉字拉丁化的改革，制定中国北方方言拉丁化的方案，在学校中进行试验和推广，他们还与苏联一些语言学家合作，在海参崴召开过两次新文字代表大会，征求意见，用拉丁化的中文出版报纸和书籍，并在学校组织考试。这不仅推动当地汉字拉丁化的工作，也为学员毕业回到中国推行汉字拉丁化和文字改革工作积累了经验。

1933 年 1 月 25 日，远东地区苏联共产党委员会会议上决定苏联伯力远东边疆共产主义大学的中国部、海参崴远东边疆国际师范大学中国部又相继合并到这所学校。1933 年 3 月 1 日，学校更名为"苏联远东边疆中国高级列宁学校"。在这次会议上决定李一平（Г.И.Стаканов）担任该校校长，张锡俦（И.Н.Гуйский）担任学习部副校长。1933 年 9 月，因为李一平（Г.И.Стаканов）工作变动，张锡俦（И.Н.Гуйский）担任中国高级列宁学校校长，该校成为远东地区培养中国工人及党员干部的重要基地。

格鲁季宁·米哈伊尔·伊万诺维奇（Грудинин Михаил Иванович）在 1932 年 3 月前后，担任苏联远东边疆中国高级列宁学校教务主任，也是远东大学中国部俄语、中文和中国文学教师。

该校建立经济、历史和语言三个教研组和翻译局，开设一年制预科班、二年制中级班、二年制高级班；政治教育系学习期限两年，师范教育系学习期限三年，从 1934 年开始，政治教育系学习期限延长为三年半，师范教育系延期为四年半。苏联远东边疆中国高级列宁学校的毕业生可以担任领导职务，优秀的毕业生被安排为城市委员会、区委员会负责中国部工作，弥补这些部门中国人才不足。

由于苏联未实施全面教育体系，因此学校一年级不得不接收不识字的学生，比如，在 1936 年预科班的 20 个人中有 18 个人没有教育基础，实际上，学校一年级就是扫盲学习班。

1934 年，苏联远东边疆中国高级列宁学校有 233 名学生，他们当中有 62 名学生在预科班，125 名学生在中级班，46 名学生在高级班学习。学员每个月有 250 卢布的奖学金。23 名教师当中有 13 名是联共（布）成员，4 名是苏联共青团成员。[1]

1936 年 5 月初，学校有 281 名学员，有 107 名是预科生，1 年级有 73 人，2 年级有 57 人，3 年级有 37 人，4 年级有 13 名；教师 28 名，其中有 13 名联共（布）成员和 3 位候选人。教师之中有 19 名中国人，9 名俄罗斯人。[2] 中国教师当中有 12 位曾经在苏联共产主义大学学习，俄国教师当中有高等教育经历者 5 名，学校建立基层共青团组织，到 1937 年 1 月，学校有 41 名共青团员，其中 36 名中国人和 5 名朝鲜人。

在 1936—1937 学年预科班 107 人被分为 3 个班，学校面临的难题是学生知识水平的差异，由于学校未设立基础教育的预备班，很多学员在中国已经接

---

① 奥·弗·扎列斯卡娅：《东方大学与中山大学的毕业生在苏联远东边疆中国高级列宁学校的教学与学习管理活动》，《"一带一路"与"东北振兴"视域下东北华侨研究的回顾与展望学术研讨会论文集》，2017 年，第 7—14 页。

② 奥·弗·扎列斯卡娅：《东方大学与中山大学的毕业生在苏联远东边疆中国高级列宁学校的教学与学习管理活动》，《"一带一路"与"东北振兴"视域下东北华侨研究的回顾与展望学术研讨会论文集》，2017 年，第 7—14 页。

受了中等教育,苏联远东边疆中国高级列宁学校的学制较长,学生学习的旧知识已经忘记,学习积极性不高。

4号 远东中国列宁学校教师名单①

序号	姓名	出生年份	出生地	民族	家庭出身	职业	工龄	社会处境	党派	入党年份
1	桂斯基·伊万·尼古拉耶维奇	1905	中国四川	中国	农民	学生		职员	布尔什维克党员	1931
2	格鲁季宁·米哈伊尔·伊万诺夫	1901	远东,阿穆尔州	俄罗斯	贫农	职员	12年	职员	布尔什维克党员	1925
3	科里亚达·米哈伊尔·罗曼诺夫	1905	西伯利亚的克拉斯诺亚尔斯克	俄罗斯	工人	工人	1年6个月	工人	布尔什维克党员	1928
4	克雷洛夫·阿列克谢·马克西莫维奇	1900	弗拉基米尔州卡夫洛夫市	俄罗斯	工人	消防员	5年	工人	布尔什维克党员	1918
5	斯塔卡诺夫·乔治·伊里奇	1904	中国四川	中国	中农	学生	10年	职员	布尔什维克党员	1931
6	诺索夫·雅科夫·彼得洛维奇	1902	中国湖北	中国	职员	教师	9年	职员	布尔什维克党员	1927
7	杨兴顺	1904	中国浙江	中国	工人	裁缝	9年	工人	布尔什维克党员	1927
8	玛雅凯维奇·列夫·康斯坦丁诺维奇	1909	中国江西	中国	农民	售货员	5年	职员	布尔什维克党员	1932
9	哥尔奇琴·列昂尼德·尼古拉耶维奇	1903	中国湖北	中国	职员	售货员	12年	职员	布尔什维克党员	1931

---

① 4号表系符拉迪沃斯托克档案馆资料,人名为音译。

续表

序号	姓名	出生年份	出生地	民族	家庭出身	职业	工龄	社会处境	党派	入党年份
10	萨迪科娃·利季娅·利沃夫娜	1905	中国四川	中国	手工业者	学生		职员	布尔什维克党员	1931
11	斯米多维奇·米哈伊尔·古兹米奇	1905	中国四川	中国	职员	学生		职员	布尔什维克党员	1932
12	克鲁普尼克·阿列克谢·谢尔盖耶维奇	1904	中国黄梅	中国	手工业者	学生	8年	职员	布尔什维克党员	1928
13	弗鲁别利·弗谢沃洛德·卡萨	1907	中国长沙	中国	职员	学生	16年	职员	列宁共青团员	1924
14	利博夫·吉列尔·马科西莫维奇	1905	中国山西	中国	中农	学生	10年	职员	列宁共青团员	
15	马世泽	1906	中国山东	中国	工人	水工	3年	职员	布尔什维克党员	
16	林阳武	1905	中国浙江	中国	农民	玻璃工	5年	工人	列宁共青团员	※
17	博利特·海曼	1904	中国奉天	中国	农民	学生		职员	布尔什维克党员	
18	塔别利斯基·布罗尼斯列维奇·斯塔尼斯尔	1906	中国广州	中国	工人	钳工	1年8个月	工人		
19	王季明	1894	中国山东	中国	贫农	装卸工	12年	工人	布尔什维克党员	
20	邢省三	1908	中国山东	中国	农民	工人	10年	工人		1934
21	霍光琼	1905	中国山东	中国	工人	船员	10年	工人		1935
22	张文玉	1905	中国奉天	中国	农民	职员	7年	职员		1934

续表

序号	姓名	出生年份	出生地	民族	家庭出身	职业	工龄	社会处境	党派	入党年份
23	波兹德涅耶娃·柳苞芙·德米特里耶夫娜	1908	列宁格勒市	俄罗斯	农民	翻译	3年	职员		1935
24	拉兹沃丽亚耶娃·叶卡捷琳娜·乔治耶夫娜	1898	远东,下乌苏里	俄罗斯	农民	教师	17年	职员	布尔什维克党员	
25	莫罗什基娜·妮娜·弗拉基米罗芙娜	1908	特维尔市	俄罗斯	职员	学生	13年	职员	列宁共青团员	1926
26	弗罗洛娃·叶甫盖尼娅·谢苗诺夫娜	1914	伊尔库茨克市	俄罗斯	工人	学生	10年	职员	列宁共青团员	1931
27	杜博沃娃·安娜·瓦西里耶夫娜	1911	西伯利亚斯克	俄罗斯	工人	学生	10年	职员	列宁共青团员	1929
28	杰别申斯基	1901	四川	中国	职员	职员	5年	职员	布尔什维克党员	1927
29	肖绪芬	1912		中国	职员				列宁共青团员	
30	王世绅※	1905	中国	中国	农民	屠宰	6年	工人	布尔什维克党员	1931
31	克雷洛夫·阿列克谢·马克西莫维奇※	1900	弗拉基米尔省基辅洛夫市	俄罗斯	工人	职员	5年	工人	列宁共青团员	1918
32	库库耶夫斯基	1910		俄罗斯	职员			职员	布尔什维克党员	

尽管该校在办学上存在不足,但苏联远东及其他地区,如市委员会、边疆区委员会、农场缺少布尔什维克党的中国管理者,毕业生需求较大。苏联领导多次强调,学校招生和培训学员的名额在任何情况下都不能减少,至少保持或增加。1938年,斯大林肃清远东地区中国人时,苏联远东边疆中国高级列宁学校停止办学。

二、边境地区浴血谍战的红色特工

20世纪30年代,苏联红军总参情报部面对日本军图谋大举进攻西伯利亚地区的形势,借助共产国际的力量,选调大批中共优秀党员和进步青年分批送到莫斯科军事情报学校或者哈巴罗夫斯克进行特种培训,建立遍布东北、华北地区的国际情报网。国际情报组织的红色特工大多在苏联受过特种训练,默默承担着艰苦的工作,与日本侵略者进行周旋和殊死的战斗,用鲜血和生命谱写可歌可泣的历史篇章。

国际情报组织接受共产国际联络处领导,由苏联红军总参情报局和哈巴罗夫斯克远东红旗军情报部门指挥。在中苏边境苏军边防部队中都设有情报部门,负责与中国东北国际情报组织联络。

这一时期,涌现出齐齐哈尔中心情报站负责人苏子元、黑河边境地区红色谍报员范革人、徐日晓、王淑霞、周光甲,英勇的红色特工张宗伟、聪慧的情报员庄克仁、通苏抗日张福祥、抗日交通员孙永庆、英勇就义的张永兴、情报员杨殿坤、优秀情报员吴国桢,还有韩哲一、杨显章、王复生等,他们以各种身份作掩护,在边境地区秘密开展党的活动,为抗日战争及地方党组织的建立作出突出的贡献。还有一些人,他们默默无闻、英年早逝,可是他们的英雄事迹却镌刻在历史的印记中。

三、黑龙江沿岸投奔苏联的人员及抗联赴苏地

投奔苏联的人员。20世纪30年代,由于中俄边境特殊的地理位置,黑龙江沿岸一些受迫害、受欺压的人倒戈投奔苏联,寻求帮助。

呼玛县地处黑龙江北部,位于黑龙江上游,东与俄罗斯隔江相望。在日军占领期间,呼玛县陆续有工人暴动,农民、鄂伦春猎民反抗斗争,警察倒戈事件

发生,先后有百余人因不堪地主压榨和日本侵略者的统治起来反抗,打死日本侵略者后投向苏联。

1937 年,在漠河上游的西口子采金工人乔树桐等人因不满日本侵略者的压榨,组织工人暴动,提出"打倒日本侵略者,建立新中国的口号",确定起义时间、地点并制作旗帜,自称爱国军,队伍扩大到 80 多人。日本人派出军队讨伐,由于寡不敌众,缺少战斗经验,爱国军退到距离西口子 20 多公里的木尺杆,最后 70 多人过江投向苏联。

1937 年 10 月,呼玛县额木尔国境警察队一名警察因碰见日本队长的妻子与日本电台台长通奸,被日本队长妻子诬告遭到警察侮辱,日本队长偏听偏信打瞎这个警察的一只眼睛。这件事情引起其他警察的不满和极大痛恨,以李士林为首的 32 名警察武装起来反抗,打死 5 名日本人,活捉 3 名,除 2 名警察逃走外,其余 30 名警察骑马投奔苏联。1944 年,额木尔警察队的刘兴武,由于经常受到日本人打骂,无法忍受,趁执勤之机,打死 1 名日本人后投向苏联。

抗联人员在黑河赴苏地。黑河市瑷珲区上马厂村位于黑龙江畔黑河上游 25 公里处。三面环山,与苏联隔百余米宽的江面,是当年抗联战士入苏的渡口。抗联第一支队在黑龙江省德都县、五大连池、朝阳山一带活动,与尾追的敌人作战数次都取得了胜利,在松门山与敌人进行两次激战中,支队长张光迪负伤,70 余名指战员壮烈牺牲。1939 年 3 月,在瑷珲县上马厂村与敌人进行交锋后,40 余名抗联指战员从法别拉被迫入苏进行休整。

1941 年 1 月 26 日,抗联三支队从瑷珲县小三家子入苏休整。1941 年 3 月 6 日,王明贵、王钧带领抗联三支队 54 人从奇克、孙吴哈达彦一带越过黑龙江,重返东北抗日前线。1942 年 2 月初,抗联三支队在王明贵、王钧带领下,先头部队行至闹达罕东岗时,准备就近送一批战士去苏联学习电讯技术,选定梁成玉等 10 名优秀青年战士到苏联学习。由于伪矿警队长向日军求救,抗联三支队在闹达罕与日军遭遇,在激烈的战斗中双方都出现伤亡。闹达罕距黑龙江边 50 公里左右,江对岸就是苏联。战斗后,抗联三支队在余庆西北卡遭伏击,血战库楚河后,1941 年 2 月,王明贵率领 40 余名队员在呼玛金山乡旺哈达穿过黑龙江入苏休整。

东北三省沦陷期间,到处燃起抗日烽火。小兴安岭成为东北抗日联军第三、六军的后方基地和主要活动区域。当时的嘉荫县地广人稀,原始森林密布、边境线长,存在日军难以顾及的防御空间。东北抗联第三、六军相继挺进嘉荫县,在嘉荫河、汤旺河上游和翁泉河源设立密营,沿流经小兴安岭原始森林中的黑龙江支流嘉荫河、乌云河、结烈河、西米干河、葛贡河、乌拉嘎河开辟了佛山——萨基博沃、通河镇——加里宁诺、马连站——拉宾、旧城—音诺肯季耶夫卡、结烈河口——卡萨特金诺五条国际通道。①

四、参加苏联社会主义建设的华侨

1922 年 12 月 30 日,苏维埃社会主义共和国联盟成立后,大批华侨红军战士留在军队、安全机关、各种卫戍部队和劳动部门服务。这一时期每年还有7.5 万到 20 万赴苏季节性劳工。苏联国内战争结束后,华工转业退伍,一部分华侨陆续回国,华侨数量锐减。据 1923 年统计,远东地区的华人数量减少到 50183 人。②

苏联社会主义建设初期,为了巩固新生的苏维埃政权,从联盟中央到远东地方政府都采取措施,为外国移民融入当地社会创造条件。虽然华侨的政治地位、经济地位有所提高,加入苏联国籍手续简单,但是很少有人加入,且加入者大多为贫困人员,无法回国,只能申请加入苏联国籍,参加集体农庄维持生活。如米努辛斯克的王林玉,1925 年申请加入苏联国籍的申请书中写道:"由于贫困,无法回国,请允许我加入苏联国籍,我一定会遵守所有苏联法律。"米努辛斯克华人刘琼三加入苏联国籍的申请及相应的佐证材料显示除了旧衣服,没有任何财产。

华侨流动性大,积攒一些钱财便回国,即使在当地安家落户加入苏联共产党,也会寻找机会回国。俄罗斯档案记载,1896 年出生的亚历山大·彼得罗维奇·司永高,曾在北京郊区务农,1915 年来到俄国务工,在乌拉尔炼铜厂工作几年,国内战争时期换了几次工作。1923 年他到库拉杰诺地区阿捷莫夫斯

---

① 嘉荫县老区建设促进会编著:《嘉荫革命老区(二)》,北方文学出版社,第 50 页。
② 远东边区统计局:《统计年鉴(1923—1925 年)》,哈巴罗夫斯克,1926 年,第 20、21 页。

基金厂从事装料工作。他俄语较好,已婚,1924 年提交入党申请书。1925 年 5 月 6 日,米努辛斯克俄共(布)委员会会议记载,被录取的俄共(布)候选人阿尔捷莫夫斯基金厂的亚历山大·彼得罗维奇·司永高已经不在该厂工作,他离开米努辛斯克,任何地方的党组织都没有他的记录,警察局也没有他的消息,他是叶尼赛省唯一加入党组织又被俄共(布)除名的人。

苏联社会主义建设初期,苏维埃政府开始考虑军人转业及工人安置问题。1923 年 2 月 14 日,滨海省成立招工就业处,根据上级命令,除招工就业处外,其他部门均无资格进行招聘工作。从事森林采伐、渔业等职业的人员可以直接报名,报名人员可以直接与雇佣方商谈条件并工作。由于就业人数多,登记工作需长期进行,每天工作人员按职业和专业进行分类整理,统计信息实行登记制,在上述信息统计中并不包括从事短期工作的无业者,每日这类人群数量大概 800 人。① 招工就业处严格规定劳务派遣程序,劳动法规第九条规定相应程序:(1)规定程序;(2)提交至工会;(3)提交至游击处;(4)提交至俄共青团;(5)部队复员处;(6)确定登记牌顺序。当招聘岗位对工作人员政治面貌、专业知识等有特殊要求时,招工就业处必须按所需要求进行委派,大多数用人单位提供岗位都是清洁员、护院工等。

根据招工就业处工作职责,需对华侨及朝鲜人进行安置。由于大部分华工不懂俄语,政府配备一名懂汉语和俄文的专职翻译,配合华工进行劳务登记工作,根据俄联邦工农劳动法规定的雇佣关系,大部分中国人和朝鲜人都受雇于包工头,且缺乏组织性。经统计朝鲜和华工的数量是俄籍劳动者的三倍以上。

1. 远东地区华侨人数

在远东地区华工是一支不可或缺的劳动力量。据统计,远东华侨占城市自谋职业者人数的 21.5% 和城市工人总数的 35%。他们基本上是体力劳动者,做装卸工、搬运工、矿工、制革工和食品业工人,②华侨还从事手工业,1926 年华侨占远东边区手工业从业人数的 60.6%。1927 年远东边区共有 731 家

---

① 符拉迪沃斯托克国立滨海省档案馆资料:61 宗 1 类 198 卷 9 号档案。
② 远东边区统计局:《哈巴罗夫斯克统计年鉴(1923—1925)》,哈巴罗夫斯克,1926 年。

手工业企业,东方工人总数 1500 人。华侨手工业者集中在符拉迪沃斯托克、哈巴罗夫斯克、布拉戈维申斯克和尼科利斯克—乌苏里斯克等城市,主要是建筑工人、伐木工、木工、鞋匠、缝纫工、食品工人、理发师、洗衣工等。

华侨还从事采金行业,1923 年,远东采金业华工和朝鲜工人共计 6591 人,占该部门工人总数的 51.2%。

1926 年,华侨人数稍有回升,在远东边区人口仅为 190 万,外国人 15.4 万,华侨约 7.2 万。其中,男性 68025 名,女性 3980 名。在 7.2 万华侨中加入苏联国籍者仅有 3815 人,剩下的 68190 均为中国公民。[①] 华侨遍布远东地区,符拉迪沃斯托克是华侨人口比例最多的城市,华侨人口占该市人口的 21.7%。1927 年,国共关系破裂后,中苏关系进入特殊复杂时期。1928 年 4 月 16 日,中国当局声明:在苏联符拉迪沃斯托克的中国商人受虐待,因此将不再准许中国商人进入苏联。[②] 华侨纷纷回国谋生,人数一度减少。

从 1928 年 10 月起,苏联开始实行国民经济第一个五年计划。为完成任务,1928 年 3 月 2 日,苏联劳动与国防委员会会议作出决定,引进 2000 名中国人和朝鲜人以满足远东采金业的劳动力需求。1928 年 9 月"远东森林"联合会、"远东煤炭"联合会向政府有关部门递交了从中国招工的申请。其中,"远东森林"联合会需求 4000 人,"远东煤炭"联合会需求 1500 人。但是政府只批准"远东煤炭"联合会在中国招工 300 人。[③] 中东路事件后,华侨人数再次减少。截至 1929 年 10 月 1 日,在远东边区工业合作社中苏联人 2674 人,占 46.8%;华侨 2563 人,占 44.8%;朝鲜人 257 人,占 4.5%;其他人 220 人,占 3.9%。大多数华侨手工业者从事皮革业、纺织缝纫业和木材加工业,从业人数分别为 475 人、404 人和 339 人。

1930 年 3 月 1 日,在哈巴罗夫斯克登记的华侨为 4043 人;1931 年华侨减至 2252 人。由于回国华工越来越多,华工在远东工人中所占比重由

---

① 沈莉华:《苏联时期远东地区华人述略(1922—1938 年)》,《"一带一路"与"东北振兴"视域下东北华侨研究的回顾与展望学术研讨会论文集》,2017 年,第 88—97 页。

② 《哈尔滨海关志》:黑龙江人民出版社 1999 年版,第 213 页。

③ 沈莉华:《苏联时期远东地区华人述略(1922—1938 年)》,《"一带一路"与"东北振兴"视域下东北华侨研究的回顾与展望学术研讨会论文集》,2017 年,第 88—97 页。

1929—1930 年的 17%骤降至 1930—1931 年的 2.2%。

2018 年 1 月,笔者在哈巴罗夫斯克国立档案馆发现一份中文材料,1930 年 4 月 23 日一名华侨工作人员上报给全联盟共产党符拉迪沃斯托克区委员会姜醒红同志的材料①:

> 关于外交部注册一事,我找到了以下材料,本年 1 月 1 号计算。1. 在此久住的工人 635 人、职员 92 人、手工业者 177 人、专门人才 5 人、农人 7 人、商人 69 人、学生 3 人、其他 40 人、妇女 85 人,共有 1113 人,其中 19 岁到 45 岁的 989 人;2. 在此临时居住工人 29082 人,职员 2274 人,手工业者 3351 人,专门人才 159 人,农人 3358 人,商人 2418 人,学生 16 人,有家属者 1021 人,同时有妇女 1021 人,其他 850 人,共有 42509 人,总共 43622 人,内有妇女 1106 人,内有工人 29717 人,注明本州约有华工还未登记的当然不少,从 1 月 1 号到 4 月 1 号领到出口票的共有 995 人。

通过资料得知,因外交部进行华侨注册,工作人员详细统计 1930 年在符拉迪沃斯托克的华侨人数及职业状况、男女人数、长短期居住人数。显然,久居的人只有 1113 人,大多数为短期务工者;从华侨职业分布看,华工人数最多,手工业者及商人、农民居其次,懂技术的人员较少;男女比例不均衡,临时居住者约为 40∶1;由于华侨居住分散,流动性大,统计数字仍有漏统现象。

2. 华侨的政治、经济、文化活动

国内战争后,苏维埃政府颁布一系列旨在实行各族人民政治、经济平等的法令,为外国移民融入远东主流社会创造条件。苏联外交人民委员部同时致函全俄非常委员会,要求所有工农兵代表苏维埃和地方非常委员会必须"极其谨慎地对待俄罗斯的大量东方国家侨民,无条件执行外交人民委员部的指示"②。指示中明确强调,要优化华工的劳动条件,消除欧洲地区工人与华工的不平等现象,改善华工居住条件,平等分配住房等。因此,这一时期华侨在政治、经济等方面获得一定程度的解放,在日常生活和劳动生活上与苏联当地居民享受平等待遇,尤其在教育方面享受很多优厚的待遇。

---

① 哈巴罗夫斯克档案馆资料。
② [俄]阿·拉林:《俄罗斯华侨历史概述》,《华侨华人历史研究》2005 年第 2 期。

旅居俄国 **70** 余年的老华侨于德轩和他的妻子、女儿

但是一些华工的居住条件仍不符合最低标准。12 俄丈的简易工棚里住着 70—100 人，没有风扇，一些工人宿舍里没有地板、洗脸池和衣柜。华侨生活负担仍然很重，远东地区的外国企业还被征收重税。1923 年 3 月 8 日，中国驻海参崴总领事和中国驻布拉戈维申斯克领事先后向阿穆尔省委员会主席递交申请函，要求免除华侨企业缴纳的特别社会保险税，理由是华侨和俄国员工在劳动报酬上存在明显差异，且华侨企业中华侨未能享受疾病、伤残，以及失去赡养人的家庭补助金等待遇。但远东革命委员会劳动保障处以中国公民与苏联公民拥有相同的权利和义务为由拒绝这一要求。这意味着在工资收入很低的情况下，华侨除缴纳与俄国公民一样的税收外，还要缴纳针对外国人的税收。

这一时期远东政府逐渐重视对华侨进行文化教育普及工作。为了完成社会主义建设任务，增强他们的干劲和自觉性，加强对华侨进行文化教育和共产主义教育，吸引华侨积极参加社会活动，建立国家剧院、"五一"中国俱乐部，发行多种华人日报，用中文出版有关农业、集体化、合作社的普及性书籍，开办华人学校，开设汉语教学班和扫盲班等。1924 年，苏联建立"五一"中国俱乐部，设有图书阅览室，有 2500 卷各种中文书籍，有 200 多名固定读者。俱乐部成立各种艺术和体育社团，安装体育器材，每月出版 2 期"俱乐部"墙报。在十月革命纪念日、红军节、海军节、国际"五一"劳动节以及其他节日都举行全市性的集体活动。

建立扫盲站。1920 年 2 月 5 日,苏联远东地区加紧开展华侨文化普及工作。在阿穆尔地区所有村庄都开设图书阅览室,这仅是全民扫除文盲工作的第一步。阿穆尔地区人民政府成立文化工作部门,在省内建立校外教育辅导教师队伍。1921 年夏,苏俄爆发金融危机,所有农村文化普及机构和其他教育场所全部关闭。1922 年 11 月,俄共(布)建立宣传部门,俄共(布)中央委员会委派具有丰富工作经验的俄共(布)党员阿拉莫维奇主持工作。在宣传部门的领导下,开设俱乐部,建立政治学习小组、开办农村图书阅览室、建立扫盲站。1922 年末,在布拉戈维申斯克扫盲点有 46 名华工受过教育,到 1925年夏,阿穆尔地区扫盲站已设 248 个扫盲点,受教育华工有 7000 多人。

成立华工工会组织。这一时期,远东地区纷纷成立华工会,各地设立分会点,各地还成立管理华工的管理机构。1921 年,布拉戈维申斯克建立"阿穆尔地区华工分会",不久,工作任务由阿穆尔州华工会完成。截至 1924 年 8 月,华工会共有成员 515 人,其中有 21 人会读写俄语,73 人会读写汉语。分会建立两个扫盲点,有 72 人在此学习。1923 年 11 月符拉迪沃斯托克华工分会成立,1924 年 1 月华工分会共有 930 名成员,工会组织分别将成员派往滨海边疆区党政干部学校教师培训班学习。

1925 年 8 月 1 日,阿尔乔莫夫斯基工矿共有 853 名华工,其中分会成员513 人。1925 年 1 月 24 日,分会成立中国俱乐部,有成员 90 人。俱乐部里有电影放映机、象棋、图书馆等,并花费 250 卢布从上海订购图书,有四种中文版报纸,一个月出版两期墙报。俱乐部成立合唱、戏剧、体育、音乐小组。1926年初,符拉迪沃斯托克华工分会有建筑、制革、木工等 400 人,分工会下设党支部,有 22 名党员,还设有学校、俱乐部,但是参加会议和学习的华工较少,只有20%—30%的人参加,许多华工下班后不参加工会活动。

据俄罗斯资料记载,符拉迪沃斯托克俱乐部还经常开展活动,定期为华工放映电影、演话剧、组织学习。1927 年 1 月 27 日至 3 月 19 日观看革命电影、开会,演旧剧三部,组织工人学习《三七纪念》、《中国革命历史》、《巴黎公社》、《家庭革命》等。同年,演出新剧《帝国主义侵占中国》、《反对宗教》、《帝国主义铁蹄下的人民》、《还我自由》。① 由此可见,华侨的业余生活丰富多彩,提高了华侨政治文化素质。

1926 年,共产国际执行委员会决定解散符拉迪沃斯托克中国分会,1927 年 4 月,在第四届党支部代表大会上通过解散中国分会的决议。

发行报纸。旅俄华工联合会建立后,积极宣传革命思想,1918 年 10 月创办《华工》周报,随后《旅俄华工大同报》在全俄发行,华工会还创办《震东报》、《华工醒时报》、《社会警钟报》等。这一时期,华工们通过创办报纸,积极宣传马克思主义思想,不断扩大受众面,提高工人思想觉悟。1920 年 6 月 28 日,《共产主义之星报》发行,每期 5000 份,每月发行三期,在俄国布拉戈维申斯克、自由城的村庄、矿区,以及国内上海、黑河、哈尔滨、齐齐哈尔等地的工人中引起强烈反响。苏联政府支持华工创办报纸。1932 年,在符拉迪沃斯托克出版《中国工人报》,发行量 4000 份,每个月出版十期,华工通讯员增加到 200 人。由于各种原因,1933 年 9 月 15 日,报纸停止发行。由于不具备技术条件,专业人员不足和发行量少于 1000 份,布拉戈维申斯克停止发行《东方工人报》。因此,哈尔滨的《工人之路报》成为远东地区华工唯一的中文报纸,发行量达到 7000 份。

建立华工培训学校。1923 年,远东地区华侨中识字人员仅有三分之一。鉴于华侨在远东地区经济建设中的特殊作用,苏联政府下大力气普及华工的文化教育,当地政府采取多种措施吸引华工加入到苏联社会主义阵营,其中大多数人是生产一线的突击手和社会主义建设的积极参与者,他们中大多出身农民,干过杂活,有的参加红军,有的是企业和工厂工人或基层管理人员,也有少部分知识分子,在学校里任教员。

1928 年,苏联通过第一个国民经济发展五年计划,为实现这个目标,急需训练有素的工作人员。在远东地区,特别是滨海边疆区,华工占工人总数的 40%,分布在苏联国家经济的多个重要领域,如轻工业和重工业、采矿业(矿井、贵金属与宝石矿、矿山)、伐木业、捕鱼业乃至集体农庄。这一时期华工迫切希望学习,受教育的欲望逐渐增强,于是远东地区纷纷成立华工学校。

---

① 符拉迪沃斯托克国立滨海边疆档案馆,档案号 67-1-13。

1929 年,建立苏联远东边疆中国高级列宁学校,该校是培养中国干部和苏联社会主义建设积极分子的学校。据资料显示,仅 1934 年,学校招生 116 名华人,入学时每人递交入学申请表或组织派遣介绍信。符拉迪沃斯托克北京街朝鲜大街街角"五一"中国工人俱乐部,1933 年 10 月 28 日第 347 号函①记载:

致列宁学校:

现证明,王成奎同志系工人积极分子,特派王成奎同志前往列宁学校学习。

俱乐部苏维埃主席　王金新

显然,参加学习的华工都是工人中的积极分子,工会组织均有推荐派遣的职责。在列宁学校学习期间,还有许多人加入了联共(布)党组织和全联盟列宁共产主义青年联盟,成为联共(布)党员和全联盟列宁共产主义青年联盟成员。

1934 年,在列宁学校有 192 名学生,其中中级班 149 人、高级班 43 人。23 名教师中,其中布尔什维克党员 13 人、共青团员 4 人。参加培训的华工大多为党员和共青团员,学校教学内容中文 234 学时、政治理论 80 学时、农业技术 60 学时、农业管理 70 学时。

符拉迪沃斯托克市政府部门在 1937—1938 年派出 16 人到学校任教。其中苏城 2 人,阿尔乔莫夫斯克 1 人,什科托沃 1 人。学生毕业后,分配到集体农庄从事领导工作,部署不同地区扫盲站、俱乐部和编辑部工人工作。

注重华工子女教育、扩大党校招生人数。1931 年 2 月,在第四届远东边疆区代表大会上讨论了《关于在华工中全面开展普及初等教育及扫除文盲工作》,在 1932 年计划对 8—11 岁的华工子女开展教育。1935 年,远东地区华侨学校开展了华工子女的初等教育,学校获得财政资金比苏联学校多 25%,华侨学校教育质量较高,教师具有留苏教育经历。

在 1931 年 6 月 13 日,远东边疆区执行委员会主席团第 763 号决议着重

① ［俄］德·阿·安洽、尼·基·米兹:《符拉迪沃斯托克的华侨》,符拉迪沃斯托克:远东科学出版社,2018 年,俄文版,第 309 页。

强调开设中国党校的政治意义。1931 年,中国党校计划招生数由 160 人增加到 300 人;1932 年,招生人数由 270 人增加到 400 人;1933 年,招生人数由 400 人增加到 500 人。计划在符拉迪沃斯托克、阿尔焦姆、苏城,尼科利斯克-乌苏里斯克、布拉戈维申斯克开设为期三个月的夜校培训班,进行学前培训。符拉迪沃斯托克市委员会计划在 1931—1932 学年度,将中国党校的招生规模由 350 人扩大到 500 人。尽管苏联政府花费很多精力、调动许多人力和物力,可是在远东地区仍然缺少高水平的技术干部。

建立中国剧院。这一时期,符拉迪沃斯托克等地成立华工艺术团,建立中国剧院,发展过程困难重重。1933 年 6 月 20 日,在滨海边疆区州委会例行会议上讨论剧院演员不足,经费入不敷出,无论是联共(布)滨海边疆区还是市工会都没有参与剧目编排工作,提出剧院及演员宿舍维修的决议。1932 年中国剧院免缴了 16000 卢布税款,财政部门拨款 3000 卢布用来添置乐器。在政府的关怀支持下,一个较小的华人演出队伍发展为华人艺术团,在第一届全苏业余艺术比赛中获得了红色奖章及奖金。1933—1935 年,华人艺术团演员在符拉迪沃斯托克演出话剧《保卫上海》、《太平天国起义》、《怒吼吧,中国》等等。但是华人艺术团没有固定场地,演员的收入较低。1936 年 1 月,华人艺术团由财政人民委员会接管并且每人划拨 500 卢布用来购置服装、乐器以及资料。1936 年 3 月 3 日,联共(布)滨海边疆区决定华人艺术团在各地巡演,组织人员选取剧目筹备巡演,拟定巡回演出路线为苏城、阿尔焦姆、尼科利斯克-乌苏里斯克、斯巴斯克、伊曼、扎鲁比诺,以及中国巴科洛夫斯克州集体农庄等。

3. 苏联社会主义建设时期的华工

华工为远东主要工业部门的发展起到重要作用。据统计,1929 年远东采金业有华工 8768 人,占远东所有工业部门东方工人总数的 29%;1930 年招工人数缩减,远东采金业的华工缩减至 2332 人,占所有工业部门东方工人总数的 22.5%。在 20 世纪 30 年代,华工在远东工业部门中占较大比重。1931 年,在符拉迪沃斯托克华工占工人总数的 31%;在矿山、森林和化学工业中所占的比例分别为 53.1%、37%、39%。通过华工的履历材料,了解他们的原籍、职业及工作经历。如:

石旺达，辽宁奉天人，1916 年来到俄国，先后在普斯科夫市作锯工、在列宁格勒市保育院作杂工，后进入皮革生产厂从事 9 年磨刀工作；

朱尤昌，上海市人，出身农民家庭，1916 年后来到列宁格勒，在一家制糖厂工作至 1918 年，1918 年至 1920 年参加红军，退役后至 1925 年在一富农家里当雇农。1925—1929 年从事护林员，1929—1931 年在卷烟厂工作，1931 年在斯大林市工农警察所工作；

王保昌，山东人，1908 年来到俄国，先后在伊曼地区面包房做学徒、在金市做伐木工、在符拉迪沃斯托克榨油厂做工。1920 年开始在苏城区的第 10 号矿井工作，从事井底运送木料和采煤工作，1929 年在莫尔诺夫卡苏城区木材采伐厂任师傅，此后在焦炉厂做重体力工人。

这是一些在苏联从事非技术劳动的华工，他们没有文化，只能从事简单的体力劳动，一些华工参加红军或者游击队，通过部队的锻炼，思想和文化素质不断提高，有的退役后从事公务员等工作。

华工遍布苏联各地，在远东地区无论是城市，还是乡村都可以看到他们忙碌的身影，从事各种体力劳动。1924 年，哈巴罗夫斯克企业雇用华工名单[①]：

袁明群　10 卢布（金）

店员（伙计）荣英臣　　90 卢布（金）

店员（伙计）王国忠　　30 卢布（金）

店员（伙计）张祥方　　15 卢布（金）　　第二个月后 16 卢布（金）

店员（伙计）王安锦　　10 卢布（金）

店员（伙计）佟善春　　15 卢布（金）

代理王英德　　10—13 卢布（金）

店员王贵永　　13 卢布（金）

跑堂李凤祥　　8—13 卢布（金）

厨师于景臣　　7 卢布（金）

于世海　　17—18 卢布（金）

李伟华　　15 卢布（金）

---

① 哈巴罗夫斯克档案馆，档案号 799-5-4。

司水张玉洪	18—20 卢布(金)
店员邵文松	15 卢布(金)
夜工刘申英	12 卢布(金)

通过以上资料得知,在哈巴罗夫斯克的华工大多从事服务业和餐饮业,平均工资为 10—15 卢布,只有在当地务工时间较长,入股的华工,或者积累一定工作经验的华工工资稍高一些。

在哈巴罗夫斯克国立档案馆发现一些华人资料,这些华工在十月革命或者苏联国内战争时期,参加红军或者"老头队"游击队,苏联国内战争结束后,他们留在当地娶妻并加入苏联国籍。通过档案了解他们当年作战的经历和在苏联社会主义建设时期从事的职业、工资状况、生活状况,以及对当地经济文化所作出的贡献。通过档案得知,1938 年斯大林肃清远东地区中国人时,华工的分布状况及生活状况。

宋洪强个人简历①

我叫宋洪强,1894 年出生于中国奉天(沈阳),文盲。1910 年,我从中国来到阿穆尔州布拉戈维申斯克市一带务工,1910 年至 1917 年在阿穆尔州"结雅"金矿淘金。从 1918 年到 1922 年我参加了阿穆尔州游击小分队,曾在克拉奇卡"老头队"小分队任步兵排的指挥员,曾抵抗过日本入侵者。1918 年至 1920 年,我带领步兵排参加过抗击科尔梅科夫领导的白匪军。"老头队"的小分队队员英勇作战,我们曾经在阿穆尔州伊万诺夫斯基区、卡察诺维切斯基区、坦波夫斯基区、古比雪夫斯基区等地作战。

从 1920 年至 1922 年,"老头队"成员参与反抗谢苗诺夫组织的白匪军战斗。1920 年,"老头队"小分队到达赤塔市,并改名为第八炮兵团,在作战期间无人受伤。

国内战争结束后,我从红军炮兵团复员。1922 年至 1930 年我生活在卡察诺维切斯基区,在沃兹涅辛诺夫卡村的富农家当雇农。1930 年,

---

① 哈巴罗夫斯克地区国立档案馆,档案号 1503-14-4。

我在沃兹涅辛诺夫卡村加入"联合集体农庄",从 1930 年至 1938 年我在农庄做饲马员。

1938 年末,远东地区肃清中国人,我和同伴们被从沃兹涅辛诺夫卡村迁到阿穆尔州马赞诺夫斯基地区萨弗罗诺沃村,1938 年至 1949 年我在"新世界集体农庄"从事各种工作。

1949 年,我搬到阿穆尔州的谢雷舍夫区上波罗沃耶村集体农庄,从 1949 年至 1954 年我在农庄从事各种工作。1954 年,我搬到哈巴罗夫边疆区以"孔东斯基公社"命名的集体农庄,从 1954 年到现在一直作饲养员,退休金为 300 卢布。

我的家庭状况:勤劳的妻子出生于 1910 年,大儿子出生于 1939 年,二儿子出生于 1945 年,小儿子出生于 1947 年。我们一家人在哈巴罗夫边疆区"孔东斯基"集体农庄生活,居住的房子属于移民部门,无房无产业,每月获得 40—45(超额)天的工资。

孙有为·伊万个人简历[①]

我的名字叫孙有为·伊万,1886 年出生于哈尔滨市贫农家庭。1911 年以前一直和父母生活,以务农为生。1911 年,我来到阿穆尔州布拉戈维申斯克市务工。1916 年以前,我在卡赞诺夫细木工厂做雇工。1916 年,我在别茨强克村作木工。1918 年 12 月,我在库里娜雅村参加了普罗霍罗夫同志领导的游击小分队,具体名称记不清了,只记得很快就加入小分队组织。刚开始的时候,小分队只有我们 8 个人,普罗霍罗夫、洛德施、阿法纳西,还有我和另外两个中国人,一个叫伊万,另一个叫古兹姆,其他人员的名字记不清楚了。

1919 年初,我们的队伍由 8 人增加到 500 人,参加了阿穆尔州抗击白匪军的战争,具体村庄的名字记不清楚,我只能记得一个村庄是别拉诺戈沃、结雅河畔的红色雅尔村,我们在那打死了白哥萨克人,保护了载满人的轮船。我们还曾在松树林村、马拉诺夫斯基矿、尼古拉耶夫卡、苏拉

---

① 哈巴罗夫斯克地区国立档案馆,档案号 1503-14-4。

热夫卡,现在的米哈伊洛—切斯诺科夫斯克战斗过。

在游击队伍中,我一直参加抗击白匪军的战斗,没有受伤,只是在一次战斗中,从马背上跌落下来扭伤了右脚,右腿关节脱位,战争结束后因病获得了 316 卢布的退休金。

我家有五个人,我和我的妻子,还有三个儿子。大儿子 1926 年出生,在沿海区域工作;二儿子 1935 年初出生,在军队服役;小儿子出生于 1941 年,和我一起生活。我们家没有雇佣工人,我也无法工作。

以上两人是数万名参加红军和游击队华工的缩影,他们退役后,选择在当地参加社会主义建设,加入集体农庄,已经融入当地的生活,获得和苏联工人一样的退休待遇。他们不仅加入苏联国籍,还组建中苏通婚家庭,他们的后代几乎不会汉语,以俄语为母语,均为苏联国籍。

通过资料得知,针对华工退休,哈巴罗夫斯克区部召开会议集体讨论孙有为退休申请,会议决定华人孙有为享受和苏联老战士一样的退休待遇,领取退休金 316 卢布;退役的华人(红军战士和游击队员),苏联政府统一发放证件;在哈巴罗夫斯克区部会议时,与会者给予孙有为同志很高的赞誉,对他在抗击白匪军和外国干涉军中所做的贡献给予认可。

4. 远东地区华农的经济活动

苏维埃政权建立后华农继续在当地租种土地,蔬菜种植是华农在远东从事的主要行业之一,华农从事农业种植和土地耕种得到当地政府的支持,享受与苏联居民平等的权利。1918 年第四届远东苏维埃代表大会通过了华工与苏联工人同等劳动条件的决议,确立了包括华人在内的各族农民与苏联农民平等使用土地的权利,华农获得土地。

1925 年至 1926 年,在赤塔春播农忙季节华农租种了 103 块菜地;1926 年至 1927 年,华农租种了 150 块菜地,种地的华农有 500 人。有的华农通过中介向赤塔市军队和地方机构供应蔬菜,有的在市场上直接零售,并向符拉迪沃斯托克、布拉戈维申斯克、哈巴罗夫斯克等城市和居民点销售自产的农产品。1926 年,赤塔建立了东方劳动者农民联盟会,来自赤塔地区的 200 名华农参加联盟会。联盟会有固定收入,200—600 卢布不等,联盟会工作委员会建立了失业者基金,东方劳动者农民联盟会还从事华农保险工作,协助劳动者签订合同,解决其劳动保护问题,给华农免费分发《工人之路报》,把华农送到扫盲点学习文化①。

1927 年前后,苏联有 3 万余名华农,每年向城市提供白菜 3000 多万公斤,马铃薯 8000 万公斤,其他各种蔬菜 1.8 万公斤。据统计,在 1929 年末,在远东有 5.5 万名中国人,其中干农活的大约有 3000 人。是年在赤塔区共有"莫斯科"、"广州公社"、"自由中国"、"东方人"、"国际主义者"和"三月一日"六个东方菜农合作社。② 农庄成员积极参加地区公共生活,为实现苏联"第二个五年计划",成员捐赠 31 万卢布、并为中国游击队捐赠了 1 万卢布、为"高尔基"飞机的建设捐赠了 640 卢布。

1930 年 1 月,哈巴罗夫斯克附近成立水果和蔬菜农庄("布留赫尔"、"广州公社"和"卡尔·马克思"),种植面积达 234 公顷。苏维埃政府肯定华农的耕作方式,认为在苏联远东适合种植东方传统农作物大米、大豆。1930 年 11 月 21 日,苏联政府制定耕种和种植计划,1931 年,在中国和朝鲜人的集体农庄里种植大米的面积不得少于 1 万公顷,中国和朝鲜农户不得少于 5000 公顷;规定在中国和朝鲜人的集体农社里种植大豆的面积不得少于 5000 公顷,中国和朝鲜农户不得少于 1.3 万公顷。

在阿穆尔州也建立集体农庄。早在 1920 年末,阿穆尔州坦波夫地区就有农业试验场。在坦波夫博物馆,图片记载 1920 年华农在气象站、阿穆尔州农业试验场参观的足迹;1927 年 4 月—1928 年 4 月在试验场工作的华农邓明、杨登明、苏解、米有池、李永、单文伦等人。1930 年,在阿穆尔州坦波夫地区建立中国农庄"东方工人",其中 10% 是中农,25% 是穷人,65% 是以前的长工。1931 年,农庄整合 28 个农户。坦波夫地区还建立以孙中山名字命名的农庄,截至 1932 年,该农庄共有 27 个农户;1932 年建立"东方突击手"农庄,截至 1934 年,该农庄共有 25 个农户。

集体农庄建立后,苏联政府试图让远东华农加入集体农庄。为了鼓励华人加入集体农庄,远东边区制定新的土地租赁政策。1930 年 5 月 8 日远东边

---

① 外贝加尔边疆区国立档案馆,藏 590,目录 1,档案 15,第 26—28 页。

② 沈莉华:《苏联时期远东地区华人述略(1922—1938 年)》,《"一带一路"与"东北振兴"视域下东北华侨研究的回顾与展望学术研讨会论文集》,2017 年,第 88—97 页。

区执委会通过第 57 号决议规定：菜园用地几年之内以租赁形式归华人集体农庄使用，土地租赁费降低一半，农庄必须及时供应食品。因此，1930—1931 年在远东的 2.4 万华人和朝鲜人农户中，加入集体农庄的有 1.1 万户，有 9000 户被迁移到其他地区。1931 年，远东地区有 6 个中国集体农庄和 18 个"混合农庄"。1932 年，远东有 16 个"混合农庄"和中国集体农庄，其中有 13 个中国集体农庄（包括 675 个农户、2287 人）。

1932 年 11 月初，远东边疆区委员会向各区执委会、市委和村委会下达指示，要求 12 月 1 日前在城市周边、工人村和区中心地带为每个华人和朝鲜菜农划拨不少于 2 公顷的土地用于种植蔬菜。很多菜农的家属都在国内，不打算在异国他乡落地生根，加入集体农庄的热情不高。1933 年春，是苏联中央政府确定远东地区农业集体化完成的最后期限，为吸收华农加入集体农庄工作，当地政府为华农提供土地优惠政策，降低土地租赁价格，中央政府甚至给中国农庄提交了"永远使用土地权力书"。对于一些抗议和不满参加农业集体化的菜农，当地政府进行制裁，拒绝给中国人耕种土地，用极低的价格买下他们种植的农作物，把那些存在不满情绪的华人从他们的住所赶出来。

1933 年，阿穆尔州伊万诺夫区建立了"第二个五年计划"集体农庄。1933 年至 1936 年，农庄的种植面积由 71.5 公顷扩大到 373 公顷，在 1934 年到 1935 年，效益由 25000 卢布增长到 42000 卢布。随着种植面积的扩大，农作物种类不断增加。"东方工人"集体农庄定期召开成员大会，远东地方政府成立了中国农庄机械服务站，一些有文化的华农名字被刊登在《阿穆尔真理报》和《太平洋之星》报纸上。

农庄里成立扫盲教育机构，组织华农参加社会主义比赛活动。一些集体农庄里成立党组织，开展政治理论学习并进行文化扫盲活动，一些集体农庄还成立图书阅览室、托儿所等机构，华农的文化生活得到改善。在赤塔市区内有一个"苏维埃的中国"集体农庄，华农和苏联人一起劳动，他们基本劳动任务是种植蔬菜。在农庄里成立由 8 名华农组成的党组织，农庄成员参加政治理论学习，了解苏维埃政治局势和国际局势。1933 年 12 月 15 日，在符拉迪沃斯托克开设中国农庄主席候选人与组长学习班，学习时间为 3 个月，截至 1934 年 3 月 15 日，一共有 35 名学员参加学习。1935 年，在赤塔"广州公社"

有 120 个农户,成立苏共党小组,有 7 名苏共党员,25—30 个中国农民参加政治课,20—30 个中国农民参加党小组会议①。一些集体农庄制定生产计划,定期召开会议、循环放映电影。1936 年,"孙中山农庄"为华农们放映 17 部电影。

截至 1935 年 11 月 1 日,远东边区共有 14 个华人集体农庄,其中,阿穆尔州 5 个②,有"东方突击手"、"孙中山"、"东方工人"(塔姆博夫斯克区)、"二五计划"(伊万—阿穆尔区)、"广东公社"(布拉戈维申斯克区);哈巴罗夫斯克州 2 个:"广东公社"(哈巴罗夫斯克区)、"孙逸仙"(比金斯克区);乌苏里斯克州 7 个,"红色东方"(沃罗什洛夫斯克区)、"列宁"、"布布诺夫"、"红军日"(莫洛托夫斯克区)、"斯大林"(格罗杰科夫斯克区)、"红色东方"(什玛科夫斯克区)、"红色东方"(什科托夫斯克区)。此外,在苏联人和朝鲜人的集体农庄中还有 4 个华人生产队。其中,什科托夫斯克区 2 个、莫洛托夫斯克区 1 个、纳奈斯克区 1 个,这些农庄完全从事蔬菜种植。集体农庄华人总数为 1200 人。③ 多数华农娶苏联女人或乌克兰女人为妻,中俄通婚后代的母语是俄语,他们不会说汉语,更不会书写汉语。

华人集体农庄促进了远东地区农业及经济的发展。远东地区的华农以吃苦耐劳的工作精神、廉价的工作报酬、先进的耕作经验,在 20 世纪 20—30 年代苏联革命和社会主义转型中生存下来,成为中国人开发远东的一支重要力量。

5.华商在远东贸易和生活中占据重要地位

远东地区地广人稀,所需生活用品大多从我境输出,华侨中有一部分人率先做起对俄(苏)贸易。他们中有沿街叫卖的小商小贩;有的从事小本生意,开设小店铺;有的店铺经营范围广,资本雄厚,雇工较多,在当地具有一定规模。大多数华商雇用老乡或者当地华工,雇用同胞工资低,利润高,同时还

---

① 哈巴罗夫斯克地区国立档案馆,藏 99,目录 3,档案 95,第 9—10 页。

② 奥·弗·扎列斯卡娅:《20 世纪 20—30 年代旅俄华侨在远东——远东跨文化空间的形成》,《"一带一路"与"东北振兴"视域下东北华侨研究的回顾与展望学术研讨会论文集》,2017 年,第 267 页。

③ 沈莉华:《苏联时期远东地区华人述略(1922—1938 年)》,《"一带一路"与"东北振兴"视域下东北华侨研究的回顾与展望学术研讨会论文集》,2017 年,第 88—97 页。

解决他们的生计问题。1924 年,在哈巴罗夫斯克雇用华工的企业(商号或者老板)有永博祥、裕泰隆、永字祥、裕凤祥、于旺吉、于吉瑞、于生、刘春善等。

在新经济政策初期,克拉斯诺亚尔斯克的华商从事多种经营,甚至家属也加入经商队伍。有的华商经营杂货铺,主要从事生产和贩卖烟卷。1922 年 1 月在克拉斯诺亚尔斯克的新市场,烟草经营者中有 12 名华侨,其中 6 名女华侨及 1 名寡妇。

华商经营范围广,以薄利多销的形式在远东地区占据重要位置。1926 年,远东从事商品贸易的华商 8109 人,占远东东方商人总数的 96%。1926—1927 年远东华商企业共 5148 家,流动资金为 5412.9 万卢布。其中,经营食品、烟草和饮料 1137 家;经营纺织和日用小百货 197 家;经营百货和日杂商店 2498 家,经营小饭馆和餐饮店 500 余家。华商企业占远东私营商业的 50%,贸易额约占私营商业企业贸易总额的一半。以哈巴罗夫斯克华商为例,1923—1924 年哈巴罗夫斯克市财务部分记载中国商号或商人有:①

王君森	高泽兴	王儒	王兴贵	王凤明	王希兴	王华春	王华泰
王长吉	王镇卓	王吉州	王恩泽	王永兴	文晋江	高续聪	高晓凯
高通若	张福前	代英	蒋兆陶	德绥天	张力唐	同获利	德兴祥
蒋长武	蒋树山	矫兴谭	荣强	周航清	荣奇天	依顺同	金海兰
汉卿	李锦记	李天顺	李忠田	李义田	李志友	李兰金	凌世勇
凌清元	李喜恩	李登发	李续义	楼树梅	卢金兴	刘卓荣	刘如山
刘金强	吕德清	吕恩清	吕生	刘喜东	刘有志	刘玉林	于兴福
马多兴	马兴子	年洪福	毕金子	宋兴清	宋德强	宋仁礼	宋英明
宋华德							

共有 256 名华商从事工程、商品零售、理发、洗浴、制鞋、制皮革、药材、面包、肉铺、烘炉、中医诊所等。以上仅仅是一些具有代表性的商铺和商人,还有许多沿街叫卖的小商小贩,以及没有注册和季节性的华商。

华商遍布远东及西伯利亚地区,连遥远的萨哈林岛也有他们的足迹。

① 哈巴罗夫斯克地区国立档案馆,档案号 199-5-2。

桦太中华商会会员名簿（1937 年 5 月）计 90 人①

姓名	出生地	现住所	职业	姓名	出生地	现住所	职业	姓名	出生地	现住所	职业
周益轩	浙江青田	清水	商业	潘家全	浙江温州	真冈	商业	王胜山	山东省	惠须取	劳动
叶在周	同	惠须取	商业	徐芝生	同	内幌	商业	由子臣	同	同	料理店
刘宗普	同	落合	商业	潘宝荣	同	落合	商业	张家友	同	大泊	商业
夏锡岳	同	气屯	商业	魏崇道	同	真冈	商业	宋春亭	同	同	商业
林亭先	同	上敷香	商业	王春华	南京	大泊	商业	姜培坤	同	同	商业
朱银昌	同	同	商业	王绫海	同	同	商业	孙春庆	同	同	商业
卢昌邦	同	同	商业	王绫山	同	同	商业	孟海山	辽宁省	惠须取	商业
徐作泉	同	同	商业	孙来芳	山东省	惠须取	劳动	赵国林	同	同	劳动
赵仲祥	同	同	商业	孙立盛	同	同	劳动	赵钧	同	同	劳动
刘德乡	同	同	商业	王金堂	同	同	劳动	郑寿全	福建省	丰原	商人
林桂和	同	同	商业	史毓贤	同	同	劳动	郑养富	同	同	商人
留益兴	同	惠须取	商业	魏普德	同	同	劳动	高芳隆	同	同	商人
留迁三	同	同	商业	孙忠一	同	同	劳动	杨运煊	同	本斗	商人
叶芝芳	同	同	商业	靳德春	同	同	劳动	林同桂	同	同	商人
藤清朝	同	同	商业	鞠义	同	同	劳动	陈永绣	同	野田	商人
留岩龙	同	鹈城	商业	刘喜奎	同	同	劳动	陈永铭	同	同	商人
陈云芳	同	久春内	商业	林欧滨	同	同	劳动	陈会议	同	同	商人
林锡清	同	同	商业	李成财	同	同	劳动	林圣贵	同	珍内	商人
林志清	同	同	商业	李福存	同	同	劳动	林圣岩	同	同	商人
王锡勋	同	同	商业	赵福庆	同	同	劳动	翁学礼②	同（温州）	惠须取	商人
王慎奇	同	二股	商业	潘明太	同	同	劳动	陈元利	同	同	商人
刘大清	同	逢坂	商业	王鸿章	同	同	劳动	陈元芝	同	同	商人

---

① 萨哈连州国立公文书馆所藏:1-u-167 丰原警察署长、各警察部长(相关各巡查)(丰特高秘第 1000 号中华民国副领事来岛并在中华商会开会的文件)(1937 年 5 月 29 日的附录《桦太中华商会会员名簿》),这张表还根据上面的文件组成的浙江出身的"藤清明"也可能是孙清朝。

② 翁学礼的出生地经浙江省青田县归国华侨联合会确认为温州。名字后面有"齐"的应该为"斋"。

续表

姓名	出生地	现住所	职业	姓名	出生地	现住所	职业	姓名	出生地	现住所	职业
傅作波	同	真冈	商业	陈芝元	同	同	劳动	陈昌灯	同	富内	商人
林铭齐	同	内幌	商业	董立志	同	同	劳动	陈而琼	同	元泊	商人
留敬齐	同	同	商业	张荣国	同	同	劳动	陈昌明	同	知取	商人
王鑫兰	同	知取	商业	满云庆	同	同	劳动	陈而明	同	同	商人
王定仙	同	丰原	商业	陈金元	同	同	劳动	陈昌兰	同	同	商人
杨廷贤	同	敷香	商业	郭玉喜	同	同	劳动	陈昌庆	同	同	商人
陈进三	同	同	商业	郭凤元	同	同	劳动	郑养银	同	同	商人
陈兴凳	浙江温州	野田	商业	任开泰	同	同	劳动	高正尊	同	新问	商人

从表中得出,在萨哈林岛的华商大多来自于浙江省青田县,有 28 人。青田县是重要的华侨输出地,为了生存,他们历经千辛万苦,凭借智慧和勤劳的双手在世界各地寻找生存的空间;山东籍 28 人,由于山东省水路交通便利,许多人从海路赴俄,也是华侨输出大省;其次是温州和福建人,他们中有的是同胞兄弟,有的是同族人,互相依存和帮扶,在异国他乡淘金。1938 年后,桦太地区华侨大多返回国内。

6.符拉迪沃斯托克华侨工会

苏维埃政权建立后,苏维埃政府颁布一系列旨在实行包括华侨在内的各族人民政治、经济平等的法令,为外国移民融入远东主流社会创造条件。在一段时间内,旅俄华侨在政治、经济等方面获得了一定程度的解放。"自彼革命后,……华工所享利益,亦与俄人同等"。[1] 华侨不再受俄国资本家的压榨和奴役,恢复人身自由享受很多优厚的待遇,生活状况逐渐好转。远东地区建立华侨工会,如符拉迪沃斯托克华侨工会,其领导机构是俄共(布)滨海省工会理事会,工会设主席、秘书等职。

工会是符拉迪沃斯托克华侨的合法群团组织,具有健全的管理体系和规章制度,定期召开华侨大会、理事会会议,讨论经济、党支部、公社、共青团、文

---

① 米镇波:《俄共(布)所属旅俄华人党组织及其活动(1918—1922)》,《南开学报》1989 年第 4 期,第 45 页。

化教育及妇女工作等。2018年1月我们在当地档案馆,发现大量华侨工会的档案资料,通过查阅资料了解当年中国部的工作计划翔实,内容丰富,重要的工会工作均按照申请、报告、审议、决议等程序进行,工作作风民主、务实,工会成为华侨华人的精神家园。

（1）定期组织政治理论学习

如1925年,孙中山先生逝世后,工会组织会员学习,认真听取孙中山先生的革命事迹,会员们进行集体讨论,纷纷表达自己的观点……,并对失去这样一位伟大领袖表示深切的哀悼;1925年3月18日,庆祝巴黎公社纪念活动,工会组织会员认真总结巴黎公社失败的原因,大家认为:"巴黎公社的失败有着深刻的教育意义……巴黎公社的大旗由苏联共产党接过,在这面旗帜的影响下,所有工农劳动者要凝聚力量,团结起来才能战胜资本主义。"与会者真诚地向为解放事业献身的英雄致敬,一致认为只有他们才能实现工农阶级解放斗争目标。

华侨身份复杂,部分华工、华商、公社社员、手工业者之间存在利益冲突,如个别华侨会员不团结,互相猜疑、揭发等,还发生华侨内讧的事情,有的传播谣言,甚至打击报复华工。如俄共(布)省委员会中国部主任梁柏台同志向尼古拉斯克-乌苏里斯克县国家政治保安局反映①:"在尼古拉耶夫斯克-乌苏里斯克有俄共党员华人安德列·李,其行为不具备党员素质,有明显的反革命性质,曾威胁县工会中国事务部的沈清河,并扬言要杀了他,原因是沈清河阻碍了华工组织工作。安德列·李的行为具有反革命性质,必须对其行为采取相应措施。"另外在1925年6月22日和8月27日发生华侨社团组织成员殴打俄共(布)华人党员事件,华人车间苏联列宁共产主义青年团支部将此事向县委会提交诉状。

资料显示,俄共(布)滨海省委员会中国部建立工会组织,在当地还有华人社团,前者对于后者心存芥蒂,认为华人社团由华商组成,具有资产阶级性质,个别华人社团成员与华工会会员产生摩擦,在尼古拉耶夫斯克-乌苏里斯克列宁共产主义青年团中国支部呈报的请示里窥见一斑。

---

① 符拉迪沃斯托克国立滨海省档案馆资料:61宗1类706卷33号档案。

尼古拉耶夫斯克-乌苏里斯克苏联列宁共产主义青年团中国支部15号文件尼古拉耶夫斯克-乌苏里斯克申请①

在尼古拉耶夫斯克-乌苏里斯克有一华人社团,该社团聚集众多具有资产阶级性质的当地华人,该社团对待所有工人组织,其中包括工会、共青团和共产党组织都持对立态度。

6月23日晚9点,五名中国工人路过中国市场时,被该社团成员看到,后者立刻从社团办公屋叫出其他同伙责骂工人,"你们是中国人,竟然加入苏联共青团组织,干这种丢人事儿就该打你们。"

我们的工人被激怒,这伙社团成员开始用铁棍殴打工人,后来警察也来了。此事发生时,王玉宗、沈清河也在旁边。我们的共青团员叫来了国家保安局的工作人员,他们把所有参与打人和杀人者带到保安局,并把铁棍也带去做证物。

很明显,该社团的目标是清除所有中国工人组织,保留资产阶级残存势力,他们反对苏维埃政府及其组织,此类组织的存在,严重影响本地安定。诸如今日发生之事,没人知道明天华人社团的成员能否再次威胁我们。

……

请俄共(布)县委采取手段,惩办这些杀人犯,保护中国青年工人。

受害者名单:于海生(共青团员)、于永先(克日夫尼科夫公社成员)、赵杰富(共青团员)、张新梅(克日夫尼科夫公社成员)、刘海(克日夫尼科夫公社成员)。

前三个人有被打伤的痕迹,其他被害者无被打痕迹。打人事件目击证人有:沈万福(苏联列宁共产主义青年团秘书)、共青团员王福羲、手工业工人杨玉廷、工人付吉(克日夫尼科夫公社成员)、刘应福。

苏联列宁共产主义青年团15号办公室

沈万福

华侨工会还出版报纸,就一些华工和华人存在问题发表言论并进行讨论。

---

① 符拉迪沃斯托克国立滨海省档案馆资料:61宗1类706卷33号档案。

　　1925 年 9 月 24 日《华工醒时报》(总第 110 期)摘抄文章华工工会会议公告①,中国驻符拉迪沃斯托克领事馆 8 号公告:"一些中国居民以公社名义行违规之事。如在食堂吃白食,去剧院不买票等。此类行为有违规定,领事馆将以官方名义采取相应措施,等等……"

　　针对此类事件,驻符拉迪沃斯托克领事馆紧急发声,要求华侨华人重视集体利益,互相团结,遵守公社规章制度,维护公社声誉。

　　工会还注重华侨华人的思想政治教育,做好《华工醒时报》的普及和宣传工作,召开共产党员及共青团员城市大会,会议听取什米德同志有关加强华人报纸《华工醒时报》的普及工作及发展工农通讯员工作的报告。会议决议:在最短时间内增加报纸印刷量,达到 1 万份,同时发展工农通讯员工作。此项工作得到符拉迪沃斯托克所有党员、共青团员和工会的大力支持。会议号召每位党员和共青团员都应订阅《华工醒时报》,配合报纸的普及和相应的宣传解释工作,明确报纸对工人阶级普及文化的意义。要求每名华工都要订购阅读该报,同时,还未订阅和订阅数量小的公社及俱乐部要踊跃参加订阅工作。

　　工会还注重加强无党派人士的政治思想工作,充分调动其积极性;加强农村和集体农庄党支部领导工作;加强地方管理工作,注重中国部、朝鲜部组织的各项活动等,注重青年人素质的提高和加强妇女工作。

(2)华工的文化教育

　　符拉迪沃斯托克大量工会档案显示,中国部非常重视华工的教育普及活动,开办扫盲学习班,出版汉语书籍,发行中文报纸《华工醒时报》、《中华商报》、《红旗报》,组建俱乐部、话剧社等,还组织成员为少先队员基金捐款,旨开展丰富多彩的华工文化活动,丰富华工的业余文化生活,提高华工的文化素质,推进苏联社会主义现代化进程。这些活动由联共(布)出资,华工党员、共青团员积极参与,增强华工主人翁责任意识和集体意识。

---

　　①　符拉迪沃斯托克国立滨海省档案馆资料:61 宗 1 类 706 卷 33 号档案。

会议记录 NO. 5①

俄共(布)滨海省委员会中国部文化办公室会议时间：

1925 年 3 月 14 日。

出席人员:43 人。

主席:张洪佐，**秘书:**于西山

议事日程:1. 王梓豪同志报告扫除文盲开办学习班事宜;2. 选举三位话剧社负责人;3. 义捐。

(1) 王梓豪同志报告关于开办扫盲班事宜。拟计划 19 位学员毕业，着手培训来自不同工会的 24 位新学员;

决议:对这一结果寄予希望。

(2) 选举三位话剧社负责人。

决议:选举赵桂吉，翁别阿，古华义同志。

(3) 根据所提议案，进行少先队员基金捐款事宜。

报告人:诺沃科舍科夫同志。

决议:选举出王梓豪、段文龙两位同志，并委托其开展募捐活动。

主席:张洪佐

秘书:于西山

1925 年 9 月 15 日，俄共(布)滨海省委员会中国部召开会议②，出席会议人员:

主席:波赫瓦林斯基、俄共(布)省委员会中国部主任梁柏台、郭文春、王琦玉、张庭勇;秘书:彼得罗夫等。

会议议程及讨论结果:就尼古拉耶夫斯克-乌苏里斯克华人工作问题进行讨论，报告人俄共(布)省委员会中国部主任梁柏台，决议:

1. 委托省执行委员会共产党议员团执行对尼古拉耶夫斯克-乌苏里斯克华商社团的肃清工作;2. 安德列·李的犯罪材料转交省监督委员会;

3. 建议尼古拉耶夫斯克-乌苏里斯克俄共(布)县委员会充分重视华人的

---

① 符拉迪沃斯托克国立滨海省档案馆资料:61 宗 1 类 706 卷 33 号档案。

② 符拉迪沃斯托克国立滨海省档案馆资料:61 宗 1 类 706 卷 33 号档案。

领导工作;4.建议尼古拉耶夫斯克-乌苏里斯克县委员会规定专门日期,开放华人俱乐部,并为华人俱乐部补充文化用品;5.为华人开设扫盲班;6.选拔华人学校教师。

华侨工会定期研究华侨工作,针对一些问题进行讨论并形成决议,做到发现问题及时解决,有利于华侨华人工作的开展,切实解决华侨华人中存在的问题。

工会注重华侨文化素质的提升,成立苏维埃党校教师培训班,为培训华工扫盲班的华人教师,向省委员会请示,希望省国民教育局立即开设苏共党校附属华人教师培训班,定额 10 人。在会议中还分析,虽然在少数民族俱乐部有专门负责文化工作的主任,但工作效果不理想,华人对少数民族俱乐部不感兴趣,华人的报纸只有《华工醒时报》,基本没有其他文化书籍。另外,由于语言障碍,朝鲜人基本不与中国人交流。在俱乐部的领导层中没有华人,原计划划出一个专门场所给华人开办扫盲班,截至 1925 年 12 月仍未付之行动。俄共(布)滨海省委员会中国部应制定详细的长期华工工作计划,将文化水平较高的华工和定居的华人组织起来,建立学习小组,开展学习互助活动,确保工作顺利开展。将继续出版《华工醒时报》,使其成为华工的重要宣传阵地,集中精力解决华工的经济生活问题,将劳动法律条文翻译成汉语,让华工熟悉并严格遵守,在完善雇佣法规之前暂时停止聘用华工。

针对符拉迪沃斯托克 15 个扫盲班均无教材,补习学员所用教材均为自带书目,所学内容各不相同,学员对教材需求日益增加的问题,工会决议向省国民教育局上报预算,为学员统一印刷教材,并委托宣传部与图书部商谈,统计所需教材数量;针对华人党校培训班物资短缺,华人党校学员急需衣物等,决议支持党校主管什妥夫同志的申请,将物资发放给华人党校学员的任务交由省执行委员会处理。

1939 年 2 月 11 日《共青团报》报纸,曾记载哈巴罗夫斯克的那乃族建立第一个剧院,丰富少数民族工人的业余文化生活,使他们与其他民族一样受到平等公正的待遇。由此可见,苏维埃社会主义建设初期,华侨工会积极组织华侨政治、文化学习,丰富少数民族华侨文化生活。

(3) 注重经济工作

工会尤其注重经济工作,一个季度内召开两次城市青年手工业者大会,讨论工作的意义和作用,讨论关于中国助教的工资待遇问题,按季度审核手工业企业青年华工工作。

有关克日夫尼科夫公社经济工作的会议记录 NO. 5①

华工大会时间:1925 年 3 月 8 日

出席人数:143 人

主席:荣梁森;秘书:姚文扬。议事日程有:王梓豪同志报告克日夫尼科夫公社协议;赵桂吉同志报告公社工业人员的重新登记问题;关于文化部门改选问题;审核新加入克日夫尼科夫公社成员登记表。

1. 报告人:王梓豪同志,关于克日夫尼科夫公社协议。

决议:鉴于中国部同志提出若干不明确之处,让克日夫尼科夫公社相关部门解决,总体来说此报告内容可以通过。

2. 赵桂吉同志报告关于克日夫尼科夫公社工业人员重新登记问题。

决议:所有工业职工社成员应自行按照公社招工事务所提要求,完成登记工作。

3. 关于文化部门改选问题。

决议:保留现任成员,以新候补成员替换被淘汰者。

4. 审查新加入克日夫尼科夫公社成员登记表。

决议:本次参加大会并对相应问题做出回答的同志都将被录用,包括董卿瑞、佟玉、滕良、张弘靖、曲力廷、张际勇、吴仁贤同志。

(4) 党团活动

1925 年 10 月 1 日,俄共(布)滨海省委员会中国部成立党支部,定期发展党员,组织党员和进步青年团员开展工作。工会组织华工文化活动较多,其中一项重要内容就是华工的党团活动,针对华工党团活动的研究内容、讨论次数最多,包括党团工作计划、党团工作报告,在会议中着重强调华侨党团工作存在的问题和不足,还有对华工党团工作的一些建议,等等。

---

① 符拉迪沃斯托克国立滨海省档案馆资料:61 宗 1 类 706 卷 33 号档案。

　　1925 年 6 月,俄共(布)滨海省委员会中国部会议 NO.7①,郭同志报告俄共(布)滨海省委员会中国部工作。决议:1.华工入党积极性不高,共青团对无党派华人青年的影响较弱;2.华人党员的组织工作开展情况较差,对党的生活问题研究不足;3.俱乐部的支部组织工作针对性不强;4.缺少积极有效工作机制,准备工作不足;5.缺少党、团及少先队的汉语书籍,在农村报纸普及力度不够,党团生活情况在报纸中报道较少;6.阿尔焦姆和尼古拉耶夫斯克-乌苏里斯克装卸工公社的工作还不够扎实,在上述地区党的影响力不明显;7.有一些华商社团组织阻碍工人组织在公社的发展;8.根据上述不足来制定中国部未来工作计划。

　　1925 年 10 月,俄共(布)滨海省委员会中国部召开会议,工会党团工作内容列入中国部工作计划当中,中国部制定详细党团工作计划。

　　工会还定期总结支部工作,查找问题。在党的建设上发现一些华人居民很少参与到苏维埃和党的工会组织活动,在工会中一些干部不以身作则,在支部中不参加党员会议,不履行党员义务。如:

　　1.党员沈清河,1917 年入党,担任县工会主席,负责华工的管理工作。该同志的汉语和俄语水平均较低,政治觉悟不高,在工会工作方面缺乏经验,年度工作成绩甚微。工作缺少计划性,虽然存在诸多缺点,但在尼古拉耶夫斯克-乌苏里斯克的三名华人党员中算是最好的。沈清河同志能够做到尽量保护华工,独立完成工作。2.党员宋鸿文,1931 年入党。工作不详,其所属支部县委员会也无相关资料,政治及文化水平较低,无工作技能,现不具有劳动能力,因被华人社团打伤,现在医院就医。3.党员安德烈·李,1922 年入党,警局工作,从不参加会议,文化水平较低,会说俄语,不会书写。该同志曾在刑事侦缉处和华人社团任职,虽离开刑侦处,但仍有私人关系。该同志是华人社团的积极分子之一,现除了该社团活动外,已不参加任何党和工会工作。

　　在分析团支部建设工作不足时,反思 1925 年 6 月成立团支部,接收第一位团员加入共青团组织时,团组织未认真进行考核、监督、筛选,团支部中出现

────────────

　　①　符拉迪沃斯托克国立滨海省档案馆资料:61 宗 1 类 706 卷 33 号档案。

与团员身份不符的青年团员,他的母亲是一家妓院老板,他与母亲住在一起,且不做任何工作,该团员的所有生活开支都来自妓院收入,影响了团支部的声誉,更对其他有意愿加入团组织的青年产生了不良影响;团支部工作缺乏计划性,每周定期举行团员会议,列热夫同志担任政治部主任兼华工文化俱乐部主任,每两周举行一次支委会,成员政治意识薄弱,大部分人只懂汉语。

在讨论会员加入党组织时,要求按照组织程序由本人填写个人履历、自传,由党员会议进行集体表决。从梁柏台的自转档案,得知他的入团和入党时间,了解其思想转变的过程和个人学习和成长的经历。由于思想进步,他从一名普通工人,成长为报社记者,被组织选派到伊尔库茨克党校任教,他认真学习马克思主义思想,通过到苏联东方劳动者共产主义大学学习,成长为《华工醒时报》主编,后在符拉迪沃斯托克中国部工作。通过资料得知,当时苏联的华工党支部工作严肃、认真,对一些党员的入党材料认真审查,入党材料规范、齐全。

(5)解决群众问题

华侨工会组织帮助华工们及时解决群众关心的问题,如乌苏里斯克工会委员会会长沈清河经常出入妓院、赌场、大烟馆,在那里挥霍钱财,不参加工会活动,经常打骂华工,华工们写了40封举报信。1925年12月15日,安玉合等31位华工联名致俄共(布)滨海省委员会及省工会理事会,请求解除其会长职务。对群众反映的问题,1925年12月18日,俄共(布)滨海省委员会中国部召开工作例会,决议罢免沈清河会长职务,委派王景毕同志代替。工会注重华工工作,针对尼古拉耶夫斯克-乌苏里斯克华工工作情况,派滨海省委员会一位同志去调查部分违反规定的党员、华商社团及华侨的反革命行为。由于上海工人互助委员会成员由两个对立派别组成,其中五人为滨海省委员会中国部成员,另三人为华商社团成员,在帮助并组织广大华人群众问题上,两派成员意见产生分歧,互助工作无法开展,工会组织成员对此问题进行公开讨论,寻求解决问题的办法。

(6)重视华工子女教育和妇女工作

工会还重视少先队工作,对儿童的教育尤为重视。针对部分华商和华工子弟就读于符拉迪沃斯托克中小学,这些学校里资产阶级教师反对排斥华工子弟接受教育,以及华人学校资金短缺,物资极其匮乏,没钱买煤,学校几乎不供暖,学生上学困难等问题,工会会议决议设立私立学校必须经滨海省委员会同意,在华工子弟学校学生数量较俄籍子弟学校学生少的条件下,拨给华工子弟学校相应物资。工会注重儿童工作,签订儿童学校校址;针对儿童住宿问题,工会会议决定使用现有劳动小组的房屋;在儿童教育物资问题上,决定华人剧院演出话剧所得费用的一部分资金用在儿童俱乐部建设,另一部分资金用在华人俱乐部的妇女住宿方面,禁止妇女缠足、取缔妓院。

(7)重视华工工作

20世纪20年代滨海省的华工分成几类:第一类,滨海省从事开采工作的工人。他们对苏联的经济建设做出贡献,其中有些人是没有技术的苦力工人,在山区从事工业劳动(人数达到4000人,总数为6000人),还有一部分在港口工作(达到1500人,总人数为3500—4000人),林场工作人数达到2000—3000人,捕鱼业达到1000人;第二类,在滨海省从事非开采性工作的工人。其中包括小商铺老板、小商小贩等,大部分中国工人都从事非技术性劳动。

1923年10月5日,俄共(布)滨海省委员会召开会议,讨论符拉迪沃斯托克的华工工作问题[①],俄共(布)滨海省委、中央监察委员会、地方运输总局、远东林业、工人检察院、一区委员会、滨海省人民公社、滨海省妇女委员会等部门28位代表参加会议。

从档案资料可以看出,在苏联社会主义经济建设时期各行各业离不开华工,华工是远东发展的重要力量源泉,他们承担建设远东、发展远东的重任。这一时期华工的社会地位有很大的提高,工人成为联共(布)首要的教育对象,提高工人的政治觉悟、文化程度,改善华工生活待遇、工作环境,提高他们的公共福利等摆上工会重要日程。工会对华工的工作给与认可,通过讨论决议按照30人分配劳动任务,有计划地开始维修工人宿舍,改善华工居住环境。

(8)重视选举工作

华工在各行各业工作,大多数为搬运工人和其他公社社员,公务员占极少数,有的进入市政府工作,有的走上领导岗位。根据俄联邦宪法第六十四条第

---

① 符拉迪沃斯托克国立滨海省档案馆资料:11宗11类414卷档案资料。

二十款,居住在苏联领土上的劳动者、无产阶级和未从事其他劳动的华农在滨海省享有和俄国工人一样的选举权。他们和俄国工人一样享受平等的待遇。1923 年,在符拉迪沃斯托克市政府人民选举大会时,该城市及郊区华侨华人居民出席人数共计 1001 人。[1] 其中华侨华人登记选举数占出席总数的 74%,即 743 人参加了选举工作,共计 5 位华侨代表入选市政府代表。此外,还有两位候选人。具体情况如下:

1. 鞠北堂,34 岁,教育程度中国小学五年级,职业为农民摄影师,有房产和 1 俄亩土地。已婚,俄共(布)预备党员,由于在朝鲜团部做翻译,免于入伍。无正式工作,家庭住址为北京大街 27 栋 14 号;

2. 王应宗,41 岁,教育程度低,搬运工人,已婚,俄共(布)党员,苏联国家政治保安局任职,任朝鲜部翻译,家庭住址为北京大街 27 栋 14 号;

3. 霍景良,23 岁,毕业于师范学院,职业为教师,工人无产阶级,未婚,俄共(布)党员,省工会委员会中朝部教员,未参军。家庭住址是北京大街 27 栋 14 号;

4. 李衡庚,33 岁,朝鲜族,教育程度低,办事员,家庭成分为农民,无产阶级,已婚,俄共(布)预备党员,职业为省工会委员会中朝部主任,曾任朝鲜团部翻译,家庭住址是中央大街 44 号;

5. 李成,37 岁,毕业于市立学校,钳工,已婚,无党派人士,未参军。家庭住址是北京大街 10 栋 10 号。

候选人:

1. 刘福,41 岁,工人,无党派人士。

2. 沈清河,俄共(布)党员,警局工作。

华工选举权和被选举权的认定工作由滨海省委员会进行,由办事员卡尔金进行核对,由滨海省执行委员会管理处办事员进行复核。从资料得出,华人代表在华人中具有一定影响力和代表性,在市政府工作的人员不到 1%;华人代表在华人中具有一定影响力和代表性,代表中有工人、教师、干部、手工业者;大多数华人代表已经加入俄共(布)党组织;华人代表中已婚人员和一线

---

[1]　符拉迪沃斯托克国立滨海省档案馆资料:61 宗 1 类 222 卷 10 号档案翻译。

工人占多数,这些代表文化程度较低,大多居住在"百万华人区"的北京大街上。

五、苏联对华侨大清洗

日本占领东北后逼近苏联边界,日本的扩张使苏联备感威胁,开始在远东修建防御工事区域体系,为了防止日本间谍的渗透和中国人借苏联的领土开展反日活动,苏联当局不仅关闭了中俄边境满洲里、黑河等地赴苏通道,禁止外来移民入境,还加大力度限制日本人、朝鲜人和中国人越境。

这一时期受国际环境影响,苏联实施一系列排挤、清除乃至清洗华人措施,肃清符拉迪沃斯托克的"百万华人区"以及中俄边境地区的华侨华人。1933 年春天,苏联远东地区"清洗政策"涉及到中国集体农庄。同年 4 月 23 日,苏联远东政府宣布"关于消除中国集体农庄中阶级抵融和反苏维埃政权部分"的决定。两个星期后,在"红色远东"中国集体农庄同样发生"清洗政策"运动。1931 年"红色远东"中国集体农庄组建,有 252 个中国农户。农庄管理局没有一个苏共党员,而仓库主任(中国人)是尼科利斯克-乌苏里斯克的大商贩,在中国有个人银行,农庄管理局成员完成自己雇佣劳动的目标。[①] 1937 年,苏联开始席卷全国的"大清洗"运动,对远东地区华侨大规模的迫害与镇压。同年 12 月 22 日,内务人民委员 Н.И.叶若夫向内务人民委员部远东边疆区管理局局长 Г.С.柳什科夫下达逮捕华人的第 143 号密令:"所有华人,无论国籍,凡有挑衅行为和恐怖意图者,立即予以逮捕"。[②] 次日,叶若夫又向柳什科夫下达了有关逮捕中国人的补充密令。

苏联"大清洗"运动打击面过大。首先,以莫须有的罪名逮捕华侨或将其送进监狱或判刑流放,甚至杀害。清除一切可能与日本和伪满洲国有关系的人员。苏联政府把远东的 10 万余名长期居住的华侨和 20 万余名的华商、华工安上各种罪名:如社会危险分子、间谍嫌疑、有害分子、越境犯、走私犯、日本特务等。1937 年 12 月至 1938 年 3 月,苏联内务人民委员部先后采取三次针

---

① 俄罗斯国立远东历史档案馆,藏 2413,目录 4,档案 1744,第 124—125 页。

② 尹广明:《苏联处置远东华人问题的历史考察(1937—1938)》,《近代史研究》2016 年第 2 期,第 43 页。

对华人的大搜捕行动。第一次是 1937 年 12 月 29 日至 30 日,内务人民委员部的工作人员与警察联手封锁了"百万庄"的街道以及城乡其他娱乐场所。这次行动共逮捕 853 人。1938 年 2 月 22 日和 3 月 28—30 日在滨海州先后采取两次抓捕华人行动,分别抓捕了 2005 人和 3082 人。三次行动共抓捕 5940 名华人。滨海州是远东地区华人主要聚集地,大规模抓捕使监狱人满为患,在审讯华人时没有翻译、审讯记录犯人不在场的情况下,蓄意编造、严刑逼供已是司空见惯,因获间谍罪的华人被判处刑期不等的监禁、直至死刑。

其次,武力迁移华侨。苏联大量拘捕华人,关进监狱的华人食不果腹,被严刑逼供甚至殴打致死。因此中国驻苏大使馆不断与苏联政府协商,提出把华人迁移出远东的建议。从 1937 年开始,苏联当局决定将中国和朝鲜人从远东迁移出去。1938 年 3 月 5 日,联共(布)中央委员会政治局作出决议,将华人从远东迁移到新疆、哈萨克斯坦和西伯利亚地区。1938 年 6—7 月,四列从符拉迪沃斯托克经阿亚古兹车站(哈萨克斯坦)开往新疆的火车共迁移 6189 名华人和他们的家属。其中,两列火车上是没有被逮捕的中国公民(分别有 1379 人和 1637 人);另两列火车上是从监狱中释放的中国人(分别有 1613 人和 1560 人);不想回到中国并加入苏联国籍的华人,则用第五列火车运到哈巴罗夫斯克边区的库尔-乌尔密斯基区。据统计,1938—1939 年在远东至少迁移了 1.12 万中国人及其家属,从滨海迁出 1.08 万人;迁移到哈萨克斯坦的华人 1400 人;迁移到阿穆尔州(马扎诺夫斯基和谢列姆德任斯基地区)和哈巴罗夫斯克边区腹地库尔-乌尔密斯基和上布列因斯基地区 1900 多人。

最后,驱逐出境。苏俄政府大量遣返华侨。据统计,1937—1938 年,有 6.3 万名[①]华侨从苏联领域驱逐出境,其中远东地区被驱逐出境的华侨人数便达到了 1.9 万人。1932—1937 年经伊犁回国的有 9000 余人,经塔城回国的有 1 万余人。

1. 大小百万华人区的取缔

大小百万华人区是符拉迪沃斯托克最大的中国街区,隶属于第一区的第 18 街区,位于谢苗诺夫大街、朝鲜大街、喷泉街和阿列乌茨克街,坐落在城市

---

① 龙长海:《俄罗斯的中国移民:历史与现状》,《绥化学院学报》2011 年第 5 期,第 88 页。

的西南部。那里人口密集、房屋交错,有住宅、大车店、理发馆、小酒馆、货铺、赌场、鸦片馆等,绝大多数华工、小手工生意者、无证件者,以及一些无业游民、游手好闲甚至不法分子和罪犯在此居住。因此,苏俄当局一直把大小百万华人区当作中国犯罪团伙的窝点进行打击,如在20世纪二三十年代,滨海州党报《红旗报》经常报道警察又一次捣毁中国犯罪团伙窝点。

苏联当局下决心将"大小百万华人区"的大楼没收、摧毁,镇压的理由是一致的,因为那里有各种各样、屡禁不绝的犯罪活动。第一次对"百万华人区"严厉打击是在1933年底进行的①。打击活动一直持续两年多的时间,1936年1月,苏联当局开始取缔"百万华人区",这意味着这座大楼将被清空,数千人将被迫离开,居无定所,一辈子积攒下的财产和心血付诸东流。

1936年4月17日,苏维埃中央政治局颁布法律,在4—5个月彻底肃清"百万华人区"。1936年5月,滨海省内部人民委员会清剿"百万华人区",业务管理局第一批肃清目标是位于巴塔列纳街2号、北京街5号(现为佛金上校街)的两栋住宅,以各种名义逮捕驱逐居住在此的华侨,清查所有房屋,将其所属房屋租赁或收归苏联政府所有。

这一行动引起"百万华人区"华侨强烈不满,中国驻莫斯科大使馆分别于1936年5月26日和6月4日照会苏联外交人民委员会,迫使苏联国家领导人采取一些必要的手段来缓和局面。针对肃清"华人街"的问题,1936年6月17日,苏联共产党中央委员会政治局再次讨论关于"清剿符拉迪沃斯托克'百万华人区'"问题,确定外交人民委员部向中国大使馆作出答复,在今后的清剿行动中,建议安全机构谨慎行事,不要让人觉得这是针对中国人的行动,行动的期限和步骤需按照外交人民委员部的指示,在年底前完成清剿"百万华人区"的任务。② 苏联政府外交人民委员部表示,将不遗余力地采取一切措施,尽量降低华侨的损失,并保证为在"百万华人区"具有合法证件且没有犯罪记录的华侨提供住处。

---

① ［俄］德·阿·安洽、尼·基·米兹:《符拉迪沃斯托克的华侨》,符拉迪沃斯托克:远东科学出版社,2015年,俄文版,第165页。

② ［俄］叶莲娜·尼古拉耶夫娜·切尔诺露茨卡娅:《"百万华人区"的萎缩》,《俄罗斯与亚太地区》2008年第4期。

这次清剿行动对华侨是致命打击,有的被拘捕,有的被遣送回国,还有一部分华侨分散到城市郊区的农庄或者小型农场里做工,有的农场完全由华工组成。1936 年 6 月底,滨海省内部人民委员部部长亲自调查集体农庄和城郊地区。调查显示,在很多村庄仍然居住着非法中国移民,其中有一部分就是从"百万华人区"迁移的。史克托夫区的"东方红"集体农庄成员几乎由华工组成,农庄里的工作人员有 37 人。其中,1 名华工和 2 名朝鲜妇女具有苏联国籍,4 名华工具有合法手续,14 名华工手续已经过期,1 名华工正在申请加入苏联国籍,15 名华工没有任何手续,所有华工工作时间都没超过 3 年,其中 29 人并没有登记。① 苏联政府无法容忍未加入苏联籍的华侨在农场里做工,他们认为农场从国家获得永久性使用的土地不能由外国人耕种。

华侨丰富的农耕经验获得滨海省内部人民委员部部长维杰尔的赞赏,他认为驱赶没有合法手续的华工不明智,决定劝说在农场工作的华工加入苏联国籍,使农庄由苏联籍华人组成。于是维杰尔派人将史克托夫区的"东方红"集体农庄里 33 名华工编入苏联国籍。在加里宁农庄,由于劳动力不足,雇用 5—10 名华工。在农庄的一些辅助机构中也大量雇佣无合法手续的华工。在远东造船机械厂工人用品公社有 44 个华工没有合法手续,在城郊食品公社有 37 名华工没有合法手续。在城郊阿尔焦姆医院和苏联地质石油仪器托拉斯工人用品公社也有类似情况。

此后,按照苏共中央指示,苏联政府查处朝鲜街 12 号;集体农庄街 3 号、8 号;乌特金斯基街 8 号的华侨住宅以及位于朝鲜街 12 号住宅中的中国浴池,警察局要求所有在此居住的华侨 15 日内搬离,并在一个月内将该住宅下面的小房子清理出来。截至 1936 年 11 月 1 日,4 栋住宅中的华侨被完全迁离,有 2 栋住宅中的部分华侨被迁离,内务人民委员部查封了 97 处窝点,逮捕 807 人。②

---

① [俄]叶莲娜·尼古拉耶夫娜·切尔诺露茨卡娅:《"百万华人区"的萎缩》,《俄罗斯与亚太地区》2008 年第 4 期。
② [俄]叶莲娜·尼古拉耶夫娜·切尔诺露茨卡娅:《"百万华人区"的萎缩》,《俄罗斯与亚太地区》2008 年第 4 期。

1936 年 1 月 1 日至 12 月 1 日，符拉迪沃斯托克"百万庄"有 4202 名华侨被清理搬至符拉迪沃斯托克及周边地区。其中 5 月 1 日之前遣返 672 人，5 月 1 日清剿行动开始后共遣返 3682 人。①

1938 年，少量合法居住的中国人在苏联全面驱逐中国人后也消失了。于是，到 1938 年底，10 万左右的中国人从海参崴消失，剩余的华侨全部被集中在哈巴罗夫斯克边疆区远离边界的地方。随着远东华侨人数的骤减和生活条件的急剧恶化，1938 年中国人终止了在远东的经济文化活动，"百万华人区"的历史结束了。经过苏联"大清洗"运动，苏联境内华侨华人数量大幅度减少，降至历史最低点。全苏人口调查统计，1939 年远东的华人只剩下5500 人②。

2. 被逮捕的海参崴华人列宁学校的师生

海参崴边疆区华人列宁学校有 20 名教师③。在"大清洗"时，教师和学生被迫害，杨兴顺便是其中最有才华的华人教师之一。

杨兴顺，男，1904 年生于浙江省宁波市宁云县，1916 年 7 月，跟随老乡来到海参崴。老乡在海参崴开设裁缝铺，1916—1920 年杨兴顺在老乡的裁缝铺作学徒工。1921 年，他出徒后回到了家乡。1922 年初，杨兴顺再次来到海参崴。

1924 年，杨兴顺经常去"五一"工人俱乐部，那里是华人和工会积极分子聚集的地方。1924 年 3 月，他加入工会，并于 1925 年加入共青团。1925 年 9 月，共青团边疆区委员会派他赴海参崴苏维埃党校学习。

1927 年 6 月，杨兴顺从海参崴苏维埃党校毕业。毕业后至 1929 年 9 月，他先后担任海参崴劳动部监察员、联共(布)海参崴委员会中国部主任。1929 年底，他被联共(布)海参崴州委员会和州执行委员会派至莫斯科全俄执行委员会所属的中央苏维埃党校建设班学习。1930 年他从该班毕业，同年 8 月进

---

① ［俄］叶莲娜·尼古拉耶夫娜·切尔诺露茨卡娅：《"百万华人区"的萎缩》，《俄罗斯与亚太地区》2008 年第 4 期。

② 沈莉华：《苏联时期远东地区华人述略(1922—1938 年)》，《"一带一路"与"东北振兴"视域下东北华侨研究的回顾与展望学术研讨会论文集》，2017 年，第 88—97 页。

③ ［俄］德·阿·安洽·尼·基·米兹：《符拉迪沃斯托克的华侨》，符拉迪沃斯托克：远东科学出版社，2015 年，俄文版，第 296 页。

入克鲁普丝共产主义教育学院社会科学师范系学习。1931 年,他开始在莫斯科教授辩证唯物主义,1931—1933 年先后在地质勘探技术学校、莫斯科能源学校、共产主义东方大学工作过。1934 年他被派往海参崴远东国立大学教授辩证唯物主义,在华人列宁学校教授辩证唯物主义并任学校中级部教学主任。

1937 年苏联肃反时期,他曾无端受到怀疑和指控。杨兴顺的遭遇在列宁学校不是个例。幸运的是,最终申辩书让他保住了清白和性命。但列宁学校的许多师生遭受镇压和迫害。1937 年底,苏联内务人民委员会滨海州管理局接到内务人民委员会远东边疆区局长、国家安全三级专员根里哈·柳什科夫和国家安全中尉维什科夫签署的书面请示,要求逮捕 180 名列宁学校和苏维埃党校及其华人毕业生,首先是党员和共青团员。截至 1938 年 5 月,列宁学校被捕的华人师生达 72 人。①

20 世纪 30 年代的苏联"大清洗"运动,究竟制造了多少冤假错案,杀害多少无辜华侨,至今历史没有确切记载。但作为一场政治性镇压运动,规模之大、涉及面之广、危害之深在历史上堪称空前,这是旅俄华侨史上最黑暗的一页。

第三节　东北抗联教导旅暨苏联工农红军独立步兵第八十八旅成员及其后裔的历史与现实

一、东北抗联教导旅暨苏联工农红军独立步兵第八十八旅在苏联

东北抗联教导旅暨苏联工农红军独立步兵第八十八旅(以下简称八十八旅),前身是东北抗日联军,是与日本关东军战斗十余年的军队,它牵制、迟滞了大批日军入关,在 1945 年 8 月配合苏军反攻东北的战争中,为抗战最后胜利做出历史的贡献。

---

① ［俄］德·阿·安治·尼·基·米兹:《符拉迪沃斯托克的华侨》,符拉迪沃斯托克:远东科学出版社,2015 年,俄文版,第 341 页。

这个以军人身份居住在苏联的华人群体,是否属于华侨或归侨呢? 根据 1993 年我国出版的首部《世界华侨华人词典》,其中对"华侨"一词的解释是:中国在海外定居谋生并保持中国国籍侨民的总称。在《中华人民共和国归侨侨眷权益保护法》中规定:归侨是指回国定居的华侨。第八十八旅的官兵,在战争背景下旅居在苏联五年以上,其中一部分人已经长达十五年之久,这样的群体始终保持中国国籍,还有一部分人归国后享受过归侨待遇,可以认定为华侨。

1. 赴俄历史背景及时间

1937 年七七事变,日本发动全面侵华战争,1938 年至 1939 年间,日本多次向苏联的远东边境发动大规模的军事行动,为其日后北进苏联做准备。由于国际形势的变换,鉴于双方的各自利益,苏联与日本于 1941 年 4 月 13 日签订了《苏日互不侵犯条约》。

这一时期东北抗日联军的状况是:

东北抗日联军成立于 1936 年 1 月,它的前身是东北抗日义勇军余部、东北反日游击队和东北人民革命军,东北抗日联军共有 11 个军的编制,鼎盛时期约 3 万余人,活动区域 72 个县。

1931 年,日本武装侵占东北后激起东北人民的强烈反抗。在这恶劣的环境下,东北抗日联军对日军进行沉重的打击。据黑龙江省抗日战争史研究会统计,东北抗日联军对日作战 10 余万次。据抗联第二路军总指挥周保中将军推算,只在 1931 — 1937 年东北各种反日义勇军、东北人民革命军等歼敌 103500 人。1938 年以后,抗联指战员们"常常陷于弹尽粮绝,饥疲困乏,断指裂肤的苦境",冻饿而死的战士甚至超过了战斗减员。1940 年,东北抗联几乎到了山穷水尽的地步,部队没有补充,人员越打越少,抗联部队的许多高级指挥员或阵亡或叛变。师团级干部阵亡牺牲的多达数百人,更有无数的普通战士们倒在了白山黑水之间。

为了生存和发展,东北抗联各军决定恢复与中共中央的联系和实现东北党组织的统一领导。关山阻隔,日伪军层层布防,想要恢复与中共中央的联系并非易事。为得到中共中央的指示,实现东北党组织的统一领导,1938 年 1 月初,时任东北抗联第三军军长的赵尚志及副军长戴鸿宾分别率领部队,先后于萝北县名山镇附近(对岸是苏联阿穆尔捷特)跨入苏联,被边防军缴械并关押。

1938 年至 1939 年期间,对于陆续进入苏联的东北抗联人员,苏方的处理比较隐秘,吉林省档案馆编译的《伪满档案史料选编·东北抗日运动概况》有所记载,现摘录如下:

苏联对入苏抗联匪之处理概况

在本期据军警所逮捕之有力抗联匪陈述,抗联匪于入苏后综合苏联方面之处置与待遇状况,大致得以区分为下列三种类型:即大部分于监狱收容一定期间后,安排适当强制劳动;一部分有才能者就共产(抗日)思想、无线电、化学武器、侦察谍报等特技予以教育、余者从而进行选拔,实施集体训练等。而其状况如次:

一、一般匪徒之状况

一般大部分匪帮入苏后立即由苏军(或盖培乌)予以解除武装,于附近兵营收容数日后以卡车或火车送往远东主要城市比金、伊曼、密里科斯基、比罗琼、曼泽伏加、道布拉亚、伯利等地,于严密监视下收容两个月或三个月,限制起居自由,并接受红军将校对其原籍、入苏目的(特别在于是否为间谍)、经历等进行必要之调查。据其结果认为不需注意者于伯利西南方大猪园农场、曼泽伏加附近之克尔霍斯等强制从事农耕①……

这一段文字,记述的是早期零散入苏人员的状况。

1939 年冬,周保中、李兆麟、冯仲云、陈翰章、许亨植在牡丹江举行重要会议,与会同志一致同意周保中关于"保存力量,越界过江,到苏联远东地区野营整训"的意见。

1940 年 1 月 24 日,中共吉东、北满省委在苏联远东哈巴罗夫斯克召开第一次会议,周保中、赵尚志、冯仲云参加了会议。双方确定:在不干涉中国党内部事务的原则下,建立苏联边疆党组织与远东军对东北抗联临时的工作指导与援助关系;指定瓦西里为苏方联络员,同中共东北党组织和抗联保持日常联系。东北抗联部队在与日伪军作战失利或其他情况下临时越境入苏,苏方应

---

① 《伪满档案史料选编·东北抗日运动概况》,第 111—114 页。

予以提供方便。周保中坚决抵制把中共东北党组织和抗联按地区分到远东边防军各军分区,不再保留自己的组织系统的观点,并认为,苏联边防军不能干涉中国共产党的内部事务。

1940年11月下旬,东北抗联第一路军、第二路军和第三路军冲破日军堵截,分期分批跨越黑龙江进入远东地区。

东北抗日联军撤退到苏联境内进行整训,由苏方提供给养和武器装备,主要原因是日本关东军对苏联远东地区一直虎视眈眈,苏方想到借东北抗联这支熟悉地理环境、时刻想着光复东北的武装力量,以牵制日本关东军随时北上。东北抗联部队越境入苏,改变了部队长期以来没有后方基地的状态,生活状况得到改善和提高,对于双方来说,这是一个双赢的局面。

2. 组建南北两个野营

1940年,东北抗联三个路军的主力部队陆续撤入苏联境内进行野营整训。部分不适合作战人员被送往农场,从事农业劳动;对于年老病残人员,则送入苏联养老院;父母具有战斗力,而无法照顾的孩童被送往幼稚园;还有一部分人员经培训成为苏方侦察员。

在1939年末至1940年初,有的抗联部队与敌人战斗中因失利或者为医治伤病员、寻求苏联的支援等,先后进入苏联远东地区。根据1940年第一次哈巴罗夫斯克会议形成的"3月19日指示纲领"精神,东北抗联作战部队在困难情况下苏方允许转移到苏境。① 1941年初,为便于统一领导和管理,抗联战士被安置在苏军两处临时组建的营地,一处是北野营,一处是南野营,南北野营相距500多公里。北野营的驻地在距离哈巴罗夫斯克(伯力)东北75公里处的阿穆尔河(黑龙江)畔维亚茨科耶村附近。这里依山环水,森林茂密,是军事训练的最佳场所。因地形隐蔽,靠近阿穆尔河,阿穆尔河的俄译为"Амур",字头为"A",所以简称A营。据1940年抗联野营人员统计表统计,A野营全员总数158人,其中,有战斗能力的战士67人(包括降伞员28人),无线电排15人(包括降伞员11人),看护妇女排26人,特别班人员10人,领

① [俄]康斯坦丁诺夫·根纳季:《第88国际特别旅》,哈巴罗夫斯克:阿穆尔公报中心出版社,2015年,俄文版,第95页。

导干部4人,新到人员15人,劳动排20人,儿童1人,合计158人(包括计划派遣39人)。① 1941年1月,第三路军第三支队队长王明贵率部进入苏联境内后也属北野营领导。以后北野营驻扎360余人。②

南野营,位于海参崴(符拉迪沃斯托克)和双城子(当时称为伏罗希洛夫市)之间的一个小火车站附近,当地人称为蛤蟆塘。因其靠近伏罗希洛夫(Ворошилов),故也称为B营。这里原是山区,小山沟里有几间小木房,抗联战士去后自己动手修建盖起了营房。据抗联野营人员统计表统计,B野营全员总数114人,其中战斗准备人员69人、无线电排13人、看护妇女排11人、劳动及待处分10人、残废人员11人,合计114人。后来又有一些人员入驻,共驻有200余人。南、北野营东北抗联人员总共有600余人,可人数不固定。③

1940年11月至12月间,柴世荣、季青率抗联第二路军第五军一部先期到达这里。抗联第一路军警卫旅和第二、第三路军200余名抗联将士驻在B营。

南、北野营的建立,为抗联部队提供了两个战略性和阶段性休整的基地,为日后中共东北党组织的统一领导和东北抗联建立统一的军事指挥机关提供前提条件。

为加强党的领导,驻进北野营不久的抗联第二路军二支队及总部警卫旅,按着中共吉东省委"把二路军的人员,编成临时的党组织"的指示,于1940年12月18日,与第三路军的一部分同志召开了联席会议。经过讨论,会议决定成立野营临时党委。委员会由五人组成。书记:姜信泰;委员:乔书贵、李永镐、李成祥、金京石。这次会议不仅组建了党的临时组织,还就部队的政治学习、思想教育、军事训练也作了明确规定。

在军事编制上,各路军保留原来的编制,按实际人数混合组建连、排。原

---

① [俄]康斯坦丁诺夫·根纳季:《第88国际特别旅》,哈巴罗夫斯克:阿穆尔公报中心出版社,2015年,俄文版,第100页。

② [俄]康斯坦丁诺夫·根纳季:《第88国际特别旅》,哈巴罗夫斯克:阿穆尔公报中心出版社,2015年,俄文版,第100页。

③ [俄]康斯坦丁诺夫·根纳季:《第88国际特别旅》,哈巴罗夫斯克:阿穆尔公报中心出版社,2015年,俄文版,第101页。

第二路军编为一连,连长崔石泉,指导员彭施鲁,司务长崔勇进,下设两个排。第三路军也进行了相应的组建,原抗联第三军和第六军先期到达野营人员由陈雷负责,与第二路军混编。

参加北野营管理的苏方人员有三人,为了方便中方人员称呼,他们都有中文名字,他们分别是吴刚上尉、李季南中尉、杨林大尉(俄文名字沙马尔钦克),杨林为野营主任,还有一个专职翻译叫别佳(苏籍华人,中文名字刘上林)。以上人员主要协助抗联指战员管理野营的后勤事项。

当时的生活和训练节奏相当紧张,以学习和劳动为主,人员安排机动灵活,在集体农庄的人员随时可能调回营地。

东北抗联中集体农庄人员及清理回野营人员名单(1942)[1]

姓名	族别	性别	党否	回队没有	姓名	族别	性别	党否	回队没有
崔春国	高	男	党	回队	乔邦仁	中	男		
赵正哲	高	男	党	回队	乔邦信	中	男		
金龙权	高	男	党		孟照居	中	男		回队
朴德顺	高	男	党	回队	于细仁	中	男		回队
赵炳元	高	男			杨春山	中	男		
朱福昌	中	男		回队	刘凤阁	中	男		
李细林	中	男		回队	谭利有	中	男		回队
马万银	中	男			李在民	高	男		
孙云林	中	男			金已俊	高	男		
孙才	中	男			王春山	中	男		
李永典	中	男		回队	金凤官	高	男		
刘相刚	中	男			白昌燮	高	男	党	回队
朴斗京	高	男	党		方英华	高	女		
赵树林	中	男	党	回队	郑万金	高	女		
商春河	中	男	党	回队	金明顺	高			

---

① 中央档案馆等编:《东北地区革命历史文件汇集》,内部印行,甲 65 册,第 83—86 页。

姓名	族别	性别	党否	回队没有	姓名	族别	性别	党否	回队没有
金明珠	高	男	党		李贞熙	高			
庞玉林	中	男	非		李贤淑	高	女		
张宏志	中	男	党	回队	陈兴权	高	男		
王志和	中	男	非	回队	赵明善	高	男		回队
张英子	高	女			李国振	高	男		
徐顺烈	高	女			吴才元	高	男		回队
黄忠凤	高	男	党		阎成金	中	男		回队
杨知发	中	男			刘包俊	中	男		
夏开福	中	男							

南北野营在建营之初,条件艰苦,当时中低层干部和战士们都住在临时搭建的帐篷里。为改变现状,指战员们伐木建房、架设电线、采石铺路、制造桌凳和其他用具。其中北野营在不到半年时间内建起了三所营房、一座面包炉,同时还增建了菜窖、食堂、厨房、卫兵室、浴池、军官宿舍、医院、俱乐部等设施。随着营建设施的逐步完善,以后又增设了几座营房、马厩、猪舍和四所仓库。战士们还修建了砂石路,制作了学习生活所用的书桌、板凳、书架及橱柜,以及准备冬季整训所用的滑雪板和爬犁等用具。在营建劳动中,开展了劳动竞赛,号召大家以劳动竞赛的倡导者、顿巴斯煤矿劳模斯达汉诺夫的精神开展劳动竞赛。从1941年3月到8月,经过半年多的艰辛劳动,营区建设初具规模。

在饮食方面,当时正处于苏德战争的初期,虽然苏联民众也在挨饿,但对于中国军队的粮食供应还是尽量给予基本保证,可是大多数战士吃不饱,鉴于此,副食供应就提到重要的议事日程。

为改善部队供给,周保中在多个报告里,都着重提到了营建和开荒种地等事项,并安排人员从东北购买籽种,争取生活上自给自足。周保中、张寿篯曾致电在东北做小部队活动的王效明和陈雷:

> 我处需要各种大批籽种:白菜、黄烟、萝卜、豆角、香瓜、黄瓜、葱、韭菜、茄子、麻籽。希望你设法采办妥当,分别装置标明种类,迅速派朴洛

权、杨青海送到我处来,以前去电要你购买各种音乐器具也是很必需的,可即采办送来。①

　　……

为增加副食供给,指战员们自力更生开垦荒地百余亩,种植了土豆、白菜、萝卜、黄瓜、西红柿等蔬菜,基本上实现了蔬菜和部分副食品的自给。为补充粮食供应的不足,南北两个野营还尽可能地发展副业。

3. 东北抗联教导旅

　　1942年8月1日,在哈巴罗夫斯克东北抗联改编为抗联教导旅,番号为苏联远东方面军独立第八十八步兵旅,周保中为旅长,张寿篯(李兆麟)为政治副旅长(对外番号是"8461步兵特别旅",因其由中、朝、苏三国人员组成,故称"国际旅"),但是在内部仍然保持抗联的独立性,保持抗联单独的组织系统,执行抗联独立的政治军事任务,派遣小部队返回东北进行抗日游击活动等。

　　全旅共分四个步兵营,一个无线电连,一个直属教导大队,一个直属迫击炮连;每营两个连,每连三个排;每营装备重机枪6挺,每连装备轻机枪9挺,每排装备冲锋枪15支。下面通过一份苏联档案还原当年授衔历史。

　　令。录②

　　(1944年4月5日)

　　编号:0274　哈巴罗夫斯克市

　　遵照苏联中央执行委员会及人民委员会1935年9月22日批准的"工农红军指挥首长成员任命条例"以及苏联最高苏维埃主席团1942年10月9日的命令,授以下列人员大尉军衔:

　　1. 第88独立步兵旅第一营政治副营长助理马雷采夫·斯捷潘·格里高利耶维奇(Мальцев Степан Григорьевич)上尉;

　　下列人员中尉军衔:

　　1. 第88独立步兵旅无线电营政治副营长助理王一知(ВАН-И-Чжи)少尉。

---

① 中央档案馆等编:《东北地区革命历史文件汇集》,内部印行,甲65册,第99页。
② 上海华东师范大学冷战中心资料库:SD33678。

签署：

远东方面军司令普尔卡耶夫（Пуркаев）上将

远东方面军军事苏维埃成员雅科夫列夫（Яковлев）中将

远东方面军参谋部副部长卡扎科夫采夫（Казаковцев）少将

远东方面军政治部干部处高级指导员巴杰涅夫（Ватенев）大尉（签名）

1943年无线电连改为通讯营，苏联军官 A.E.奥尔斯特里科夫上尉任营长。

第一教导营，以第一路军人员为主，营长金日成，政治副营长安吉。

第二教导营，以抗联第二路军第二支队为主，营长王效明，政治副营长姜信泰。

第三教导营，以抗联第三路军人员为主，营长许亨植（许亨植牺牲，由王明贵任），政治副营长金策。

第四教导营，以抗联第二路军第五支队以及第一路军一部为主，营长柴世荣（后为姜信泰），政治副营长季青。

担任旅司令部各部门负责人的有旅情报科长兼政治教员冯仲云上尉；被授予中尉军衔的有无线电连连长王一知中尉（女）、三营六连副连长陈雷中尉、政治部组织干事宋明中尉等。

全旅共有官兵约1000余人，由四部分人员所组成，一部分是苏联红军官兵，大约有300余人，在这些苏联红军官兵中，既有苏联人，还有早就加入苏籍的华人、朝鲜族人、赫哲族人等；一部分是前来集中整训的抗联部队官兵大约700余人。在抗联教导旅，还有许多山东人，如东平县的程惠兴，崂山县的张景秋（女），益都县的张发、李发，都在东北参加民主联军，越境后仍在八十八旅或苏军。原在苏联的山东籍华侨有些人也参加了八十八旅，如招远县的韩凤瑞、福山县的郝广君、牟平县的王国均等。① 一部分是苏军情报员，如同江县赫哲族董贵福、董贵喜、董贵禄、董贵寿、毕发祥、毕清林、毕春生、傅文昌等，还有一部分是饶河县乌苏里江边的东安镇日军嫡系部队边防驻军连，起义后赴苏被编入教导旅。

---

① 山东省地方史志编撰委员会编：《山东省志侨务志》，山东人民出版社1998年版，第45页。

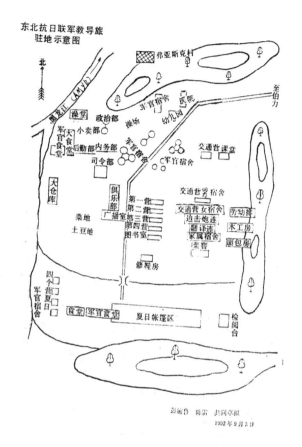

东北抗日联军教导旅驻地示意图

（此图由彭施鲁、陈雷1992年共同回忆绘制）

　　教导旅成立后,抗联人员正排以上干部授予军官衔,享受与苏籍同级军官相同的薪金待遇。装备按苏军步兵等级,服装等均按苏军陆军官兵供应标准。

　　1942年9月13日,经共产国际批准,抗联教导旅召开了中共全体党员大会,宣布成立中共东北党组织特别支部局(后称东北党委员会)。大会通过了周保中作的《关于留苏中共东北党组织总结状况及改组的报告》,选举了特别支部局第一届执行委员和候补委员,选举周保中、张寿篯等11人为委员。东北党委员会是全东北党组织的临时最高领导机关,实现东北地区党组织的统一。

4. 军事训练及文化生活

教导旅成立后,首先利用北野营的有利条件开展军事训练。教官由东北抗联的指挥员和苏军正式军事院校毕业而且参加过苏德战争的军官和士兵组成。那里的军事教育和军事训练相当严谨,按照苏联远东军方面制定的《军事教育和军事训练大纲》进行训练,内容多样化。1942 年 1 月 2 日,周保中与苏方军事训练负责人杨林研究第一季度教育计划。在课时安排上决定:政治理论、爆破训练、战术教育、射击训练等共计 420 课时。每天 12 小时工作、训练和学习,其中学习俄语或者中文 3 小时。① 在空降训练中,教导旅领导带头参加,极大地鼓舞了士气,女兵在降伞的训练中表现得尤为出色。

在集中进行军事教育和军事训练必要科目外,还采取以小组、班、排的教育和训练方式,开展汽车驾驶、无线电通信、空降跳伞、滑雪等特种训练,提高指战员的战术水平和作战能力。由于苏军出兵东北的时间临近,教导旅增加了训练项目,如开摩托、识图绘图、爆破、战地拍照等。针对东北冬季气候严寒、雪大的特点,教导旅高度重视滑雪训练。当时训练任务非常重,每天的训练时间都超过 10 小时,三年的整训时间将一支只会打游击的队伍,发展为掌握先进武器装备的专业队伍。

在军事训练的同时,抗联教导旅结合实战需要,有计划地进行正规系统的政治思想教育。在两个野营里,按不同文化程度组成了四个学习班,有学俄语的,有学中文的,还有扫盲识字班。全旅干部每周集中一天进行政治理论学习,学习内容有中共中央的一些文件和报刊,学习马克思、恩格斯、列宁、斯大林的著作。同时,抗联指战员利用板报宣传革命思想、发表战斗檄文,传唱脍炙人口的抗日革命歌曲,举办座谈会等。北野营建立一个简易阅览室,图书有中文版的马克思、列宁和斯大林的著作,还有联共党史等政治书刊,报纸是延安出版的《新中华报》。官兵文化生活形式多样,出墙报、讲演会、组织文艺晚会,看电影是经常性的课后文化生活。派回东北的小部队也曾多次往南北两个野营捎回文化用品和口琴等。通过严格的军事训练和政治文化学习,抗联

---

① ［俄］康斯坦丁诺夫·根纳季:《第 88 国际特别旅》,哈巴罗夫斯克:阿穆尔公报中心出版社,2015 年,俄文版,第 117 页。

人员的素质迅速得到提高。

5. 派往东北的小部队

教导旅组建后,采取有计划派出 10 人至 20 人的小部队回东北,寻找收容遗散的旧部、建立地方党组织、坚持游击斗争、执行军事侦察任务。派遣一种是苏方指定任务,由抗联派遣;另一种是苏军抽调抗联人员,直接派遣,这也是远东战略的一部分。1941 年 3 月以来小分队工作非常艰苦和危险,侦察队的战士们克服困难坚决完成任务。

1943 年抗联教导旅的小部队派遣活动频率降低,但由苏方直接派遣的军事侦察活动却有所增加。

1943 年 3 月,旅长周保中将八十八旅的王亚东、冯淑艳夫妇和报务员金星、译电员小王,派回穆棱县穆棱镇泉眼河屯,建立了泉眼河交通站。他们二人以客商身份为掩护,收集牡绥线日军兵力、武器装备,伪警宪特的各种活动情报,并以泉眼河为据点,积极开展抗日活动。于保合、李在德是谍报人员,曾多次回东北侦察,他们克服常人难以想象的困难,与敌人进行着顽强的斗争。

派遣人员有的是苏联远东军区的谍报人员,如李云峰,被苏军三次派回东北执行侦察任务。1940 年 3 月,孙耀武被远东情报局派回东北执行侦察任务,潜伏在鸡西滴道地区以务农为掩护,等待苏军反攻东北。被苏军选为侦察员的还有东北抗联第六军第五师三十七团一连的战士孙宝山,曾先后六十多次回国侦察。

教导旅的指战员在 1940 年到 1945 年的各项侦察活动中,克服重重困难,付出巨大牺牲,以鲜血和生命为代价收集大量有价值的军事情报。这些情报经周保中、张寿篯等领导汇总后,为苏军制定远东作战计划提供了极为重要的基础资料。教导旅小部队的斗争虽然不具备抗日游击战争的战略战术特征和基本条件,其规模、影响也有限,但所产生的政治影响及对世界反法西斯战争的最后胜利所做出的贡献不可估量。

在华西列夫斯基元帅的电报中可以清楚地看到,教导旅获取日军情报的特殊价值。这些情报,促使斯大林出兵东北的决心,使苏联红军对日军的军事目标进行精确打击,为迅速战胜日军起到了关键的作用。苏联指挥部对教导旅侦查员工作给予高度评价,如 1943 年 10 月 23 日,远东方面军情报部部长索尔金上校把五人受奖名单交给远东方面军司令部认定签字,受奖名单朴禹燮、王效明、金光侠、于保和、李德水。

6.配合苏联红军反攻东北

苏德战争爆发后东北抗日斗争形势更为严峻,随着战争形势的急剧变化,南北野营各项军事技能训练更加紧张,时刻准备同日本关东军作最后决战。教导旅指战员们天天都在收听广播,关注着形势的变化。

第二次世界大战欧洲战场上的胜利,预示着大反攻就要开始。为了迎接即将到来的大反攻,整个抗联教导旅加强政治学习和军事训练,同时发展了一大批党团员。

1945 年 7 月末,以周保中为首的中共东北委员会召开会议,根据新的形势和任务,决定对东北党委会进行改组:将东北党委会原有人员分为两部分,一部分准备同苏联红军反攻中国东北,另一部分准备返回朝鲜作战。反攻东北的部分组成了新的东北党委会(辽、吉、黑临时党委会),由旅长周保中兼任书记,委员有冯仲云、张寿篯、卢东生、姜信泰、金光侠、王效明、彭施鲁、王明贵、王一知、刘雁来等 13 人。

日本宣布无条件投降后,1945 年 8 月中旬,教导旅召开誓师大会,正式决定随苏军出兵东北。旅长周保中、政治副旅长张寿篯以及全昌哲、张祥等 5 人在大会上先后发言。8 月 24 日,东北党委会召开全体党员大会,周保中作了东北形势和任务的报告,提出具体任务:一是帮助苏军彻底肃清日伪残余和一切反动势力,用民主大同盟的形式组织广大群众;二是组织人民武装,编建人民自卫军;三是发展党组织;四是在农民群众中广泛宣传,开展群众运动。[①] 8 月 28 日 15 时,周保中召集各营长、党政工作人员及连长、指导员会议,宣布有关人事调动的命令,以及通信系统和通信工具的使用规定。从 9 月 5 日到 9 月 10 日,教导旅 344 名官兵在周保中、李兆麟的率领下,先后分四批从苏联哈巴罗夫斯克乘飞机或者火车返回东北,在苏军的支持和帮助下,抢占大、中、小城市等 12 个战略中心点,计 57 个战略要点。其中黑龙江地区有哈尔滨、齐齐哈尔、海伦等 7 个战略中心点,哈尔滨由李兆麟负责,齐齐哈尔由王明贵负责,

---

① 梁尔东:《黑龙江解放战争史》,黑龙江人民出版社 2017 年版,第 19 页。

海伦由张光迪负责,绥化由陈雷负责,北安由王钧负责,佳木斯由彭施鲁负责,牡丹江由金光侠负责。①

在反攻东北的战役中,教导旅空降特遣部队发挥了特殊的作用,做出了很大的牺牲。抗联战士回到祖国怀抱,迅速抢占各战略要点,立即投入接收工作,寻找失去组织关系的党员和走失的抗联战士,恢复和建立党的组织,发动群众,迅速扩建武装,为中国共产党关内解放区的部队进入东北,发挥重要的作用。到1945年末教导旅解散时,共有军官197人,军士和士兵1028人,共计1225人。②

对于东北抗日联军参加远东战役的历史功绩,斯大林和苏联政府给予很高的评价和认定。

远东第二方面军侦查部副部长 Анкудинов 中校给远东第二方面军司令 Пуркаев 的电报③:

致第二远东战线司令布尔卡耶夫(Пуркаев)少将

(1945年8月27日)

鉴于88旅团在与满洲日本侵略者的游击斗争中长期积极作战,在学习和训练中的忘我精神和认真工作,以及在军事、政治培训中所取得的优异成绩,建议对如下军官、尉官、士官和士兵给予嘉奖:

授予"红旗"勋章,共18人,其中包括:1)旅参谋长,米林斯基中校;2)旅长周保中;3)金日成等人;

授予"祖国卫士"勋章,共6人,其中包括:"斯美尔德"反间部部长,Л.Н.Раковский 少校;

授予"祖国卫士"勋章,共22人,其中包括:旅参谋部一处处长 М.С. Поликарпов 少校,政治部副营长 С.К.Мальдев;

---

① 梁尔东:《黑龙江解放战争史》,黑龙江人民出版社2017年版,第20页。

② [俄]康斯坦丁诺夫·根纳季:《第88国际特别旅》,哈巴罗夫斯克:阿穆尔公报中心出版社,2015年,俄文版,第129页。

③ 华东师范大学冷战中心资料库:SD3438,1 编号034;俄罗斯联邦国防部中央档案馆,1945年8月27日,F2,特殊文件17582,D2。

授予"红星"勋章,48 人,其中包括:上尉连长 И.Я.Афанасенков;

授予"勇敢"奖章,31 人;

授予"战功"奖章,131 人。

第二远东前线司令部情侦处副处长 Анкудинов 上校

依据第二远东战线司令 1945 年 9 月 9 日命令,上述奖励于当日落实。

8 月 29 日,远东第二方面军总司令普尔卡耶夫将军签署了 010Н 号关于以苏联最高苏维埃主席团的名义向 1931—1945 年积极参加满洲游击运动的 257 名士官奖给苏联奖章和勋章的命令,其中授予八十八旅旅长周保中中校、政治部副旅长张寿篯少校、第一营营长金日成大尉、第二营营长王效明上尉、第三营营长王明贵上尉等 5 人苏联红旗勋章。并授予所有八十八旅指战员"战胜日本奖章",此外部分干部战士被授予红星勋章、战功奖章等苏联勋、奖章。[①]

7. 战争中的友情、爱情、孩子

战争从来就阻挡不了爱情,战争中用鲜血凝成的战友情更是令人难忘。

教导旅是一支多国、多民族的军队,在艰苦的战争岁月里,他们并肩作战、共同对敌,结下深厚友谊。"在对德法西斯作战的年代里,中苏两国人民相互支持、相互鼓励,结下牢不可破的战斗友谊",教导旅从最初跨越界江、组建南北野营到成立,得到许多苏联官兵的支援和帮助,如抗联教导旅苏军方面的联系人 Н.С.Сорокин 索尔金少校(化名王新林)和积极支持组建抗联教导旅的苏联红军远东方面军司令阿巴那申克(И.Р.Апанасенко)大将以及在教导旅任职的苏联官兵:八十八旅政委谢尔金(В.Е.Серегин,1943 年 1 月任职)少校、参谋长萨马尔钦科(В.А.Сарарченко)少校、三营政委、副营长巴宾(А.Н.Бабин)上尉、通讯营营长奥斯特里科夫(А.Е.Остриков)上尉等。其中苏军青年军官弗·弗·伊万诺夫(В.В.Иванов)等都与东北抗联的官兵结下深厚的友谊。

---

① [俄]康斯坦丁诺夫·根纳季:《第 88 国际特别旅》,哈巴罗夫斯克:阿穆尔公报中心出版社,2015 年,俄文版,第 182 页。

1944 年底,B.伊万诺夫被派往远东方面军哈巴罗夫斯克总部工作,被任命为侦察分队副队长,同年调往八十八旅担任军事教官,负责教导旅的侦察技能训练,并从事对日本关东军的派遣侦察工作。在这段时间里,他与周保中、张寿篯等东北抗联指战员建立了深厚的革命友谊。1945 年 8 月伊万诺夫还参加苏联红军解放抚远、同江、富锦、佳木斯、依兰和哈尔滨等地的战斗。战后,他一直没有忘记这段特殊的岁月,积极致力于俄中友好。1993 年他从俄罗斯联邦国防部退休后,担任俄中友好协会第一副主席,积极参与俄中友好活动。20 世纪 90 年代,伊万诺夫多次来中国看望幸存在世的抗联老同志和曾在苏联伊万诺沃儿童院生活过的同志。2010 年 9 月,他随同时任俄罗斯总统梅德韦杰夫到大连为李特特、刘爱琴、李敏等人颁发"世界二战胜利纪念章",2012 年他到北京为教导旅李景荫颁发"八十八旅成立 70 周年纪念章"。伊万诺夫在生命的最后时光,撰写回忆录,记录他那段非凡、难忘的战斗岁月。在东北抗联教导旅(远东红旗军第八十八独立步兵旅)成立 70 周年的日子,91 岁高龄的伊万诺夫长途跋涉,来到北京与中国抗联老战士及其后代相会,共同高唱二战抗击法西斯侵略者的战歌。

在八十八旅还有一百余名朝鲜籍指战员,这些朝鲜籍指战员多数是原东北抗联第二军的人员。他们与东北抗联官兵同仇敌忾,共同抗击日本侵略者。

在南北两个野营里,除了缔造中、苏、朝三国友谊外,还曾书写了一段段爱情佳话,虽然教导旅指战员们军事训练和政治学习紧张,但毕竟少了些枪林弹雨和血雨腥风,在相对和平的环境里,尽管旅领导原则上禁止战士们谈恋爱,但好多人在异国他乡还是结成了战地夫妻。

教导旅上尉金京石(朝鲜族)与李淑珍、金勇贤(朝鲜族)与李桂香、第三大队大队长刘建平与朴英善(朝鲜族)、中尉教官刘铁石与庄凤、副连长陈雷与李敏、战士赵喜林与金玉坤、张玺山与吴玉清、邢德范与陶雨峰等都在北野营结为夫妻。在苏联农场结为夫妻的有陈德山和胡秀珍、张洪远和申连玉等,战士于德贵在农场里还娶了苏联媳妇。

在国内即是夫妻关系,后分别在不同时间和不同地点过境去往苏联,并同在八十八旅的夫妇有:周保中旅长与八十八旅交通营指导员兼无线电营政治副营长王一知、柴世荣与胡真一、张寿篯与金伯文、于保和与李在德、李明顺与周淑玲、陈春树与赵淑珍、王亚东与冯淑艳等。

在教导旅结成伴侣的有好多对,其中一对虽是半路夫妻,却胜过原配。他们就是在教导旅里结为夫妻的刘铁石和庄凤。刘铁石和庄凤都曾有过各自的婚姻,因为战争而离散。他们的感情发展是建立在相互了解、相互支持、相互信任的基础上。他们经常在一起讨论电报技术等业务问题,谈论各自以往的战斗生活,憧憬着美好的未来,同时,爱情的种子也在他们的心中生长发芽。

1943年秋,经旅党委批准后,刘铁石请抗联战士邢德范作结婚介绍人,在野营的营房里举行了婚礼。他们的婚事很简单,刘铁石从伯力买了三尺红布送给庄凤;庄凤给刘铁石做了一个小镜子套,互送作为纪念。他们穿的是苏联红军的军装,行李是部队的装备,铺的是草褥子,盖着军毯和军大衣,枕的是草枕头。尽管如此,他们的家是温暖的,足可抵御西伯利亚的寒风。

当年教导旅的女战士几乎都嫁给自己的男战友,他们不离不弃,生死相依。这些战火中幸存的女性,用她们的一生回报自己的真爱。

尽管战争的阴云始终笼罩在远东上空,教导旅里面出生的婴儿给官兵带来喜悦。这些出生在异国他乡的孩子,他们的户籍出生地大多写的是苏联哈巴罗夫斯克。

张寿篯的妻子金伯文在这里生了第二个男孩,取名叫力克,第三个是女孩取名叫卓娅,两个孩子的名字都是苏联军医给取的,都是苏联英雄的名字。

于保和的妻子李在德在苏联生的第三个孩子是个女孩,叫于华,苏联名字妮娜;第四个孩子也是女孩,叫于珍。当时在苏联营地生孩子的还有邢德范、吴玉清、金玉坤、申连玉等人。

1945年东北光复,母亲和孩子们终于等到回国的这一天。但不是所有的孩子都能够回到祖国,因为战争而失落在苏联的孩子成为母亲心头永远的痛。

金伯文的第一个男孩,名字叫肇华,就永远留在了苏联。据张寿篯说是因为金伯文病重住院,孩子死在了苏联的幼儿园。李在德的第二个男孩(李在德生的第一个男孩夭折在东北的密林),名字叫于根植。丢失原因是1941年夏,苏联遭受德军突然袭击,远东地区成为备战的前线,幼儿园紧急转移到大后方。当时李在德与丈夫于保合正在东北做侦察,与孩子失去了联系,尽管当时苏联方面竭尽全力帮助他们寻找,还是没能查到孩子的下落。

在苏联寄养的部分孩子名单①

姓名	性别	生年（现在年岁）	父母姓名	什么时候什么关系送到什么地方	经过什么人送的	附记
杨明山	男	1932 年（11 岁）	杨振华	由吉星送至伯利	姜翻译和卡必旦	1941 年 7 月在伯利得过一次相片
王联山	男	1939 年（4 岁）	孙玉洁、王玉环	在哈巴洛夫斯基三号农庄经吴刚同志送至×幼稚园在 1940 年 10 月 17 日	吴刚	1941 年 4 月—1943 年 1 月接到过照片
于根植	男	1940 年 9 月 28 日（2 岁）	于保合、李在德	在哈巴洛夫斯基送入幼稚园在 1940 年 10 月 17 日	吴刚	
杨胡结	女	1931 年 12 月 1 日（12 岁）		由哈巴洛夫斯基送的 1940 年 11 月	不记人名	
焕小子	女	1943 年② 3 月 3 日（8 岁）				
喜泰	男	1939 年 5 月 26 日（11 岁）				
杨永山	男	1926 年 4 月 28 日（11 岁）				
百岁	男	1937 年 2 月 10 日（11 岁）		由哈巴洛夫斯基送入幼稚园 1940 年 11 月	不记人名	没有听见消息
金锦善	女	1935 年 7 月 26 日（11 岁）		东北抗日联军第七军长崔石泉关系过来的,领导人是李学俊 1939 年 1 月 1 日	第七军长崔石泉关系送的	未详细消息,大概消息是留在伯利城边处农村中

---

①　中央档案馆等编:《东北地区革命历史文件汇集》甲 43 册,内部印行,第 257—258 页。

②　此处可能是 1934 年之误。

1945 年指战员们回国时,教导旅规定,嫁给朝鲜族的汉族女战士都要随丈夫去朝鲜,相反朝鲜族的女战士嫁给了汉族丈夫就要随同去中国。

二、教导旅成员归国后的工作及生活状况

抗战结束,但人们期待已久的和平并未到来。东北地区因战略地位的重要成为三国四方即美国、苏联、国民党、共产党激烈争夺的焦点,而国共两党之间,一场争夺胜利果实和政权的战争刚刚开始。

为了抢占东北战略要地,教导旅指战员迅速进驻 57 个战略要点,八路军、新四军开始向东北挺进。在特殊的历史时段,教导旅指战员在国共两党抢占东北中发挥先导作用,在国共两党的军队都没有到来之时率先开展了"三建"工作,巩固了东北革命根据地。

1. 接收政权

教导旅官兵分三批回国,第一批是 1945 年 7 月份的向导和侦察部队,第二批是 8 月 8 日的空降部队,第三批回国分为四个队,其任务是迅速接收东北,进行建党、建军、建政。

第一队李兆麟(张寿篯)、王效明、姜信泰等共 170 余人分赴哈尔滨、吉林、延边等地;第二队由彭施鲁带队,飞赴佳木斯地区;第三队由周保中、冯仲云率领,分赴长春、沈阳各点;第四队是王明贵、王钧、陈雷、范德林、董崇彬各组,分赴齐齐哈尔、绥化、大连等地。

东北光复以后局面极度混乱,国民党等反动派与我军抢占各重要部门,组织反动武装,伺机进行破坏活动。教导旅官兵根据中共东北党委会的指示,迅速抓紧建党、建军、建政工作,并密切配合中央先期派来的干部,陆续建立长春、吉林、牡丹江、合江、延吉等市、地委和部分县委组织,积极寻找原抗联隐蔽下来的同志和地下党组织以及关内派来的地下党员,与他们结合起来,形成各个战略点的革命核心力量。

苏军占领东北后,抗联指战员积极开展人民政权建设工作。在哈尔滨、长春、齐齐哈尔等地,通过教导旅归国人员接管公安局,建立中苏友好协会、中苏之友社、民主大同盟等群众组织,团结原"东北人民救国总会"积极分子、工农知识分子和爱国进步人士等各阶层人员,为开辟扩大工作创造新局面。在不

到半个月的时间里,进驻 57 个战略要点的教导旅官兵们,依靠苏联红军的武装实力,工作迈出了第一步,中共党组织很快遍布于东北各地。在长春,以周保中为书记的地委于 9 月中旬成立,随后,中共长春市委及伊通、双阳、公主岭、乾安、德惠及九台等县委相继成立;在哈尔滨,以李兆麟(张寿篯)为书记的中共松江地委及其下属的哈尔滨市委,珠河、阿城、方正、宾县、延寿、双城、苇河、安达、巴彦、木兰、五常、通河等县委相继组成;在沈阳,冯仲云与不久前到达那里的八路军党的组织取得了联系,建立起中共沈阳地委并在辽东、安东、大连、辽阳等地建立起党的基层组织;在黑龙江地区王明贵、王钧、陈雷、张光迪、张瑞麟等先后领导建立起中共齐齐哈尔市委和黑龙江地委及其下属的海伦、北安、绥化、克山等县委;此外,以彭施鲁为书记的佳木斯地委、以金光侠为书记的牡丹江地委、以王效明为书记的吉林地委和以姜信泰为书记的延吉地委也都在 9 月建成并积极开展工作。

1945 年 10 月 20 日,东北党组织及抗联领导人周保中、崔石泉、冯仲云等一起向中共中央东北局书记彭真作了初步汇报,并向他移交了东北党委员会的全部关系和党费、档案材料。彭真指示:"东北抗联要利用你们穿苏军军装的有利条件,控制交通沿线,迎接党中央派往东北大批干部的到来"。

2. 建党、建军、建政

在中国共产党大面积接收东北政权的同时,教导旅指战员们积极着手组建民主武装,这项工作是在帮助苏军维护社会秩序、肃清敌伪残余、帮助八路军和新四军进驻东北的过程中完成的。为了解决武器问题,周保中、李兆麟、冯仲云向苏联远东军总司令 A.M.华西列夫斯基请求支援。周保中等人的要求得到苏军的支持,随后把缴获的日本关东军武器、战利品以及部分苏联新式武器转交给东北抗联教导旅,其中包括:3700 门火炮、迫击炮和掷弹筒,600 辆坦克,861 架飞机,约 1200 挺机枪,680 座(装满各种武器)各种军用仓库,以及松花江舰队的船只。

1945 年 9 月,周保中命令各地积极进行扩军工作,日本投降后,东北抗日联军改称为东北人民自卫军。到 10 月 20 日之前,东北人民自卫军已达 4.8 万人。东北人民自卫军在东北人民群众的帮助下,有力打击了国民党特务、日伪残余、汉奸土匪勾结组成的所谓国民党"先遣军"、"挺进军"及其他反动武装。在建军过程中还收缴了大量关东军和伪满军警遗留的武器弹药。王效明回忆在返回吉林建军中,部队建成后又三次扩军,仅在吉林市就扩充了八千多人。吉林军分区下辖各县都建保安团,扩大了武装力量,得到了老百姓的热烈拥护。各地自卫军还及时整顿建军中混入人民军队的叛徒、匪特。1945 年 10 月 31 日,中共中央决定成立东北人民自治军总司令部,东北人民自卫军统一编入东北人民自治军,浴血奋战 14 年的东北抗日联军终于完成了历史使命,投入到东北解放战争的伟大事业中。

3. 参加剿匪

日本投降后,国民党的"光复军"、维持会的保安队与土匪相互勾结,疯狂破坏中共的政权建设。

据资料显示,在南满地区,约有土匪五万余人,实力较强的土匪有三千人至五千人不等,重点活动于通化、沈阳、安东三角地区。北满土匪数量更加庞大,不下十万人,经常盘踞在数个县境内,匪患问题对我军立足东北已经构成重大威胁,为了保卫新生的政权,一场剿匪大行动势在必行。鉴于日益猖獗的匪患,东北局和东北民主联军总部发出了《关于剿匪工作的决定》,大部分归国的教导旅官兵都参加到这场剿匪斗争中。

1946 年 10 月,教导旅二营营长王效明配合主力部队作战,肃清了匪患,解放了吉南全境。在泰来,王明贵剿匪部队从三面包围了军事重镇平阳镇,一举歼灭国民党部。

王明贵剿匪部队刚刚结束战斗,部队还未休整,又获悉土匪"挺进军"七旅宋桐山部、六旅尹滨浦部和"红枪会"六千余人,乘我军甘南城内兵力不足,沿滨州铁路线大举进犯甘南。万分火急之中,王明贵急调平阳的第一旅火速回援甘南,进行战术调整,在内外夹击下,粉碎了敌人进犯甘南的企图。不久,我军陆续收复嫩江、讷河、泰来、甘南、林甸、富裕、泰康、龙江等九县,歼敌九千余人。

当时北路剿匪总指挥原教导旅王钧带领张光迪等人在克山、泰安[①]、德都一带剿匪,泰安剿匪部队激战了五夜,消灭了匪首尚其悦五千人马。此次战斗

---

① 泰安:现名为依安,归齐齐哈尔市管辖。

稳定了黑龙江省会北安以南的局面,扭转了西满、北满的局势,扼制了国民党北犯的企图,极大地稳定了民心。并使合江等地土匪失去后援,变成了网中之鱼。西满、北满与黑龙江、合江、牡丹江、嫩江、松江五个省连成片,成为没有被敌人占领的最大根据地。这块根据地为日后的哈、齐解放和辽沈战役及全国解放源源不断地提供了大量的兵源、给养和物资。

1946 年 1 月,遵照省军区的指示,被派到绥化地区任卫戍副司令的陈雷负责清剿龙南五县即绥化、望奎、庆安、铁力、青冈的土匪。

在这场大规模的剿匪斗争中,教导旅战士聂景全等人牺牲。

4. 南下与解放战争

1947 年 4 月初,在东北战场上,我军取得了"三下江南"、"四保临江"战役的胜利,巩固了南、北满的根据地,粉碎了蒋介石"南攻北守,先南后北"的战略部署,迫使东北的蒋军停止了战略进攻,扭转了东北战局。

同年 7 月,东北局根据形势需要决定撤销地委一级的机构,集中干部南下。同时,将二线兵团和大批干部调往前方,编入野战军,随军南下,准备更大的战役。教导旅指战员返回东北后,除了派往各地负责建党、建军、建政人员外,还有一部分人员参加解放战争并加入了南下大军。

原抗联教导旅第三营营长、被誉为"赤脚将军"的王明贵便参加了西南剿匪的数场战斗。

原教导旅第二营营长王效明在解放战争期间参加了围攻长春之役。1949年 7 月,一六四师改编,部队除朝鲜族连队外,其余人员组建东北军区炮兵第六师,王效明任师长。

原八十八旅归国人员马克正 1949 年 1 月 8 日在解放天津战斗中牺牲,[①]东北抗联教导旅第四营七连排长朴洛权牺牲在解放长春的战斗中,连合东、关海楼、王长海等抗联指战员也都牺牲在解放战争中。原教导旅二营三连副班长王明同志先后参加了四平攻坚战、新民战斗、辽西战斗、黑山阻击战、大虎山战斗、解放开原战斗、川贵剿匪及抗美援朝战争四大战役行动。

于保合和李在德夫妻二人先后南下去往湖北省宜昌市,于保合在宜昌市

---

① 马彦文:《东北抗日联军名录》,中共黑龙江省委党史研究室 2005 年版,第 215 页。

中心（指挥）电信局任军代表兼局长，职工总工会党委委员，领导并恢复汉口、沙市、重庆与宜昌市的通信业务，保证了军队剿匪通信业务的正常进行。李在德在湖北担任宜昌市妇联筹委会主任。

教导旅女战士胡真一随第四野战军南下后又加入刘邓大军来到四川，战后曾担任重庆渝中区区长、重庆市人大常委会副主席等职务。南下的指战员在新中国成立后，有的返回了东北，有的留在了南方参加国家建设，有的则继续在部队工作，在抗美援朝战争中也有他们的身影。

参加解放战争及南下人员名单

姓名	性别	所在单位（解放战争时期）	职务	南下所在地
王明贵	男	中南军区铁道运输司令部	司令员	去湖南后回黑龙江
马克正	男	第 39 军 155 师 454 团	副团长	解放天津牺牲
王效明	男	旅顺基地	副司令员	—
于保合	男	第 47 军司令部 3 科	副科长	去湖北后到北京
李在德	女	湖北宜昌市妇联筹备处	主任	去湖北后到北京
沈凤山	男	—	—	—
胡真一	女	宜宾发电厂	军代表	四川
白生太	男	吉林军分区专用电台	台长	湖北
杨振华	男	南下广西	—	广西
卢连峰	男	第 47 军 160 师	—	广州
王福	男	周保中警卫员	—	昆明
陈香居	男	—	—	桂林
王庆云	男	1949 年随军南下	—	湖南、常德
连合东	男	1949 年回国	—	解放战争牺牲
张光迪	男	天津、邯郸军分区	司令员	—
姜海波	男	南海舰队	股长	—
张玉杰	女	第 47 军后勤部	党支部书记	—
李俊	男	东北整训二师	科长	广东
王明	男	工程兵驻抚顺 474 厂	军代表	云贵

5. 部分八十八旅官兵入朝参战

1950年,朝鲜战争爆发。部分教导旅归国人员赴朝参战,又一次经历了炮火硝烟和血与火的考验。

1950年7月,原教导旅二营营长王效明接受中央军委命令,赴青岛创建海军海岸炮兵学校,出任第一任校长。王效明曾多次带领小部队回东北搞侦察。如今从陆军变海军,从部队变军校,对于他来说还真是一个新的课题。建国初期经费和物资都很紧张,建校之初困难重重,王效明带领全校师生艰苦办学、勤俭建校,除了繁重的事务工作还承担了教学任务。为做好实践教学,他亲自率领教学人员去朝鲜战场考察,积累实战经验,迅速地提高了教学质量。由于抗美援朝战争激烈进行,海防形势日益严峻,采取专科速成的办法,开学仅八天,学校组训的两个炮兵连就开赴海防前线,进入岸炮阵地,三天以后,258名毕业学员在青岛团岛组成共和国第一个海岸炮兵营。加强了海防力量,迅速扭转了海防薄弱的危急局面。

原教导旅三营营长王明贵在1953年4月至8月,参加总参师以上干部赴朝考察实习团前往朝鲜战场。实习四个多月,再次经历了炮火硝烟的战斗生活。

原教导旅无线电营少尉排长于保合,朝鲜战争爆发前,正在中国人民大学学习。朝鲜战争爆发后,决定重返部队为抗美援朝,为国防建设出力。经本人申请,组织批准后调到空军工作,1951年任华北空司通信处副处长。1951年2月,他随常乾坤副司令员奔赴朝鲜,任中国人民志愿军空联司通信处副处长。当时任务繁重、急迫,物资条件异常缺乏,于保合等人克服种种困难,终于完成了任务,在抗美援朝中荣获朝鲜三级国旗勋章,于1951年11月回国到安东空联司任职。

原教导旅归国人员王明,1936年3月13日参加东北抗联第五军第一师,1939年11月进入苏联北野营。1940年3月加入中国共产党,任东北抗联教导旅二营三连副班长。1945年8月回国后任延吉县保安大队大队长、警备一连连长、四野连长、工程兵队长、十六团三营营长。1950年10月参加抗美援朝,任工程兵三营营长,被朝鲜政府授予"一级国旗勋章"。

6. 滞留苏联及后期回国人员

1945年"八一五"前后,教导旅大批指战员返回东北。因各种原因,还有一批赴苏人员滞留在苏联的远东地区,其中大部分是在农场工作的非战斗人员,还有少数因苏联肃反扩大化而被关押的教导旅人员,其中包括时任教导旅第四步兵营营长柴世荣、时任教导旅第四营政治副营长季青。

柴世荣,原名柴兆升,1895年1月17日生于山东省胶县。九一八事变后组织七名巡警成立抗日队伍,后发展成为王德林组织的中国国民救国军第四旅,柴世荣任旅长,活动在东满各地。1937年9月任抗联第五军军长。1941年4月任抗联第五支队支队长兼哈绥道南游击司令,赴苏后任东北抗联教导旅第四步兵营营长。

1943年10月,柴世荣被苏军内务部防谍人员带走后再也没有回来。教导旅的领导曾多次向苏方要人,却始终没有答复。

柴世荣被带走后,柴世荣的夫人胡真一带着两个孩子(当时大儿子柴国华四岁,小儿子柴国璋刚满周岁)苦苦期盼丈夫归来,这一等就是六十多年。1953年3月6日,毛泽东主席代表中央人民政府,为柴世荣的家属颁发了革命牺牲军人家属光荣纪念证。战后胡真一随大军南下,后定居四川重庆。曾任四川省重庆市人大常委会副主任,2008年9月13日去世。

毛泽东主席签发的柴世荣同志烈士证

季青,原名李大配、李山,1911 年 9 月生于黑龙江省依兰县。1936 年末参加东北抗联第五军任团政委、教导队主任、第五军第三师政治部主任、中共吉东省委下江三人团书记。1941 年 4 月任第五支队、道南游击区政治委员,赴苏后任抗联教导旅第四营政治副营长。1944 年在苏联肃反扩大化中被判刑,1955 年 7 月回国。

对于滞留在苏联的东北抗联指战员,苏联是愿意把这一部分人长久留下来,所以多次动员他们加入苏联国籍。但大部分中国人都不愿意留在那里,只是苦于没有机会返回。

1950 年以后在中央人民政府的关怀和交涉下,大部分滞留在苏联的人员才陆续回国定居,回国前有一部分人员已经获得苏联国籍,回国后将重新转换国籍。从 1945 年东北光复算起,到 1955 年最后一批人员回国,其中部分人员已经在苏联滞留十年之久,在苏联出生的孩子有的已经上学,孩子们说的都是俄语,已融入了当地的社会环境。

归国后的人员大部分定居在黑龙江,有极少数人员享受到了归侨待遇。

后期回国的八十八旅(含农场及加入苏联边防侦察员)成员名单

姓名	性别	工作单位及职务	回国时间	备注
季青	男	黑龙江省人大常委会副秘书长	1955 年 7 月	
张洪远	男	黑龙江省哈尔滨市	1955 年	
申连玉	女	黑龙江省哈尔滨市　家务	1955 年	张洪远妻子
张玺山	男	黑龙江省依兰县	1954 年	
吴玉清	女	黑龙江省依兰县	1954 年	张玺山妻子
王占甲	男	黑龙江省双鸭山市四方台	1955 年	
冯魁武	男	黑龙江省佳木斯市向阳区	1954 年	
孙成俭	男	北京汽车厂工人	1955 年	
董海山	男	黑龙江省友谊县七星乡	1953 年	
崔树林	男	黑龙江省汤原县香兰公社	1954 年	
尤正海	女	黑龙江省哈尔滨市	1953 年	
李发荣	男	黑龙江省克山县	1953 年	
郭革一	男	辽宁省沈阳电业部门	1953 年	
于燕秀	女	黑龙江省佳木斯市旅行社	1953 年	

第四节 20世纪40年代的留苏人员

一、在苏联国际儿童院长大的红二代

20世纪20至30年代,苏联成立了国际革命战士救济会。1926年瑞士女共产党员曼托娜·莫泽尔捐资该会创建国际儿童院,主要是保护、抚养和教育各国共产党和革命者的后代,为革命储备力量。此后,在1929—1937年苏联先后建立了三个国际儿童院,分别是瓦斯基诺国际儿童院(又称国际红日儿童学院)、伊万诺沃国际儿童院和莫尼诺国际儿童院。其中伊万诺沃国际儿童院和莫尼诺国际儿童院又分别称国际第一儿童院和国际第二儿童院。1927年中国大革命失败后,大批革命者遭到屠杀,一批烈士的遗孤和革命者后代流离失所,为了保护和抚养这一批孩子,党组织决定,将流落在各地的孩子陆续送到苏联国际儿童院。1936年底,毛泽东的两个儿子来到苏联国际儿童院,当时毛岸英14岁,毛岸青13岁。到20世纪30年代末,来自中国的孩子超过40人。1941年德国法西斯逼近莫斯科时,国际儿童院的全部孩子都被疏散到伊万诺沃儿童院。该儿童院是1933年落成,位于距离莫斯科以东三百公里著名的纺织工业城市伊万诺沃市。

1. 中国孩子的构成

在伊万诺沃国际儿童院中国孩子占总数近百分之二十,有以下三种类型:一是烈士子女,如中央政治局常委、中央宣传部部长蔡和森和湖北省委负责人向警予的孩子蔡博、蔡妮、蔡转,中央政治局常委、中央组织局主任罗亦农的儿子罗西北,中央政治局委员、全国总工会执委会委员长苏兆征的儿子苏河清、女儿苏丽娃等;二是当时中共高层领导人的子女,如毛泽东的长子毛岸英、次子毛岸青、女儿李敏,刘少奇的长子刘允斌、长女刘爱琴,朱德的女儿朱敏,李富春的女儿李特特,瞿秋白的女儿瞿独伊,林伯渠的女儿林利,王毓峰的儿子王苏南,黄平的儿子黄健,高岗的儿子高毅,邓发的女儿邓

金娜,陈昌浩之子陈祖涛,肖三的两个儿子肖立昂和肖维佳,李范五的儿子李多力等;三是中共到苏联学习的干部在苏联生儿育女后,留在那里的孩子,以及与苏联人结为夫妻后生育的子女。据不完全资料统计,有 20 名孩子在苏联出生。

2. 学习和教育

伊万诺沃国际儿童院的学习和生活环境较好,体育室、阅览室、浴室等生活学习设施一应俱全,饮食条件较好。儿童院实施苏联十年一贯制教育制度,按照孩子的年龄和受教育程度,分配到不同的年级学习。年纪小的孩子被编入幼儿园,7 岁以上的孩子都被送到附近一所十年制的学校学习。除个别孩子在修完七年级课程便考入中等专业学校外,大部分孩子修完十年制课程,又考入高等学校继续深造,有的孩子学完全部课程便回国工作。在修业课程方面,必修俄语、德语,以及历史、地理、物理、化学、几何、代数、天文学、动植物学、俄国文学、外国文学、苏联宪法等课程。为了让孩子们记住祖国,儿童院还按国籍分班,每周由各国教师讲授文化知识。当时,师哲任中国驻共产国际代表团团长,他谈到曾努力教孩子们学中文的情景,"但是他们年龄参差不齐,比如赵世炎的两个儿子赵令超、赵施格到苏联时只有几岁,基本不会讲中文,而且懂中文的老师又少,尽管做了种种努力,仍然收效不大"[1]。值得一提的是,中国孩子学习十分刻苦,成绩优良。蔡转、林利、郑耀华、刘允斌以各科毕业成绩均为"五分"而获得金质奖章,林琳继从八年级越级进入十年级,考入莫斯科动力学院;蔡博上大学获得"斯大林奖学金";刘允斌以优质奖章毕业后,考入莫斯科钢铁学院,由于对核物理产生兴趣,进入莫斯科大学读研究生,先后通过了副博士论文答辩和博士论文答辩。

儿童院的课余活动丰富多彩,孩子们在这里开展读书、歌咏、舞蹈、摄影、绘画、滑雪、打球、篝火晚会等活动,并在老师的辅导下参加多项劳动,如缝衣服、打扫卫生、修理桌椅、制作工具、种菜养猪。[2] 儿童院定期对孩

---

① 师哲:《在历史巨人身边——师哲回忆录》,九州出版社 2015 年版,第 70 页。
② 丁敏京:《红色摇篮——中国孩子在苏联国际儿童院》,《党史纵横》1998 年第 6 期,第 5 页。

子们进行革命传统教育,经常请共产党员、老工人和红军指战员来给孩子
们讲述革命斗争故事,带领他们参加工厂和革命遗址,组织孩子阅读《母
亲》、《钢铁是怎样炼成的》等名著。年满 16 岁的年轻人,都允许加入苏
联国籍。

3. 关爱

儿童院的孩子们得到了各国领导、政府无微不至的关怀。苏联最高苏维
埃主席团主席加里宁、国际革命战士救济会主席斯塔索娃、保加利亚共产党领
袖克拉洛夫、德国共产党主席皮克、意大利共产党领袖陶里亚蒂、西班牙共产
党总书记伊巴露利、波兰统一工人党领袖贝鲁特、巴西工人运动领袖路易斯·
卡洛斯·普列斯特斯、智利共产党总书记路易斯·科尔巴兰以及中国领导人
瞿秋白、周恩来、邓颖超等都曾到儿童院看望过孩子。①

苏联政府通过国际革命战士救济会,为孩子们提供当时最好的学习、生
活和娱乐条件。当时苏联公民也十分关注中国孩子的成长,许多当地的普
通居民来到儿童院认养中国孩子,每逢节假日,他们总用平时省下来的钱给
认养的孩子们购买食品,带他们到家里或到城市公园去玩,使他们感受到家
庭的温暖。当年生活在儿童院的肖苏华回忆道,"认养我的是当地一个工
厂的女干部。有一个新年,她把我和一个西班牙小女孩接到家中。当时正
是战争期间,物资非常匮乏,可是桌子上还是摆满了能够搞得到的最丰盛的
食品。最令我感到惊奇的是,居然还有一盘黄澄澄的橘子,要知道在战火连
天的时代,又正值严冬,橘子可比金子还珍贵,妈妈拨开一个橘子,醉人的香
气顿时充满了整个房间,我们勉强忍住流出的口水。"②李多力也曾被一对
在纺织厂工作的苏联夫妇收养过,他与这对苏联夫妇、一位西班牙女孩卡洛
斯和两位苏联小姐妹组成了"国际小家庭"。当年苏联的爸爸妈妈经常去
儿童院看望他,逢年过节会给他带去巧克力、大馅包子等一些美味可口的
食物。

---

① 丁敏京:《红色摇篮——中国孩子在苏联国际儿童院》,《党史纵横》1998 年第 6 期,第
5 页。

② 杜魏华:《在苏联长大的红色后代》,世界知识出版社 2000 年版,第 502 页。

4. 与苏联人民一道抗击德国法西斯

苏联卫国战争爆发后,孩子们被迫结束了在儿童院的平静生活,纷纷拿起武器,竭尽所能,与儿童院的老师和工人们一起投入到血与火的卫国战争中。年龄大一些的孩子开始接受军事训练,还要接受全部武装的行军锻炼,准备作为后备军参加战斗。据刘爱琴回忆道,"战争开始后,我们开始学习军事、学习射击、参加值夜班"。17 岁的李特特每天要负重二三十公斤,完成八九十公里的滑雪任务,后来她因出色完成军训工作,曾获得"轻机关枪手"证书的光荣称号,郭志成(郭亮之子)也获得"反坦克手"的光荣称号。他们中沈林如(沈志远之子)、赵施格(赵世炎之子)被授予少尉军衔。毛岸英曾亲自给斯大林写信要求上前线参战。信中这样写道:"我是一名普通的中国青年,我在您领导下的苏联学习了五年,我爱苏联就像爱中国一样。我不能看着德国法西斯的铁蹄蹂躏您的国土,我要替千千万万被杀害的爱好和平的人们报仇。我坚决要求上战场,请您一定批准我的请求!"[1]

信后署上了自己的俄文名字"谢廖沙",同时又注明"毛泽东的儿子毛岸英"。

在炮火纷飞的反攻战场上,毛岸英不怕牺牲,英勇顽强。在苏联卫国战争取得胜利之后,毛岸英终于见到了斯大林。斯大林为表彰他在卫国战争中的表现,赠送他一把手枪。

在"一切为了前线,一切为了胜利"思想引领下,孩子们积极投入到支援前线的战斗中。黄健(黄平的儿子)曾和同学们挨家挨户收空酒瓶子自制燃烧弹,他们在机场扫雪、在医院照顾伤员、为战士做棉衣、手套等,当时十五六岁稍大一点的孩子每月都去医院献血,每次 430 毫升,直至战争结束。小班的孩子则种菜、砍柴。在莫斯科会战中,李特特和她的伙伴们与全莫斯科人民一起挖反坦克战壕。为保证冬季供暖他们参加了伐木,住在森林附近的帐篷内,每天仅吃一点粗糠做的黑面包,却要完成一立方米的伐木任务。有的孩子因饥饿和过度劳累而晕倒,但最终都完成了任务。1941 年底,德国侵入苏联大

---

[1]　维·乌索夫、李琦:《中共领导人子女在莫斯科国际儿童院》,《百年潮》2001 年第 3 期,第 75 页。

片领土后,李特特前往战地医院从事伤员护理工作。

有的孩子在战争中失去生命或遭到厄运。与朱敏一起从伊万诺沃国际儿童院来的张闻天的儿子,死于莫斯科大轰炸,1941 年朱敏途经新疆乘火车到达莫斯科进入儿童院,在那里度过了三个月,在这里她的身份是一个中国富有医生的女儿,新的名字是赤英(红色英雄)。由于朱敏从小患有严重的肺病,她决定到白俄罗斯一个离明斯克不远的疗养营地过暑假。6 月21 日到达目的地后,战争即将开始,明斯克被占领,疗养地成了"孤儿院",人们顾不上这些饥饿的孩子们。朱敏开始在街头跳中国舞、教别的孩子织毛活,以换取面包。在一次搜查时,朱敏遭到德军盘问,她交代自己的假身世,谎称是中国医生的女儿,来到苏联治病,加上在盘问时,她剧烈的咳嗽,德军便放过了她。1942 年下半年,朱敏和其他孩子一起被送进集中营,1945 年 1 月被放出,直到 1946 年她才回到伊万诺沃国际儿童院。

5. 报效祖国

"大家努力学习,将来回国服务。"这是毛泽东在 1946 年 1 月 8 日写给蔡博同学的信中对所有中国孩子的鼓励。苏联卫国战争结束后,儿童院的孩子相继考取了莫斯科等地的高等学校。1950 年 3 月,由"4821"留学带队人兼党支部书记谢绍明执笔,起草了一封给中共中央的信,信中建议将儿童院的孩子接回国内。1950 年毛泽东、周恩来访苏时与斯大林达成协议:凡是十八岁以下的孩子都送回中国,十八岁以上的青年由他们自己决定是否回国。这些孩子义无反顾回到了祖国怀抱,积极投身到新中国的伟大建设中去,并成为各个领域的佼佼者:新中国第一任海军快艇舰长王苏南(王毓锋之子)、汽车工业的元勋陈祖涛(陈昌浩之子)、农业专家李特特(李富春之女)、新闻出版广播事业的佼佼者瞿独伊(瞿秋白之女)等等。

留在苏联的还有部分在读大学生,1951 年以前,他们均以苏联公民身份进入苏联各中学和大学学习。1951 年后,他们全部转为中国留学生,从 1952 年开始由苏联方面支付的留学生学习费用全额由中国政府支付。

1948 年前部分留苏中国学生名单①

姓名	性别	出生年月	学校名称	年级	系别	毕业时间
冯理达	女	1924	列宁格勒公共卫生学院	5	公共卫生	1955
罗元铮	男	1924	列宁格勒大学	5	经济系	1954
乔克湘	女	1930	莫斯科大学	4	历史	1954
徐俊生	女	1931	莫斯科大学	4	经济系	1954
罗沙	女	1934	莫斯科大学	2	化学系	1956
韩模宁	男	1930	莫斯科莫洛托夫动力学院	5	水力发电	1953
师大	女	1935	莫斯科莫洛托夫动力学院	1	水力发电	1958
陈印	男	1928	莫斯科莫洛托夫动力学院	4	电力系	1954
陈惠	女	1931	莫斯科工程经济学院	4	机械制造	1954
朱敏	女	1928	莫斯科列宁师范学院	4	教育系	1953
廖鸣九	男	1927	莫斯科车床工具学院	4	机械设计	1954
王小朱	男	1931	莫斯科建筑学院	2		1956
王达亚	男	1931	莫斯科第一医学院	1	医疗系	1957
刘允斌	男	1925	莫斯科大学		核物理学研究生	1957
张志明	男	1928			研究生	
蔡娟娟	女		莫斯科二医院		医科系	
蔡特持	女		莫斯科农专			
李含英	女		莫斯科二医大			
普罗列塔娃	女		莫斯科电器通讯专校			
师小	男		莫斯科中学			
刘马洋	男		莫斯科财经学院		会计系	
沈麟如	男		列宁格勒工专		冶金系	
刘义	男		莫斯科一医院		外科	
张玛娅	女		莫斯科电力技术专门学校		电信系	

---

① 李鹏:《建国初期留苏运动的历史考察》,博士学位论文,华东师范大学,2008 年,第 21 页。

几十年过去了,当年在苏联国际儿童院的中国儿童,时常回忆起在那里度过的难忘时光,他们把苏联国际儿童院当成自己的第二故乡和温暖的家,他们当中很多人都曾致力于中俄友好。俄罗斯人民没有忘记他们,2005 年在卫国战争胜利 60 周年之际,俄罗斯驻华大使罗高寿向 27 位中国老人颁发了"1941—1945 年伟大卫国战争胜利 60 周年"纪念章。2015 年,俄罗斯曾邀请李敏、李特特、李多力等人参加俄罗斯反法西斯 70 周年的纪念日活动,为他们颁发"伟大卫国战争胜利 70 周年"纪念奖章。2017 年,李多力老人到黑河学院参加学术会议时,七十多岁的老人用俄语激动地讲述他在莫斯科红场参加纪念卫国战争胜利 70 周年的情景,在场者听后无不动容,他还兴奋地讲起在儿童院难忘的记忆,仿佛又回到那个战火纷飞的时代。

二、"4821"留苏活动

新中国成立前夕,党中央在勾勒新中国的蓝图。为了迎接革命胜利后的建国任务,需要培养大量管理人才和技术专家,为了选拔能力突出、政治可靠的年轻干部到苏联留学,培养中国的专家,1948 年 8 月,中共中央批准由东北局选派 21 名青年去苏联学习科学技术,回国后建设祖国。经过慎重筹划,中共东北局决定派遣 21 名烈士和党的高级领导干部子女。从此"4821"这个称呼在一定范围内保留下来,成为这个特殊群体的简称或别称。

按姓氏笔画排列,这 21 人是叶挺烈士长子叶正大、次子叶正明,叶剑英之女叶楚梅,李硕勋烈士之子李鹏,王稼祥义子朱忠洪,任铭鼎之女任岳,任作民之子任湘,高岗外甥江明,刘伯坚烈士之子刘虎生,杨棋烈士之子杨廷藩,肖劲光之子肖永定,邹韬奋之子邹家华,张宗适之子张代侠,张浩之子林汉雄,罗亦农之子罗西北,罗炳辉之女罗镇涛,项英之女项苏云,贺晋年之子贺毅,高岗之子高毅,崔田夫之子崔军,谢子长之子谢绍明。

在这 21 人中,有 13 人是烈士遗孤,8 人是军级以上干部子弟,其中罗西北、高毅曾在苏联国际儿童院生活过,谢绍明、江明、张代侠、林汉雄、杨廷藩、崔军、贺毅、项苏云、肖永定、任岳、任湘等都来自延安,也有些人出国前还承担着一些实际工作。21 人中,除高毅和罗镇涛之外,其余 19 人全部是党员,由于谢绍明年纪最大、资历最深,被东北局任命为党支部书记同时兼带队人,李鹏和崔军被大家选为党支部委员,但并未建立党支部,罗西北中文和俄文都好,被选为翻译并且负责和苏联共产党中央委员会的联络工作。

出发前,东北局领导林彪、高岗、王稼祥、李富春、陈云等为这些留苏学生举行饯行仪式。1948 年 9 月 2 日,21 名年轻人由罗西北、谢绍明带队,乘火车离开哈尔滨前往苏联,开始留学生涯。他们从满洲里过境,行至赤塔,从海参崴赴莫斯科。火车到达莫斯科后,苏联伊万诺沃国际儿童院院长季莫菲·扎哈罗维奇·马卡洛夫代表苏联方面来迎接他们,一同前来接应他们的还有儿童院的中国老师张梅(林彪的前妻)、留苏多年的刘允斌(刘少奇长子)和陈祖涛(陈昌浩之子)。

当年苏联和国民党政府尚有外交关系,所以派到苏联学习的学生身份是非公开的,无法进入莫斯科的高等院校,且他们所持的哈尔滨市护照也不能在莫斯科停留,苏联方面安排他们到伊万诺沃市学习,并满足他们的专业需要。

伊万诺沃是苏联的纺织中心,只有纺织、电工、医科、化工等几所非重点的专门院校,这些院校的师资力量远不能和莫斯科的大学相提并论。一个月后,这 21 名留学生分别安排到伊万诺沃的几所大专院校补习俄文和数理化知识,据谢绍明(谢子长之子)回忆说:"我们每天硬着头皮听苏联老师讲几何、代数。那时还没有俄汉辞典,每人带了本《日俄字典》,但日语我们也不懂,不过日文中有汉字,可以连蒙带猜。"[1]"4821"们不仅承受学习的重压,也面临艰苦生活的考验。战后恢复时期苏联人民的生活很艰苦。当时,联共(布)联络部负责向他们每月提供 400 卢布的生活费,他们中午在学校食堂就餐,早晚自己起伙,每天吃黑面包。由于能源短缺,学校经常停电,漫长的冬季里,要靠烧木柴取暖。当时,苏方只发给每人一件夹大衣,没有冬装。在滴水成冰的 11 月,他们的服装无法抵御严寒。

伊万诺沃是小城市,受各方面条件限制,无法进入正规学校学习,为了能够到莫斯科接受正规教育,学习先进的科学文化知识,"4821"党支部将生活和学习上的困难及时反映给东北局,也反映给联共(布)联络部的同志。当时

---

[1]　单刚、王英辉:《岁月无痕——新中国第一代留苏群体纪实》,《读书文摘》2008 年第 1 期,第 41—45 页。

的老留学生陈祖涛、刘允斌和张芝明三人代表中国驻苏同学会联名给苏共中央书记马林科夫写信反映中国留学生的情况,为了引起苏方的关注,信中还附一份清单,写明这些留学生父母在中国共产党内的地位及职务。不久马林科夫派人来了解情况,1949 年夏,"4821"离开伊万诺沃,在苏联红十字会的帮助下来到莫斯科,住进原共产国际在莫斯科郊区的谢涅什疗养院。就在此时,刘少奇和高岗秘密访问苏联,与苏联商谈新中国成立事宜,"4821"进入莫斯科的学习障碍得到了根本解决。

莫斯科的高等教育资源十分丰富,国家重点院校云集,因此,当时"4821"基本上按照自己的意愿选择院校。东北局曾经指示他们学经济和工业,可以根据个人兴趣和特长来选择。

1949 年 9 月 1 日,这 21 人在莫斯科分别跨入自己选择的学校和专业学习,开始新的学习生活。

"4821"留苏期间,最难忘的事是受到了毛泽东和周恩来的亲切接见。1950 年 2 月 17 日晚上 6 时在中国驻苏联大使馆,访问苏联的毛主席和周总理接见了留学生,毛主席发表了讲话。一些同学拿着笔和纸纷纷要求毛泽东和周恩来题词。毛主席和周总理的鼓励让大家备受鼓舞,学习热情更加高涨。

"4821"克服了语言和各方面障碍,废寝忘食、刻苦学习,在莫斯科动力学院,只要是中国学生,成绩都是优秀的,博得苏联老师和同学的交口称赞。经过五年的学习,除谢绍明、叶楚梅两位因病被迫中断学业回国外,其他人都完成学业,并取得优异成绩。

"4821"留学期间,从 1948 年 9 月直到 1950 年 8—9 月都有自己的党支部和学生会组织。党支部成立后,谢绍明主持起草了给中共中央的信,反映了国际儿童院部分中国儿童的情况和"4821"党支部的意见。信中说,"我们感觉苏联战后各方面的情况不是很好,生活条件艰苦,对中国儿童的教育也有欠缺,现在祖国已经解放,有条件让这些孩子回国接受教育。建议将他们送回国内,待他们将来在国内学习有了一定基础后,可再回苏联学习深造"[①],在中苏

---

①　李鹏:《建国初期留苏运动的历史考察》,博士学位论文,华东师范大学,2008 年,第 19 页。

双方政府的商议下,1950 年 8 月,几十名中国孩子回到祖国。可见这封信对中共接回中国孩子起到推动作用。

"4821"完成学业后,1955—1956 年,回到了朝思暮想的祖国。时值新中国第一个五年计划的实施。他们的共同志愿是到基层去,到生产建设第一线、到祖国最需要的地方去。"文革"期间,因为留苏经历,"4821"被打成"苏修特务",遭到迫害,受到了不公正的待遇。"文革"结束后,"4821 苏修特务案"得到彻底平反。20 世纪 80 年代初期,在胡耀邦的过问和安排下,大部分人的工作得到了重新安排。他们都在工作岗位上发挥越来越重要的作用。李鹏、邹家华曾分别担任过国务院总理和副总理,林汉雄曾任国家建设部部长,叶正大曾任国防科工委副主任,谢绍明曾任科技部副部长,肖永定曾任轻工业部副部长,罗西北曾任水利水电规划设计院院长。自此,"4821"都在工作岗位上担当重要职务或者成为技术骨干,堪称国家的栋梁之材。

三、归侨兴建闲林农场

旅俄华侨命悬一线在国外打拼,除少数人衣锦还乡外,大多数人日子并不好过。为了解决自身就业吃饭等生计问题,他们归国后,有的人通过创办农场,自食其力,丰衣足食。浙江省余杭县闲林镇的闲林农场是旅俄华侨创办农场的一个缩影。

20 世纪初,浙江省青田县山区山多田少,粮食产量低,许多农民无法生活,为了养家糊口,他们背井离乡,侨居苏联等国。他们分布在苏联的城市和乡村,有的在莫斯科从事皮革加工和贩卖青田石等小本生意,连遥远的尼古拉耶夫斯克也有许多青田人从商。

第二次世界大战爆发后,华侨无法忍受帝国主义的欺凌和奴役纷纷回国。1946 年 8 月,60 户青田侨胞从欧洲返回上海。1947 年 12 月,另一批华侨抵沪,其中,36 户来自苏联库页岛,40 户来自欧洲,他们大多是贫苦农民,贫困交加。1947 年 12 月 26 日,归侨代表杨宗华、徐去病、吴品敖、卢昌邦、刘宗普等五人向上海市政府侨务处提出申请,要求创办农场,经罗兆修处长开具介绍信,以"华侨合作生产农庄筹备处"名义,向浙江省垦务委员会主任贡沛诚要求支持,从此,这批从苏联、德国和意大利等国归来困居在上海的侨民,开始在余杭县闲林镇开荒,用双手开辟新生活。

由于"归侨农场"所在区域属于天目山脉范围,当地俗语是"天目雷声响,南湖白洋洋",这里十年九灾。是年农民种植的水稻被淹,受灾后农民们又开始耕种,由于夏种逾期,到了秋季,农民获得的粮食产量很低,旱稻亩产400斤,迟种者每亩仅三四十斤。闲林农场全场57人,每人分到大米263斤、番薯350斤,场员生活只能勉强维持到第二年的5月。

1948年3月27日,余杭县闲林农场归侨合作农场举行第一次场员大会,地点在闲林镇南场头农场筹备处。华侨农业生产合作农庄庄员共计100户,内有生产能力者103人,妇女均能辅助生产未计算在内,共计人口271人,其中库页岛回国者115人、欧洲回国者156人,库页岛回国者尚在国家救济中,无法遣散,急待农场完成;旅欧回国156人,贫困无法生活,继续生产以维持生活。

1949年1月10日,农场召开第二次场员大会,改选理事、监事,选举杨宗华担任理事会主席,叶证任监事会主席,陈最华任场长,他们还商议今后农场的发展规划,如房屋的布局和建造、道路的建设、农业设备机械化等,但是由于历史原因,这些规划未能实现。1949年3月,余杭县解放前夕,归侨农场停止经营,人员自行解散。

虽然闲林农场创办的时间较短,但是记载解放前华侨创办农场的艰辛历程,以及华侨们不甘于贫困,向往新生活,开辟新生活的美好愿望。

第五节　20世纪五六十年代的留苏人员

这是一个特殊的留苏群体,他们的身上具有时代印记,在中苏"蜜月期",为了援建苏联,弥补其劳动力不足;为了学习苏联先进技能和文化知识,成为新中国经济发展建设急需的人才,他们不畏艰难,不远千里来到异国他乡,把最美好的年华和岁月留在苏联,把最难忘的记忆留在中苏人民的心中。

一、20世纪50年代援建伊尔库茨克的工人

新中国成立后,与苏联同属社会主义阵营,两国相邻,两党在意识形态上

保持高度一致,1950 年双方签订《中苏友好同盟互助条约》后,中苏两国两党之间展开广泛的合作,中苏关系进入"蜜月期"的友好合作新阶段。在此期间,苏联对中国各项建设事业提供众多援助,派遣大量专家到中国支援建设。同时,中国曾派遣工人到苏联解决其劳动力不足的问题。

　　1954 年 10 月,中苏两国领导人进行北京会谈。应苏共领导人要求,对中国给予苏联共产主义建设劳动力支援问题进行协商并形成协议。邓小平与阿·伊·米高扬签订《关于中国派遣工人赴苏联参加共产主义建设并受劳动训练的协定》①,两国政府鉴于苏联对劳动力的需要与日俱增以及中国现有大量未被利用的劳动力,商定根据自愿原则,并个别征得本人同意,将中国工人派赴苏联参加共产主义建设并获得相当的技能。1955 年 4 月 7 日,周恩来总理签署提案,交全国人大审议:"根据 1954 年 10 月中苏会谈协议,我国将陆续动员青年农民、工人赴苏联参加共产主义建设和学习生产技术。"拟在国务院下设出国工人管理局,负责工人出国前的动员、组织、训练和在国外期间的政治教育及做工期满后还乡等事项。

　　双方曾商定在 1955 年派八万名中国工人到苏联企业工作的计划。1955年 4 月 15 日,苏共总书记赫鲁晓夫致电中国共产党中央委员会主席毛泽东同志②,苏联政府提议,由于本年度靠内部已有劳动力完全保证苏联各经济组织对劳动力的需要,建议把预定在 1955 年度招募的八万名中国工人计划推迟到1956 年。并同意中国政府提议在 1955 年先派一千名中国工人去苏企业工作尽快取得工作经验。

　　1955 年 12 月,尤金大使向周总理提出,苏联只准备在 1956 到 1957 年二年内接收两千名中国工人。中国政府根据这一提议在 1956 年又送往苏联一千名工人,另一千名则计划在 1957 年输送。中苏双方经过反复磋商,决定在1955 年先从河北省清苑县选派一千名工人前往苏联。

1. 出国前的准备

　　把一千名青年农民,用几天的时间训练成合格的出国工人,工作难度可想

---

①　段秀峰、李新锁:《清苑·1955 赴苏援建》,新华出版社 2011 年版,第 1 页。

②　段秀峰、李新锁:《清苑·1955 赴苏援建》,新华出版社 2011 年版,第 4 页。

而知。国内高度重视此项工作,制定了《出国工人训练计划(草案)》,成立办公室,下设五个股,分工完成工人集训的全部工作。挑选出来的工人中,18 岁以上 25 岁以下的 867 人,26 岁以上 35 岁以下的 133 人;中学生 7 人,读过六年书的 305 人,读过四年书的 295 人,文盲 293 人。各项集训、组织工作严格按照计划执行,关于体格检查,苏方提出从在中国工作的苏联专家中抽调 3 名医生参加,另由莫斯科派来 10 名干部(内有 1 名专管接受中国工人的局长)参加签订劳动合同。苏方提出中方 1000 人到苏后分在三个企业做工,到布里亚特共和国有色金属工业部吉达联合企业 300 人;到伊尔库茨克冶金化学企业建筑部门 400 人;到莫洛托夫市的石油企业建筑部门 300 人。

清苑县工人分两批集中出发,第一批 300 人,由翟春辉(时任清苑县组织部副部长)带队。

6 月 29 日,第一批工人到县集中。当天编队、安排住所,上午段县长作动员报告,下午打针、灭虱、理发,当晚召开党团员会和全体工人大会,成立了临时党团支部和行政组织。

30 日,填表、理发。

7 月 1 日,进行劳动和卫生教育。

7 月 2 日,介绍苏联工地和劳动情况。

7 月 3 日,订立劳动合同,接转党团关系。

7 月 4 日,上午 9:00 乘车到保定洗澡、换服装。

7 月 5 日,种痘,介绍乘车知识,学习苏联礼节。7 月 1 日到 5 日,300 人分 4 个小组,由苏联方面代表直接负责与工人签订合同。

7 月 6 日,上午举行欢送会,下午登车。目的地是靠近蒙古的边陲小镇——格勒多克市;

7 月 3 日,第二批 703 人,由段鸣琴(时任清苑县县长)和荀翠中(时任清苑县团委副书记)带队,7 月 5 日集中,培训过程经历与第一批大体相同。11 日从保定登车出国,18 日到达苏联伊尔库茨克州的乌索里耶市,其中 403 人由段鸣琴带队在当地留住,其余 300 人由荀翠中带队去往莫洛托夫市。工人出国后,每人的安家费用由县政府发到工人家中。苏方还通知我国派去苏联三个企业协助工作的 3 名县级干部,每月工资 1000 卢布到 1400 卢布。

这次派遣,中国工人与苏联部长会议劳动后备总局代表共同签订《中华人民共和国工人志愿前往苏联参加共产主义建设和学习生产技术的劳动合同》①:

（一）……

（二）苏联建筑企业保证:在签订劳务合同后,发给工人补助费人民币 20 元,到达建筑工地（企业）的工作岗位后,再发给补助费苏联币 150 卢布。以上两项补助费均不须偿还;负担工人由居住地前往工作地的旅费,每人不超过 80 公斤的自用物品和食物的运输费;在工人到达前,备好宿舍,被褥和其他必要设备,征收与苏联工人缴纳数目相同的房租和公用设备的使用费;自到达苏联工作地点之日起,按照建筑工地（企业）苏联工人支付工资的期限,标准、等级,并根据中国工人所负担的工作与规定日期支付工资,支付工资时扣除所得税;在开始工作前,向工人介绍技术安全规则和工作的技术条件,并按规定的标准发给工人以必需的工具和作业服装;保证各文化教育、医疗和社会福利机构为工人服务,条件与苏联工人一样;保证协助工人在生产中取得专长,并在业余时间帮助工人进行技术学习;对在建筑工地（企业）已做满十一个月工作的工人给以休假。如工人不休假,除工资照发外,并发给休假补偿金,条件与苏联工人一样……

对签订合同前往苏联工作的中国工人,还提供下列各项优待条件:

一、工人有权同苏联工人一样享受社会保险和抚恤待遇。

二、工人有权将工资的百分之十以内的款项汇回中国。

三、凡愿意回国休假的工人,有权将三年假期合并使用。

四、工人有权自费将妻子、小孩或未婚妻从中国接到本人工作地点。但对意在合同规定期限外继续留在苏联工作的工人,建筑工地（企业）的行政方面负担其妻子、小孩或未婚妻由中国前来本人工作地点的旅费,每家 80 公斤以内的行李运费和在苏联境内每人每日 5 个卢布的伙食费……

---

① 段秀峰、李新锁:《清苑·1955 赴苏援建》,新华出版社 2011 年版,第 128—130 页。

五、对合同期满后返的工人：

①发给返回原住地的路费；

②准许携带在苏联建筑工地或企业工作期间用自己的劳动工资买来的各种物品；

③准许把挣来的苏联货币按正式牌价换成中国货币带回，每人以1000卢布为限。

六、工人在集合地点停留期间和在前往工作地的路上，伙食免费；在苏联境内路上，除伙食免费外，每人每天还发给3个卢布的零用费。

1955年8月5日，中国共产党中央委员会通过驻苏使馆转交出国工人中党、团员领导关系的处理意见：派往苏联参加劳动生产的工人1000名。其中中共党员123名，青年团员359名。这批工人分布在布列亚斯特吉达联合企业（工人298名，其中中共党员39名、青年团员102名）、莫洛托夫建筑管理局（工人302名，其中中共党员43名、青年团员100名）、伊尔库茨克东方重工业建筑托拉斯（工人400名，其中中共党员41名、青年团员157名）等三个单位。[①] 这批工人中党、团员已按分配生产单位组织临时党支部和团支部。其中中共党员的组织生活，委托苏共企业党委直接领导，同时由驻莫斯科的中共驻苏特委与这些中共支部取得联系，以便及时了解情况。

2. 赴苏劳动

工人们乘坐火车前往苏联，先在保定集中乘坐火车前往北京，然后乘坐北京至苏联的国际列车，在满洲里换轨，一星期左右便可到达目的地。很多工人都是第一次坐火车，既新鲜又新奇，说说笑笑，还组织一些娱乐活动，唱歌、演唱戏曲、说快板等。可是到了苏联境内，换上苏联专用车后，工人们吃不惯火车上配发的面包和罐头，在旅途中发生一些不愉快的事情，但是没有发生大的纰漏。

"中国工人到达后，受到了当地市民的热烈欢迎。城市的楼房悬挂着欢迎标语，数千名市民夹道欢迎中国的使者。数以千计的城市劳动者前去迎接中国的使者。火车站广场的'安佳拉'车站挤满了工厂企业的青年男女、苏联

---

① 段秀峰、李新锁：《清苑·1955赴苏援建》，新华出版社2011年版，第5页。

党内和经济部门的干部。所有人都焦急地等待着火车的到达,火车门刚一打开,就露出了中国人灿烂的面孔,空气中充满了欢迎的乐曲。"①

中国工人到达之日,苏联当地党政和企业方面曾举行欢迎会。到达的第三日即投入生产,工人的组织性与纪律性较好,大部分工人尚能完成生产定额。所有工人一律暂按三级工待遇,每日实际工资少者 14 卢布,多者 18 卢布。每日吃饭费用 8—10 卢布。中国工人分为小队集中生产,每队均有一名苏方熟练工人担任队长具体指导,中国工人担任副队长。

刚到苏联后,工人遇到了许多困难,主要是饮食不适、语言不通和工资待遇较低等问题。在饮食方面,许多工人吃不惯面包、罐头、黄油等苏联食物,甚至有人患肠胃病,为此中苏协商聘请中国厨师,食堂以中国饭菜为主,解决饮食问题。

在居住方面,苏方提供的宿舍为两层楼房,4—6 人一屋,每人配发一张钢丝床、一套被褥,中国工人的被套、床单、枕套一周左右换洗一次,屋内有地板,并装设暖气。每层楼配有 2 个厨房、2 个洗澡间、2 个厕所和烘干室。宿舍配有穿衣镜、方桌和椅子等生活用品以及扩音器。每栋宿舍楼还设有阅览室,配有收音机、乐器和各种棋类。在伊尔库茨克,苏方还提供土地供工人种植蔬菜。此外,一些工人熟悉苏联生活后,学会用卢布与当地人交易获取需要的食物。

在生活方面,因为工作地点是新建城市,原是苏联"流放犯人"的地方,地处偏远,人烟稀少,条件艰苦,治安混乱。为此,苏联政府从两国关系着眼,非常注意工人的安全,在中国工人的驻地专门设有警察巡逻,警察也对中国工人格外关注。中国方面,带队的领导格外小心,严格要求出国工人,加强纪律约束和政治教育。党员在星期六参加学习会和生活会。普通工人原则上每月召开一次全体会议。中国工人有单独的宿舍楼和生活区,下班后在规定的范围内活动。节假日外出时不许单独行动,须结伴而行。

工人们不懂俄语,与当地人沟通困难,为此,中方负责人组织工人在工作

① 徐海娇:《苏联时期来自河北省的华工(1950—1960 年)》,托木斯克国立大学硕士学位论文,2019 年。

之余参加俄语学习班,方便他们与当地人沟通和学习技术知识。最初工人工资待遇偏低,他们到苏联后,据统计,三个企业担任木工者291人,粉刷工212人,混凝土工99人,砌砖工195人,挖土工125人,其他杂工68人,厨师10人,中国工人集中使用,每20—25人为一小队,苏联工人担任小队长,中国工人担任副小队长。工资根据合同规定,第一个月为学徒期,暂按三级工待遇(在伊尔库茨克的工人暂按四级工待遇,学徒期四个月),按实际发放。在莫洛托夫市的工人平均日工资12卢布30戈比;伊尔库茨克的工人平均日工资17卢布46戈比;吉达联合企业的工人平均日工资为13卢布,中国工人每人每日平均饭费9卢布,每月还要负担房租和公用设备等费用,积蓄较困难。

经过一段时间,中国工人的生活和工作有很大的变化,逐渐适应苏联饮食。在工资上发生变化,他们刚到苏联时,既无技术又无专业,只能干一些粗活儿。但是中国工人上进心强,认真学习俄语和专业技能,通过努力,工人的技术水平普遍得到提高。由于苏联工资制度改革,实行计时和计件工资,中国工人劳动效率的提高,工资收入也相应增多。巴拉托娃建筑工地12个小队,工人每人平均日工资为21.3卢布,有的队每人日工资为29.36卢布,乌索里市建筑工地的25个小队,8月份每人月工资为550多卢布,最少的小队每月平均得350多卢布。从11月8日至18日,工人汇款回国的已有1296人次,其中汇过2次的300人,汇款数多的是100元人民币,一般在20元以上。①

在生活纪律方面有所好转,工人能按时遵守作息制度,自学俄文的积极性很高,巴拉托娃建筑工地的工人已成立6个班,共120人。伊尔库茨克建筑工地参加俄文学习的有150人。

为方便、丰富工人业余生活,苏联工地设有医院、电影院、俱乐部、邮局、商店等设施。由于生活封闭,很难解决工人的精神需求。工人开始组织文艺、体育活动,排演《秦香莲》、《桑园会》、《三娘教子》、《华容道》等戏曲。国内王昆等知名演员带领慰问团在演出的同时还指导工人。

苏方还为中国工人订阅《人民日报》、《工人日报》、《中苏友好报》和《中国青年报》等。工人的业余生活非常丰富,尤其在国庆节,各地都举行庆祝

---

① 段秀峰、李新锁:《清苑·1955赴苏援建》,新华出版社2011年版,第5页。

会,中苏工人合作演出节目,放映中国影片。苏联工人和少先队员还给中国工人献花、赠礼品,促进了中、苏工人之间的友谊和团结。业余时间,中苏工人一起郊游、联欢,苏方对工人生活照顾周到,两国工人相处甚好。

1955 年 1 月 25 日,国务院出国工人管理局印发第 13 期《简报》,自 9 月以来,我国工人已逐渐习惯苏联生活环境,劳动纪律有所好转,操作方法也有改进,和苏联企业工作人员和工人之间的关系日益融洽,在伊尔库茨克乌索里市建筑工地的 25 个生产小队,自 9 月发起为迎接祖国国庆节和苏联十月革命节的劳动竞赛以来,完成定额情况逐日上升,9 月一般都能完成定额 80% 至 90%,有的小队在苏联技术员耐心帮助下,超额完成任务 100% 至 200%,个别小队有的一日超额完成 400%。在莫洛托夫巴拉托娃建筑工地的 12 个生产队,10 月已有 10 个队超额完成了任务。其中 9 个队平均完成定额的 124%,仅一个队完成定额的 88%。[①] 苏联企业对中国工人表示赞扬,在乌苏里市(乌索里耶市)建筑工地有 60 名中国工人获得企业的奖金和奖状,莫洛托夫巴拉托娃建筑工地评选出 12 名模范共产党员和共青团员。

刚到苏联时,工人们大多从事技术性不强、以体力劳动为主的工种,但一两年后,情况发生变化。有的俄语好、心灵手巧而又善于钻研技术的中国工人,都掌握一两门新技术,比如电工、电焊工、汽车驾驶等方面的技术。于是许多人开始离开中国小队,调配到苏联职工行列中,打破中国工人单独编队的格局。

3. 工作爱情

异国他乡,尽管有文化差异,还是阻挡不了青年人追寻爱情的脚步。在苏方的企业中,工作人员大多是女性,工地女工较多,中国工人勤劳和质朴获得苏联女工的青睐,她们主动展开追求,很多苏联女工和中国工人互生情愫,组成了跨国婚姻。1957 年 12 月 30 日,在比尔姆就有 5 对新人举行了婚礼;仅在吉达,就有 8 名中国工人与苏联女工相恋;在别列兹尼基市 40 名山东工人找到了自己的"另一半",并获得了中国驻苏联大使馆的许可;临朐县的部分工人结婚后留在了莫洛托夫市,比尔姆的幼儿园还开办中国班。

---

① 段秀峰、李新锁:《清苑·1955 赴苏援建》,新华出版社 2011 年版,第 31 页。

对于中苏通婚,开始时中苏双方认为恋爱自由、婚姻自主,都不干预。在1959年上半年,中苏两党意识形态方面发生分歧,中国政府在工人支部内部通知,要求对中苏之间的国际婚姻适度限制。在结束八年合同之后,愿意回国的工人需先与苏方女子办理离婚手续,不愿意离婚的工人就留在苏联。

4. 再次选派

继1955年清苑县工人赴苏后,1956年,中国又派遣1000名工人前往苏联,成员以城市未就业者和人民解放军复原军人为主。根据苏联方面的要求,工人年龄在20—30岁且不是文盲;工人应至少受过四年教育,粗通文字,有利于工人更好地学习俄语和技术,提高工作能力。根据苏方的要求,中国政府分别在山东省昌潍专区(现为昌邑、潍坊二市)的益都(现为青州市)和临朐县动员600人,河南省新乡专区(今新乡市)动员400人。其中昌潍专区中的益都县动员对象中转业军人有75人,占总人数的24%;年龄20—25岁者228人,占76%;26—30岁者72人,占24%;粗通文字者18人;初小二年者36人;初小三年者30人;初小毕业者72人;高小程度者87人;初中文化者5人。这批工人中有200人留在了莫洛托夫市,与上年先期到达的清苑县的300人合并为一个大队,在同一个工地工作。他们都在西乌拉尔重工业建筑公司工作。240名中国工人参加了建设工作,30人被分配到水泥厂,其余人在木材加工厂工作。①

由于中苏关系的影响,1956年派出的1000名工人成为最后一批。随后中方撤销了出国工人管理局,中国将不再派遣工人前往苏联。

1958年8月,第一期工人三年合同届满,在完全自愿的情况下,有85人选择回国参加社会主义建设,这些人被分配到青海省城建局工程队和石油局等单位。第一批休假工人企业已同意9户家属来苏联。根据苏方要求又自愿签订三年合同,第二期从1958年7月至1961年7月,三年;第三期从1961年7月至1963年7月,两年。这两期合同,均体现工人自愿,如不愿再签,就安排回国。到1960年,第二期合同到期,伊尔库茨克的工人全部回国,其他工地

① 林桂美、刘鹏:《一名老翻译对旅苏华工的回忆录》,人类学思维经验,彼尔姆:国际会议资料,2015年5月14—15日。

也有部分工人选择了回国。1963 年,赴苏援建的工人,除少数人因为婚姻留在苏联,其余全部归国。

这些工人熟练掌握建筑技术和机械技术,回国后备受重视。国家根据每个人的专长安排适当的岗位。清苑县的回国工人,有的被二机部留用,成为尖端科学部门和单位的技术骨干,还有的被化工部接收。除此之外,保定的几个大厂也安排了 100 多人。

赴苏援建工人是 20 世纪 50 年代中苏关系"蜜月期"的产物,他们在苏联工作和生活八年,是中苏关系"蜜月期"的见证者,为苏联经济建设贡献自己的一份力量。

二、20 世纪五六十年代的留苏学生

新中国成立之初,百业待兴。要发展工业,特别是重工业,除资金、设备方面存在困难外,最为奇缺的是各类专业技术人员,尤其是高级技术人员。这一时期,国家亟须发展高等教育,国内又无法培养大批社会主义建设所需要的人才。

1950 年,《中苏友好同盟互助条约》签订,国内迅速掀起全面学习苏联的高潮。"以苏为首,以俄为师"成为新中国成立之初的奋斗目标,希望借助苏联力量培养我国自己的科学技术人才。于是中央决定大规模面向苏联派遣留学生。

新中国派遣留苏学生是从 1951 年开始,这一年派出 375 人,其中大学生239 人、研究生 136 名,派遣人员来自卫生部、宣传部、轻工部、教育部等 14 个国家部门和系统。由于时间仓促、经验不足,再加上语言、气候、饮食、生活习惯等差异,这次派遣工作出现诸多不足。

1952 年 2 月 6 日,中苏签订《关于中国公民在苏联进行生产技术实践条件的协定》。1952 年 9 月 1 日,双方又签订了《关于中国公民在苏联高等学校学习的协定》。

1. 留苏预备部

1952 年初,经国务院批准,在北京俄语专科学校设立留苏预备部,进行留学生出国前的综合培训,包括政治思想考察以及俄语培训。1952 年 3 月 31

日,首批 419 名留苏预备生进入留苏预备部正式上课。经过近一年严格政治审查和考试后,综合评定留学生出国资格,最终合格者方能出国。1952 年中央提出"严格选拔,宁少勿滥"选拔工作的八字方针,教育部还下发选拔应届高中毕业生留学苏联的通知,当年从 5 万名应届高中毕业生选拔了 200 人作为留苏预备生,开启选拔应届高中毕业生留学苏联的先河。

留苏预备部需在一年内,培养一批德才兼备、体魄健全的留学预备生。为完成任务,留苏预备部须做好俄文教学、政治理论教学、时事政策教育、思想政治教育、军事体育锻炼、政审、体检及伙食管理、出国服装等各项事务工作。由于选派对象绝大多数没学过俄语,学习难度大,因此俄语教学是重要培训工作之一。当时基础俄语教学占业务培训时间的四分之三以上,同时,还开设中国革命问题、马列主义基础、苏共党史等政治理论课。在预备部学习期间,预备生的性别、年龄、政治面貌、家庭出身等个人信息都需登记审查。据统计,1952年至 1955 年不能出国者共计 1233 人,因政治审查不合格者就达 501 人,占不能出国留学人数的 40.63%。

留苏预备部还要保证留苏预备生具有健康的体魄。1952 年国内大学生的生活费都是一个月 11 元,而留苏预备部的学生们每月由国家给 33 块钱。除吃饭费用外,每月有 16 元零花钱,这在当时也是一笔不小的数字。此外,留苏预备部的伙食很好,一直被学生们津津乐道。

留苏预备部还负责准备留学生的出国物资装备。虽然国家很贫穷,但还是最大限度地保障留学生优厚生活待遇,当时刘少奇同志指出,送一个留学生到苏联学习的费用相当于国内 25—30 户农民一年的收入。①

在 1952 年留苏预备部进行两次选拔。由于选拔时间紧,只有 3—4 个月的时间,为有效地派遣留苏学生,第一批留苏预备生中的大部分学生延期到1953 年出国,因此 1952 年 8 月派出的留苏学生只有 220 人。1952 年选拔的第二批留苏预备生在留苏预备部学习一年后,于 1953 年 8 月派往苏联,总计583 人,其中大学生 523 名、研究生 60 名。

①　周尚文、李鹏、郝宇青:《新中国初期"留苏潮"实录与思考》,华东师范大学出版社 2012年版,第 42 页。

留学生的选拔与管理工作也逐步走向规范化,明确各部门的工作职责。1952 年留学生选拔考试由国内各大区分别举行,1953 年由高等教育部统一实施管理。这种由国家统一考试选拔留学生的做法,保证派出留学生质量。驻苏大使馆成立留学生党委和留学生管理处,莫斯科成立留苏学生总会,为留学活动的顺利开展做出贡献。

1960 年留苏预备部取消。留苏预备部的成立是我国留学史上的一个标志性事件,它标志着我国向苏联派遣留学生工作走向规范化、制度化。

2. 选派与学习

(1) 严格选拔,争取多派

1953 年,国家第一个五年计划开启。为了经济建设的长远考虑,党和国家制定"严格选拔,争取多派"留苏学生的基本方针。1953 年 5 月,教育部联合人事部专门发布《关于 1953 年选拔留苏预备生的指示》,使派遣有了明确的制度保障。

1953 年 8 月留学生统一考试,报考人数共 1392 名,经过政治审查、体格检查、业务课考试后完全合格者大概有百分之十五。为了更好地组织和选拔优秀人才,还成立留苏预备生学科考试委员会,加强对留苏预备生业务考试管理。委员会有留苏预备部本部和北京各高校的专家学者组成。1953 年共选拔考生 2795 人,其中择优录取留苏预备生 1700 人。

经过留苏预备部的学习和培训,1954 年 8 月,共有 1375 名留学生赴苏学习,其中研究生 149 人,研究所 1226 人。派遣人数较 1952 年、1953 年都有大幅度提高。1955 年 8 月,派出留学生 1932 人,其中大学生 1660 人、研究生 239 人、进修教师 33 人;1956 年派出留学生 1933 人,其中大学生 1343 人、研究生 493 人、进修教师 97 人,占全部留学生人数的 65.9%。总之,这一时期的留苏活动得到长足发展,派遣人数达到了历史最高峰。

1957—1960 年的留苏学生选拔派遣工作在国家政策的调整下出现新变化。从 1956 年开始,中央严格明确选派留学生的方针为"争取多派研究生,少派或不派高中生",这说明选派的基本原则是缩小规模,注重质量。1956 年,在派遣专业方面要照顾国家急需专业,逐步转向重工业。

1957—1960 年的留苏学生情况表①

年份 \ 类型	大学生	研究生	进修教师	合计
1957	40	220	115	375
1958	8	191	55	254
1959	65	282	61	408
1960	158	66	93	317

这个时期的派遣工作受到国际、国内政治运动的影响。1960 年下半年召开的第二次全国留学生工作会议对今后的留学工作重新进行部署,会议要求减少数量、提高质量,主要派遣有工作经验的研究生、进修教师和实习生,高中生原则上不派。

1960—1966 年是留苏学生派遣工作的下降阶段,派遣人数与 20 世纪 50 年代相比急剧下滑。

这一时期出现少数的实习生,但派遣人数达到了历史最低点,五年总计派出 202 人,人数只占 1956 年(历史人数最多 1933 人)的 10.4%。1966 年 6 月 30 日,高等教育部发出《关于推迟选拔、派遣留学生工作的通知》,规定经请示中央批准,选拔、派遣留学生的工作决定推迟半年进行。1966 年,教育部、外交部发出了《关于国外留学生回国参加"文化大革命"的通知》,停止选拔派遣工作。通知规定除个别特殊情况外,所有留学生都要回国参加"文化大革命"。对于尚在国外留学的学生,采取休学和提前毕业的办法,务必于 1967 年 2 月之前返回祖国。至此,派遣赴苏留学活动完全终止。1967 年 6 月,最后一批留苏学生全部撤回,标志着中国对外教育由局部交流走向了全面关闭。至此,长达 17 年之久的中苏教育交流工作陷入全面停滞状态。

据苏方统计,1951—1965 年在苏联学习的中国人员中有 1.8 万名技术工人、1.1 万名各类留学生、900 多名中国科学院各研究所的科学家,以及按科技

---

① 李鹏:《建国初期留苏运动的历史考察》,博士学位论文,华东师范大学,2008 年,第 50 页。

合作合同在苏联了解技术成就和生产经验的 1500 名工程师。① 20 世纪五六十年代的留苏学生分布在莫斯科、列宁格勒、喀山、基辅、哈尔科夫、高尔基城等几十个城市的 220 多所大学和科研机构。

（2）异国苦学，报效祖国

带着党和国家的殷切期望，带着祖国人民的重托，学子们踏上了异国求学之旅。到达苏联之后，他们立即投入紧张的学习生活中。几乎所有的苏联学校都可以看到中国学生的身影。他们被分配到经济、教育水平较高的城市和院校，主要集中在莫斯科和列宁格勒。据统计，20 世纪 50 年代在莫斯科学习的留苏生多达 5041 人，占留苏生总数的 53.86%；其次是列宁格勒，达 2720 人，占留苏生总数的 29.06%。置身异国，学生们遇到了语言应用的障碍。儿科专家龚明敏记得："到莫斯科第二医学院求学的第一个月，上课一句也听不懂，甚至一节课上完了都不知道刚刚上的是哪门课。"②

重负之下，每个留学生每天学习时间都保持在 15 个小时左右，每天穿梭于课堂、宿舍、图书馆。绝大多数学生由于听不懂课程，晚上回宿舍还要加工、抄笔记、做预习，经常到晚上 12 点、次日凌晨 1 点，甚至连星期天也不休息。看到留苏学生学习、生活上遇到的种种困难，苏联老师和同学给予他们热情的帮助。在留苏学生的艰苦努力和苏联师生的热心帮助下，留苏学生的语言能力渐渐提高。

进入二年级，大部分学生都能跟上老师讲课的速度，并且进入了专业学习阶段。苏联严格的教学管理、开放的学术氛围、先进的教学理念等对他们产生深远的影响。留苏学生没有让祖国和人民失望，大多数留学生学习成绩优秀，各科成绩基本都是"5 分"。

他们聪颖勤奋、谦虚朴实、成绩优秀，不仅受到苏联教师的喜爱，而且在各方面也得到学校的优待。苏联共青团中央十分重视中国留学人员的青年团员工作，还提高了团员的助学金标准，每月发放 1200 卢布，当时一般的留苏学生

---

① ［苏］奥·鲍·鲍里索夫、鲍·特·科洛斯科夫著，肖东川、谭实译：《苏中关系 1945—1980》，生活·读书·新知三联书店 1982 年版，第 152 页。

② 郑骊君、俞水：《1951 年留苏学生：追忆留苏的燃情岁月》，中国新闻网，2009 年 9 月 7 日。网址来源：http://www.chinanews.com/lxsh/news/2009/09-07/1853481.shtml。

每月助学金为 500—700 卢布。

除此之外,苏联方面还为留苏生提供了丰富的课余活动和暑期休假。留学生在课余之时可观看歌舞、话剧和听音乐会。苏联院校还经常组织学生到工厂、农庄和其他地方参观访问,参观展览会、革命遗址、纪念馆,周末还与苏联教师和学生联欢。

从第一批回国的 16 名留苏学生到 1966 年最后回国的 65 名留苏学生,先后共有 8278 名留苏学生①,回国后他们都表示无条件地服从分配,奔赴国家最需要的地方,成为发展工业和全面建立科研体系的骨干力量,有的人成为所在领域的领军人物,有的成为单位的重要骨干。

1955 年选出的 172 名中国科学院院士,是新中国成立以来第一次选举产生的院士,其中留学生比例高达 92%。改革开放后,留苏学子中有 200 多人走上省部级领导岗位,有 5 位入选中国社会科学院学部委员,12 位为荣誉学部委员,其中有 6 位是双院士,特别是有 4 位留苏学生荣获国家最高科学技术奖。

由于大批留学人员的参与和努力,我国的科学技术取得突飞猛进的发展,许多人成为新中国发展工业和全面建立科研体系的骨干,成为关键科技领域的开拓者和奠基人,他们为中国的经济建设和社会发展做出不可磨灭的贡献。

(3)黑龙江留苏学生及归国后的贡献

20 世纪 50 年代初期,大规模的留苏学潮开始之际,国家各部门选拔黑龙江省高校的大学生、进修教师、实习生赴苏留学,一是为新中国俄语教育储备力量;二是为了黑龙江重工业基地建设培养科技人才和骨干力量。其中,黑龙江大学和哈尔滨工业大学、哈尔滨医科大学的留苏学生在黑龙江省留苏活动中具有影响和代表性。

1954 年,黑龙江大学先后派出四批共计 21 名教师赴苏联莫斯科大学学习或列宁格勒师范学院进修,其中有赵先捷、华劼,还有列宁格勒大学的吴福生、林宝煊和王武铮,以及莫斯科大学语文系马继芳。

① 白冰:《中国学生赴苏学习问题的历史考察(1951—1965)》,《中共党史研究》2017 年第12 期,第 89 页。

这一时期曾经在黑龙江大学学习、工作过,赴苏留学归来后有被调往省外工作的,其中有信德麟、刘魁立。20 世纪 50 年代,哈尔滨工业大学被确定为全国两所学习苏联经验与制度的大学之一。1955—1956 年派出 46 名青年教师到苏联攻读副博士学位,24 名教师赴苏联和捷克斯洛伐克进修或者进行学位论文答辩。其中,仅 1955 年派到列宁格勒建筑工程学院的学生就不少于 7人。他们中的代表有姜以宏、张修志、朱育理;黑龙江省哈尔滨医科大学从1957 年 6 月开始先后派教师到莫斯科第二医学院、苏联科学院等高校及研究机构留学,如华光、丁力、朱子桥、刘强、李兵、王孝铭、王舜毅等同志。这些留学生成了哈尔滨医科大学学科发展的创始人和骨干力量,他们还带回了部分专业教材、教学大纲和实习指导材料,解决了学科建设和教学的急需。

除派出高校学子、教师赴苏留学外,国家为黑龙江重工业基地建设派出了不少进修生、实习生,他们均来自工厂的技术人员和业务骨干。如 20 世纪 50年代,哈尔滨汽轮机厂厂长周伯藩曾经带队前往苏联考察学习,他在列宁格勒金属工厂进行了为期一年的学习;机械工业部从哈尔滨锅炉厂选派 40 余名人员赴苏联塔干洛格红色锅炉厂实习一年;双鸭山煤矿的龙运起在苏联乌克兰斯大林诺城选煤技术专科学校学习。

这一时期黑龙江所派留苏学生人数不多,且派出人员大多集中在大专院校、企业部门及科研单位。其中很多人都成为我国著名的俄语理论专家、外语教学法专家、俄苏文学专家、翻译家,为中国俄语教育事业和外交发展做出巨大的贡献。

第三章　俄罗斯时期的旅俄华侨与华人

俄罗斯时期的旅俄华侨与华人，记录了从苏联解体至今的华侨华人历史，包括华侨的基本状况、华侨社会与社团组织、俄罗斯移民政策的特点及对华侨的影响、华侨与俄罗斯社会的融入等。

本章详细叙述了苏联解体后，中俄边境地区人员往来与经贸交流日益频繁，大批中国人涌入俄罗斯远东地区求学、务工、经商；分析了华侨年龄结构、赴俄原因、赴俄人数、分布状况、职业状况；阐述了这一时期华侨人数在远东地区呈现的六个发展阶段；叙述了华侨经济实力不断增强，政治地位不断提升，逐步形成微型华侨社区；分析了俄罗斯移民政策对华侨身份构成、知识水平、商业活动产生的影响。

俄罗斯时期的旅俄华侨华人是连接中俄关系的桥梁和纽带，是中俄社会经济发展的推动者、中俄民族优秀文化的传播者、中俄友谊的缔结者。旅俄华侨华人是人类命运共同体的见证者、参与者，是实现中华民族伟大复兴中国梦的一支重要力量，是中国移民史中浓墨重彩的一页。

第一节　华侨的基本状况

在百余年的历史长河中，旅俄华侨经历了由谋生到创业，由被动到主动的发展变化，随着历史的发展、时间的推移，旅俄华侨华人从最初的简单苦力发展到现在的个体经营业户、大中型企业业主。他们中有的是怀揣淘金梦的华商，有的是借助地域优势务工谋生的华工和华农，还有在俄留学后选择创业的年轻人,他们用辛勤的汗水、不屈的斗志、惊人的毅力和超出常人的坚韧和努力,克服种种困难,逐渐在俄罗斯站稳脚跟。他们顺势而为,在不断变化的生存环境中,建立独具特色的华侨社团组织,形成了微型华人社会,在旅俄华侨历史上留下了拓荒的足迹,促进了俄罗斯的经济发展。

一、华侨的构成

中俄作为国土接壤面积较大的两个领土大国,关系纷繁复杂,进入 21 世纪后,中俄建立战略协作伙伴关系,赴俄人数不断增多,华侨经济文化活动更具有时代特点。苏联解体后,其在经济建设上遭受重创,特别是在全球经济危机和美国高压政策影响下,俄罗斯的综合国力逐步从巅峰走向衰弱,在经济逐步衰退的背后,凸显出一个严重的社会问题,即人口负增长。

此时,与之相邻的中国在改革开放后,国内经济向着良好的态势发展,中国庞大的人口数量及紧张的就业环境,促使国人走向世界寻求更多的发展空间。

由于俄罗斯远东地区与中国东北地区接壤,俄罗斯远东各大城市,成为中国人淘金好去处,是华侨向往的创业之地。从 20 世纪 90 年代开始,一些中俄边境地区以及内地居民陆续到俄罗斯进行务工、务农、经商。目前,华侨逐建成为俄罗斯社会中不可忽视的一个社会群体,扮演着重要的角色。如今在俄华侨人数众多,分布较广,职业广泛,文化程度参差不齐,大致划分为五部分:一是在苏联时期赴苏的华侨及其后裔;二是"四清"及"文革"初期私逃出境的人;三是改革开放赴俄淘金的华商、华工、华农;四是非法滞留的中国人;五是国内企事业单位派往俄罗斯长期工作的公务人员。

第一类人群:苏联时期赴苏的华侨及其后裔。

华侨中有一部分群体是旅苏华侨后裔,这源于历史原因。新中国成立后与苏联建立了外交关系,国内大街小巷响彻了"向苏联老大哥学习"、"苏联的今天就是我们的明天"的口号。国家各部门及地方组织派出大批教师、学生、工作人员赴苏联学习,在多年的学习和工作中,他们逐建适应当地的生活环境,有的与当地人组建家庭,生儿育女,20 世纪五六十年代,按照苏联政策,大多数苏侨带领家人返回苏联定居。1954—1955 年,在中国生活多年的 11 万苏侨回国,部分苏侨偕配偶和混血后代返回苏联。据资料显示,中苏合作期间,赴苏联进行学习、进修和经商的中国人达到 3 万余人。这部分人职业大多为工人,如当时山东、河北等地援苏建筑工人,有的在工矿企业从事普通工、技术工等,有的人还担任了领导职务,有的华侨担任地方政府及部门的领导,企业厂长、矿长、经理、集体农庄主席等。有的人专业技术、业务水平较高,获得了相应的职称,还有做出贡献的先进英模,被授予荣誉称号。那些在苏联出生的混血二代华人,与苏联各族人民一样,享有各种法律规定的权利和义务。他们深受苏联文化的熏陶,适应并融入了当地生活,因此,很大一部分人落地生根。他们在风俗习惯、生存特征和民族文化方面接近苏联社会和文化。由于大多数老华侨已经谢世,其后代基本融入了当地苏联社会,与祖籍老家有联系的,只占其总数的十分之一。

第二类人群:"四清"及"文革"初期私逃出境的人。

"四清"及"文革"初期,还有一部分人通过非正常渠道赴苏,这些人有的是因为家庭历史问题,逃到苏联避难;有的是逃避法律惩罚;有的是受西方思潮影响,不满足当时的生存环境,希望获得更好的物质生活。

通过调研了解到:L 先生,1925 年出生,黑龙江省呼玛县人,原籍河北省。他是中苏混血,母亲是苏联人,父亲是呼玛中农,自幼生母病故,继母待他苛刻。小时候生活很苦,在小学期间挑水、敲钟,靠打工维持生活。光复后在哈尔滨和黑河生活,伪满康德十二年在呼玛邮政局任邮差。呼玛成立维持会后,他参加县保安大队,任骑兵,爱好文艺,会吹小号、拉小提琴。1946 年他在呼玛县文化馆任馆员,善于组织协调青年活动。1964 年,"四清"运动刚开始,被定为苏修特务,他从呼玛县逃到苏联布拉戈维申斯克市,在一家酒精厂烧锅炉,娶苏联女子为妻。

G 先生,山东潍坊县人,1931 年出生,原呼玛县十八站党支部书记。1964 年秋季,他从呼玛县逃到苏联布拉戈维申斯克市定居,退休前在布拉戈维申斯克一家酒精厂烧锅炉,退休后种菜园子到市场去卖菜,娶苏联籍女人为妻,育有一男一女。

L 先生,他是中苏混血,曾任漠河乡副乡长,金黄色头发,碧蓝的眼珠,棕黄色皮肤,中等个儿,身材魁梧,因常年深入农村,与村民同吃同住,人缘极好。

"文革"期间运动波及祖国北疆漠河,在"四清"时期,由于漠河属中苏边境地区,到处抓苏修特务,因其是混血,又任乡长,被定为苏修特务、走资派,被关禁闭。关押期间,因患急性阑尾炎送医院手术,住院期间听到与他关系较好的北红大队书记、混血人郎平孝被确定为特务集团,成员中有的被打死,有的自杀,异常恐惧。1965 年他趁天黑,从漠河江边最窄处跑到对岸苏联,被发展为苏联特工人员。三年后,他跟随苏联特工人员到中国边境地区刺探吴八岛反修前哨战备情况。因为他对黑龙江沿江一带村屯地理位置、人文环境非常熟悉,由他做向导,在中国边境智擒同伙,立功赎罪,落实政策后无罪释放。

L 先生,原籍四川荣昌县盘龙镇,出身地主家庭,曾做过空军学员。1950年,东北人民政府西南招聘团在江津专区招收知识青年支援祖国边疆建设,他报名参加,来到最北部黑河,在黑河中学任数学教师。1953 年开始连续被评为模范教师,1955 年他与同事结婚。反右时被错划为右派,一边任数学教师,一边任打扫卫生的工友。1963 年底,L 非常紧张,怕社会主义教育运动整到自己头上,整宿不睡,唉声叹气。1964 年 2 月 4 日,他给妻子和校长留下信过江到苏联,后到苏联远东煤矿公司设计局做技术人员。1983 年 5 月 25 日,他给家人写信,中断近二十年的亲人得以联系。1989 年 1 月 28 日,他回国探亲。二十多年的漫漫长夜里,他用割舍不断的乡思写下有 2000 多首诗篇的《天荒诗斋》,并书写了一本反映自己在抗战时期经历的长篇小说《苦和怒吼》,翻译一部苏联记者兼作家阿·戈洛文写的反映苏联红军参加解放中国东北的长篇小说《后方前线》,未加入苏联国籍。

M 先生,1942 年出生安徽蚌埠市,年轻时在新疆阿尔泰当兵,性格耿直、倔强,"文革"期间受到不公正的待遇,一气之下于 1968 年逃到苏联。他在哈萨克斯坦生活 10 年,曾任纺织厂的修理工,后在夜校学习四年俄语,由于拒绝哈萨克斯坦安全部门对他抛出的"橄榄枝",1972 年被哈萨克斯坦安全局认定为中国派来的间谍,并被抓捕入狱三年零五个月,后被判刑 15 年。在监狱的漫长时间里,他不断递交诉状,当他写到第 3700 封信的时候,苏联国家安全局对其宣布判决书无效。九个月后,1976 年,被苏联政府宣布无罪释放,并将其送回哈萨克斯坦。出狱后的第二天,他被苏联有关部门送上飞机,来到距离哈巴罗夫斯克 100 多公里的胜利村林场,在那里他成为一名林业工人。

笔者与课题组成员在哈巴罗夫斯克采访俄籍华人

文某,原籍浙江杭州,1952年出生,1969年下乡到黑龙江省绥滨县。当年国内工资较低,挣钱少,遇上大丰收,到年底才分红90元钱。1974年夏天,他在江边看到苏联人拿着收音机,播放着音乐,非常羡慕和向往,便萌生到苏联看看的想法。他驾驶小船到对岸苏联,审查四个月后被苏联安全部门直接送到哈巴罗夫斯克胜利村。

这些在特殊历史时期逃到苏联的老一代华侨华人,大多数已经步入老年,有的人已经离世,他们中的一部人及其子女并未加入苏联国籍,国外的漫长岁月并没有消除他们对祖国及亲人的思念,他们通过不同方式,为中俄两国的文化交流和民间交往奉献着自己的力量。

第三类人群:改革开放赴俄淘金的华商、华工、华农。

20世纪80年代中苏边境贸易恢复正常化,俄罗斯远东地区和西伯利亚地区日用品的匮乏以及劳动力的缺乏推动了中国人赴俄的步伐,边境地区大量农村富余劳动力和城市下岗工人以及南方的小商小贩怀揣金山梦、淘金梦,来到俄罗斯远东及西伯利亚进行务工、务农、经商。

华侨赴俄渠道简单,大多数是经过亲戚或朋友介绍,具有主观自愿性。据官方资料统计,1993年及1997年中国公民赴俄罗斯的人数分别为75.1万人及 44.9 万人①,其中公务、探亲及旅游人员占大多数,根据数据可以看出,20世纪 90 年代中国公民赴俄罗斯务工经商达到一个至高点。

第四类人群:非法逗留的中国人。

在旅俄华侨中,除了大部分合法存在外,还有一些非法留居人员。多年来,俄罗斯移民政策一直呈现出复杂性和多样性特点。不同时期俄罗斯的移民政策能够解决人口危机,并在一定程度上弥补俄罗斯人口的自然损耗,调节外来移民和本地居民之间、俄罗斯各区域之间的人口及劳动力资源的比例,避免了俄罗斯区域之间人口和劳动力资源的不均衡,但由于俄罗斯移民政策、法规在个别地区执行力度不够,非法移民的出现。许多非法居住者最初赴俄的目的多为考察当地市场、旅游或从事贸易和其他工作,他们所持旅行签证或短期商务签证过期后,受俄罗斯劳动配额等因素的限制,无力重新更换劳动手续,未能持有合法的劳动许可证,却继续在俄罗斯境内从事各种劳务活动。加上俄罗斯各地"默许"和自身的原因,随着时间的推移,产生华侨非法留居的现状,并形成恶性循环。俄罗斯学者从俄罗斯的角度出发,对在俄华侨人数进行调查。

俄罗斯学者阿·拉林在对俄罗斯莫斯科(652 人)、远东地区(633 人)、符拉迪沃斯托克(209 人)、哈巴罗夫斯克(238 人)、布拉戈维申斯克(186)及其他地区 1285 名在俄华人及非法居留人数进行的调查显示,俄罗斯本土居民普遍认为中国人非法居留俄罗斯的人数众多,而这种外来不安定因素将会给他们的社会带来动荡和不安甚至是相当大的危机。

第五类人群:国内企事业单位派往俄罗斯长期工作的公务人员。

自 20 世纪 90 年代起,许多国内企事业单位将其业务拓展到了俄罗斯,随着事业不断发展,很多人员被派驻俄罗斯从事管理等工作。近年来,国家电网公司为推进"一带一路"有关项目,与俄罗斯相关电力部门加强相关领域的技术合作、专家交流和人员培训等;中国石油化工公司在俄罗斯远东地区建设炼

---

① 张红:《浅析旅俄华侨社群的构成特点及经商活动——莫斯科华侨社群的问卷分析》,《华侨华人历史研究》2002 年 12 月第 4 期。

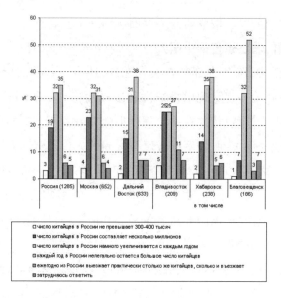

注①:黄色图标为认为俄罗斯华侨人数超过 30 万—40 万者。

　　　红色图标为认为俄罗斯华侨人数为上百万者。

　　　绿色图标为认为俄罗斯华侨人数每年在增长者。

　　　土黄色图标为认为俄罗斯非法存在大量非法逗留华侨。

　　　深绿色图标为认为出入境华侨人数基本相同者。

　　　灰色图标为认为很难回答者。

油厂,派遣了大量的技术专家及工人;中国商业银行、建设银行、农业银行及中国银行相继在俄罗斯开展境外业务均派出了很多公务人员。除了国有大型企业外,还有很多诸如华为技术有限公司、吉利汽车有限公司、"阿里巴巴"网络技术有限公司等均在俄罗斯当地拥有大量长期的工作人员,另外还有很多企业在俄常年从事海外业务工作,如隶属西伯利亚联邦管区的图瓦共和国的紫金龙矿产公司,其副董事长 Z 先生,在图瓦已经连续工作 12 年,成为当地家喻户晓的华侨代表。

　　综上所述,华侨赴俄具有主动性,他们成分复杂,人数较多,分布较广,这些多源的华侨逐渐构成微型华侨社会,具有独特的时代特点。

----

　　① ［俄］阿·拉林:《俄罗斯人眼中的华侨》,《人口学》,俄罗斯电子杂志,2008 年 5 月,第 333—334 期。

二、华侨赴俄原因、年龄结构、文化程度

华侨华人赴俄(苏)受主客观因素的影响,呈现多样性,既有政治、经济、历史的影响因素,还有国内因素与国际关系的因素,主要受到政治因素、金山梦和淘金梦,婚姻家庭因素的影响。

根据 2000 年俄罗斯学者统计,其赴俄原因如下:

2000 年中国公民赴俄/留俄统计表①

入俄罗斯境内总人数	794509
离境总人数	728141
邀请函登记数	187816
临时居留许可证数	301
临时居留人数	997
居留许可证发放数	261
按照居留许可所居住人数	2440
在内务处进行临时登记的总人数,其中:	270116
私人目的	5213
商务目的	82613
旅游	72770
学习	6570
劳务	100201
人文目的	524
其他目的	1222
宾馆注册人数	120610

通过俄罗斯学者的统计,我们发现,虽然一部分中国人赴俄是为了旅游,但是大多数以劳务活动为目的,其次是为了经商。华侨赴俄的主要原因是为了从事经济活动,获得更多的经济利益。1993 年,高中毕业的山东泰安 Z 某到俄罗斯后贝加尔地区经商,后贝加尔是毗邻满洲里的边陲小镇,经商的有俄

---

① ［俄］安东诺娃、雅科夫列夫:《中俄在移民政策领域的合作》,国际会议论文集,赤塔:后贝加尔国立大学出版社,2017 年 5 月,俄文版,第 46 页。

罗斯人、布里亚特人、阿塞拜疆人,贸易市场非常简易,交 500 卢布就算纳税。第一天出摊,他就出售六七箱啤酒还有一些饮料,不到半天时间就赚了几百元人民币。他说:"那时候每条女士纯棉内裤批发价 1.5 元人民币,一打 20 个,销售价每条 500 卢布,顷刻时间,10 余名俄罗斯人就把几百个内裤给分了,我拿着一沓子卢布半天没回过神儿来。"①

以布拉戈维申斯克为例,2003 年人民币和卢布的兑换比率为 1:3.5,经营水果日营业额为 2 万卢布,出售一个冰柜净赚人民币 1000 元②。如经营化妆品日营业额最低几百元,有的高达 1 万多元人民币,一名普通俄罗斯服务员日销售提成为 600—1300 元人民币③。在布拉戈维申斯克、坦波夫、伊尔库茨克、比罗比詹等地租种土地种植蔬菜、黄豆每年获利少则二十余万元人民币,一些种粮大户年获利达几百万元人民币;在远东符拉迪沃斯托克、哈巴罗夫斯克、布拉戈维申斯克等地经营服装、蔬菜批发等业户每年获利少则十余万元,多则三五十万元,高额的利润吸引大批中国人赴俄经商。

近年来,中俄关系迅速升温,高层合作频繁,促使更多的中国人来到俄罗斯开启异国谋生之旅,无论城市还是乡村都留下他们的足迹。在中俄相邻的边境城市,当地经济在华商、华工的推动下迅速发展。旅俄华侨通过自身努力,逐步融入俄罗斯社会,并成为俄罗斯社会中不可忽视的力量。

新时期旅俄华侨大多数是中青年,其文化程度与 19 世纪、20 世纪的华侨相比大幅度提高。根据俄罗斯学者的统计,在对莫斯科和远东地区 900 名中国人进行调查结果来看,其中 35 岁以下的人数占 35%,35—45 岁的人数占 28%,45—60 岁的人数占 12%;男性占 60%,女性占 40%;受过高等教育的人数占 21%,受过高中或中专教育的人数为 52%,受过初中文化水平教育的人数占 25%,受过小学文化水平教育或未受过任何教育的人数占 2%。④ 对于莫斯科这类大城市的华侨来说,他们的稳定性要偏高一些,并且大多数华侨年龄

---

① 2019 年 1 月采访在克拉斯诺亚尔斯克中国大市场经商 20 年的 Z 某。
② 2017 年 1 月在布拉戈维申斯克中国大市场采访在俄经商 14 年 L 先生的谈话。
③ 2015 年 10 月采访曾经在布拉戈维申斯克经商多年的 W 女士母子的谈话。
④ 宏华:《俄罗斯华人华企的现状及与当地经济的关系》,《俄罗斯中亚东欧市场》2011 年第 1 期。

偏低,据资料显示,莫斯科的华侨中,21—40 岁的人数占 60%,41—45 岁的人数占 12%,20 岁以下的人数占 10%,而年纪较高的人数仅占 4.8%。其中受过高等教育的人数占 35.9%,受过不完全高等教育的人数占 22.2%。① 通过以上数字统计发现,俄罗斯时期的华侨男性多于女性,中青年占大多数,绝大多数受过高中及以上教育,受过高等教育人数比例偏低,这种年龄结构和受教育程度在很大程度上影响着华侨的职业。

三、赴俄人数及分布

苏联解体后,涌入俄罗斯大城市莫斯科等地的中国人较多。近年来,华侨在俄人数被认为最为准确的数字为 20 万—40 万人,最多时期能够达到 50 万人。② 据估计,目前在莫斯科的华侨人数约为 5 万人,来自东北三省的人数占 78%,而其中来自黑龙江省的人数占据首位;其次,来自浙江省和福建省的人数占 14.3%,来自山东省的人数占 7.1%,还有一些来自河北、江苏和北京、上海等大城市的人。③

俄罗斯时期华侨人数,在俄罗斯学界存在极大的争议。俄罗斯对中国劳动力的吸引具有明显的地方性特点,主要集中于大城市及俄罗斯东部。据俄资料统计,莫斯科的华侨人数较多,能够达到 2 万—2.5 万人,人数最多时期能够达到 3 万—4 万人。④ 2002 年俄罗斯旅俄华侨人数正式被记录的人数为 3.46 万人,2000—2001 年,签订合同赴俄务工的旅俄华侨为 7 万人。⑤ 据资料显示,2006 年在俄罗斯联邦移民局注册的外国劳工总计为 114 万。⑥ 近五

---

① 张红:《浅析旅俄华侨社群的构成特点及经商活动——莫斯科华侨社群的问卷分析》,《华侨华人历史研究》2002 年 12 月第 4 期。

② 《华侨眼中的俄罗斯生活》,来源网站:https://wciom.ru/database/open_projects/kitayskie_migrantyi_v_rossii/。

③ 张红:《浅析旅俄华侨社群的构成特点及经商活动——莫斯科华侨社群的问卷分析》,《华侨华人历史研究》2002 年 12 月第 4 期。

④ 网站资源:https://ru.wikipedia.org/wiki/Китайцы_в_России。

⑤ 网站资源:http://bsk.nios.ru/enciklodediya/kitaycy-v-sibiri-i-na-dalnem-vostoke(西伯利亚及远东地区的中国人,来源于西伯利亚地方志电子图书馆)。

⑥ [俄]奥·季莫菲耶夫斯基:《阿穆尔河畔的俄中关系》,布拉戈维申斯克:布拉戈维申斯克国立师范大学,2003 年,俄文版,第 135 页。

年来,中国劳工的数量在莫斯科稳居第一,占登记在册的外国劳工总数的 24%。

据资料显示,莫斯科华侨人数高峰期为 1992—1993 年,达到 12 万人左右,①1994 年俄罗斯联邦进一步实施了移民调控政策,导致赴俄中国人数量减少,1998 年经济危机后,入境人数又出现了回升。通过对 1999 年至 2008 年中国人赴俄人数统计窥见一斑。

1999—2008 年华人赴俄一览表②　　　　　　　　（/千人）

年份	指数	赴俄目的						
		公务	旅游	私人	长居	中转	工作人员	总计
1999	入境	184.6	178.8	24.3	0.01	1.7	58.2	447.6
	出境	177	172.5	33.1	0.01	1.1	57.1	440.8
	移民增长	7.6	6.3	-8.8.	—	0.6	1.1	6.8
2000	入境	239.8	172.2	29.6	0.02	2.7	49.5	493.8
	出境	239.5	165.5	33.5	—	1.3	50.4	490.2
	移民增长	0.3	6.7	-3.9	0.02	1.4	-9.9	-5.4
2001	入境	164.8	164.8	78.2	0.02	2.5	50.8	461.1
	出境	165.4	156.8	82.4	0.01	1.3	50.9	456.8
	移民增长	-0.6	8	-4.2	0.01	1.2	-0.1	4.3
2002	入境	126.3	267	262.1	0.1	4.5	65.7	725.7
	出境	111.2	258.6	254.9	1.3	4	68.6	698.6
	移民增长	15.1	8.4	7.2	-1.2	0.5	-2.9	27.1
2003	入境	99.7	203.3	293	0.02	7	76.8	679.8
	出境	93.8	190.2	289.5	2.3	5	75.5	656.3
	移民增长	5.9	13.1	3.5	-2.28	2	1.3	23.5

---

① 张红:《浅析旅俄华侨社群的构成特点及经商活动——莫斯科华侨社群的问卷分析》,《华侨华人历史研究》2002 年 12 月第 4 期。

② [俄]阿·拉林:《中国人在俄罗斯》,莫斯科:东方书籍出版社,2009 年,俄文版,第 148—149 页。

年份	指数	赴俄目的						
		公务	旅游	私人	长居	中转	工作人员	总计
2004	入境	117.7	283.8	323	0.05	10.5	78	813.1
	出境	113	275	310	0.6	8.3	76.6	783.5
	移民增长	4.7	8.8	13	−0.55	2.2	1.4	29.6
2005	入境	146.3	204.2	352.5	0.1	7.3	88.2	798.6
	出境	140.3	197.8	338.8	0.7	5.6	87.8	771
	移民增长	6	6.4	13.7	−0.6	1.7	0.4	27.6
2006	入境	257.4	157.4	241	0.9	10.7	98	765.4
	出境	226.2	153.3	244	2.4	5.5	97.5	728.9
	移民增长	31.2	4.1	−3	−1.5	5.2	0.5	36.5
2007	入境	183.8	129.7	337.6	0.3	11.3	102.3	765
	出境	177.5	128.2	338	2.5	26.4	101.4	774
	移民增长	6.3	1.3	−0.4	−2.2	−15.1	0.9	−9.2
2008	入境	196.9	127.2	377.7	0.7	9.9	103.1	815.5
	出境	193.6	125.4	358.5	1.2	2.5	101.7	782.9
	移民增长	3.3	1.8	19.2	−0.5	7.4	1.4	32.6

从表中可以看出,华侨入境人数从 2002 年开始逐渐增多,较 2001 年增长 64%。2008 年入境人数达到历史最高点,但之后由于经济危机,华侨入境人数回落。

根据俄罗斯博客网站报道,目前华侨大部分生活在俄罗斯远东地区,其次是莫斯科等大城市,根据网站报道指出,莫斯科的旅俄华侨人数在 4 万人左右,克拉斯诺亚尔斯克区旅俄华侨人数为 2439 人,新西伯利亚州为 1926 人,斯维尔德洛夫斯克州为 1172 人,圣彼得堡市为 1578 人,伊尔库茨克州 1118 人,托木斯克州 407 人,克麦罗沃州 193 人,萨哈林州 76 人,[①]这其中不乏有许多旅游者被认定为旅俄华侨。克拉斯诺亚尔斯克边疆区华侨人数较少,人

---

① 网站资源:http://www.nstrade.ru/blog/item/kitajcy-v-rossii-i-drugih-stranah/。

口普查中,1989 年有中国人 453 人,所占比例为 0.01%,2002 年有中国人 665人,所占比例 0.02%。①

在俄罗斯各大网站上报道的华侨人数与实际人数存在一定的差异,俄罗斯很多专家、学者在研究中,由于对华侨概念的理解不同,存在多种统计和重复统计现象,另外一些俄罗斯别有用心的学者和官员为宣扬"黄祸论"和"移民危机"夸大了华侨数字。俄罗斯学者格尔博拉斯在 2001 年提出旅俄华侨的人数为 20 万—40 万人,最多能达到 50 万人,他们分布在俄罗斯的各个地区和城市。② 俄罗斯政府官员普利霍吉果及乌努国夫指出,2004 年旅俄华侨的人数为 15 万—20 万人,根据 2002 年全俄人口普查数字,当年旅俄华侨的人数在 3.5 万人左右。据俄罗斯劳动与就业部门统计,2006 年俄罗斯的合法劳工为 21.08 万人,其中旅俄华侨超过 20%,2007 年减少到 15.5%,2008 年合法注册的旅俄华侨为 28 万人。其中大多数旅俄华侨都集中在远东、西伯利亚及一些中心地区。③

华侨在俄远东地区主要集中在布拉戈维申斯克市、哈巴罗夫斯克市、符拉迪沃斯托克等较大的城市,笔者曾经在 2018 年 1 月及 2018 年 7 月分别对哈巴罗夫斯克市的华侨进行田野调查,通过对当地居留时间较长且负责办理华侨护照的华侨采访得知:2018 年 1 月哈巴罗夫斯克市的华侨人数为 1 万多人,而同年 7 月则超过了 2 万人。根据符拉迪沃斯托克华人联合会资料统计,2018 年当地旅俄华侨人数为 2 万人。

进入 21 世纪后,华侨人数在俄远东地区呈现出增减六个阶段,即经历持续减少(2001—2003)、小反弹(2004)、再下滑(2005—2007)、逐年回升(2007—2012)、小幅下降(2013—2014)、逐年攀升直至历史最高点(2015—2016)的发展历程。

多年来,远东地区华侨数量波动一直较大。一是华侨人数增长。远东地区华侨数量增减,主要由其从事行业、社会生活状况所决定。俄远东地区对中

---

① [俄]特鲁法诺夫:《克拉斯诺亚尔斯克边疆区民族研究》2009 年第 2 期,第 126—127 页。
② [俄]格尔博拉斯:《俄罗斯的中国现实》,莫斯科:蚂蚁出版社,2001 年,俄文版,第 40 页。
③ 拉林:《俄罗斯的中国移民:历史与现代》,莫斯科:东方之书出版社,2009 年,俄文版,第150—151 页。

国商品和劳务依赖性极高,高额利润对华商产生极大吸引力,华侨人数不断攀升。一方面是华侨适应远东地区开发需求,抓住对俄贸易契机;另一方面受市场经济利益大、效益好及高额利润驱动。高额利润的吸引使中国人纷纷到俄罗斯远东地区淘金。二是华侨人数减少。远东地区华侨人数减少,一方面受俄经济危机影响,出境人数锐减;另一方面俄远东地区移民政策的更迭变换,使出境人数大起大落。2013——2014年,中俄边境出入境人数锐减主要是在乌克兰危机背景下,欧美国家纷纷对俄罗斯实施制裁,俄罗斯经济危机、卢布贬值,导致远东经济环境极度恶化、社会购买力大幅下降,华商处于微利甚至亏损边缘,远东生存和贸易环境恶化引发大批华侨的归国潮。

　　俄罗斯时期旅俄华侨的统计至今没有详尽的数字。中俄两国专家、学者以及官方都很难确定华侨的准确人数。通过资料发现,一方面是由于俄罗斯没有专门的政府机构负责对华侨进行综合规范的统计。多年来俄罗斯政府各部门只是根据自身工作职责对华侨的人数进行统计,如俄罗斯联邦统计局根据华侨在常住地或对长期居留的移民进行注册统计;联邦移民局只是出入境登记,监控俄罗斯领土上的华侨;联邦安全局、边防局根据俄罗斯边境出入境人数进行统计,这种各部门统计的结果造成交叉性、重复性,而这些局部的、单一的统计数字无法进行科学的、综合性汇总和分析,因此,导致了华侨人数缺乏统一性和不确定性。另一方面则是华侨自身的特殊性。个别华侨非法留居,无法进行准确统计。个别人使用旅游签证,一年内多次往返,形成重复统计等情况,这与俄罗斯当局的移民政策、中央及地方政府的执行力和控制力有着极大的关系。第三方面是中俄对"华侨"概念的理解不同,而导致对旅俄华侨人数统计的不确定。《中华人民共和国归侨侨眷权益保护法》第二条规定:"华侨是指定居在国外的中国公民"。华侨的构成要素有两个,一是定居在国外;二是保留中国公民的身份。"定居"是指中国公民已经取得住在国长期或者永久性居留权,并已在住在国连续居留两年,两年内累计居留不少于18个月。中国公民虽未取得住在国长期或者永久居留权,但已取得住在国连续5年以上(含5年)合法居留资格,5年内在住在国累计居留不少于30个月,视为华侨①。

---

　　①　张秀明:《华侨华人的相关概念的界定与辨析》,《华侨华人历史研究》2016年第2期。

俄罗斯将所有赴俄、在俄的中国人,如旅游人员等统称为华侨,这就导致统计数据常常出现极大的偏差。

四、华侨的祖籍地

华侨大多来源于边境城市,少部分来自中国的内地城市。在远东与中国邻近的三大城市中,来自黑龙江的人数最多,占 79%;吉林人次之,占 9%;辽宁人和山东人各占 3%,北京人占 2%,来自河北、上海、江苏的人各占 1%。东北三省的人占旅居俄远东的中国人的大多数。① 笔者对远东地区布拉戈维申斯克市、哈巴罗夫斯克市、符拉迪沃斯托克市、比罗比詹市、白城及尼古拉耶夫斯克市的华侨进行调研发现,由于地缘优势,远东地区的华侨大多数来源于东北三省,其中黑龙江省边境地区市、县偏多,如哈尔滨市、黑河市、绥化市、明水县、拜泉县、铁力县、同江市、牡丹江市等地,其次,还有来自山东省、河北省等,其中不乏有北京、上海等大城市的居民。对于华侨留居地,俄罗斯学者拉林及其研究团队曾经在 2007 年下半年对俄罗斯的 700 名华侨做过调查问卷,被调查者的 700 人中一半来自莫斯科市,另一半来自远东地区,其中来自符拉迪沃斯托克市 116 人,来自哈巴罗夫斯克市和布拉戈维申斯克市 117 人。

原籍中国居住城市

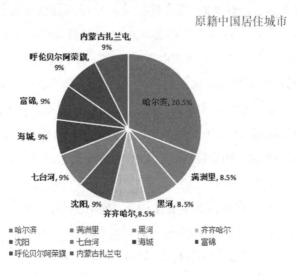

① 李传勋:《俄罗斯远东地区的所谓中国"移民"问题》,《人口学刊》2006 年第 9 期。

根据以上调查分析得知,华侨大多数来自中国的东北地区,其中黑龙江省居首位,而黑龙江籍的华侨大多分布在俄罗斯远东地区。由于地缘优势,在黑龙江边境地区如黑河、绥芬河、同江等地赴俄方便快捷,边境地区的富余劳动力和下岗工人大多选择赴俄淘金。

2020 年对克拉斯诺亚尔斯克大市场华商原籍地进行调研,上页图为对克拉斯诺亚尔斯克大市场华商原籍调研结果。

五、华侨的职业状况

俄罗斯丰富的自然资源为华侨从事多种职业提供了自然条件。华侨从最初的苦力发展到技术人才及经营主体,活跃在各行各业中。通过华侨职业结构的变化,映射出中国的经济发展历程及中俄关系。笔者对远东第三大城市布拉戈维申斯克市老一代华侨的走访中发现,当年他们大多数人从事最基层的体力性质工作,工作待遇均属于一般收入水平,多数为工人,工作缺少技术含量,很少有人从事贸易活动。20 世纪 80 年代,旅俄华侨的社会地位明显提高,其中有些人还担任了重要领导职务,如企业厂长、矿长、经理。以布戈拉维申斯克市为例,1988 年,居住在布拉戈维申斯克市的华侨及华人 38 人(不包括苏籍配偶及未成年子女),其中男 29 人、女 9 人,这些人多数是在苏联时期在当地长期居住人员,有的是在苏联时期从其他地区搬迁而来,有的在哈巴罗夫斯克电台担任对华广播播音员,有的在布拉戈维申斯克市第一号浴池任主任,有的是技术员,除此之外,其他大多数人都从事体力劳动,如车间工人、司机、勤杂工、建筑工、修路工、水暖工,还有菜农及 5 名退休工人。

21 世纪后,在俄罗斯移民政策影响下,伴随着俄罗斯市场及华侨本身知识结构、文化水平的改变,华侨区域分散化特点越发明显,其职业结构发生巨大变化。以远东华侨为例,他们在俄罗斯境内主要从事贸易、建筑业、农业、林业、餐饮业等。俄罗斯学者也曾经对俄罗斯时期华侨在俄从事职业做过调查,具体见下表。①

---

① ［俄］列·安东诺娃:《中俄在移民政策领域的合作》,《俄罗斯权利杂志》2010 年,俄文版,第 46 页。

农业、狩猎、并提供以上行业的服务者	16979
林业并提供此行业服务	13022
矿业开采	388
生产再加工	4805
建筑业	38894
批发、零售业,汽车、日用品等维修	132623
交通业	226
通讯业	21
金融活动	715
不动产业务、租赁服务	92
与信息科技、计算机业务有关的活动	58
与地理学研究方面有关的活动	20
教育业	2
保健业	507
提供公共、社会服务者	687
其他经济贸易活动者	16706

通过统计可以看出,俄罗斯时期华侨从事经济贸易者在总人数中所占比例最大,其次是建筑业,再次是农业、林业及生产再加工行业。几年来笔者通过调研发现,俄罗斯时期华侨职业结构主要为以下四个方面。

1. 商品批发零售业

从俄罗斯经济发展历史看,一直是重工业发达,轻工业落后的经济体制。而中国轻工业在南部沿海地带已经蓬勃发展,俄罗斯对轻工业产品的需求,促使中国对俄贸易人数激增。

根据俄罗斯学者 2007 年对莫斯科和远东地区 900 名中国人进行的问卷调查得出以下数据:900 人中 700 人是从事经商或与经商有关的行业。[①] 如今华侨从事经济贸易活动主要分为两种形式:一是开设公司,进行各种贸易经营活动;二是以批发、零售为主的市场式经营活动,而开设公司的华侨人数远远

---

① 宏华:《俄罗斯华人华企的现状及与当地经济的关系》,《俄罗斯中亚东欧市场》2011 年第 1 期。

低于从事批发、零售的华侨人数。笔者调查发现,华侨从事日用品、水果、服装鞋帽等批发零售业等经济贸易活动的人数占据较大比例。在阿穆尔州布拉戈维申斯克市的"扎巴"、"华府"、"劳动大街 47 号"、"友谊水果批发市场"等大型商场中,有许多华商从事商品批发零售业。在布拉戈维申斯克水果市场友谊库,2017 年 1 月该市场有华侨业户 40—50 人,市场出口处平房内有近 10 个华商摊床,2012—2013 年该市场生意兴隆,有华商业户 160 余人;阿穆尔州白山市库杰尼信尼科水果批发市场有 5 个华商摊床;比罗比詹市有 3 家华商经营的蔬菜水果批发店,规模最大的是"哈尔滨菜库",占地面积达 770 平方米;符拉迪沃斯托克的体育大市场中有华商近 300 家;哈巴罗夫斯克市的"阿里"中国大市场,有 31 栋房屋,拥有 1000 多个摊床,室外还有 2000 多个露天零售摊床,其中 12 栋楼内就有 500 个摊床。尽管大市场的位置有些偏僻,可是交通方便,通往市内南区、北区的 47、42、68、85、35、37、48、65 路公交车在市场门口分别设立站点。在远东地区比罗比詹、共青城、尼古拉耶夫斯克、苏维埃港、雅基诺等地的商贩大多在哈巴罗夫斯克的阿里中国大市场批发货物。2018 年初,"阿里"大市场在生意淡季时期有华商一万余人,生意旺季时期人数达到两万余人,在市场里,98% 的华侨从事批发、零售活动,年收入在二十万元到二三百万元不等;在遥远的尼古拉耶夫斯克,俄罗斯人口数量仅为 18636人,在中国人开设的亚洲大市场,2018 年 8 月有 8 名华商从事服装批发和零售,4 名华商从事水果批发和零售;在伊尔库茨克中国大市场有 1000 多个摊床,其中,中国商城 220 个摊床、蓝楼 600 多个摊床、外面零售业户 200 多个小摊床;在克拉斯诺亚尔斯克友谊大市场和东方大市场共有中国商户 300—400 人。

在远东地区经营蔬菜水果批发零售的华商年均收入 20 万—40 万元不等,在远东地区一些从事蔬菜水果批发行业经商时间较长、经验较丰富的华商,年利润为 30 万—50 万元人民币,甚至更多,而在华商较少的城市,如比罗比詹市、白山市、新布列亚镇、克拉斯诺亚尔斯克市等地,华商的年利润较其他城市略高。华商垄断了远东地区的日用品、服装、蔬菜和水果的批发和零售,满足了俄罗斯市民的生活所需,但是大规模的企业较少,大多处于低层次经营阶段。

伊尔库茨克上海大市场

2. 农副业

俄罗斯是一个幅员辽阔的农业大国,农业区气候适宜,阿穆尔州平原多、地势平坦、土质肥沃,非常适合机械化作业。苏联解体至今,农产品玉米、大豆产量下降,农副产品市场供应不足,劳动力资源短缺难以满足经济与市场的开发需要,为华农赴俄提供了发展空间。黑龙江省富余劳动力利用地缘和资源优势,推动对俄农业开发合作,从事开垦荒地、蔬菜种植、畜牧养殖、农产品加工等,他们采用先进耕种栽培法,提高农产品产量,受到俄罗斯人的赞誉。齐齐哈尔市李女士的丈夫在比罗比詹租种 400 垧黄豆,每垧土地租金 1000 元、800 元、500 元人民币不等,效益好时年收益 50 万元人民币;黑河人祁某,1989年开始在距离布拉戈维申斯克 40—50 公里的白山市以及逊克县对面波雅尔科沃与人合伙种植 1000 多垧黄豆,每垧土地租金 8—3000 元不等,雇用俄罗斯员工近 20 人;逊克县 45 岁的张某已在俄罗斯生活近 30 年,是阿州远近闻名的农业大户,在阿穆尔州的"十月区"、"远东村"、"布列亚区"、"罗姆区"租种土地 1 万垧,他摒弃凯斯 210 拖拉机、东方红—300 拖拉机等落后生产工具,购买使用先进的欧美大型机器设备凯斯翰迪尔,日工作 8 小时可开垦 80 垧地①,开垦速度快、收益高;黑河市宁某在欧姆利区旗帜村、白山市的瓦西里区种植 2.2 万垧黄豆。通过调研和查阅资料得知,远东地区有 1000多万公顷土地,其中 600 多万公顷土地分布在与黑龙江接壤的俄远东各州区境内。目前,华商仅在布拉戈维申斯克种地约 5 万—7 万垧。2015 年,河北承德华商投资人民币 2100 万元在哈巴罗夫斯克附近比金农场种植黄豆。1990—2006 年,俄村民纷纷离开远东地区,土地闲置,为黑龙江上中游地区的人们提供耕种条件,除了种粮食,他们还大面积种蔬菜,截至 2006 年,中国农民已经掌控远东 90%的蔬菜市场。钱某在距离伊尔库茨克市 20 公里的哈密多瓦大棚内种植菠菜、白菜、西红柿等 14 年,租种 4—5 垧地,每年每垧土地租金 2 万元,采摘后批发给小业户。效益好的时候每垧地获利 20 万元,普通年份每垧地获利 10 万元,2009—2014 年效益最好,最多时有 40 余名华商在当地种植蔬菜。2014 年受经济危机影响,华商大多回国,2019 年该地仅有 10 余名华商种植蔬菜,有的华商最多种植 10 余垧大棚蔬菜。由于粮食蔬菜产量高、产品优,大大降低了远东地区蔬菜价格。

3. 建筑业

20 世纪 80 年代后期,一些中国南方建筑商带领工人凭借能吃苦、技术新、质量高等优势,在俄罗斯建筑业占领一席之地。如,1989 年福建省的何文安带领 150 人的建筑装饰队伍跻身阿穆尔州建筑市场,承建 8.5 万平方米的阿穆尔州医院内部装修工程,从此在俄罗斯建筑业不断发展壮大。2015 年末,何文安的华富集团在布拉戈维申斯克市经营 4 个商场、一家五星级宾馆,在俄开发建筑总面积 100 多万平方米,境外资产总额已达人民币 17 亿元。2016 年他启动"威尼斯项目",占地 4 公顷,计划 5 年完工,这是俄罗斯联邦第二大工程项目,也是俄重点项目之一。

通过调研得知,在远东地区从事建筑的华侨,大多是体力劳动者,只有百分之一的人成为建筑商,有的在俄罗斯投资高达十几亿元,且建筑资金大多由华商投资垫付。

4. 餐饮业

华侨经营的餐饮业颇受俄罗斯人认可和赞誉。不仅在莫斯科、圣彼得堡

---

① 根据 2017 年 3 月在黑河市田野调查采访 H 先生的谈话。

等大城市有中国餐厅,在远东地区也有许多中餐馆。如在阿穆尔州布拉戈维申斯克市开设"三亚"、"海南"、"五一"、"北京"、"泰山"、"东方"等中国饭店;白山市有"北京"、"风车"等四五家华商经营的饭店,规模最大的是"亚洲饭店";新布列亚镇有"北京饭店"和"哈尔滨饭店";在比罗比詹有"火烈鸟饭店"等;在符拉迪沃斯托克市有十多家中国饭店,其中有"金凤饭店"、"哈尔滨饭店"、"大连饭店"、"熊猫饭店"等;在哈巴罗夫斯克市有"中国饭店"、"西亮饭店"、"北京饭店"、"香港饭店"等;在尼古拉耶夫斯克有"哈尔滨"中国饭店;在伊尔库茨克有"秋子饭店"、"哈尔滨饭店"、"中华饭店"、"王记家常菜馆"等,这些中国饭店外部大多采取俄罗斯的装修风格,内饰装修均以中国元素为主,以红灯笼、中国结、中国书法、国画等进行装饰,经营菜品以北方菜系为主,厨师均为中国人,采取饮食与娱乐相结合的方式吸引大量俄罗斯顾客。中国餐馆均以俄罗斯人名义经营,或者雇佣俄罗斯人为法人,饭菜价格低廉、明码标价,深受俄罗斯市民青睐。饭店租赁金额以地段为主,繁华地段租金价格要高些,一般为 1 万—3 万元。华商年均利润在 20 万元以上,饭店内洗碗、配菜等重体力劳动均雇用俄罗斯人,俄罗斯服务员月工资在1500—2500 元,一般饭店只雇用一名中国厨师,从事厨师行业的华工月利润 8000 元至 1 万元不等,普通华工服务员年利润在 5 万元以上。华商在俄罗斯经营餐饮业少则 3—5 年,多则 10 余年,有的业主已经购买房屋的产权。

俄远东地区是待开垦的处女地,存在巨大的商机。在克拉斯诺亚尔斯克,吉林、满洲里、辽宁、黑河、浙江等地华商购买成片森林,雇用工人采伐后加工成木材运回国内,获利颇丰。2019 年 1 月,在克拉斯诺亚尔斯克附近的坎斯克有华工 100 多人从事森林采伐,每人管吃管住,月薪 6000 元。有的华商雇用国内汽车修理工,在符拉迪沃斯托克、哈巴罗夫斯克、伊尔库茨克、克拉斯诺亚尔斯克、雅库茨克等地开设汽车修理厂。华商遍布远东地区,就连人口仅 1万余人的尼古拉耶夫斯克也有华商的身影。华商不仅开设汽车修理厂,还开设喷漆厂。有的华侨在俄罗斯开设翻译公司,从事华侨各类文件的翻译;有的在房地产公司从事会计、管理业务;有的开设留学公司,专门负责俄罗斯各大院校的招生工作;还有的华侨从事中介服务等。

华商在布列亚开设的哈尔滨饭店

俄罗斯时期华侨职业结构发生了很大的变化,这种变化不仅改变了其原有的生活状态,提高了其生活水平,丰富了华侨的物质文化生活,同时,还影响了俄罗斯本土人对华侨的看法,提高了华侨的社会地位和经济地位。

第二节　微型华侨社会与华侨社团组织

随着经济的发展,在俄华侨大多通过自身努力,生活水平不断提高,许多华侨购买了住宅和院落,居住场所宽敞、舒适、整洁,院内种植果树、花卉,大多数华侨购买家用轿车,有的华侨在俄罗斯娶妻生子。

改革开放后,随着我国国际地位的不断提升,华侨在俄罗斯受到合法保护和尊重,其经营规模、经济实力、驾驭市场的能力以及国际贸易水平都有极大的提升,逐步树立较高的威信。华侨在宣传中国文化,促进两国文化交流,树立中国良好形象,加强中俄两国人民的友好往来等方面起到了桥梁纽带作用,华侨社团组织也随着华侨政治经济地位的改变而改变。

一、华侨经济政治地位的提升

首先，华侨社会地位的提升。华侨的社会、政治及经济地位的提高对俄罗斯的经济、政治和文化产生影响。在俄罗斯新移民政策的影响下，为了提高在俄华侨的俄语水平，哈巴罗夫斯克华商会谢会长自 2017 年起被当地大学和政府机关邀请，聘请俄罗斯语言学、历史学专家为当地华侨进行语言培训，组织华侨参加考试，以获取劳动许可证。在俄罗斯官方组织的考试中，由华侨参与、组织的培训较少，这项举措说明，俄罗斯政府已经开始重视当地华侨文化素质的提升工作，并注重吸引高素质、高层次的华侨。笔者对西伯利亚地区华侨的走访了解到，国内紫金龙矿业公司在图瓦共和国经营多年，其董事长 Z 某在当地具有良好的信誉，在其生日时，曾收到当地政府的官方贺信，这种情况极为罕见，这是华侨在当地社会影响力及社会地位提高的体现；在尼古拉耶夫斯克市，华商会会长张某走在大街小巷总有许多俄罗斯人善意地与他打招呼，亲切地叫着他的小名，显然，他已经得到当地俄罗斯人的认可与信任，成为他们生活中的朋友。

其次，华侨经济地位的提升。由于中国经济实力的崛起，苏联解体后赴俄华侨的社会地位、经济地位不断提升，他们的收入较高，生存环境、生活环境、工作条件发生质的变化。无论是从事服装批发业，还是从事农副业、餐饮业的华商大多雇用俄罗斯人完成脏、累、差、杂的具体工作，而他们只负责联系业务，从事一些轻松职业，早已完成由雇工到雇主身份的转变，成为令人艳羡的老板和经理。华商在俄时间大多已达五年以上，他们经济实力较强，生活富裕，出手阔绰，在俄罗斯挣钱，回国内消费。一些有实力的华侨在俄罗斯购房、购车并置业，经常往返于中俄两国边境地区。

丰实的经济基础为华侨在俄罗斯的生活提供物质保障，他们的物质生活和精神生活丰富。周先生大学毕业后选择在布拉戈维申斯克市攻读硕士和博士研究生，利用业余时间为农贸公司翻译和从事化妆品代购业务，由于适应能力强，对远东地形比较熟悉、经常往返于阿穆尔州、哈巴罗夫斯克、符拉迪沃斯托克等地。2015 年，在人民币与卢布汇率 1：11 时，他花费 7 万卢布/每平方米在布市购买一套小户型公寓（合人民币 6363 元/平方米），并花费 5 万元人民币购买一辆二手日本车，方便联系业务，两年后更换新车辆①；在俄罗斯闯荡 20 余年，在布里亚经营"哈尔滨饭店"的王女士，与丈夫在距离布列亚镇 80 公里外的 Талакан（塔拉坎）购买一套门市，用于经营饭店②。白山市 W 先生，购买一套 300 平方米的二层楼房用于经营饭店，其在布拉戈维申斯克市还经营两家中国饭店，并购买私家车。在比罗比詹经商二十年的杨女士花费人民币 200 多万元购买 770 平方米的二层楼门市房，由于业务量大，雇用许多中俄工人，并购买私家车③。

一些华商完成资本积累后，在俄罗斯购买房屋并置业，有的在国内北京、海南、哈尔滨、长春等地以及原籍置业购房。如在符拉迪沃斯托克经营饭店和旅店的白女士在北京购买房屋；曾经在布拉戈维申斯克经营服装的赵女士与丈夫在海南、北京等地购买房地产；曾经在布拉戈维申斯克经营手机的高先生在沈阳、哈尔滨购买房地产。

物质生活的富裕使华侨的精神生活变得丰富多彩，业余时间与中俄朋友一起滑雪、游泳、打猎、捕捞、旅游、观看各类演出。如今远东地区一些"80后"、"90后"的年轻华侨已经开始融入俄罗斯社会。

二、微型华侨社区的形成

在俄罗斯打拼的华侨，大多不是独自一人，而是与亲属或者同乡同行。他们在俄罗斯站稳脚跟，有一定经济基础后，便以移民网络为基把亲属朋友带过来共同创业打拼，互相照应和依靠，他们以家庭为单位少则两三人，多则十几人、数十人。一些华商举家迁往俄罗斯，子女在当地上学，很多华侨购买了房屋、汽车。

随着华侨人数的增加、行业的拓展、分布的延伸，根据祖籍地、语言同属性、从事行业种类及家族同源等因素，逐渐形成了微型华侨社区。在微型华侨

---

① 根据 2017 年 1 月在布拉戈维申斯克采访小 W 的谈话。
② 根据 2017 年 1 月在阿穆尔州布列亚镇采访经商十余年 W 女士的谈话。
③ 根据 2017 年 1 月在比罗比詹市哈尔滨菜库采访经商二十余年 J 女士的谈话。

社区中,以家族链或同乡链为基础的华侨社区是最稳定的,他们大多在同一领域从事经济活动。而在俄罗斯经商时间较长的华商都住在俄罗斯居民区内,与俄罗斯人混居。

20 世纪 90 年代,布拉戈维申斯克有许多商品批发零售的华商业户,居住在少先队大街 51 号 2 栋三层小楼房近百名、曙光宾馆 200 余名、体育场公寓 100 多名。另外,在布拉戈维申斯克大金龙、小金龙市场及周边,在劳动大街 47 号,都住满做生意的华商①。2017 年,在布拉戈维申斯克水果市场内有 15—16 户华商住在华人宾馆,每个房间 30 多平方米,每月租金 2000 元人民币;在阿穆尔州白山市中国大市场的华商,经商、居住地点都在大市场,除了做生意外几乎不出门,一年中只有圣诞节才休假三天,春节期间也不停业;2017 年,在俄经商十余年的同江县冯某夫妻二人带着儿子、儿媳、孙子居住在比罗比詹太阳岛学校,那里有华侨 70—80 人,已经形成微型华侨聚集区;比罗比詹的杨某夫妇一起经营饭店,儿子在圣彼得堡大学读书,弟弟、弟媳妇、舅舅、姨在尼古拉耶夫斯克经营服装;2019 年 1 月,在伊尔库茨克 20 公里的哈密多瓦种地的 10 余名华农,他们租住在水果库,每天班车通勤,下班后几乎与外界隔绝;伊尔库茨克吴某,三家合伙租住 120 平方米的俄罗斯楼房,三室一厅,每月租金 35000 卢布,水电费自理;符拉迪沃斯托克的华商以祖籍地和市场为中心选择居住地点,大家互相照应,华侨大多租住宾馆,月租金平均为 1.5 万卢布,体育大市场的张先生在宾馆租一个房间,每月租金 1.5 万—1.8 万卢布,那里有许多中国人;在符拉迪沃斯托克租住俄罗斯两室一厅房屋,每月租金 2.3 万—2.4 万卢布。2021 年在克拉斯诺亚尔斯克四层高的中华宾馆,每层十几个房间,有 70—80 名中国住户,最多时达到 150—160 名中国住户。2020 年 1 月笔者对克拉斯诺亚尔斯克大市场随机调研华侨居住地情况。

---

① 2015 年 12 月、2017 年 1 月、2017 年 6 月分别采访曾经在布拉戈维申斯克经商 10 余年的 W 女士、F 女士、G 先生的谈话。

2020 年 1 月在克拉斯诺亚尔斯克大市场随机调研表

在俄居住地	人数	是否单独居住	备注
和平大街	10	否	与其他中国人一起合住
车里雅宾街	5	否	与其他中国人一起合住
中国城	3	否	与其他中国人一起合住
苏维埃大街	7	否	与其他中国人一起合住
果戈里大街		是	
游击队大街		是	
马克思大街		是	
工人大街		是	

微型华侨社区除了由亲属血缘关系外,更多由其从事行业所组成。很多互不相识的华侨赴俄后,由于从事同一个领域的经济活动进而成为了朋友、伙伴,共同在一个社区里生活。如哈巴罗夫斯克市的"阿里中国大市场"是远东地区著名的中国大市场,整个市场内有 31 栋房子、1000 多个摊床,外面还有 2000 多个零售摊床,其中 12 栋楼就有 500 个摊床。[①] 尽管位置偏僻,可是交通方便,通往市内南区、北区的 47、42、68、85、35、37、48、65 线公交车都在此设立站点。整个市场的华商大多从事批发业务,有少许零售活动,只有两家华商从事餐饮活动。在远东地区比罗比詹、共青城、尼古拉耶夫斯克、苏维埃港、雅基诺等地经营服装的人大多在哈巴罗夫斯克的"阿里中国大市场"进行批发。这里的华商不仅有黑龙江籍,还有很多来自广州、北京等大都市,因此华侨以来源地为主形成各种"帮",从最初人数最多而占优势的"东北帮",现在逐渐扩大了"福建帮"、"温州帮"等,他们不仅在生意上互相扶持,在生活中也如亲人般彼此照顾,进而在俄罗斯形成了自己的社会、经济、关系网,共同在俄罗斯打拼事业。

在采访中发现,远东地区 95% 以上的华商和亲属朋友共同生活在中国宾馆或者大市场,月租金为人民币 1500—2000 元,他们组成大大小小不同群体,这些群体不断补充和更新,逐渐扩大规模,他们既是单独的个体,又通过移民网络,组成不同的华侨群体,形成微型华人社区。这些华侨社区自成一体,与

---

① 根据 2018 年 1 月 21 日在哈巴罗夫斯科市采访 G 先生的谈话。

其他华侨社区没有联系,以此提高自己的适应能力。在远东地区的华侨在饮食、服饰、生活习惯等方面依旧沿袭国内的风俗习惯,他们除工作外,很少与俄罗斯人交流,大多喜欢和本民族人群居,很多人生活区域仅限于工作范围。华商个体独立处理在异国的法律纠纷、商业事务、与俄罗斯海关等部门的沟通协调,自行解决生活、工作中的难题。比如在远东地区的尼古拉耶夫斯克市,整个"亚洲"中国大市场中的业户90%都是张氏家族成员,他们在"家长"的带领下,在尼古拉耶夫斯克市建市场、开商店,家族成员经营种类不同,以和谐共赢的理念在俄罗斯这片土地上开拓自己的事业。

如今活跃在远东地区各个行业的华侨,已经成为俄罗斯远东社会,尤其是经济领域重要的组成部分。在远东地区的中国人宾馆或者华侨社区内,黄皮肤、汉语、汉族服饰是他们典型特征。虽然中国人在俄罗斯没有形成唐人街、中国城,但是他们分散居住在不同华侨社区,建立微信群,共享商业信息,传承中华民族传统文化,并形成坚固的抗拒外来文化的"防波堤"。

三、社团组织与媒体

1. 社团组织

苏联解体后,随着华侨华人数量的不断增加,华侨按照地缘、业缘、亲缘、血缘纷纷成立社团组织,华侨社团组织从成员构成到社团性质及特点都发生了本质的变化。近年来,华侨社团组织的种类不断丰富,如华人商会、妇女联合会、华人华侨协会、福建同乡会、温州鞋会、武术家协会等等。如在哈巴罗夫斯克有哈巴华侨协会(1993年)、中俄商会(1999年)、伊尔库茨克华侨协会(1998年),在符拉迪沃斯托克有华人工商联合会,还有圣彼得堡华侨华人协会等。

20世纪90年代初,莫斯科中华总商会成立。不久,莫斯科华人华侨联合会成立,1994年2月20日举行第一次全体会员大会。该会以团结华侨、华商,互助互爱,促进中俄友好,保护会员合法权益为宗旨。1997年7月,几十个中资机构共同成立了莫斯科中资企业联谊会。1998年3月7日,莫斯科华人妇女联合会成立。近年来,在过去众多侨团组织的基础上经过联合、重组而形成俄罗斯华侨华人联合总会和俄罗斯中国和平统一促进会。此外还有莫斯科中国企业联合会、圣彼得堡的中国企业家协会、沿海地区中国企业家协会、俄罗斯华人艺术家协会、俄罗斯中国志愿者协会等。

俄罗斯符拉迪沃斯托克、哈巴罗夫斯克、伊尔库茨克、克拉斯诺亚尔斯克及乌拉尔地区一些大城市纷纷建立华商会，华商会会长由当地较有威信和影响力的华商担任会长，如尼古拉耶夫斯克华商会会长张春瑞、哈巴罗夫斯克华商会会长谢斐、哈巴罗夫斯克中华协会会长马洪、副会长李玉臣。在众多华侨社团组织中，华商会占据了重要的位置。

2008年河南省郑州籍旅俄华商马强、原毅筹建俄罗斯中国中原商会，2010年7月正式注册成立，并已经获得俄罗斯联邦司法部注册证书。俄罗斯中国中原商会是为华侨华人排忧解难之家，中俄贸易的桥梁，民间交流的大平台，有会员220名、企业会员20家，会员大部分为豫商。

华侨的社团组织是联系中俄友谊的桥梁，为两国的社会经济发展做出贡献。2010年8月，俄罗斯中国中原商会向莫斯科华侨华人发起向舟曲灾区捐款活动；2010年9月，向莫斯科多子女家庭捐赠学习用品，俄罗斯媒体进行报道；2011年5月12日，商会配合湖北省政府，成功在莫斯科举办了中国湖北省海外高层次人才恳谈会。商会邀请了百余名中俄专家学者、中国留学生与湖北省代表团就赴鄂创业事宜进行接洽。华侨社团组织在俄举办很多活动，如为当地敬老院、儿童院进行捐款、捐物等活动。哈巴罗夫斯克地区华商代表经常自发组织赴当地"特立幼儿园（福利院）"和"第一福利院"进行慰问，并为孩子们带去学习用品，儿童玩具，圣诞树等，这些活动不仅带去中国人的问候，在一定程度上缓解了当地政府的压力，同时，还改变了俄罗斯人对中国人及社团组织根深蒂固的偏见。

在国内发生地震、疫情时，华侨社团组织心系祖国，纷纷组织当地华侨进行捐款活动，奉献了自己对祖国的一片赤子之心。2020年2月，自新冠肺炎疫情暴发以来，俄罗斯哈巴罗夫斯克中华协会与哈巴罗夫斯克边疆区中国学生、学者联谊会共同发起"爱心捐赠"活动，当地华侨华人均为抗击疫情贡献自己的一份力量。自2020年2月17日至22日，通过线上微信转账及现场捐款等方式，收到112名华侨华人的爱心捐款38356.67元；2月走访大市场、企业、公司等，募集资金2780250卢布。2020年下半年俄罗斯疫情形势严峻，8月26日，哈巴罗夫斯克中华协会携手哈巴学联再次为留俄中国同胞发放爱心物资 64000 余个口罩。在疫情严重期间,国内口罩告急,比罗比詹犹太自治州的华商会车某等人组织华商购买 100050 个口罩,全部捐给黑河市第一人民医院、第二人民医院、中医院、交警、铁路公安、海关、环卫工人等一线医护及工作人员。

疫情期间,世界中餐业联合会理事、俄罗斯远东华人工商联合会会长孙雷,在了解到国内急需口罩、防护服、医用手套等医疗物资后,第一时间在俄罗斯组织动员商会成员捐款捐物,采购 6 万双医用手套和 1.3 万个口罩,总价值人民币 10 余万元的防疫物资。2020 年 2 月 1 日,俄罗斯停飞了中国航班,从俄罗斯运输货物到湖北就成了问题。孙雷会长便从俄罗斯波尔塔夫卡陆路口岸到黑龙江省东宁口岸入境,这批 61 个、总计 420 公斤的包裹运抵黑龙江省东宁市后寄往了湖北孝感市。2020 年 3 月,孝感市新冠肺炎疫情防控指挥部向俄罗斯远东华人工商联合会发出感谢信。

虽然经过多年的努力,华侨社团组织种类及人员繁多,社会地位有所提高,但大多数活动单一、缺少活力,精英人物较少。一些华侨社团组织缺少组织、管理功能,主导作用较弱,很难发挥引领示范作用,更难以开展实质性活动。华侨社团组织不能实行维权保护、市场管理救护、文化普及与传播、搜集商业信息等功能,无法行使华侨代言人的权利,难以帮助华侨解决法律纠纷、法律诉讼、担保、证明等实际问题,更无法解决华侨内部与外部的纠纷,一些华侨社团组织缺乏凝聚力,难以组织华侨有规模地集体融入,更无法形成规范性的华侨社会。如在俄华侨很多,却从未出现华人街、华人城,或诸如美国的"唐人街"。通过 2009 年俄罗斯政府打击"灰色清关",莫斯科蚂蚁大市场被永久封闭这一事件可以看出,当时大市场的商户损失巨大,这些巨额的资产组合缺乏抵御风险的能力。事发后,当地华侨社团组织表现出来的疲软更加说明在俄华侨组织的脆弱,这些由血缘、地缘、业缘形成的华侨社团组织,只能维护其内部利益的分配,阻止外来人的渗透,却无法整合组织和科学分工,没有形成专业的经营团队,只是停留在初级的商品交换阶段。俄罗斯政府在打击"灰色清关"之前,已经显示很多信号,但是,华侨却忽视了这些危机警告,他们把注意力集中在赚取更多的金钱,所以在俄政府严厉打击下,蚂蚁大市场顷刻间荡然无存。

尽管俄罗斯的学者和地方官员对华侨社团组织在思想上存在偏颇,加上俄罗斯民族的排他性,实施打压政策,在人数及活动内容上加以限制,华侨社团组织还是应时而生且一直存在,但却严重制约了其发展空间和活动内容,在俄罗斯很难形成强有力的华侨社团组织。

2. 华文媒体

三十多年来,旅俄华侨经济实力逐步增强,但是尚未建立起庞大而固定的华侨居住区,大多数华侨群居在固定的宾馆和大学宿舍楼里,工作在集装箱市场和批发市场,他们陆续建立自己的精神食粮即华文媒体。

华侨创办较有影响力的刊物分布①

区域/国家	刊物名称	分布	出版周期	印数（份）	规格	篇幅	年份
欧洲	中文导报	日本	周刊	30000	A2	—	1992
	蒙古消息报	蒙古	周刊	—	4K	4栏	1929
	联合早报	新加坡	日刊	183000	2K	30—60栏	1983
	星洲日报	马来西亚、柬埔寨、印度尼西亚	日刊	450000	2K	8—20栏	1929
欧洲	欧洲时报	俄罗斯:莫斯科、圣彼得堡、符拉迪沃斯托克	周刊	10000	A3	32栏	2000
	中俄信息报	俄罗斯	月刊	—	16K	4栏	1992
	路迅	俄罗斯	周刊	—	2K	60栏	1995
	联合商报	匈牙利	周刊	—	4K	16栏	1999
美洲	侨报	美国	周刊	—	2K	48—60,5—60栏	1990
	星岛日报	美国;加拿大	周刊	—	—	—	1938

① 吉友:《俄罗斯华侨刊物》,毕业论文,圣彼得堡国立大学,2015年。

通过此表可以看出,20世纪90年代以来,中俄关系逐步走向正常化,随着旅俄华侨人数增加,华文学校、华文媒体等应时而生,再次成为世人关注的热点并在华侨中产生较大的影响。

20世纪90年代中后期,莫斯科出现了中文寻呼台、手机、中文电话卡、卫星中文电视等服务。截至目前,最有影响力的华侨媒体是《俄罗斯龙报》《路迅参考》《莫斯科华人报》《莫斯科晚报》和《捷通时讯》。《俄罗斯龙报》创建于2000年,其特点除了以中文形式印刷外,还以俄文形式进行印刷。《俄罗斯龙报》不仅为华侨提供各种信息、广告,还可以使俄罗斯人了解到最新的中国新闻或者中国文化。近年来,《俄罗斯龙报》不仅发行纸质报纸,同时还开设网络电子报,设有俄罗斯新闻、俄中文化、天下华人、俄中之间、中国新闻、国际新闻、龙报专题、视觉新闻、历史瞬间专题。此报纸除了在莫斯科发行外,还在圣彼得堡及俄罗斯其他城市中以周刊形式发行,总计32个版面,其中26个版面是用中文出版,6个版面用俄文出版。《俄罗斯龙报》与中国众多媒体单位共同合作,如中国央视、上海和哈尔滨报纸刊物等,多年来,它为在俄罗斯生活、学习和工作的华侨提供信息服务的同时,也传达着两国人民的合作与友谊。1995年中国留学生创建《路迅》,其目的是为了解决当地华侨对信息平台的需求,为更多华侨了解信息和融入当地社会,同时为了帮助华侨更好地了解国内形势,缓解华侨对祖国的思念之情。

到20世纪末,在莫斯科有华文媒体10多家,包括1996年创刊的日报《路迅参考》,它是创刊较早的华人报纸,还有《中俄信息报》《莫斯科晚报》《莫斯科华人报》、发行量3000份的周刊《海参崴侨报》和《世纪日报》《俄罗斯龙报》《华俄日报》《唐人街》《中俄商报》《俄罗斯商旅生活》《华俄时报》《大纪元时报》等,这些报刊有日刊、周刊、月刊,有的刊物每日发行量为500—1000份,办报人一般靠广告收入,以报养报,有的报纸每月收入高达5000—20000美元。此外,由《莫斯科华人报》和俄媒体公司联合开办俄东方电视中心,2000年7月14日在莫斯科开业,这是俄历史上,由俄电视协会与华侨合作成立第一家电视媒体。除此之外,还有2家网站和中文寻呼台。多年来,华侨报纸的办报质量不断提高,形成自身的特色,拥有自己的读者群和广告客户群,售价较低,约人民币2元,为华侨提供便民信息,对华侨关心的热点、重大事件进行追踪报道。

随着时间的变化,大多数媒体可持续发展,也有一些媒体随着时间变化销声匿迹。如符拉迪沃斯托克华人代表 X 先生,凭自己的爱国之心,竭尽全力热心为华侨服务,2000 年,在积累了一定的资金后,为了方便华侨了解国内外市场,使华侨更有凝聚力,他自费出版了《东方桥报》,并雇用俄罗斯《晨报》的副总编进行审稿,每月出版 1—2 期,独自组稿、设计、排版后,送印刷厂印刷并取送报纸。《东方桥报》由最初的俄文版,发展到后来的中文版,几年后,由于多方面原因该报停刊。如今很多华文媒体退出了俄罗斯的社会舞台,原因主要是 2014 年 9 月 26 日俄罗斯联邦法律第 305 号对原有"媒体"的要求提出更改,即华侨可以作为俄罗斯中国侨民刊物的创办者,但是要求其必须是俄罗斯籍公民,而外国公民的法定资本不能超过 20%,因此,不仅仅对于华侨,对于俄罗斯境内的所有外国媒体,都面临着或将刊物出售给俄罗斯法人,或关闭的选择。从 1998 年开始,俄罗斯华人媒体开始加强与外界的联系,与新华社、中新社、中央电视台、《人民日报》、《光明日报》等多家国内媒体保持联系,经常邀请国内媒体采访旅俄华侨华人组织的各种社会活动,并向其提供各种信息。

目前,华侨出版报刊的城市有莫斯科、圣彼得堡、叶卡捷琳堡、新西伯利亚、伊尔库茨克、赤塔、布拉戈维申斯克、哈巴罗夫斯克、乌苏里斯克、符拉迪沃斯托克等,主流媒体几乎集中在莫斯科,受众群体覆盖了俄罗斯数十座城市和乌克兰及白俄罗斯等周边独联体国家。

近年来,随着网络的发展,微信公众号也成为旅俄华侨们发布信息、了解时事的一个渠道。微信公众号均由在俄华人制作并管理,受关注较多的诸如俄罗斯经济评论、中俄法律网、中俄留学生总会、俄罗斯旅游中国网、圣彼得堡中国留学学生会、俄罗斯远东微传媒等。

第三节　俄罗斯移民政策的特点及新冠肺炎疫情对华侨的影响

由于历史原因,俄罗斯对华侨一直持有谨慎态度。一方面俄罗斯为了弥补本国人口短缺及轻工产业的不足,亟须更改移民政策招募华工;另一方面,俄罗斯国家内部特别是远东地区又感受到华侨人数增长带来的各种压力,尤其是"中国移民威胁论"的影响,对华侨人数增加感到深深的"焦虑"。近年来,俄罗斯人口不断减少已经成为俄罗斯社会一个现实的问题,加上俄罗斯居民对华侨在民族及文化方面的不认同,促使俄罗斯依赖移民法来解决各种矛盾和冲突。俄罗斯联邦移民法需要在俄罗斯宪法的基础上,制定符合现阶段移民进程发展的法律条文,以实现对俄罗斯领土上所有外国移民的调控,更好地促进俄罗斯经济社会的发展。

近年来,俄罗斯不断调整移民政策,1991—2003年,关于移民政策,俄罗斯政府已经通过了37个联邦法律、10项总统令、62个联邦级法规、26个部级法规以及9个国际协议。[①] 俄罗斯联邦于新时期制定并实施的一系列移民政策,明显表现出以同族、同源、同文为选择标准的移民偏好。[②] 因此,不同时期俄罗斯逐步完善、更改移民政策,以制约华侨人数的增长,监管华侨日常行为,控制华侨社会的规模,提高华侨人才的层次,打击华侨违法活动以达到保护其国家安全、保持劳动力资源平衡及保证社会经济增长的目的。

一、俄罗斯移民政策的特点

苏联解体后,俄罗斯作为继承者,沿用了很多苏联时期的法律法规,但是俄罗斯时期移民政策变化较大,政府通过移民政策对国家内部外来人口及本国外出人口进行调节与管理,通过多年来政府所制定及执行的俄罗斯移民法及其他法律法规,得出其移民政策具有以下特点:

首先,具有民族性的特点。俄罗斯不同地区政府对待华侨的态度不一。俄罗斯的移民政策对华侨表现出矛盾性和针对性,同时也反映了俄罗斯政府的矛盾性,导致华侨对待俄罗斯社会的态度,既有需求性,又存在警惕、排斥性。俄罗斯政府对华侨的政策和态度,取决于不同地区领导的政治倾向性和个人好恶。因此,俄罗斯的移民政策呈现出一定的被动性和矛盾性。一方面,

---

① [俄]阿·拉林:《中国人在俄罗斯》,莫斯科:东方书籍出版社,2009年,俄文版,第511页。

② 李明欢:《国际移民政策研究》,厦门大学出版社2011年版,第260页。

由于俄罗斯自身原因,俄罗斯自然生育增加人口受阻,俄罗斯人口逐年呈现负增长现象,补充人口成为俄罗斯移民政策的一个关键点,移民可以缓解人口负增长带来的消极影响,但是俄政府出于安全等方面的考虑,将移民重点放在独联体国家,而对人口潜力巨大的中国却保持警惕甚至通过修改移民法来进行限制。

由于俄罗斯的地理位置和历史原因,俄罗斯在吸纳移民时具有很强的选择性。中国与俄罗斯亚洲地区接壤,由于历史原因,俄罗斯一直对中国移民持有很强的抵触情绪,这种情况在远东地区尤为明显。由于社会体制的历史问题,俄罗斯对于欧洲移民又保持着强烈的防范意识。所以俄罗斯联邦制定并实施一系列移民政策,明显表现出以同族、同源及同文为选择标准的移民偏好,而这种偏好在很大程度上体现了其民族性的特点,并以具体体例、条文体现在移民政策的法律法规中。如对于出国护照的要求。移民法规定出国护照可作为独联体国家公民入境俄罗斯的个人身份证明。这项变化不仅涉及到欧亚经济联盟国家公民,如亚美尼亚、白俄罗斯、哈萨克斯坦、吉尔吉斯斯坦,同时涉及到 2015 年进入俄罗斯联邦境内的塔吉克斯坦公民;对移民卡延期的要求,在无签证的前提下,俄罗斯移民法对乌兹别克斯坦公民、塔吉克斯坦公民、乌克兰公民、亚美尼亚、哈萨克斯坦及白俄罗斯国家公民在俄罗斯逗留及居留时间都有不同要求,同时,白俄罗斯国家公民在进入俄罗斯边境时无须填写移民卡。

在入籍方面,俄罗斯与白俄罗斯、吉尔吉斯斯坦、哈萨克斯坦签订了双重国籍国际条约,针对白俄罗斯、吉尔吉斯斯坦、哈萨克斯坦国家的公民在申请加入俄罗斯国籍时,不需要退出原国籍。

通过以上移民法规可以看出,俄罗斯对移民需求的首选目标,很多是独联体国家的公民,即那些原隶属于苏联的民众,尤其是生活在阿塞拜疆、塔吉克斯坦、乌兹别克斯坦等与俄罗斯矛盾较小的独联体国家公民。俄罗斯对于独联体国家公民具有明显的偏向性,他们在出入境、入籍、工作和生活中享有不同于其他国家的便利条件,显示了俄罗斯移民政策对独联体移民的民族认同,更加证明了俄罗斯移民政策的制定,具有很强的民族性的特点。

其次,对高端人才体现宽松性的特点。从 2015 年出台的移民法分析可以看出,俄罗斯移民法放宽政策,是因为本国熟练技术人员的不足。据俄罗斯联邦移民局统计资料显示,目前俄罗斯境内有 1050 万外国人,370 万人赴俄的目的为务工,但其中只有 150 万人具有劳动许可证,而华侨中只有一少部分人被认定具有一定技术水平的人员,俄罗斯境内大多数高水平的专家都来自德国、英国、美国和法国。《俄罗斯报》曾发表文章称:几年内,俄罗斯的侨民数量增长 40%,其中 40% 的人不会讲俄语,缺少语言沟通能力,给俄罗斯政府的管理造成了很大的压力。俄罗斯为了促进国家经济发展,合理调控经济结构,需要具有高技术水平的专家。因此,根据俄罗斯政府的需求,吸引更多的高科技外来人才,调节国家移民系统,对其移民法进行调整。对于优秀的外来人才,俄罗斯移民政策更加彰显了其宽松性,而且对于高水平技术专家给予的待遇更加优惠。

最后,打击非法移民的严厉性。进入 21 世纪后,就国际政治而言,中俄两国是战略伙伴的关系;就经济贸易而言,中俄是天然经济互补的好伙伴。两国领导人越来越认识到互相团结合作的重要性,关系越来越密切。然而,在这样一个良好背景下,众多华侨在俄罗斯却举步艰难。其中大部分原因是俄罗斯移民政策个别地区执行力度不够,导致非法移民人数不断增加,其中包括大量的非法劳动移民,造成了地区商品市场和服务市场处于不可调控的状态,增加了地区犯罪行为的数量,滋长了地方执法机关腐败现象。比如在华侨群体中存在护照、签证过期的非法居留者,其中不乏偷渡者。多年来形成的"倒爷贸易"很多是建立在偷税、漏税、灰色清关等非正常国际贸易的基础上,这种情况给俄罗斯的国家税收管理造成了黑洞,被俄罗斯人称为"影子经济",而从另一个角度来看,这种结果正是由于俄罗斯很多政策法规与现实脱节、不配套、不完善等原因所造成的。多年来俄罗斯政府采取各种手段和措施肃清市场,遏止"倒爷贸易",严查边防出入境手续,海关对中国货进行特别监督检查,在街上警察见到中国人必查护照,在一段时间内,华侨即使是护照、签证正常,也常常会碰到"临检"。而税警则对通过包机、包税进来的商场上的中国货进行大规模的查封、没收。1999 年,在莫斯科罚没查封了所有中国人的皮衣、服装批发市场;2000 年,俄罗斯警察查封华商的仓库和集装箱,在查封的过程中,华商总共损失了几亿美元的货物;2003 年 5 月,莫斯科市政府借口中国在闹非典疫情,组织卫生防疫等部门突击检查华侨聚居的宿舍楼,以不符合卫生条件为由,查封关闭了 19 处华商聚居的宿舍楼,限期两天内全部腾空、搬走,致使几千名华侨一时无处可去。在此次行动中共查出 400 多个护照、签证不合法的中国人,警方将他们全部拘留后遣送回国。

俄罗斯政府为了打击非法移民,出台很多惩罚措施,对违反移民政策及非法人员的监管进行严厉打击。2006 年 11 月 15 日,俄罗斯政府通过《关于2007 年俄罗斯境内企业使用外国劳动力许可配额》的决议,俄罗斯向与之不存在免签关系的国家公民提供务工配额 30.8 万人,向与之存在免签关系的国家(主要是独联体国家)公民提供多达 600 万人的务工配额。这使俄罗斯对来自其他族群文化背景的移民,产生了更强的警惕心态,并采取更严格的防范措施。2016 年,俄罗斯出台新法规,提高办理工作许可证的金额,这项举措导致一些缺少资金的移民逃离法律范围之外。因此,俄罗斯政府采取了一系列措施加强对移民活动的监管。例如,对在俄的外国人的指纹进行鉴定注册。同时,2016 年移民法规定,对于违反移民法者,将面临更加严厉的处罚,在没有劳动许可证的条件下从事劳动行为者将被视为犯罪,根据其违反法律程度罚款 2000—5000 卢布,并驱逐出境等,违反移民法律条例,其中包括拘留时间等,在俄的外国人面临十年禁止入俄罗斯境内的处罚。对于违反法律的雇主,更加严重的后果是将面临十倍以上的罚款,在一定期限内禁止其公司从事任何经营活动,严重者将承担一定的刑事责任。俄罗斯联邦移民局对在俄罗斯境内所有移民进行监管,负责处罚非法移民,减少违反俄罗斯联邦法律者的入境率。另外有违反登记注册要求,未执行海关条例,违反卫生标准,有贷款、税收或赡养费债务,提供个人虚假信息,曾有两次或更多违法行为的外国公民也将面临三年到十年禁入俄罗斯的处罚,同时,这些违反者的信息被网络数字化,将被列入联邦移民局的"黑名单"。在严打非法移民的同时,俄罗斯政府还加强日常管理,加大本国非法租赁的惩罚力度。通过以上措施可以看出俄罗斯对打击非法移民的决心和力度,并通过法律法规的形式取得了一定的效果,俄罗斯移民政策将对非法华侨产生巨大的影响。

二、俄罗斯移民政策对旅俄华侨的影响

近年来,俄罗斯移民政策不断更迭,管理并约束着境外人员,对华侨的身份构成、学历水平、商务活动都产生很大的影响,主要体现在以下几个方面。

1. 对俄语水平的要求,促进华侨文化素质的提升

近年来,俄罗斯为了调整经济结构,促进经济发展,亟须高技能专业人才。《俄罗斯2020年发展战略》起草专家小组负责人联合会议曾表示,俄罗斯转向创新发展的道路需要高技能的劳动移民,新移民法对于劳动移民的个人或法人工作许可制度,有助于俄罗斯吸引更多高技能的专家人才,调整移民结构,为俄罗斯经济发展服务。

新移民法对移民语言水平提出更高的要求,所有移民必须用俄语通过俄罗斯法律和历史基础知识考试。新移民法规定,自2015年1月1日起,在俄境内的外国人必须掌握俄语、俄罗斯联邦历史及法律知识。这是继2012年关于外来务工人员必须通过俄语水平考试的法律生效以来,首次对在俄罗斯工作和生活的所有外国移民提出语言水平和历史知识的要求。据俄移民局所提供的报告,在莫斯科市场抽检劳动配额工作中,填表说明自身具备大学学历的华工,由于语言障碍,只能被鉴定为半文盲状态,结果令人汗颜。因此,俄罗斯新移民法的变化,意味着俄罗斯移民政策对华侨的俄语水平提高了要求,导致文化程度较低的中国人很难取得俄罗斯的入境权。目前在俄华侨中大多数人从事批发零售业、农业、餐饮业、建筑业,他们的文化水平不高。移民政策对于俄语水平的要求,对于有意赴俄罗斯的中国人来说增加了难度,他们开始有意识地提高自身的文化水平和俄语水平。虽然学习俄罗斯语言文化的过程比较艰难,但从长远看,具有一定的俄语会话能力,了解俄罗斯的国情和历史,可以让华侨更好地了解俄罗斯社会,方便和当地人沟通交流,提高华侨与当地社会的融合度,进而提高华侨的整体素质。

2. 与免签证的国家取消移民配额,增加华侨就业机会

自2001年开始,俄罗斯对外国移民实行劳动配额制度,对外国劳务用工人数实施劳动配额。2015年1月1日起,俄罗斯新移民法生效,对于与俄罗斯实行免签证的国家取消移民配额,代之以个人或者法人工作许可制度。近

年来,俄罗斯外国劳动用工配额呈现减少的趋势。具体见下表:

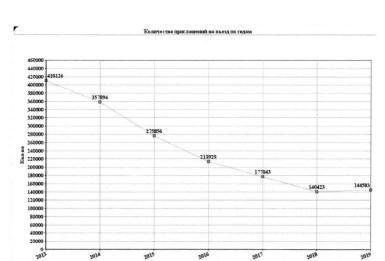

俄罗斯 2013—2019 年对外国劳务用工配额统计表①

从图中可以看出,自 2013 年开始,俄罗斯的外国劳务用工配额一直持续减少。据俄罗斯 garant.ru 法律信息网 2018 年 11 月 30 日消息,俄罗斯联邦劳动部已拟定 2019 年俄罗斯外国劳务用工配额数量及分配计划草案。"对持签证抵达俄罗斯联邦境内的外国公民将发出 144583 份入境邀请,并提供同等数量的工作许可发放配额。"根据该草案,俄罗斯中央联邦区外国劳务用工配额减少 15784 人,远东联邦区减少 9559 人。此外,2019 年,莫斯科市外国劳务用工配额减少 8328 人,圣彼得堡市减少 4260 人,其中,莫斯科市采矿、建筑工程等领域的外国劳务用工配额减少 4147 人。②

据俄罗斯联邦移民局的最新数据显示,目前俄罗斯的中国移民数量 20 余万人,他们在俄罗斯最艰苦的地方追寻自己的淘金梦。据俄罗斯原远东发展部部长兼总统驻远东联邦区全权代表维克托·伊沙耶夫透露,在气候恶劣的远东地区,有 30% 的外国劳动力来自中国,对他们而言,新移民法是最好的新年礼物。

---

① https://yamigrant.ru/kvoti-v-2019-godu.html(俄罗斯移民信息网)。
② https://yamigrant.ru/kvoti-v-2019-godu.html(俄罗斯移民信息网)。

中国移民赴俄人数每年增长不定,但均认为学术界对华人的统计数据比较真实,为 20 万—40 万,最多时为 50 万人。2006 年俄罗斯入境华人总数为79.4509 万人,其中持有长期居住护照者为 2440 人,后期获得长期居住权者为 261 人,获得临时居住权的华人只有 997 人,后期又有 301 人获得该类居住权。2007 年末,根据中国资料显示,在俄合同工约 3.1 万人。2008 年末,哈巴罗夫斯克边疆区外来务工人员总数为 2.51 万人,其中华人占 37.3%。2008年滨海边疆区共计 3.2575 万外来务工人员,其中华人占 1.6016 万人,达49%。据统计,2000—2008 年,在俄华人达 19.91 万人,2009—2011 年为18.05 万人。① 随着俄罗斯取消免签国家的移民配额制度,更多中国移民希望获得工作许可证,获取合法身份。同时,俄罗斯针对外国技术专家在俄持工作签证和工作许可证不受配额限制。俄罗斯对专业型人才、负责人、文艺演职人员、专业性工程师等人才实施不受配额限制的政策,这对中国人来说,增加了对口就业机会。同时,随着劳动配额数量的减少,对已在俄罗斯开展经营活动的华侨来说,增加了其劳动就业机会。在社会环境及法律等各项措施越来越健全和规范的条件下,只有具有合法的手续和身份,才是旅俄华侨从事各种经济活动和生活的前提,同时,也是俄罗斯本土社会对其选择的必要条件。

3. 对合法移民正当权益的保护,使旅俄华侨更加注重身份的合法化

俄罗斯设立了处理移民事务的专门机构,并将其隶属于俄罗斯政府内务部。② 1991 年 2 月,俄罗斯联邦政府设立了"移民人口委员会",次年 6 月,在此基础上正式成立"移民局",制定《俄罗斯移民政策的基本方针和实施办法》,并在全国各地设置移民局的分支机构,专门处理移民问题。2002 年 2月,移民局归属俄罗斯内务部管理,凸显其对俄罗斯移民工作的重视。根据目前现存各项法律制度看出,俄罗斯的移民政策对劳动移民存在一定的宽松性,原因在于俄罗斯高水平技能人才不足。俄罗斯联邦移民局数据显示,目前,俄境内外国人数量达 1050 万,其中 430 万人来俄目的并非工作,370 万人来俄目的为劳务活动,其中仅 150 万人拥有工作许可。俄罗斯存在着大量的非法

---

① 拉林:《海外华人现状及俄罗斯华人问题研究》(下),臧颖译,《黑河学院学报》2016 年第 4 期。

② 俄罗斯内务部相当于我国的公安部,主要职能是保障国家的安全。

移民。据俄金融市场网报道,俄联邦移民局副局长拉多奇娜称,目前,外国公民在俄逗留时间超过 90 天,且未到联邦移民署相关机构办理手续的现象仍然严重。俄罗斯联邦移民局消息称,仅 2014 年上半年,莫斯科和莫斯科州就有 6000 非法移民被驱逐出境。

俄罗斯移民政策对于合法移民正在逐步实行优惠政策和保护措施,俄罗斯进一步推进法治化进程。如 2007 年中俄两国元首在莫斯科签署了《中俄联合声明》,指出:"双方将根据本国法律,为两国自然人、法人和其他经济实体在本国境内从事正常的贸易、投资和经营活动提供便利,采取有效措施保护对方公民在本国境内的人身、财产安全和合法权益。"①诸如此类的各种措施,使华侨更加注重身份的合法性,注重自身在俄罗斯的安全以及人身财产的保障。

4. 加大惩处力度,减少非法清关数量

俄罗斯移民政策的严厉性,使很多华侨深刻认识到熟知法律的重要性,例如在俄罗斯打击灰色清关事件中,作为灰色清关中最大的报关群体以批发零售为主的华侨,成为俄罗斯政府重点的打击对象。2009 年 6 月 29 日,俄罗斯政府突然下令关闭全俄华商最集中的切尔基佐沃大市场,大批在俄华商的货物被查封没收,这些华商经济利益严重受损,多年的辛苦所得化为乌有。大市场的零售商们毫无维权行动,甚至是华商会以及官方机构都未能作出实质性的行动,原因在于这些华商和"灰色清关"紧密联系在一起。此次事件,迫使大批华商回国,出现了大规模的"归国潮"。通过调研得知,2014 年,在伊尔库茨克的"上海大市场",俄罗斯移民局联合多部门检查华商护照,俄罗斯交警封道,中国货物不准进出,万余名华商被围困在"上海大市场",持续一个多月的时间,五千多个摊床无法营业,致使伊尔库茨克最豪华的地方成为无人区,华商损失惨重,仅黑河籍华商吴某经营的十余个摊床损失就达人民币几百万元。俄罗斯加大对非法移民的惩治力度,对于非法留居及"灰色清关"的华侨来说,具有极大影响。

5. 提升移民门槛,俄罗斯腐败现象频频发生

新移民政策要求,赴俄人员要具备一定的俄语水平,但是在俄罗斯以批

---

① 新华社莫斯科 2007 年 3 月 26 日电:国家主席胡锦涛和俄罗斯总统普京 26 日在莫斯科签署《中俄联合声明》。

发、零售业为主的华商以及从事体力工作的华工、华农,他们大多来自东北三省的富余劳动力和下岗工人,在国内未接受高等教育,有的只有初中文化,让他们在短期内提高俄语水平,达到俄罗斯移民政策中对外来移民的语言要求,困难较大。由于俄罗斯法律制度和现状存在弊端,个别华侨发现其社会制度和机构中存在漏洞,寻求"捷径",通过考试作弊和造假等渠道而获取赴俄合法身份,有的人通过中介或是通过"疏通"俄罗斯机关的工作人员而"正常"通过俄语水平、俄罗斯法律和历史考试。俄罗斯腐败现象在这一领域接连发生。

6. 劳动成本增加,导致华工人数减少

根据俄罗斯联邦移民局的资料显示,从中亚地区到俄罗斯的移民主要是低技能工人,来自中国的移民则主要是中级技术工人,高技能专家主要来自德国、英国、美国和法国。低技能工人不仅创造的经济效益有限,还存在大量难以管理的灰色劳工。由于语言不过关,他们游离在俄罗斯社会之外,给俄罗斯政府的管理增加了难题。有的华侨文化水平较低,缺少劳动技能,凭借劳动力廉价的优势占据俄罗斯的劳动力市场,对俄罗斯本国劳动力市场起到消极作用。在新移民政策的影响下,俄罗斯政府提高本国企业雇用外来劳动力的成本,并加大对雇用非法劳工的企业和公司的惩罚力度,华工优势明显降低,导致赴俄华工人数减少,增加俄人就业机会。

三、新冠肺炎疫情对旅俄华侨的影响

1. 华侨人数减少

新冠肺炎疫情期间,俄罗斯远东及西伯利亚地区华侨辗转回国,人数减少。如克拉斯诺亚尔斯克的中国旅店,疫情前居住华侨140—150人,2021年1月仅剩下70—80人;在哈巴罗夫斯克3号楼,生意兴隆时有一百多个中国业户,数千华人,最多时两家人住一屋,2021年1月仅剩下十余家;伊尔库茨克中国城大市场有一千多华侨业户,每户1—3人,如今半数歇业,很多摊床仅留一人看守,整个市场华侨数量不足千人。但是,由于新冠肺炎疫情来得突然以及对疫情肆虐程度估计不足,有些人未及时回国,有些人因货物库存量太大、资金投入较多、需回收外面欠账等原因坚守下来。因此,在俄罗斯远东及西伯利亚仍有很多华侨滞留。如截至2021年2月初,克拉斯诺亚尔斯克市有

华侨几千人,哈巴罗夫斯克市有 1.7 万余人,伊尔库茨克市有华侨 1 万余人。据调查,目前滞留华侨中很多人有回国的愿望,但因为邻近海关通道已经关闭,绕道返回国内费用太大且危险系数高,回国难度较大。

2. 新冠肺炎疫情严重影响华侨生产生活

疫情对旅俄华侨经济带来严重冲击,直接影响到旅游、餐饮、服装百货、农业、建筑业、蔬菜与水果批发零售业、汽车修理业等。由于卢布贬值、货物运费增加、市民购买力下降,华商处于亏损状态。如服装类价格下滑较大,在克拉斯诺亚尔斯克中华大市场华商利润平均减少 30%;在伊尔库茨克中国城大市场经营服装的华商利润减少达 50% 以上;在符拉迪沃斯托克中国餐馆,由于雇用的厨师等员工无法出境,加上疫情导致店内食客大幅减少,微薄利润仅够支付工人工资,其他房租费、税收等各种费用只好业主承担,因此普遍处于亏损状态。总之,远东及西伯利亚地区华商普遍认为开业赔钱,不开业更赔钱,只要不赔钱就是赚钱。

3. 俄罗斯增加税收,华侨不堪重负

2020 年末以前在伊尔库茨克中国城大市场的华商只需每年缴纳摊床租赁费人民币 7 万—10 万元,两年上交一次,并按照摊床面积缴纳税款。2021 年 1 月,俄罗斯实行新的税收政策,要求伊尔库茨克中国城大市场内的华商安装电子收银系统,在俄罗斯银行开户办理存款业务,设定提款、转账额度,并每月按照华商收入额的 6% 上缴利税,也就是华侨除了上缴摊床租赁费、保护费、集装箱费等外,每月还要按照营业额的 6% 上缴税费。此项税收,雪上加霜,增加华侨的经济压力,华商不堪重负。

4. 华侨心生恐惧看病难

疫情期间,在远东及西伯利亚地区华侨大市场基本上都是每个摊床仅留一人,他们恐惧、孤独、焦虑,很多华侨心里有阴影,心理压力较大,少数人心理承受能力几乎到了崩溃边缘。截至 2021 年 1 月,哈巴罗夫斯克有 4 名华侨感染新型冠状病毒死亡。医院人满为患,华侨患病住院非常困难;2021 年 1 月 8 日,驻伊尔库茨克总领事馆报告,中国公民确诊 31 人,其中死亡 2 人。经调研,在伊尔库茨克中国城大市场的 1 厅就有 10 余人感染病毒,他们大多在中国人开设的私人诊所里治疗,一瓶药就花费 6000 卢布,每天需要注射 2 次,一天花费 12000 卢布。面对高昂的医药费,大多数华侨采取自救方式,口服药物治疗,个别人寻找中医,通过中西医结合方式治疗。

5. 回国费用大且不安全

由于疫情,中俄边境地区所有海关关闭,飞机停飞。如果华侨想回国,只能辗转到达莫斯科,由莫斯科飞回国内,但是从莫斯科转机回国风险大,有不少身体健康的华侨回国后就被查出阳性,都是在路上感染的。以布拉戈维申斯克为例,2021 年 1 月,从布拉戈维申斯克到莫斯科的机票每人是 17650 卢布,约合人民币 1500 元;在莫斯科住宿费加接机、送机、去检测站做检测的费用每人花费 968 元;莫斯科做两次核酸检测和血清检测费用是 1150 元;从莫斯科到郑州的机票每人 15800 元;郑州隔离费用每人 4900 元;在郑州隔离期间做了四次核酸检测、两次血清检测,其中有一次自费每人花费 120 元;从郑州飞往黑河的机票每人花费 425 元。华侨从布拉戈维申斯克回到黑河每人最少花费 25861 元。一些务工谋生的华侨经济拮据,难以支付高昂的回国费用。

第四节　华侨对旅居国经济文化的贡献

近年来,中俄关系不断升温,在中俄两国政府的支持下,双方在能源、贸易、农业、石油业、采矿、娱乐业、旅游业、建筑业等领域的合作进一步加深。中俄两国之间友好关系为华侨提供了良好的发展环境,稳定的政治关系为华侨的经济文化活动提供了良好的平台。华侨对俄罗斯经济发展产生重要的影响,尤其促进了俄罗斯远东地区的经济发展。旅俄华工是远东地区重要的生力军,华农增加了远东地区的耕种面积,保证俄罗斯市民的粮食所需和蔬菜供应,华商是远东地区经济发展的重要力量。

一、华商是俄罗斯经济发展的重要力量

苏联解体后,卢布贬值,俄罗斯 95% 以上的居民收入低微,购买力弱,欧美国家的产品生产成本偏高,难以在俄大量销售,物美价廉的中国轻工业产品获得俄罗斯人的青睐,成为他们最经济实惠的选择。于是中俄两国个体商户

顺应时代发展需要,抓住经济互补性契机,借助边境游、国际列车,肩扛手提做起独特的跨国生意。

价格低廉的中国商品在俄罗斯深受欢迎,满足他们日常生活所需。俄罗斯社会学家针对俄罗斯本土人对中国商品的需求做出调查。

2007 年俄罗斯人对中国商品的需求调查①

您是否购买中国商品,或购买哪方面的商品	回答(百分比)
食品	6
纺织品	15
鞋	39
衣服	45
儿童玩具	16
娱乐商品	16
家电	9
化妆品	7
小家电	18
体育用品、自行车	5
汽车、摩托车	1
其他商品	1
不购买	35
很难回答这个问题	5

通过调查得知,俄罗斯本土人大多数购买中国商品,其中轻工业商品、服装鞋帽所占百分比例最大,"中国制造"吸引了四分之三的调查者的兴趣。通过全俄社会舆论研究中心的调查得知:

大多数俄罗斯人认为,自 20 世纪末以来,华商带来了大量物美价廉的商品,弥补了十多年来俄罗斯轻工业商品严重不足,为大多数收入低微的百姓家庭带来了经济实惠的日常用品,缓解了俄罗斯因实施激进改革而带来的经济危机和生活危机。华商不仅带来了物美价廉的商品,还为俄罗斯人的衣食住

---

① ［俄］库兹涅佐夫:《社会舆论镜像中的中国》,布拉戈维申斯克:布拉戈维申斯克国立师范大学出版社,2013 年,俄文版,第 230 页。

行提供了保证,琳琅满目的商品、鳞次栉比的中国餐馆、款式新颖的中国服装,满足了俄罗斯人的物质生活需求。

俄罗斯的市场经济,特别是远东地区的经济与中国极为密切。哪个城市有中国市场,哪里的经济就会活跃,百姓的生活质量就高。丰富的物资改善了居民的生活条件,也提高了俄罗斯人民的生活质量。

2007 年俄罗斯人对中国商品需求的原因①

您购买中国商品的原因	回答(百分比)
品种多样	28
普遍性("随处可见")	19
低价	79
其他国家没有与其相似的商品	10
质量好	1
包装、外表较好	6
个人喜好	0
其他	2
很难回答	2

笔者在莫斯科遇见一位来自布拉戈维申斯克市的俄罗斯青年,他说他的家乡因为与中国进行贸易合作,生活水平与莫斯科市民相差无几,城市就业率高,物价较低,人均月收入在 100 美元以上。在这个 22 万人口的城市里,长年居住着 1500 名左右的中国人。几年前,远东滨海边疆区的副区长曾请求俄国外交部、海关不要取缔中俄边界互免签证旅游的政策,因为这将意味着给成千上万靠旅游生存的滨海地区家庭带来沉重的打击。

许多华侨在俄罗斯进行经济投资,发展事业,如在俄罗斯承包工程,成为承包商、农场主,为俄罗斯地方财政缴纳大量的税款。在俄远东地区所有城市都建立了"中国市场",销售物美价廉的中国商品,华侨已经成为远东地区社会经济发展的主要源泉,华商成为其经济发展的重要力量。

---

① [俄]库兹涅佐夫:《社会舆论镜像中的中国》,布拉戈维申斯克:布拉戈维申斯克国立师范大学出版社,2013 年,俄文版,第 231 页。

2017 年在远东地区布拉戈维申斯克市的"三条金鱼"大市场,4 平方米摊床年租金约 18 万元,保守年利润最低 8 万—10 万;在白山市服装批发市场中有 10 余名中国业户,每月支付房租 1000 元,支付俄服务员日工资 350 卢布,在利润下滑年份年收入 20 余万元,生意兴隆时年利润 30 万—40 万元。根据调研得知,按人民币计算:一名普通华商每年的房屋租金 1.2 万元(含税),支付雇用乌兹别克人等日工资 90 元,扣除房租、工人工资等,年净利润 20 余万元①。华商在布列亚城经营水果,年利润高于其他城市,达到 30 万—40 万元,生意兴隆时年利润 50 万—60 万元。华商在布列亚、比罗比詹的经营状况、利润好于布拉戈维申斯克,因为布拉戈维申斯克华侨数量多、竞争力大,利润较低,赊账、欠账、烂账现象严重,阿穆尔州白山市华商较少,经营水果利润较大。

白山市经营服装的华商业户幸福指数较高、经商环境较宽松,由当地市场统一负责签订劳务合同,简化华商签证手续;2017 年 1 月在比罗比詹市从事建筑、服装、餐饮的华商业主 2000—3000 人,在比罗比詹露天大市场有 70—80 个中国摊床,经营服装、鞋帽、汽车配件等。比罗比詹中国大市场的华商效益较好,淡季每天零售三四件服装,效益好的时候每天销售二十多件服装,②华商最少拥有一个摊床,经营状况好的华商拥有三四个摊床,他们大多从哈巴罗夫斯克批发商品。来自辽宁省的 Y 女士在比罗比詹生活十余年,有三个室外摊床,每月租金 6000 元,她出资 50 万元购买近 100 平方米的门市,支付每名俄籍佣工日工资 60 元;③在伊尔库茨克的中国城,有一千多个摊床。M 先生在伊市经商七八年,以经营小饰品为主,12 平方米的摊床,每月各项租金等 5 万卢布,年利润在人民币 20 万元,有的华商最多有十几个摊床,收益较多;在克拉斯诺亚尔斯克友谊大市场和东方大市场,共有华商三四百人。

除了远东地区,俄罗斯许多大城市都建立以中国货为主的大型批发市场,莫斯科集装箱市场非常典型。集装箱市场现在已扩展为占地 16 万平方米,有十个大区的百货商品集散地,辐射整个原苏联各个加盟共和国,成为东欧最大

---

① 根据 2017 年 1 月在布拉戈维申斯克中国大市场采访大庆 L 先生谈话。
② 根据 2017 年 1 月在比罗比詹市中央百货商场采访经商十余年的 W 先生谈话。
③ 根据 2017 年 1 月在比罗比詹中国露天大市场采访在俄经商十余年辽宁 Y 女士谈话。

的批发市场。这个市场以集市贸易的方式批发、零售来自中国、土耳其、印度和俄罗斯等国的货物。华商吃苦耐劳,薄利多销,生意红红火火。很多南方的厂家都派自家的亲戚朋友在市场上直销商品,价格低廉,甚至有些商品如服装、玩具等价格远低于国内。在莫斯科80%的中国人在大市场上经营摊位,每天从早晨6点开始到傍晚关闭市场。

华商少则居住三五年,多则一二十年,他们将中国的服装鞋袜、日用百货由小到大逐渐推向了俄罗斯远东地区及整个俄罗斯市场。在20世纪90年代初进入俄罗斯的华商,他们早已完成资本积累,不仅在俄罗斯购房购车,有的还在哈尔滨、沈阳、三亚、北京等地购房,如今,他们大多成为大大小小的民营企业家,为繁荣俄罗斯及东欧市场起到巨大作用。目前中俄民间年贸易额已突破100亿美元大关,相当于两国之间的正式贸易额,由此可见华商在中俄贸易中的重要作用。

二、华商是俄罗斯远东地区的主要纳税者

俄罗斯联邦税收法律要求所有外商应按照税法要求缴纳个人所得税,根据俄罗斯联邦法律规定,华商不仅要依据税法要求纳税,同时,还要为从事经济活动所雇用的员工纳税。除此之外,华侨拥有私人房产或是汽车,需缴纳个人财产税及运输费;出售房屋时,也需纳税。

俄罗斯征收个人所得税的金额取决于外国居民在俄居留时间,一年内(非自然年,而是从外国居民入境之日起计算)在俄罗斯居留时间超过183天的外国居民,根据俄罗斯联邦法律要求,与俄罗斯本土人一样,需按其收入总额13%缴纳个人所得税,而居留期限少于183天者,则需缴纳其收入的30%作为个人所得税。根据最新规定,在俄罗斯境内居留满一年者,可以在一年后办理退税,但是办理退税的各项手续相当复杂和烦琐。除了个人所得税,华侨在俄如果拥有住宅、公寓、别墅等个人财产,需要按照其财产价格缴纳一定的财产税,根据俄罗斯法律要求,一般个人财产在300万卢布以下的,需缴纳不少于税基的0.1%;财产价值为300万—500万卢布的,需缴纳0.1%—0.3%的财产税;财产价值超过500万卢布的,则需要缴纳0.3%—2%的财产税。根据俄罗斯联邦税法,所有在俄外国人应与俄罗斯本土人一样,需要按照其收入

进行纳税,其中还包括不动产、土地及交通工具出售的税项。按照俄罗斯联邦法律要求,禁止外国人在俄境内购买土地,允许其对土地进行租赁或购买房屋,在继承或赠与的条件下,可以获得土地所有权,因此,存在一定的土地税。在出售房产时,需缴纳 13% — 30% 不等的不动产交易税。在俄拥有私人汽车、公共汽车、游艇或其他交通工具者必须按照其交通工具类型及特点缴纳一定的车船税,车船税的缴纳额由州政府决定,如在莫斯科市,功率在 100 马力之下的汽车,其税率即马力×12,也就是说,90 马力的汽车需要缴纳 1080 卢布的车船税。

俄罗斯远东地区华商众多,是远东地区主要纳税者,是当地经济发展的重要力量。如国内优质轻工产品温州企业康奈集团凭借鞋业进入俄罗斯市场后,建设了康吉境外经贸合作区后,加大投入力度,到 2013 年,包括温州企业,园区共吸引了来自全国各地数十家企业入驻,年产各类鞋 3500 万双、各类服装 400 万套、地板 10 万立方米、各类包装盒 5000 万只等,总销售规模达到 38 亿元,带动相关产业达 22 亿元,被当地政府评为远东地区第一纳税大户。华商还从事建筑业及其他第三产业,他们不仅促进了俄罗斯建筑业的繁荣,同时也为地方政府缴纳了大量的税款。1989 年,福建省的何文安带领 150 人的建筑装饰队伍跻身阿穆尔州建筑市场,二十多年来他承建布拉戈维申斯克话剧院、阿穆尔州立医院等品牌工程。在俄开发建筑总面积一百多万平方米,境外资产总额已达 17 亿元,每年为阿穆尔州上交大量税款,成为布拉戈维申斯克前五名纳税大户。在俄罗斯其他地区,华商企业也成为当地的纳税排头兵。如在俄罗斯新西伯利亚图瓦共和国的紫金龙矿业公司,总投资额为 36 亿元,其申请俄罗斯政府对其资源税和利润税进行减免之后,每年向俄罗斯财政缴纳税额达到 7 亿卢布左右,成为其所在地区最大的纳税企业。

除了以上具有代表性的华商外,大多数华商在发展市场经济时,不同程度增加了俄罗斯税收。在俄罗斯各大中国市场,华商的纳税额成为该城市的有力支撑。在远东地区各中国大市场,华商是当地经济发展的重要力量。如比罗比詹市"中央百货商场",经济危机后由于华商的有力支撑才没倒闭,华商已成为当地经济发展的重要支柱。据调查,在比罗比詹市平均每名华商每月

华商何文安建造的友谊公园

纳税 4000 卢布,每两名华商纳税额可以支付一名俄罗斯人工资;①2000 年,布拉戈维申斯克市每名华商日上缴人民币 500 元利税,上缴税收用于支付远东地区俄罗斯公务员的工资。

在比罗比詹的中央商城,普通摊床月纳税额为 4000 卢布;在克拉斯诺亚尔斯克的友好大市场,从事经营日用百货的华商,租赁 24 吨集装箱月租金为 31500 卢布,带打工卡的市场还每月需要缴纳 8000 卢布的人头税。远东地区各大市场华商平均每年需要缴纳签证费、租房费、摊床或者集装箱租金、人头税、服务员税款近人民币 20 万元;克拉斯诺亚尔斯克餐饮业以小额税收为主,饭店营业面积小于 150 平方米缴纳固定税款,如 140—150 平方米,每月需要缴纳 3 万卢布左右税款;饭店营业面积大于 150 平方米的,每月按照发票额 6% 上税。此外,雇用工人要缴纳个人所得税,雇用本国工人按照工资额的 13% 上缴税款,雇用外国工人前 183 天,按照工资额 30% 缴纳税款,其余按照 13% 缴纳税费;在克拉斯诺亚尔斯克,购买 31.9 平方米的楼房,每月上缴物业费(水电、暖气)3000 卢布,每年上缴房产税 1300 卢布;从事木材砍伐和加工业的华商,如果按照正常税收纯利润缴纳,即销售额减去成本按照 29% 上缴税费;如果按照小额税收缴纳有两种,资金周转额的 6% 和纯利润的 15% 上缴

① 根据 2017 年 1 月在比罗比詹市中央百货商场采访在俄经商十余年同江的 F 先生谈话。

税费,林业开采面积较小,可以按照纯利润 15% 上缴税收。

截至 2018 年在哈巴罗夫斯克大约有三万余名华侨,在克拉斯诺亚尔斯克有三千余名华侨;在伊尔库茨克有两三万名华侨,为了实现淘金梦,他们胼手胝足,努力拼搏,用辛勤的汗水浇灌足下的土地,为俄罗斯的税收贡献一份力量。

三、华商提高俄罗斯就业率

由于俄罗斯实施新移民政策,华侨获得合法劳动许可证的条件逐步提高,办理各项手续的费用增加,导致华侨雇佣同胞的费用高于俄罗斯当地居民,因此,华商大多选择雇用俄罗斯员工,减少投资成本、增加利润。

以餐饮业为例,从事体力劳动的俄罗斯服务员日工资大多为 350—740 卢布,雇主无须负责员工食宿及劳动手续。在俄经商 90% 以上的华商都雇用俄罗斯员工,少则一两人,多则十几人、几十人甚至上百人。如在图瓦共和国的紫金龙矿业公司,在当地雇用俄罗斯员工高达七百余人,所雇员工种类繁多,包括采矿工人、会计、出纳、文秘等,解决了当地就业问题。在阿穆尔州的种粮大户宁某,每年最少雇用俄罗斯员工二十余人。

由于俄罗斯禁止在俄持劳动大卡从事经济活动的华商在其经济场所直接收款,这就强制要求华商,尤其是从事小型贸易活动的华商必须雇用俄罗斯本土人进行收款、售货等。如在远东地区符拉迪沃斯托克市的中国"体育"大市场、尼古拉耶夫斯克的"亚洲"中国市场、哈巴罗夫斯克的"阿里"大市场,以及远东地区各大中国餐馆,每个华商经营者最少雇用一名俄罗斯人作为售货员兼收银员,许多生意较好、规模较大的商铺会雇用更多的俄罗斯人。比罗比詹的"哈尔滨"菜库,长期雇用俄罗斯员工 7 人,短期、临时卸货的阿塞拜疆、乌兹别克斯坦员工不定数,每月支付每名俄罗斯员工工资 3 万卢布,司机每人每月工资 3.5 万卢布,大多采取当天结账的方式。

如尼古拉耶夫斯克市的华商赵先生,在其经营的水果、蔬菜及粮油批发市场中,所有员工均是俄罗斯人,包括市场雇用的长期工作人员,如售货员、会计、出纳及临时的搬运、卸货工人。另外,距离伊尔库茨克市 20 公里的哈密多瓦,从事种地的十余名华农,每户最少雇用一个俄罗斯人;距离克拉斯诺亚尔斯克市 3.5 小时路程的坎斯克有一百多名华商业户,他们购买成片森林,雇用大量俄罗斯员工从事森林采伐和木材加工业务。

华商在经济活动中,雇用大量的俄罗斯员工,对于应对经济危机、缓解当地就业压力、提高俄罗斯就业率起到积极的促进作用。

四、华工是俄罗斯经济发展的重要生力军

2000 年以来,俄罗斯制定新一轮远东大开发战略,有意识地引进中国资金和劳动力资源参与远东开发建设,作为解决劳动力资源严重匮乏的主要手段之一。近年来,赴俄务工的华工人数不断增多,华工是远东大开发的重要生力军,对远东地区经济发展起到不可或缺的作用。

2010—2014 年俄罗斯联邦移民局统计的华侨华人数量①　（单位:人）

人数 年份 流向	2010	2011	2012	2013	2014
移入	1380	7063	8547	8149	10561
移出	248	507	4358	7527	8606
净增	1132	6556	4189	622	1955

远东地区华工受到当地百姓的好评和雇佣者的欢迎。正如克麦罗州副州长在一次俄联邦州长会议上接受南方日报报业集团记者采访时公开发言:"非常欢迎中国人到我家乡去租种土地!"很多俄罗斯雇主都认为华工勤劳朴实,遵纪守法,吃苦耐劳,不酗酒闹事,与俄罗斯人相比,属低价劳动力,因此,华工对于俄罗斯经济,尤其是远东地区经济的发展起着积极作用。近年来,华侨赴俄人数众多,尤其来自边境城市的农村富余劳动力和下岗工人,主要分布在俄罗斯远东地区,通过 2000—2016 年黑龙江省黑河市口岸中国人出入境的人数统计得出,俄罗斯对中国淘金者来说,具有较强的吸引力。

旅俄华工对俄罗斯经济尤其是远东地区的发展起到积极推动作用,华工在俄远东地区将会继续呈增长趋势,其主要原因:首先,中国与俄罗斯远东地

---

① 俄罗斯联邦移民局官网 http://www.gks.ru/。

区特殊的地理位置决定远东地区的发展离不开华工,他们发挥不可替代的作用。为满足远东大开发的生产劳动及技术智力需求,需要更多中国劳动力源源不断地投入开发项目工程建设,其他国家劳动力无法替代。随着远东大开发的不断深入、规模逐渐扩大,预计将有更多的中国生产技术人员进入远东劳动力市场。2018 年 12 月,俄罗斯总统普京同意将俄远东联邦区行政中心由哈巴罗夫斯克迁至符拉迪沃斯托克。多年来,符拉迪沃斯托克为促进远东联邦区发展提供了主要动力,这一举措符合俄罗斯政府大力实施远东开发战略,促进俄政府积极建设符拉迪沃斯托克自由港和一系列跨越式开发区,吸引了中国投资,促进华侨在远东地区经济社会实现跨越式的发展。①

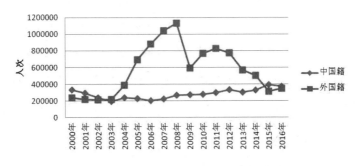

2000—2016 年黑河口岸中国人出入境人次

其次,中俄共同开发远东的战略构想需要华侨帮助实施。俄总统普京制定《2025 年前远东及贝加尔地区社会经济发展战略》。几年来,中国的"一带一路"倡议和俄罗斯欧亚经济联盟战略对接取得可喜成绩。实践证明,中俄作为经济利益共同体,俄罗斯需要更多的中国人参与远东开发战略。中方在建桥、修路、机场等方面为华侨在远东工作创业提供后备条件。黑河作为对俄经济文化交流的桥头堡,积极参与对俄经济建设,2019 年 5 月 31 日,黑河·布拉戈维申斯克黑龙江(阿穆尔河)大桥正式合龙,这将成为中俄两国经贸合作的新通道,也将成为中国移动就业人口赴俄主要通道。黑河积极建设黑龙江大桥、瑷珲机场、哈黑公路,为远东经济发展创造内通外联的有利环境。中俄战略伙伴关系的确定为地区相对稳定打下基础,为在俄中国人口增长趋势

———————————
① 引自俄罗斯《消息报》报道,2018 年 12 月 10 日。

提供保障。中俄本着互惠互利、相互理解的原则,围绕中俄发展战略对接以及"一带一路"建设与欧亚经济联盟对接,为中国人赴俄参与远东开发提供基础保障。

第五节 华侨对祖籍国的贡献

海外华侨华人是改革开放的开拓者、参与者、贡献者,回报家乡成为一代又一代海外侨胞的优良传统,他们淘金后率先回到国内投资创业,成为推动改革开放伟大历史进程的重要力量。旅俄华侨在国外打拼多年,通过辛勤努力,完成资本积累后,受落叶归根的思想影响,许多人回到国内,投资兴办企业,开设店铺,购买房产,为地方经济发展贡献力量。以黑龙江为例,黑龙江省现有归侨侨眷 40 多万人,其中归侨 7000 多人,海外侨胞 30 余万人,为黑龙江振兴做出了突出贡献。[①]

一、促进家乡建设

从黑河走出去的福建建筑商何文安,倾情回报第二故乡黑土地黑河。2004 年,他为改善黑河人的生活环境及生活质量,改造中央街黄金地段,在中央街与邮政路交叉口,竞拍获得了 9.6 万余平方米的土地使用权。华富集团投资 1.5 亿元动工承建黑河最大,集中欧建筑风格为一体的大型商业服务场所。2005 年 12 月 10 日,黑河市规模最大的 5 万平方米的商业旗舰店——华富商城投入运营,华富商城很快成为黑河民营企业的纳税大户。他还曾为黑河的黑龙江公园亮化工程捐款 60 多万元。2000 年何文安为家乡学校捐资 70 多万元建校、修路,带领华富集团积极承担了福州江阴 6 号、7 号码头的建设任务,为家乡的发展贡献着力量。

在俄罗斯建设第一个中国建材商品交易所的杨晓丽被称为走向俄罗斯建材市场的第一人,通过十余年努力,她由单一的经营性企业,发展成为以外贸

---

① 网站资源:http://www.chinaql.org/n1/2018/1130/c419651-30433506.html。

进出口为主,以经销汽车配件及精品为辅的多种经营企业。在俄罗斯乌苏里斯克拥有汽配及建材大市场,她建立了东北亚专业对俄物流基地,并在俄罗斯建立工业产品加工园,为我国的企业走出国门,建立了一个良好的工业平台。

农民出身的李树铭带领家乡富余劳动力赴俄走向共同富裕道路。早在1994年他组织农民赴俄务农,在自身被聘为技术员后,利用国内较为先进的种植技术和优良的蔬菜品种与俄罗斯签订蔬菜大棚合同,通过回乡筹资、招募华农赴俄进行蔬菜种植,在将近十年的日子里,他带领11个生产组赴俄从事务农活动,在此期间,他负担华农的路费、手续费及其在俄罗斯的食宿费,在他的带领下,他的老家永利村何家屯的普通菜农如今几乎都成了老板,①他带动身边人为家乡的经济发展作出贡献。

华侨们不仅在经济层面回报家乡,还担当了中俄两国文化大使,通过文化艺术搭建桥梁,回报祖国。山东省济南人宋锐,是定居俄罗斯圣彼得堡的华侨油画家,国务院侨办"第九届华裔杰出青年华夏行"俄罗斯华裔代表,自2002年赴圣彼得堡留学后,宋锐凭借自己出色的画功在油画界扎下根来,在八年的求学与对艺术追求的过程中,不仅在油画方面取得了成就,还获得了他的一生挚爱——美丽、善良的俄罗斯姑娘叶莲娜,婚后二人一直笔耕不辍,一边创作一边在俄罗斯师范大学担任教师,教授油画和中国画,之后担任圣彼得堡华侨华人联合会副会长。从此,他开始在文化交流领域中牵线搭桥,回馈故乡,不仅出版教材,教授国画,而且还在山东开展了中俄文化艺术交流活动,开启了山东与俄罗斯之间更多的文化交流之门。旅俄华人薛会林在符拉迪沃斯托克买下35公顷的土地,建立两个画家写生基地。每年义务组织符拉迪沃斯托克美协、乌苏里美协以及中俄画家等在一起交流写生,为国内油画爱好者搭建学习交流的平台。

二、华侨促进中俄边境城市微商业兴起

由于互联网的迅速发展席卷全国,人们都在应用互联网购物,发挥互联网

---

① 初祥、刘伟东:《俄罗斯远东地区的知名华人》,《西伯利亚研究》2007年2月第34卷第1期。

时效性、全球性的优势,这些优势对传统经济体制产生极大冲击,许多华商发现商机,利用中俄商品差价,成为海外代购商,并通过这种方式赚取利润。近年来,中俄边境地区代购、微商产业不断兴起。一些华商在俄罗斯与各大商场及俄罗斯业主建立联系,通过互联网联系业务,他们几乎足不出国就可以操纵化妆品市场,成为国内小微商的批发源头。如很多国际品牌化妆品在国内售价300元,在俄售价仅150元左右,欧莱雅化妆品的价格仅是国内价格的三分之一。俄罗斯"圣诞节"、"三八国际妇女节"期间,各大商场均有大幅度的折扣活动,如日本资生堂化妆品在俄罗斯"三八国际妇女节"期间,多是买一送一,这种情况对于微商来说,是"囤货"的大好时机,他们对于"囤货"决不手软,在布拉戈维申斯克市"群岛"商场中,随处可见带有汉语标识的商家,"群岛"也是布拉戈维申斯克唯一能够使用中国支付宝进行支付的商场,方便了微商们的经营活动。

很多华商与国内外商家进行合作,在俄罗斯远东地区,尤其是边境城市的各大商场分别建立了庞大的微商、代购圈。在远东地区的布拉戈维申斯克市的"群岛"、"梅卡"等大型商场里,对于一些紧俏商品,如受人欢迎的化妆品、紫金饰品、"潘多拉"首饰、品牌运动服,儿童用品如奶粉、纸尿裤,生活用品等,很多大的代购商已与商场的"柜姐"达成了协议,一旦新品上市,马上通知代购并为其留货,因此,出现了商品供不应求、断货的情况。除了商场的商品之外,近年来,俄罗斯药物也成炙热的需求品。华商高某在俄罗斯布拉戈维申斯克经营服装12年,回国后与妻子从事化妆品代购业务,从莫斯科发货,采取批发的形式,为国内许多微商和化妆品店提供货源,仅经营化妆品年利润约30余万元;华商小周在布拉戈维申斯克读书兼职从事翻译工作,在俄罗斯生活7年,已经购房购车,近年来与人合伙从事化妆品代购批发兼零售业务,他负责从莫斯科进货,采取空运的方式,囤积大量化妆品,在国内雇用劳动力负责为各地代理商发货,年利润几十万元;华商唐某,妻子在俄罗斯做生意,他利用熟悉俄罗斯环境、口语较好的优势,与俄罗斯化妆品批发商对接,每年从俄罗斯批发大量化妆品,年利润百余万元。

这种新兴的"无本贸易",拉动了中俄两国人民的消费,推动了中俄两国边境城市的经济发展,尤其激发边境城市的年轻人创业激情。华商带动国内微商业的发展,带动更多的人就业。微商门槛低,没有税收、无须实体店,是一种全民经商的经济模式,虽然利润高,但随着中俄两国对网络及通关管理的加强,微商们也逐步规范业务以适应时代的发展。

三、华侨促进中俄经济文化交流

习近平总书记对侨务工作作出重要指示时强调,实现中华民族伟大复兴,需要海内外中华儿女共同努力。把广大海外侨胞和归侨侨眷紧密团结起来,发挥他们在中华民族伟大复兴中的积极作用。他指出要充分发挥侨务资源优势,使其在推动国家经济社会发展、维护和促进国家统一、增进中外交流合作、提升国家软实力等方面发挥更大作用,为全面建成小康社会、实现中华民族伟大复兴做出新贡献。华侨在俄罗斯开阔视野,回国带回新的商机,如在华侨的参与下,许多国内旅行社积极与俄罗斯旅行社合作,共同制定中俄旅游项目,由于俄罗斯旅游观光成本较低,带动了国内旅游业的发展,尤其是边境城市旅游业的发展。如华商付某,在俄罗斯布拉戈维申斯克经营服装七八年,获取利润后,回到黑河开设俄罗斯风情旅行社,开展俄罗斯一日、两日、三日游等,每年旺季,有大量旅游团出境,获得丰厚的利润。在很多边境城市,比如黑龙江省黑河口岸每年都接待大量的边境旅游者,据黑河市政府官方资料统计,2016年1月至3月,接待出境旅游者就达六七万人次,边境旅游收入达2.3亿元人民币。① 2006年,在海南从事导游的华商王博涵创建"三亚太极康体养生中心",随着业务的扩大,在三亚开设三家分公司,营业面积8000多平方米,员工210人,曾是三亚最大的中医疗养机构。在他的积极推介下,俄罗斯旅游者纷至沓来,三亚成为俄罗斯人的旅游天堂。他被媒体竞相报道,被称为"海南导游第一人"。

旅俄华侨是中俄文化交流的推动者。在中俄文化传播过程中,离不开旅俄华侨的支持和积极参与,华侨始终发挥积极作用,传播中华文化,凸显中国声音和魅力,提升中国的国际影响力和形象。

华侨熟练掌握中俄两国语言,在与俄罗斯社会融合的过程中,为传播中国

---

① 网站来源:http://www.heihe.gov.cn/info/1103/74680.htm。

文化发挥桥梁和媒介作用。他们言传身教,在俄罗斯积极展示中华文化的风采。克拉斯诺亚尔斯克的魏某开设的茶叶店,既是中俄年轻人休闲娱乐的好去处,也是中俄文化交流的场所,他还代理中国保健品出口俄罗斯业务,让更多的俄罗斯人了解中国中医文化。在克拉斯诺亚尔斯克的毕某在克市生活二十余年,从事中国画、油画、版画的批发零售工作,与女儿在国内举办各种美术作品展览,推动中俄文化的交流。近些年,在俄罗斯兴起了"汉语热"、"针灸热"、"武术热",其中旅俄华侨的作用不可忽视。2018年俄罗斯远东地区布拉戈维申斯克国立师范大学的孔子学院的招生人数高达三百余人,创造远东地区孔子学院招生人数的历史最高点,在报名学习汉语的俄罗斯人中,小至六七岁的儿童,大至七十岁的爷爷、奶奶,他们热情高涨学汉字、说汉语。据俄罗斯招聘机构Superjob的2019年1月数据显示,"中文翻译"职位进入圣彼得堡最高薪酬职位的前三甲,该职位在薪酬水平上占第三位。此外,中国传统中医文化在俄罗斯社会赢得了广泛的赞誉,获得了俄罗斯人对中国针灸、按摩、拔罐的认可,在边境城市黑河的按摩店随处可见俄罗斯人的身影,每逢假期,在五大连池的温泉,针灸疗养的俄罗斯人远超过中国人,这与华侨的积极推介密不可分。

多年来,旅俄华侨社团组织也积极为中俄文化交流服务。俄罗斯远东华人工商联合会孙雷会长为中俄文化交流发挥纽带和桥梁的作用,多次举办形式多样的文化交流活动。为加强"海参崴—绥芬河"两地人民友谊,2018年12月,组织《中国书法作品和绘画作品》展览,会展共有展品六十余幅,中国知名书法家五十多人参加展览。

华侨是经贸交流的执行者。中俄边境城市积极发挥地缘优势开展各类经济贸易活动,促进中俄两国人民的经贸合作、文化交流,为双方的经济发展发挥作用和影响。如在黑龙江黑河,每年举办的中俄文化大集,已成为城市一年一度的品牌活动,每年的文化大集活动中都有众多旅俄华侨的身影,他们除了为中俄文化大集活动带来商机外,还充当了中俄文化交流的使者和桥梁。如,2011年著名华商何文安派亚洲宾馆的厨师参加文化大集活动,展示俄罗斯华侨的风采和高超厨艺,为促进中俄经贸交流做出贡献。在2017年中俄文化大集上邀请的中俄通婚代表,他们分别用中俄两种语言讲述自己的爱情故事和幸福生活,让在场的中俄人民动容,深切体会爱情没有国界。

华侨是民间文化的促进者。华侨在俄罗斯生活多年,熟悉俄罗斯文化,了解和熟知其民间文化生活。华侨分布较广,对俄罗斯社会诸多日常生活都产生影响,潜移默化改变了部分俄罗斯居民的饮食和生活方式。例如,中国的餐饮业在俄罗斯受到青睐,不仅使华侨获得经济利益,还使俄罗斯人接受并认可中国的饮食文化。

早在 20 世纪 90 年代初,中国饮食就使苏联人产生了极大兴趣。1990 年 8 月 14 日,黑龙江省黑河市与布拉戈维申斯克市合办占地面积为 242 平方米的"黑河中餐厅",派出餐厅中方管理人员、厨师等 30 人,其中国家级厨师 16 人,日营业额平均为 6500—7000 卢布,日最高营业额达 1.16 万卢布。1990 年,中苏边贸刚刚开启,为增进中苏友谊和促进餐饮业的交流,旅俄华人宋长林就迫不及待促成哈尔滨大酒家与苏中合资企业哈巴罗夫斯克市哈尔滨餐厅互派工作人员,同年 10 月 29 日,双方达成协议互派工作人员。

近年来,华侨从事餐饮业的人数较多,俄罗斯各大城市中餐馆颇受俄罗斯人的欢迎,由于中餐馆的繁荣,到饭店用餐的俄罗斯人源源不断,他们在中国餐厅不仅品尝中国各大菜系的美食,锅包肉、松鼠桂鱼、家常凉菜、豆腐、饺子等,还感受到浓厚的中国文化,欣赏中国传统的装饰风格,了解中国传统风俗习惯。价格低廉、品种繁多的菜肴让俄罗斯人赞不绝口,华商们通过这种最直接的方式,影响着俄罗斯本土人对中国及华侨的看法和认知。

第六节 华侨与俄罗斯社会的融入

随着中俄两国关系的不断发展,中俄两国民间交往日渐增多,双方的认同度大幅度提升,不断加强融合进程。

一、促进华侨与俄罗斯社会融入的因素

通过调查得知,大多数俄罗斯人赞同与中国合作,多数俄罗斯人愿意接受华侨,这种结果通过华侨在俄融入情况进一步证实。

1. 经济互动促进旅俄华侨与当地社会的融入

华侨在俄大多从事经济贸易活动,他们大多选择人流量较大,购买力较强的城市租赁商铺,从事汽车维修、餐饮业、小商品批发和零售等经营活动,华商成为俄罗斯当地居民出租不动产的主要租户,他们具有一定的经济实力,大多数人是相对稳定的长期租客。除了从事批发经济贸易活动外,还有一大部分华侨从事农业种植,他们租种俄罗斯人的土地进行蔬菜、农作物种植。近年来,许多从事种植业的华农开始雇用俄罗斯本地人管理农场等工作,在农忙期间,华农雇用当地人务工,在雇用过程中,华商逐渐了解俄罗斯本土人的生活习惯,学会了很多当地俚语,甚至很多华农与当地农民打成一片,白天一起耕种,晚上买上一瓶伏特加,做几个中国小菜和俄罗斯农友们喝上几杯,交流思想,沟通感情。

华侨在俄开设公司,除了主要管理人员或技术人员来自中国之外,其他员工均从当地雇用。在符拉迪沃斯托克市的金凤饭店、哈尔滨饭店、大连饭店、熊猫饭店等十多家中国饭店中,都雇用俄罗斯服务员和收银员,闲暇时间,华商向俄罗斯员工教授各种菜名,讲述菜肴的含义,在交流过程中,增强了对彼此国家的了解并传播了中国文化。华侨通过各种经济活动,与俄罗斯人沟通交流,在获取经济利益的同时,缓解当地就业压力。华侨在日常生活中逐渐了解俄罗斯社会,同时,俄罗斯当地居民也零距离地了解华侨,增强彼此的了解和认知。

由于俄罗斯员工工资低、无须负责食宿等,在远东地区哈巴罗夫斯克、符拉迪沃斯托克、伊尔库茨克等地华商企业均雇用俄罗斯员工,连遥远的尼古拉耶夫斯克市(庙街)的"亚洲"中国大市场中,十余家中国商铺也雇用当地人为售货员及收款员,她们大多是年轻漂亮、性格活泼的俄罗斯姑娘,有时与店主一起共进午餐,品尝中国美食;有时也会与年纪相仿的华商开玩笑,大多数俄罗斯员工都会讲上几句汉语,在空闲时刻他们也教华商们一些常用俄语。据"亚洲"市场的经理张先生介绍,除日常工作,每逢中国节日,商家都会邀请俄罗斯工作人员一起庆祝中国传统节日,在调研中,当说到"饺子"、"新年"、"锅包肉"时,俄罗斯员工总是兴奋地插上两句。华侨中尤其是多年在俄从事经济活动的华商,他们凭借自身的勤劳和良好的经营方式,结交了很多俄罗斯朋友,逐渐融入俄罗斯的社会生活。由于中俄两国文化差异大,中国人性格比较内敛,行事比较传统,重视人情,而俄罗斯人性格开朗,自尊心较强,刚开始大多数华侨不理解、不接受,如今他们逐步融入俄罗斯社会。

在俄罗斯生活二十余年的尼古拉耶夫斯克中国大市场的张经理成为当地俄罗斯人的好朋友,在他们生日、结婚、家里有人去世时,都会郑重地邀请他去参加。张先生基本适应俄罗斯的生活方式并融入了俄罗斯人的生活。据他讲述,从最初和俄罗斯人接触中的拘谨、尴尬,到现在已经能够轻松自如地在俄罗斯朋友的生日宴会上饮酒、调侃,甚至和他们一起进行俄罗斯民族的传统游戏,在娱乐中身心放松和愉悦。此外,在二十余年的异国生活中,他已经接受并学会了俄罗斯人的生活态度,即工作娱乐各有定时。比如,二十几年前赚钱至上、急躁的生活心态已经逐渐改变,现在他和俄罗斯人一样,该工作的时候工作,该休息的时候休息,每年都在固定时间,约上几个要好的中国和俄罗斯好友一起走入大森林里进行为期半个月的"休假",和朋友们一起狩猎,和朋友们一起开怀畅饮。通过经济活动华侨已经逐渐融入当地社会,他们凭借自身的努力,逐步去适应俄罗斯社会、接受俄罗斯生活和文化,在改变自己的同时,也使俄罗斯的创业之旅更加轻松和快乐。

2. 跨国婚姻促进华侨与当地社会的深度融合

俄罗斯男女比例不均衡由来已久,女多男少,严重阻碍社会经济发展。而与俄罗斯毗邻的中国男多女少的矛盾也日渐突出,由于赴俄人数不断增多,一些家境殷实、勤劳善良、责任感强、不酗酒的中国男人赢得俄罗斯女人的青睐,双方在工作、学习中互生情愫,结为连理,形成独具特色的中俄通婚家庭。

与沙俄时代不同,如今俄罗斯姑娘嫁给中国人不必再担心失去国籍,即使生活在中国,她们也可以放心地使用俄罗斯护照。由于华侨加入俄罗斯国籍的主观愿望不强烈,赚钱回国是绝大多数人的共同愿望,加上俄罗斯社会缺乏安全感、俄方并未采取积极有效措施接纳中国人入籍,只有少数中俄通婚的华侨申请俄罗斯国籍。据阿穆尔州婚姻登记情况显示①,华人婚姻登记总数:

---

① 网站来源:http://www.amurobl.ru/wps/portal/Main.2000—2010 年阿穆尔州婚姻登记及离婚情况。阿穆尔州政府官方网站[电子资料].——登录网址:http://www.amurobl.ru/wps/portal/Main。

1997—1999 年为 17 对,2000 年为 11 对,2001 年为 7 对,2002 年为 7 对;2003
年为 9 对,2004 年为 12 对,2005 年为 5 对,2006 年为 8 对,2007 年为 5 对,
2008 年为 5 对,2009 年为 8 对,2010 年为 7 对,2011 年为 7 对,1997—2011
年,15 年里中俄通婚总计 108 对。具体见下表:

阿穆尔州中俄通婚统计表

年份	婚姻注册数
1997	7
1998	5
1999	5
2000	11
2001	7
2002	7
2003	9
2004	12
2005	5
2006	8
2007	5
2008	5
合计	86

　　远东滨海边疆区的旅俄华侨人数较多,但是中俄通婚人数较少。

　　根据俄罗斯户籍登记局信息,近年来,俄远东南部地区注册与俄罗斯人通
婚的华侨有近百人。据资料显示,1991 年至 2008 年,在哈巴罗夫斯克区中俄
通婚人数为 107 人。在中俄通婚中,大多是中国男人迎娶俄罗斯姑娘。①

---

　　① ［俄］弗拉迪洛芙娜:《俄罗斯人和中国人:俄罗斯远东边境地区的民族互动问题和前
景》,博士学位论文,2009 年。

滨海边境区中俄通婚统计表①

年份	婚姻注册数
1992—1993	7
1994	1
1995	6
1996	7
1997	5
1998	0
1999	5
2000	1
2001	1
2002	4
2003	1
2004	1
2005	7
2006	0
2007	7
2008	3
合计	56

中俄通婚人数仅是俄罗斯婚姻登记总数的千分之一。有的华侨到俄务工、经商,在工作、生活中与俄罗斯姑娘日久生情,结为伉俪后便选择在俄罗斯生活;还有的人携带俄罗斯妻子、儿女返回祖籍地。黑龙江省逊克县的张先生在俄罗斯阿穆尔州生活近三十年,1992 年在距离阿穆尔州五千公里的阿巴干大学学习两年俄语,后在俄罗斯从事农业开发,妻子娜达莎是他大学同学,帮助其管理农场财务,婚后育有三个孩子②;在布拉戈维申斯克市亚洲宾馆任财务总监的许先生,在北京某高校毕业后在哈尔滨工作两年,2008 年他到布拉戈维申斯克市学习俄语,在当地中学教授汉语时结识了比他小八岁的俄罗斯姑娘娜斯佳,两人相恋五年后结合,他们的梦想是到莫斯科、圣彼得堡发展事

---

① ［俄］弗拉迪洛芙娜:《俄罗斯人和中国人:俄罗斯远东边境地区的民族互动问题和前景》,博士学位论文,2009 年。

② 2017 年 3 月采访在阿穆尔州种地的 H 先生的谈话。

叶琳娜和她的中国丈夫

业,积累钱财回到国内工作定居①;在伊尔库茨克某高校毕业的研究生韩先生与俄罗斯妻子结婚,如今有4岁的男孩,定居俄罗斯;大庆张先生曾于2000年在新西伯利亚托木斯克经商,结识比他小四岁学习财务管理的俄罗斯大学生达莎,二人结婚并生子,2011年,他们一家三口回国在黑河市定居;在清华大学工作的何开立与中苏混血同事薇拉·齐干才娃结婚后,为了满足妻子回国照顾母亲的愿望,一家人来到伊尔库茨克生活六十余年,2019年何开立去世,至死仍未改变国籍。俄罗斯的教育环境和医疗条件使一些中俄通婚的年轻人暂时选择留居俄罗斯,让孩子在当地接受教育,待时机成熟再返回国内。

受传统观念影响,很多家庭中的俄罗斯妻子都选择追随丈夫定居在中国。如吉林省舒兰市小城镇四合村,先后娶回22个俄罗斯姑娘,成为著名的俄罗斯新娘村。

中俄通婚具有时代特点,百年来中俄通婚所处社会、人文、历史环境不同,呈现不同时代特点。中俄通婚中大多数是中国男子娶俄罗斯女人,而中国女人外嫁俄罗斯男子的甚少,这种中俄通婚数量在中俄通婚中所占比重较低,个别人是为了在俄罗斯定居,但是由于中俄文化的差异,离异的较多,这与民族

① 2017年1月在布拉戈维申斯克采访高级白领X先生谈话。

的婚姻观、价值观、人生观有直接关系。

在哈尔滨有 MY 的女子,三婚嫁给俄罗斯人,丈夫的年龄比她小,她经商能力强,在俄罗斯开修车厂,生意兴隆,承担生活养家的重担;在克拉斯诺亚尔斯克市中国大市场经商的吴某,文化程度不高,嫁给俄罗斯人,丈夫为其开车,车由她出钱购买,他们没有孩子,她希望与俄罗斯男子通婚尽快在俄罗斯定居;黑龙江 Z 在俄罗斯读硕士时,认识俄罗斯青年奥列格,两人结婚,2012 年张某硕士毕业到黑龙江高校任俄语教师,她的丈夫在布拉戈维申斯克攻读硕士;上海人黄某,1989 年上海外国语学院俄语专业毕业后在华能集团工作,1992 年公司派她到哈萨克斯坦远东地区公司任业务员,工作中结识俄罗斯青年并结婚,由于中俄文化的差异,已离异。

关于中俄通婚,两国人所持看法不同。格尔博拉斯在俄罗斯对中俄通婚的态度进行问卷调查。

中俄两国人对于彼此国家公民通婚的观点①

	华人的回答			俄罗斯人的回答		
	莫斯科	哈巴罗夫斯克	符拉迪沃斯托克	莫斯科	哈巴罗夫斯克	符拉迪沃斯托克
你是否想与中国(俄罗斯)公民结婚						
已登记者	2.8	4.4	3	0	0.9	0
是,想	8.6	11.7	3	6.5	0.9	1.4
不想	49.7	47.4	58	49.5	75.4	78.3
没想过这个问题	21.2	22.3	23	40	15.5	15.8
不知道	17.7	14.2	13	4	7.3	4.5
如果您的亲戚或朋友有中俄通婚的意愿,你怎么看待这个问题						
无所谓	40.4	34.6	29	29.5	16.9	13.9
正是所希望的	4.4	20.1	3	3.5	0.9	0.9
反对	20.7	18.4	26	43.5	56.1	64.4
不知道怎么看待	34.5	26.9	42	23.5	26.1	20.8

---

① ［俄］格尔博拉斯:《俄罗斯的中国现实》,莫斯科:蚂蚁出版社,2001 年,俄文版,第40 页。

通过调查发现,中国人与俄罗斯人相比,希望中俄通婚的人数多于俄罗斯人,俄罗斯人对于中俄跨国婚姻的反对人数多于中国人。

很多俄罗斯人对于中俄通婚持排斥态度,大部分俄罗斯人不看好这种"混合外来式"婚姻。一是由于有些俄罗斯人对中国人存在固有偏见的思维定式;二是由于华侨在远东地区从事的行业中大多数为小商小贩、建筑工人或是种植蔬菜的农民,文化水平较低,是中俄通婚的阻碍。

通过调研得出,与俄罗斯女人通婚是华侨融入俄罗斯社会的一种最直接、最便捷的方法。通过情感组合的中俄通婚家庭中的大多数华侨都接受了良好的文化教育,具有较好的职业,其配偶也有类似的文化及教育背景。这些俄罗斯妻子大多具有高学历,不仅年轻漂亮,还是丈夫事业上的帮手,利用熟悉俄罗斯法律和国情的有利条件,与俄罗斯政府及其他部门沟通协调,解决丈夫在俄罗斯工作和生活中的难题。大多数中国人在俄罗斯打拼一段时间,积累一定钱财,拓宽生意渠道后,便寻求机遇携妻带子回到国内发展。在跨国婚姻中,很多家庭中的饮食、服装和家务分工等方面都掺杂了中俄两国的习俗及传统习惯,尤其在对待子女教育中,很多家庭运用中国的传统教育方式,尽量教授子女中国语言和文化,而在丈夫和子女的影响下,许多俄罗斯妈妈也都成为"汉语通"。

二、华侨难以融入俄罗斯社会的主客观因素

虽然旅俄华侨通过各种方式融入俄罗斯社会、生活及文化等各个领域,加深了与俄罗斯社会的联系,他们从俄罗斯文化中汲取精华,兼容两国文化,成为中俄文化的传播者和推动者。但是,就客观现实来看,仍存在很多影响华侨难以融入俄罗斯社会的因素。

华侨难以融入俄罗斯社会具有一定的主客观因素。华侨为实现淘金目的,主动适应俄罗斯的经济社会环境,采取本土化的调试与尝试进入当地社会。知名学者庄国土认为:华人将作为次主体而融入当地的主流社会,这种趋同的过程,即表现为同化、认同、整合的过程[①]。现实证明,虽然华侨已经形成

---

① 庄国土:《华侨华人与中国的关系》,广东高等教育出版社 2001 年版,第 127 页。

微型华人社区,但是大多数人仅仅掌握一些日常商业俄语,对生活用语掌握不全面,无法与俄罗斯人进行深入交流,双方在文化、生活上很难沟通和碰撞,无法被俄罗斯人同化。很多华侨文化层次低,不熟悉俄罗斯法律和财税制度,经常出现违规违法事情,造成华侨在俄经商、务工受阻,给他们的生活带来困难和麻烦。虽然华侨在俄罗斯的经济地位不断提升,但是他们无法进入俄罗斯主流社会,没有社会话语权、缺少安全感,加之华侨社团组织缺少凝聚力,更多人无法扎根俄罗斯,大批华侨无法融入俄罗斯社会。俄罗斯不断变更的移民政策、排外的民族特性、诸多不安全因素,使华侨无法在俄罗斯落地生根,受落叶归根观念的影响,他们到俄罗斯淘金,积累一定钱财后大多选择归国。

华侨难以融入俄罗斯社会还有一定的客观因素。除了移民政策和法律制度变更对旅俄华侨融入俄罗斯社会产生一定影响外,还有一定的社会客观因素也影响着华侨与俄罗斯社会的融合。

1. 俄罗斯经济危机的深度影响

1998 年,俄罗斯经济陷入多重危机,1—10 月中俄两国贸易额为 44.7 亿美元,其中俄罗斯从中国的进口额为 15.1 亿美元,全年两国的贸易额低于同年上半年的 61.2 亿美元,卢布兑换美元的官方汇率为 16.9∶1。据俄报刊社透露,8 月 17 日以后的一个月内,美元对卢布的官方汇率提高了 98%,卢布贬值 48%①。据经历 1998 年经济危机曾在布拉戈维申斯克市从事服装批发的华商付某回忆:"由于卢布贬值,当年卖货越多,赔钱越多,一夜之间华商到手的货款缩水 4 倍,有的中国业主赔光上千万元。"在比罗比詹经营水果和蔬菜批发的华商杨某回忆:"汇率从 5 跌倒 7,最后跌破 12,当天的卖货款没来得及兑换人民币,卢布就惨跌到 12,每天都在不停地换购卢布,由于卢布暴跌,有时候一天辛辛苦苦卖出去的货物,当天就赔七八十万卢布,卖出去的货物越多,赔钱越多。"许多华侨辛苦挣的血汗钱一夜赔光。经历那场经济危机,80%的华商无奈回国。经济危机后,华商手中不再留存大量卢布,而是把货款尽快兑换成人民币带回国内,以减少经济损失。

2014—2015 年俄罗斯经济严重萎靡,秋季人民币与卢布兑换比例为

---

① 网站来源:http://www.sina.com.cn。

1∶6.5，年底降到1∶12，在布拉戈维申斯克市经营水果的 L 先生介绍，2014年以前年净利润30万—50万元人民币，在布拉戈维申斯克市友谊库一天能批发价值20万元人民币的货物，雇车从黑河市直接过货，一车水果能净挣5万元人民币，如今批发一车水果仅挣3000元人民币；在布拉戈维申斯克市"三条金鱼"大市场，2004—2005年、2008—2009年有几千个中国摊床，曾出现一铺难求的现象，2017年只剩下几百个摊床，闲置一半；在阿穆尔州别洛戈尔斯克市服装批发市场，鼎盛时期有一百多个华商业户，如今进货价位高，商品卖不上价，只剩下十多个业户；比罗比詹市的工厂效益差，俄罗斯人失业率高，华商经营的木材厂、沙发厂、投资的建筑均无利润、风险大。以往生意红火的布拉戈维申斯克、哈巴罗夫斯克、符拉迪沃斯托克、伊尔库茨克等地华侨大市场，不再有往日一铺难求的场面，呈现冷清、萧条现象，商铺空闲很多。如2020年4月，俄罗斯华侨有10余万人，在俄罗斯经济危机之前，仅哈巴罗夫斯克华侨近4万人，现在只剩下2万人。

二十多年来，俄罗斯经济跌宕起伏。尤其是2014年，俄罗斯遭受西方国家的经济制裁，创下卢布汇率十五年来的最大跌幅，卢布对美元的汇率暴跌85%。华商经历了几次较大的经济危机和俄罗斯移民政策的调整，面对俄罗斯苛刻的移民政策及俄罗斯经济萎靡、卢布贬值、市民购买力减弱，华侨经济效益减少，部分华商处于微利或者亏损状态，大批华侨放弃在俄罗斯继续发展的机会归国谋生，远东地区华侨数量锐减。留下来的华侨大多数是在俄经商时间长、原始积累较丰富、熟悉俄罗斯政策和法律、具有一定抵抗经济危机等风险的能力，还有一部分人缺少一技之长，无法适应国内市场的环境，很难实现经济转型，只好留居俄罗斯。

2. 缺乏安全感

俄罗斯社会治安差，光头党暴力伤害、抢劫和杀戮华商事件时常发生。1997年10月，在哈巴罗夫斯克中国大市场经商的王先生遭到俄罗斯人入室抢劫，在激烈的反抗中被穷凶极恶的歹徒开枪打中左侧肋骨，子弹从后背穿出，所幸没打中心脏①；1999年的一个清晨，黑毛子闯入布拉戈维申斯克市54

---

① 2015年在采访 W 先生同学 M 女士的谈话。

楼华侨居住区,将华商叔侄二人枪杀,并抢劫几十万人民币和卢布①;2002 年夏,黑龙江省铁力市的郭先生在阿穆尔州别洛戈尔斯克市经商,十多个"阿蒙"端着枪进屋搜查,并把华商晾晒的衣服扔在地下用脚踩,第二天心有余悸的郭先生带着妻子匆忙逃离,来到布拉戈维申斯克市经商;2004 年 10 月 14 日,在赤塔州,一名中国男子被两名俄罗斯"光头党"醉酒少年用刀刺死;青冈县的高先生在布拉戈维申斯克市开辟第一个手机卖场,生意火爆,一年内遭警察盘查勒索 8 次,他身心疲惫,无奈在俄经商 12 年后返回国内②。

华商为应对俄罗斯劳动配额政策,只能持旅游照、商务照经商,不符合俄罗斯法律,俄罗斯海关及警察局对华侨实施罚款、驱逐。伊尔库茨克上海大市场的中国业户,经常遭到俄罗斯移民局及警察的盘剥和搜查,警车停在大市场门口,每天都有护照不合格的华商被关押,几千人的中国大市场,2018 年末只剩余十余名华商业户。为了获得更多在俄经商机会,大多数华商不得不"打点"、贿赂俄警察和海关人员,俄罗斯警察也借机勒索华商。俄罗斯海关等部门官僚腐败,黑社会猖獗,国家管理调控社会能力较弱,行政服务体系较差,俄罗斯贸易、投资环境十分恶劣,许多华商投资的公司、企业很难同俄罗斯开展正规贸易。华商为淘金在异国谋生,撇家舍业、命悬一线,人身安全得不到保障,无奈之下选择回国。

3. 缺少入籍的动力

目前俄罗斯恶劣的经济环境使华侨入籍愿望极低,大多数中俄通婚家庭仍然保留中国国籍,有的华商带领俄罗斯妻子归国。

对俄罗斯认知的缺乏也是影响华侨入籍的一大原因。俄罗斯旅游行业发展缓慢,较我国周边国家日本、韩国、新加坡、马来西亚、泰国的旅游业,让中国人耳熟能详的俄罗斯旅游景点寥寥可数。旅游业是一个国家对外展示的优质平台,通过旅游业不但可以促进经济发展,还可以提高外来民众对旅游地的认知和了解。由于俄罗斯旅游业发展迟缓,国人对俄罗斯的了解,大多来自那些在俄淘金失败归侨的口耳相传中,他们看到的更多是俄罗斯社会黑暗甚至残

---

① 2015 年 10 月采访 W 女士的谈话。
② 2017 年在黑河采访曾在布拉戈维申斯克经商 12 年的高先生谈话。

酷的一面,他们的经历也许不是最糟的,但他们对俄罗斯的认知影响着身边的人,导致国人对俄罗斯难以认可,从这些年留学、入籍的比例中可以看出,俄罗斯不仅不被成年人认可,就连青年人选择留学国家时,俄罗斯也处于落后位置。

除此之外,俄罗斯民众对华侨的不认可也是一大社会因素。2007 年俄罗斯社会专家曾进行社会调查,俄罗斯本土人对中国劳动力观点如下表:

2007 年俄罗斯人对使用中国劳动力的看法①

您是否同意使用中国劳动力将会产生以下后果?	回答(百分比)
将会导致本地无业人士的增多?	
同意	58
不同意	26
很难回答这个问题	16
将会导致犯罪率的增加,恶化社会环境	
同意	50
不同意	29
很难回答这个问题	21
将会导致俄罗斯劳动力进一步的缺乏	
同意	40
不同意	38
很难回答这个问题	22
会使俄罗斯企业劳动生产力提高	
同意	28
不同意	46
很难回答这个问题	26

通过上表统计可知,大多数俄罗斯人认为中国劳动力的涌现导致当地居民失业率的提高和犯罪环境的恶化,他们不能为俄罗斯企业带来更多的利益。目前俄罗斯遭受欧美经济制裁,中俄两国关系不断升温,中俄战略合

---

① [俄]库兹涅佐夫:《社会舆论镜像中的中国》,布拉戈维申斯克:布拉戈维申斯克国立师范大学出版社,2013 年,俄文版,第 226 页。

作关系逐步深化,但是在个别俄罗斯民众心里,对中国人依旧持排斥态度,这里既有历史原因,也有现代因素,既有俄罗斯人主观想法,也有中国人的客观影响。

百年前俄国通过《瑷珲条约》《北京条约》从中国强行割占大片土地,这片土地无论是人口还是文化,都被俄罗斯打上深深的民族印记,深知这段历史的俄罗斯民众一直就对中国人存有戒备心理,尤其是远东的俄罗斯民众对华侨依旧或多或少存有排斥之心。

近年在俄罗斯人口急剧减少的情况下,中国赴俄人员数量不断增长,俄罗斯不止一次提出人口入侵,对此,俄罗斯政府积极采取政府干预手段,加强打击力度,限制中国人赴俄。无论是俄罗斯民众还是政府对中国人在俄数量的增长都存在着一定的担忧,特别是近些年中国发展迅速,国际地位逐步提升,更使俄罗斯社会对华侨产生焦虑。

4. 俄罗斯移民政策的变更

大量中国人的涌入,引起俄罗斯中央及地方政府的注意及部分极端主义者的恐慌。俄罗斯一家咖啡馆提供的咖啡砂糖袋上用俄语写着:"这里的一切都是俄罗斯的,这里的一切都属于我们,从莫斯科到俄罗斯的尽头。"这句话是庆祝哈巴罗夫斯克建市 150 周年的口号[1],这说明俄罗斯社会对历史上原属于中国的远东地区,一直深怀戒备心理。20 世纪 90 年代初,政治变迁带来的族群地理重构趋向平静之后,俄罗斯为解决本国劳动力人口短缺问题而出台移民政策,依然显示出鲜明的族群偏好,对外来移民的选择存在明显的双重标准[2]。俄罗斯开发远东需要大量劳动力、技术和资金时,就制定一系列优惠政策吸引中国人到俄罗斯务工淘金;一旦中国人数增加并在当地产生影响之后,俄罗斯政府就开始极度恐慌,这种矛盾心理决定俄罗斯移民政策的不确定性、两面性。

俄罗斯联邦制定并实施的一系列移民政策,明显表现出以同族、同源、同文为选择标准的移民偏好[3]。2002 年 2 月 20 日,俄国家杜马通过《新的国籍

---

① 网站来源:http://news.qq.com/a/20070831/001940.htm。
② 李明欢:《国际移民政策研究》,厦门大学出版社 2011 年版,第 258 页。
③ 李明欢:《国际移民政策研究》,厦门大学出版社 2011 年版,第 260 页。

法草案》。新法律规定，获得俄罗斯国籍需具备的首要条件是在俄罗斯境内居住 5 年以上，其中每年出境时间不得超过 3 个月；申请者在申请加入俄罗斯国籍时必须放弃原有国籍；申请加入俄罗斯国籍的外国公民必须掌握俄语。俄罗斯国籍对华侨没有太大的吸引力。资料表明，想在俄罗斯定居的华侨并不多。在沿海边疆区获得永久居留权的中国人仅为 37 人①，1991—1996 年在阿穆尔州获得永久居留权的中国人为 99 人，获得俄罗斯国籍的中国移民为 15 人。在哈巴罗夫斯克边疆区较多些，获得永久居留权的中国人为 170 人②。

近年来，俄大幅度收紧移民政策。俄联邦移民局局长罗曼达诺夫斯基曾在 2006 年底表示，俄坚决禁止在其境内出现"中国城"那样的外国移民聚居区。俄移民局副局长帕斯塔夫宁也曾表示："根据一些学术调查研究结果，如果外国移民在俄罗斯任何一个地区的数量超过当地居民人数的 20%，特别是当这些外国移民拥有完全不同的民族文化背景和宗教信仰时，那么，这将会造成族群紧张，让俄当地居民感到非常不舒服。"③

2007 年 1 月 15 日通过《俄罗斯联邦外国公民法律地位法》、《俄罗斯联邦外国公民和无国籍人士移民登记法》，对中国移民的数据更加明朗化，规范了外国人在俄罗斯的登记、生活和工作的程序，完成了许可登记制向通知登记制的改变。从 2001 年开始，俄罗斯对外国移民实行配额制度。几年来，移民配额一直在减少。2014 年，俄罗斯面向外籍和无国籍人员发放暂住许可证配额仅为 9.58 万个，比上年缩减近万个，仅为 2008 年的 2/3④。2012 年，俄罗斯拟立法强制在俄临时打工的外来移民和打算在俄罗斯长期定居并获得俄罗斯公民身份的移民学习俄语，并进行语言测试。

《俄罗斯联邦外国公民和无国籍人士移民登记法》第 6 条规定，对于违反移民登记规定的外国公民，俄罗斯将依法处以 2000—5000 卢布罚款。严重违

---

① ［俄］维特果夫斯卡娅：《俄罗斯远东地区的新斯托利平政策卡：希望与现实》，莫斯科：捷达利夫出版社，1999 年，俄文版，第 5 页。

② ［俄］弗·阿·拉林：《90 年代初中国与俄罗斯远东间的区域影响问题》，符拉迪沃斯托克：远东科学，1998 年，俄文版，第 114 页。

③ 网站来源：http://news.163.com/09/0806/04/5G0O26UI0001121M.html。

④ 网站来源：http://www.xinhuanet.com/overseas/2015-01/07/c_127364515.htm。

反规定者将依照法院判决予以遣返,签证过期仍滞留俄罗斯的外国人,将被俄移民管理局在护照上加盖黑章,而且在一定年限内不能进入俄境内①。许多在俄罗斯做生意的中国人由于护照被俄罗斯移民局盖上黑章而无法入境。由于俄罗斯移民政策的调整与民族的排外性,中国人很难取得当地的移民身份,无法融入俄罗斯的主流社会,而是游离俄罗斯主流社会之外与国内保持着紧密的经济和社会联系。

5. 华侨的文化素质影响俄罗斯民众的态度

华侨在俄罗斯的形象影响着俄罗斯民众对华态度,当今很多学者将旅俄华侨称为东方的犹太人,虽然是对俄罗斯时期华侨一定程度上的肯定,但是华商大多是个体经营者和边境地区富余劳动力,他们缺乏基础教育,许多人只有初中文化,相比犹太商人,他们缺乏科学的经商理念,只是简单采取以赚钱为目的的经营方式,这种经营方式不是为了将企业做大做强,而是以经济利益最大化为最终目标,导致许多个体经营者以低价购入劣质货品高价卖给俄罗斯市民。这种以牺牲信誉赚取最大利润的经营方式,虽然在短期内获得一定利润,但给华商后续的发展带来致命性打击,导致俄罗斯民众对华商及其商品的不认可。

虽然华商通过多年的努力一直在改变,但是20世纪90年代的个体商贩,让俄罗斯人对中国的认知打上深深的烙印。在这种历史、人为的因素下,俄罗斯民众对华侨的态度从不信任到忧虑逐步发展为排斥。在俄罗斯众多华侨聚集的地方从未出现像欧美那样"华人街"、"唐人街",从侧面反映了俄罗斯社会民众对华侨的态度。

俄罗斯民族主义思想强烈,对外来移民的文明认同度低。俄罗斯对外来移民持有不同的态度,特别是对华侨的认同度较低,这种心理造成在一些公务活动中,对华侨的一些不公正待遇,间接造成华侨对俄罗斯社会文化认同度低,致使很多华侨对俄罗斯社会缺乏归属感和安全感,很多华侨在俄罗斯生活多年却只是一名过客,甚至很难说出对俄社会有何好感。

6. "黄祸论"及"中国威胁论"的影响

"中国移民威胁论"在俄罗斯一直不乏呐喊者,近年来随着中俄两国关系

---

① 强小云:《移民对当代中俄关系的影响》,时事出版社2010年版,第105页。

的不断深化,对于此种观点的批驳者越来越多,但是"黄祸论"及"中国威胁论"对于华侨的破坏性影响依然存在,对华侨融入俄罗斯社会产生较大的负面影响。

在远东地区经常出现反对和排斥华侨的声音。20世纪90年代以来,一些新闻宣传媒体对中国人在俄罗斯的负面影响大肆渲染。电视、报纸上曾曝光中国人、越南人住的宿舍楼拥挤而肮脏,华侨的形象愚昧而猥琐,中国餐馆的卫生不符合标准,华侨在俄罗斯进行非法经营活动,华侨偷税漏税,将假冒伪劣产品弄到俄国骗走大量现金外汇等。广播曾报道,远东地区由于实行互免签证旅游,有许多中国人趁机非法进入俄罗斯境内,留居当地。打开俄罗斯的新闻网页,会发现大量关于中国人威胁俄罗斯安全的文章。俄罗斯科学院远东分院历史研究所所长维克多·拉林在1995年做过统计,仅1993年至1995年两年间,俄罗斯各报刊就刊登了百余篇文章,提醒"黄祸"的复燃。除此之外,有些政治家、杜马议员和政府官员也有强烈的排华情绪。他们瞧不起华侨,不喜欢看到俄罗斯与中国合作,更不希望俄罗斯走中国的改革之路。另外,在俄罗斯走上自由化、民主化道路后,部分人产生了极端的民族主义情绪。他们认为,多年来俄罗斯人生活贫穷都是外国人造成的,俄罗斯是俄罗斯人的土地,一切外国人都应滚出去。这种带有历史因素的负面口号的喧嚣,影响华侨对其社会信任度的产生,对华侨融入俄罗斯社会产生了消极影响。

旅俄华侨从产生到发展历经一百多年的历史。无论是在俄国时期、苏联时期,还是在俄罗斯时期,旅俄华侨是不可替代的角色,华工是俄罗斯远东开发的重要劳动力资源,华商是远东经济发展的重要力量,华农是远东经济发展的开拓者,旅俄华侨是俄罗斯社会发展进步的见证者、推动者。

百年来,旅俄华侨主动适应环境的变化,不断探索生存的途径,开拓发展的空间,他们以隐忍求生存,以智慧拓空间,以勤劳换发展,顽强地生存着,为旅居国和输出国做出重要贡献。无论是逆境还是顺境,他们都勇敢面对一切,不颓废、不抱怨,是联系中国与俄罗斯的桥梁和纽带。他们肩负传承中国传统文化的任务,在俄罗斯建立一个个展示中国文化的华人社区,成为旅居国文化多样性的标志。

在新的时代,"一带一路"倡议扩大中俄在各领域的合作,为旅俄华侨带来新的发展机遇。旅俄华侨是人类命运共同体的见证者、参与者,是实现人类命运共同体的一支重要力量。

人物小传

百年来,由于特殊的地理位置,在中俄边境地区组建许多中俄通婚家庭,他们大多是华工或者华商娶俄国女子为妻。其中一部分人积累一定钱财后,携妻带子返回国内,散居在黑龙江沿岸,形成特色的俄罗斯民族村;一部分人由于历史等原因,他们继续在俄罗斯境内靠近边境地区的村屯生活;还有一部分人回到国内后,由于历史原因,在 20 世纪五六十年代又返回俄罗斯。这些华侨华人的后代大部分生活在国内,留居俄罗斯的大多数人加入俄罗斯国籍,他们几乎不会汉语,完全被同化。本书列举几个中俄通婚家庭代表,他们是中俄历史的见证者、推动者。通过他们的曲折人生经历,可以透视百年来的中俄关系。

人物小传一:四代人与俄罗斯的不解之缘

2018 年 1 月,在哈巴罗夫斯克调研时,笔者结识了时任哈巴罗夫斯克华商会会长谢斐,通过他及他的父亲,还有他生活在哈巴罗夫斯克的舅爷宋长林,了解这个家族与俄罗斯的情缘。其家族的百年历史和曲折经历深深吸引了笔者,2018 年 8 月 7 日下午,笔者再次来到哈巴罗夫斯克,在旅行者宾馆二楼的咖啡厅听他讲述家族的历史。

勇闯崴子的宋显德

为了追根溯源,2018 年 12 月 14 日,课题组成员专赴哈巴罗夫斯克拜见谢斐的舅爷宋长林,他向我们讲述父亲宋显德闯崴子的创业经历和回国经商、生活的苦难历程。

我的父亲宋显德,1892年出生在山东省掖县。父亲13岁的时候,大爷捎信让他去俄国谋生,当时他的哥哥在俄阿穆尔州结雅市经营商店。兄弟三人去海参崴务工,由于路途遥远,颠沛流离,我的大伯还没有到达目的地,就客死他乡。为了生活,兄弟二人强忍悲痛,继续一路漂泊,辗转到阿穆尔州结雅市扎根。我的父亲吃苦耐劳,精明强干,发现那里物资匮乏,居民生活用品奇缺,就开始走街串巷销售小商品。他起早贪黑辛勤劳动,尽管生活艰辛,除了日常生活所用,还略有盈余。父亲省吃俭用积累一定钱财后,不再满足行商生活,设法筹集资金开设一家杂货铺。由于在俄国生活多年,父亲掌握流利的俄语,加上心地善良,童叟无欺,从不缺斤少两,远近的中俄居民都喜欢到他开设的店铺购买商品,停留休息。父亲不仅经商,还掌握一门好手艺,会木工活、建造房屋,修理壁炉。

我的母亲叫(А.И.Томозова)安东尼娜·伊万诺夫娜·托莫佐娃,1907年6月13日出生在阿穆尔州结雅市(г.Зея)一个农民家庭,小学文化。母亲家中兄弟姊妹众多,有七个妹妹、两个弟弟,一家人生活非常贫穷,作为长女她帮助父母承担家务,是家里的主要劳动力。我的外祖父伊万·基里尔洛维奇·托莫佐夫,1891年出生于苏联阿穆尔州结雅市的一个农民家庭,俄罗斯族,生活在乌格留姆。我的外祖母伊拉兹科维雅·帕普洛夫娜·托莫佐娃,出生于苏联阿穆尔州结雅市的农民家庭,俄罗斯族,外祖父去世后,外祖母跟随我的舅舅尼古拉·伊万诺维奇·托莫佐夫生活在尼古拉耶夫斯克市。

勤劳懂事的母亲从小就务工,帮助家里减轻生活负担。她年轻时身材高挑、五官端正,长得很漂亮,经常去父亲的商店购买商品,时间久了,父亲也逐渐喜欢年轻、善良、温柔的棕发女孩,不忍心看着她为生活操劳,就对她说:"嫁给我吧!我保证不让你受委屈,帮助你的父母和兄弟姐妹并为你们的家庭付出一切,希望时间能验证我的誓言。"当年,母亲有一个青梅竹马的伙伴瓦夏死于战争,母亲无法忘记死去的男友,她的好朋友娜杰日达劝说母亲:"宋显德是个好人,长得帅,生活节俭,干净利落,所有人都知道他不是一名普通的中国人,他在俄国长大了解这里的风土人情,熟悉俄国生活,是个好丈夫人选。"母亲听从好朋友的劝告,默然应允。

1925 年,18 岁的母亲与 33 岁的父亲在教堂里举行婚礼,父亲信奉东正教,并取了一个俄罗斯的名字瓦西里。那时父亲很富有,经济上颇有实力,他给母亲的亲戚们置办了衣服、鞋子、钱等彩礼,在生活上经常接济他们,为他们购买了一头牛、一匹马。

由于结雅市总是发洪水,有时候他们的房子被大水淹没,父亲在小山上建造房子。父亲兑现当年的承诺,关爱母亲,经常给母亲买礼物,两人恩爱和睦。据舅母讲述,当年父母去看我的姥姥时,经常带很多东西,成袋子的鞋,还有好多日常用品,父亲经常接济母亲的穷亲戚。

虽然父亲比母亲年长 15 岁,但是父亲非常宠爱我的母亲,不让母亲出去做工,母亲穿着漂亮的衣服,在家照顾父亲的生活起居,过着衣食无忧的生活。不久,我的姐姐出生,为了纪念母亲的朋友而取名娜杰日达,父亲担心母亲没有育儿的经验还特意雇用保姆。父亲善经营,懂管理,实行易货贸易,用黄金、皮毛等交换商品,商品种类繁多,不仅经营食品、烧酒,还有服装。在父亲的辛勤努力下,生意红红火火,在当地颇有名气,引起好多人的妒忌。

1928 年之前,母亲与父亲一起幸福愉快地生活在阿穆尔州结雅市。1928年的一天,一个倒霉的日子降临,由于遭人妒忌,不知是谁告密,也不知什么原因,苏联人强行把我父亲关进监狱,家中无人经营店铺,母亲失去了主心骨,束手无策。这时她的朋友娜杰日达帮助她找到熟人探监。母亲看见监狱里面关满了中、苏两国罪犯、暴徒,每天都有许多中国人未经法庭审讯就被枪决,因为犯人太多,监狱条件有限,坐卧都很艰难。监狱的工作人员偷偷建议买通狱警将我的父亲赎出,然后再沿着黑河跑回中国。于是我的母亲拿出很多钱把我的父亲赎出来。

出狱当天,为了以防不测,父亲决定一刻也不在苏联停留,于是父亲放弃了所有财产,带着妻女匆忙乘船回国,离开结雅市。回国的路上异常艰险,因为在中苏边境常有一群红胡子出没,经常抢劫归国人员。他们看见船靠岸,就把归国人员身上及他们携带的所有贵重物品抢走,如果看见他们的手上或者耳朵上带着贵重首饰,就直接从他们身上扯下来,割掉他们的耳朵。为了免遭土匪的拦截,父亲让母亲把随身携带的财产都扔到河里,母亲担心回到国内无法生活,就把随身携带的金银首饰藏在了烤熟鸡里面。他们要投奔在国内开小酒馆的俄罗斯朋友,他会帮助我的父母渡过生活难关。

船上的人非常拥挤,苏联边防兵举枪向船上射击,中枪而死的人被扔下船,不幸的是我的母亲后背被枪打中,伤口流出很多血。当船靠近岸边的时候,土匪们已经在那等候多时,他们杀死了携带首饰和财产的人并抢走其所有贵重物品。我的父母又是幸运的,因为母亲后背受了伤,怀里还抱着一个生病的孩子,土匪没有认真检查她的行李,藏在熟鸡里的首饰暂时缓解父母的经济压力。父母逃离险境,父亲在黑河寻找医生为母亲做手术,虽然命保住了,但是她身上留下很大的伤疤。

我的父母从黑河来到嫩江,他们找到俄罗斯人开的小酒馆,父亲和他们商量,母亲痊愈后在他们那里做挤奶员,父亲做杂工,后来烤面包。母亲的伤痊愈了,可是姐姐娜杰日达却夭折了。我的父亲没有任何证件,只好拿着结婚证作为临时身份证件。小酒馆的老板用一头小奶牛作为父母的劳动报酬,小奶牛被卖掉后,父亲决定带着母亲去更远的地方寻找更好的生活,他们辗转来到讷河县。

我的大姐宋颖 Сун Ин,俄文名字瓦连吉娜,1931 年出生在东北,1937—1945 年,她在小学和初中学习时,学校要求学生必须学习日语,穿日式校服,无论男女发型都必须是日式的。

1932 年,哥哥弗拉基米尔出生,他在小学时不喜欢学习,经常逃课,是家中的"问题男孩",但是他却特别喜欢体育,爱好篮球。中学毕业后,父亲安排他在地方警察局工作,1950—1953 年哥哥自愿参加朝鲜战争。幸运的是他活着从连队回来。他讲述,战争期间形势严峻,又冷又饿,死了很多人,因为他个子很高,将近 2 米,还有一双混血大眼睛,在战场上,几次敌人看见他时,一时间不清楚他是为谁在战斗,在他们犹豫的时候,哥哥第一时间作出决定,打死敌人。第一次他幸运躲过子弹,第二次当子弹射向他心脏的时候,口袋里装的钢笔和笔记本又一次救了他。他从战场归来的时候成为一名英雄,在工厂里从事冶金工作。后来他的生活历尽坎坷,1979 年离开人世。

我的二姐 Сун Чю Дю 宋秋东(维拉)出生于 1936 年,她完成了六年制初等教育,13 岁的时候被中国歌舞团选中,一生都从事此项事业。1950—1953 年,她随歌舞团赴朝鲜进行慰问演出。她们住在山洞里,经常会遭到炮弹袭击,每天都冒着生命危险慰问演出,多次到苏联巡回演出。我的三姐 Сун Тунмэй 宋冬梅(柳芭)出生于 1938 年。我宋长林(科斯佳)于 1941 年 6 月 3 日出生,俄文名字康斯坦丁·伊万诺维奇·托莫佐夫。我出生的时候,信奉东正教的母亲带我去洗礼,洗礼的神父是格奥尔吉·果兹洛夫。

从 1928 年至 1950 年父母一直生活在讷河县,那时候我们一家人生活很拮据,可是坚强的父母从不抱怨,面对困难没有退缩,母亲在富人家挤牛奶,打短工。

父母有一个小房子,父亲砌炉子烤面包沿街叫卖,积攒一点钱后开设宋家面包铺。日子稍有好转,父亲买了头两岁带崽的奶牛,产下两只小牛犊。他们卖面包、种地、饲养鸡,采取以物易物的方式换取生活费用。鸡、牛的粪便能够换干草,面包能够换糖,面包、牛奶、鸡蛋都是一家人生活的主要来源,为家里带来更多的收入。父母不仅要发面,还要给牛、鸡准备饲料,洗洗涮涮,每天工作量大,家中忙不过来,就雇用帮手。经过父母的辛勤劳动,家中有 12 头牛,还饲养猪和各种家禽,生活条件逐渐好转起来。

我深知父母挣钱不易,从小就帮助家里干活,以减轻父母的重担。在小学时我就卖牛奶,每天背着奶瓶把它放在客户家门口。由于面包生意好,父亲又重新砌了炉子,面包房开始昼夜运作。不仅零售面包,还批发给销售商,效益非常好。

幸福安宁的日子是短暂的,土匪们夜间抢劫面包房,不仅抢走了钱,还殴打了我的父母。父母只好白天工作,到了晚上就大门紧闭,否则晚上卖面包的钱全都被土匪们抢走。日本侵占东北,占领讷河后,那里整条街驻扎日本官兵,他们用日币购买面包,可是那些日币根本无法兑换,只能用来贴厕所。那时,还实行苏联纸币,这些钱也不能进行兑换,只能全部用来贴墙。街上也驻扎苏联官兵,他们互相射击,非常恐怖。父亲向我们讲述,为了防弹,装面包的纸都堆在窗户上。由于父亲卖给苏联人面包,气恼了日本人。有一天,气势汹汹的日本人抓走父亲,毒打并向他灌辣椒水,凶残的日本兵用热油点燃了面包房。危急时刻,好心人救了我父亲,自此,父亲就一直生病。

1945 年,苏军出兵东北,日本战败投降,我们不再受奴役。土改时期,政府没收了富农的生产资料和土地,没收距离我们住处不远的一家伏特加酒厂。我家被划为富农,他们牵走家中所有的牛、猪、鸡,没收面包房,倔强的母亲给齐齐哈尔领事馆、中苏友好协会递交申诉书,打电话寻求帮助,叙述我家孩子多,依靠面包铺养活。政府派人把牛送回来,可是宋家面包铺收归国有,政府责成父母和监管人一起管理面包铺,利润双方可以五五分成。牛被放了回来,父母给牛清洗,但是离家十多天后,所有的奶牛都病了,由于饥饿没有喂食,刚开始一头奶牛死了,发现它的胃里有钉子,无奈之下父亲把剩余的奶牛都卖了。没有工作和生活来源,父亲再次病倒,他们关闭了面包房。

1950 年以后,我们全家搬到齐齐哈尔市龙沙区二马路贤善胡同。姐姐被安排到移民局上班,她会俄语、日语,在教堂附近分了套住宅。一家人的生活逐渐稳定,生活条件也改善许多。

异地生根的宋长林

我,白俄罗斯族,1953 年 1 月 16 日毕业齐齐哈尔市第十一完全学校。1955 年 7 月 5 日,高小二年毕业。当时考试合格率很低,100 人中只有 30 人进入七年级学习。第一年考试没通过,我在齐齐哈尔市私立青年文化补习学校补习一年。1957 年,我报考齐齐哈尔市五中,升入七年级,父母特别高兴。姐姐每月收入 70 元,我的操行分 5 分,学习成绩总评 4 分。

在八年级末的时候,我家又搬到了哈尔滨,我在哈尔滨第七中学毕业且成绩优秀,直接升入高中。当年中国有蝗灾,我们和一年级学生一起被派往农村劳动十天,必须完成的工作计划是抓蝗虫,学生们居住在穆斯林人的房子里,还要干一些家务活。当我看见女主人用牛奶洗头发的时候,提出照看牛棚的要求。我在牛棚看见一头浑身脏兮兮的奶牛,征得女主人同意后,我用盐涂满双手,让奶牛舔我的手,又给它喂了些盐水,逐渐奶牛和我熟悉起来。我拿起笤帚和水,靠近奶牛给它冲洗,清洁完毕后开始撸牛奶,我用石灰粉刷牛棚。女主人看见我工作熟练,答应每天让我喝牛奶,悄悄地给我一些鸡蛋或者好吃的作为工作报酬。

1959 年,我加入苏联国籍。我喜欢体育,1960 年 5 月 15 日,我通过保卫祖国体育系统一级考试,获得由中华人民共和国体育委员会颁发的合格证书。当时国内自然灾害,生活困苦,我决定找工作,因为我持有苏联护照,没有地方接收我。苏联领事馆同志承诺,我回到苏联就能解决工作。

1962年2月17日,哈尔滨市苏联侨民中央理事会会长安托牛克签发证明书,批准苏联公民安东尼娜·伊万诺夫娜·托莫佐娃去伊尔库茨克省也老夫克村,限1962年5月17日前出境。4月,我高中没毕业接到领事馆离境通知。当年母亲身体有病,父亲已经68岁,由于他曾经帮助苏联人,被日本人灌辣椒水,得了支气管病,咳嗽、哮喘,他不想回到苏联生活。两个姐姐都已经结婚,无法回到苏联。受政治环境影响,为了生活,我和母亲依依不舍地告别哈尔滨的亲人来到苏联伊尔库茨克。这一别,父母抱憾终生,至死没有见面。

1962年4月26日,我和妈妈离开了生活多年的中国,4月29日来到伊尔库茨克。在苏联我们没有工作无法生活,有人建议我们去石泉村的林场伐木、装车,工作很辛苦,工资不高。那时候我18岁长得又小又瘦,由于营养不良,吃不饱又没有钱,没有力气伐木、搬木头,工人们总是朝我们发火。那段时间,我一直在找工作,看见无线电工厂招学徒工,参加培训班,由于我没有户口,没有单位愿意接收。我曾花费三个月的时间成为一名学徒工,我迫切需要工作,没有工作我无法生活。这时有人悄悄告诉我,让我先做一个临时户口,于是我顺利成为一名学徒工。

我们来到电锯场,在那里我身体单薄没有力气干活,为了生存,我只能和妈妈一起工作,没有其他选择。由于中苏关系恶化,我们受到歧视。我和母亲住在森林公司,交通不便,语言不通,与外界联系较少,工作条件和环境异常艰苦。那时候我经常怄气,感叹命运不公。马丽娜工长特别凶,总是训斥我。

有一天,有人告知我母亲住院了,我急忙赶到医院。母亲在清洗车床时,因有人违规操作机器,母亲的手被卷进车床,她成了残疾人。我无法工作需要照顾母亲,生活的重担把我压垮,我无助伤心地流泪,工长也和我一起哭,她把自己的牛奶给了我母亲,对我的态度开始好转。

当时我的月工资45卢布,根本不够日常开销。没有住房,我在工厂附近花费20卢布租了酒鬼家一个房间。当我下班回家的时候,大家已经吃完饭,那里生活用品破旧且脏兮兮,条件相当恶劣。想起在中国居住的七间房屋,生活的落差让我颓丧。早上上班的时候我一脸倦容，马丽娜询问原因，我向她诉说缘由。热心直爽的马丽娜就去找车间领导，介绍我学徒时间很长、没有住房、生活困苦等生活情况。领导叫来车间组长科卢吉果娃·弗拉基米拉·弗拉基米罗夫娜，让她和马丽娜一起帮助我，我的工资提高到100卢布，她同意尽快帮助我解决住房问题。

第二周我调换新的工作岗位，分配了集体宿舍。宿舍管理员是名退役军人，实行宿舍军事化管理，所有人都必须服从她的命令。通过接触我了解到，她曾经去过中国，对中国印象较好，不久我们成为朋友。有时候我送给她一块肥皂或者一条毛巾，或者帮她洗衣服。我喜欢烹饪，会烙饼，做一些美食并请她品尝。她特别喜欢中国菜，我们的关系很融洽。我刚来的时候，寝室里居住12个人，过了几个月，由于他们经常违反宿舍纪律，她把三人从寝室清除出去，我非常高兴搬到了靠窗户边的床铺，每天再也不用挨着浑身酒气的室友了。工厂组长科卢吉果娃和工长马丽娜在工作上对我帮助很大，甚至在换班后主动留下来帮我完成工作任务，为了不辜负好心人的信任，我加倍努力工作。

我一生中遇到很多好人，他们总在困难的时候帮助我。那时我的工资总是入不敷出，母亲还住在医院，有一段时间，面包和水是我们所有的食物。有一个叫丽莎的工长，她负责检查我制造的成品，她对我帮助特别大。丽莎结识了来自上海的邻居，他们确信按照苏联现行的政策，我和母亲应该符合政府福利分房条件，丽莎帮我给各级政府机关写信。我空闲时间就去采一些浆果和蘑菇，上班的时候带到单位送给他们，我非常感谢他们在我人生困境中给予的帮助。

我义务给工厂领导取信，厂里的人都熟悉我，我也尽快适应环境。有一天，厂里的秘书悄悄告诉我，工厂分配住宅委员会要分配住房，她叮嘱我不要和任何人说。盼望已久的这一天终于来临，当我激动地站在由10人组成的工厂分房委员面前陈述情况时，他们不想听我说话并想把我赶出办公室。我非常绝望，把在苏联遇到的重重困难及所有的怨气、委屈一一陈述出来，我站在那里详细叙述了苏联领事如何答应我和母亲只要回到苏联，工作问题很容易解决；陈述我和母亲持苏联护照到伊尔库茨克求职、谋生的坎坷经历；可是，我们辗转来到伊尔库茨克,面临的是自己找工作,母亲为了这份繁重劳累的工作失去手无法工作;我含泪讲述了我们在苏联的困难生活,没有住房,每天和一群酒鬼在一个房檐下生活,向有关部门反应很久也解决不了问题,我讲述在中国一家人居住七间房的幸福快乐生活。这里的一切让我绝望,我提出要向红十字会写信向国际人民倾诉自己的遭遇,作为苏联人拿着本国护照离开中国如何艰难生活,我流泪讲完,工厂分房委员会委员让我到走廊等候,他们同情我的遭遇,了解我的真实生活情况,知道这些问题困扰我很久。终于我和母亲得到工厂一楼一居室的房子,幸福生活就这样悄然而至,慢慢地我和母亲适应生活工作环境,身边还有许多朋友。

闲暇时同事提议出售中国酱油赚钱,但是需要去哈巴罗夫斯克市采购。于是我和同事买了车票,三天后来到哈巴罗夫斯克市,但是商店的酱油全部卖光,商店的售货员提示在郊区科尔萨科夫或许还有商品。我们乘上 107 路公交车赶到科尔萨科夫,买光了当地所有商店库存的酱油。如何把大量的玻璃瓶酱油运回伊尔库茨克成为难题,我们找到去伊尔库茨克的邮件小火车,并且和他们商定,负责路上饮食并帮助他们装货。我们回到伊尔库茨克,走遍所有中国住户,把酱油卖给他们,挣到一笔钱。通过这次生意,我非常喜欢哈巴罗夫斯克这个城市,决定搬到那里生活。

后来我因工伤在哈巴罗夫斯克海军服兵役两年,当时正值国内"文化大革命",我们基本与国内失去联系。退役后,我又找了几份工作,有的工作就是体力活,我也很彷徨,加上在国内的学历不被苏联政府承认,我申诉无效,心里很不平静,几次的求职经历都让我很茫然。姐夫谢树建议我学习一门技术,重新寻找工作。

为了适应生活,我决定不再做零工,学一门手艺。1978 年我考入苏联贸易哈巴罗夫斯克中等专科学校学习烹饪专业,三十多岁的我刻苦学习烹饪技术。1981 年 3 月 31 日,我高分通过国家考试,那一刻我非常激动,我可以凭借自己的能力找一份令人羡慕的工作。我还参加克拉斯诺亚尔斯克边疆区旅游与参观委员会组织的旅游与参观人才及积极分子业务能力培训班,通过克拉斯诺亚尔斯克边疆区技术等级委员会审核鉴定,获得五级厨师资格。我努力学习烹饪技术,掌握各种美食的做法和技艺,1985 年 2 月 19 日至 1985 年 3

月30日在中央旅游及观光委员会组织的旅游及参观工作人员脱产进修班,主修课程"旅游者及参观团员饮食的合理安排"。我凭借自己的努力获得稳定的工作和收入,不再为生活发愁。

1967年我与妻子结婚,我的妻子也是中苏混血,妻子的母亲是中国人,两个有着同样经历的人相依为命,携手生活半个世纪。我们有一个儿子和女儿,生活上互敬互爱,我经常开玩笑自己是"妻管炎"。

身在异国,我十分惦念国内的父亲、哥哥、姐姐。每次收到国内的来信,我都反复阅读多遍,梦想插上翅膀尽快回到国内与亲人们见面,与亲人们分享我的快乐和收获。虽然生活拮据,回国费用很大,但是经济上的困难也阻挡不了我归国探亲的脚步。我拼命工作,积攒钱财,为亲人们购买礼品,寻找机会返回国内,以解思念之苦。可是返回苏联后,我又期待与亲人见面,我在盼望与等待中度过每一天。这一时期,每次收到国内的来信,我都兴奋不已,通信满足我心中的慰藉,解决思念之苦。

姥姥和舅舅你们好,舅舅您给小珍珍邮个洋娃娃好吗?我想让您给小辽莎邮个小手枪,要不就是大杆枪,我就要一双鞋,霁红小学的宿舍不让穿鞋进,我的鞋号是34号……。舅舅到了夏天,您和姥姥采花给我们邮来吧……。您要能邮来笔和本,还有小人书就好了……。姥姥和舅舅,我还要告诉你们一个好消息,我们学校盖了新楼房,这学期,我就能搬进新楼去住了,您一定为这个消息而高兴吧。

您的小力力写
1963年2月17日

这是我的小外甥女用稚嫩的笔给我写信,她刚刚上学,有些字还是错别字,亲人们惦记我,高兴的事总与我分享,他们向我诉说生活、工作的变化,这些信我保存了半个世纪,如今孩子们长大了,有空闲时我依旧喜欢拿出来读一读,仿佛又回到刚离开亲人的时刻……

男儿长林如面,你的来信收到了,内叙之情一切尽知。父希望你给我买白布十五尺,我做裤褂,不要买好的,两角多钱一尺的就可以。父年迈七十一,病故所用,青布十五尺,五角上下之数,我的要求与你妈妈合计,千万不要自己随便买,手中没有钱,先不要买,秋天再买也可。我想回关里,你二姐不同意,现在我很好,就怕冬天咳嗽喘息困难没有办法再回关里,便可所要求之布,希你们千万与我寄来,食品所用之物不要与我寄来。对于吃饭百分之五十白面,猪肉每斤私买一元七八,供应一元上下之数,新鲜大鱼四五角钱一市斤,各样蔬菜几分钱一斤。祝你工作进步,均吉平安。

1963 年 6 月 6 日,父宋显德

虽然父亲没有和我们一起到苏联生活,可是他依然惦记我和母亲,牵挂着我们。由于国内是计划经济的困难时期,日用品粮食、布匹实行供应制度,他担心我们经济拮据,总是嘱咐我们不要寄食品。父亲的来信字里行间透出对远在异国他乡儿子的挂念。父亲嘱托我买布,以备百年之后所用,把身后的事情托付给我,我深感作为儿子身上的责任与重担。因怕我挂念,父亲还逐一将国内食品物价报与我。亲人们,我非常想念你们,劳累一天,在眼前浮现的是小外甥女天真的笑靥,一家人在一起吃饭温馨快乐的情景,仿佛这一切都历历在目,让我梦魂缠绕的是我的亲人。多少次梦中醒来,看到陌生的环境、人群,听到不同的语言,我才知道,我在苏联与亲人相隔千里,我期待着与亲人们见面。

国内的姐姐、姐夫也经常给我写信,鼓励我、安慰我。有一次,姐夫谢树收到我的信时,发现有错别字,叮嘱我,写信时用中文写,要坚持用中文写日记,收听中文广播,以便了解中国的情况。他告诉我已经购买小说,过几天邮给我,希望我过一两年再回国,缓解经济压力。因为经济紧张,父亲住院花销较大,孩子幼小,因工作忙碌,许诺过两年他和姐姐到苏联看望母亲。

在国外空闲的日子,就期盼亲人的来信,一封封来信,牵动着我的心,外甥女来信告诉我,我的姐姐宋颖期待 1963 年 5 月 30 日到苏联看望我和母亲,希望我们发去邀请函,我辗转反侧,激动地睡不着觉。

中苏交恶,彼此音讯全无,我和国内亲人中断联系 19 年。19 年,4380 个日日夜夜,我没有亲人的消息。随着两国关系的回暖,我们又开始通信。1981 年我给满洲里领事馆发电报,亲人们知道我回国的消息激动不已,我见到姐姐、外甥女,我的亲人们,见到同学和朋友,回到梦魂萦绕的黑土地,多么熟悉的环境,多么亲切的声音,这里的一切都令我激动和欣喜,可惜让我牵挂的父亲于1979年病故,父亲去世我都没有看上一眼,这也是我今生的憾事。

早年在山东老家父亲有童养媳,我还有一个同父异母的哥哥宋长勋。1986年3月5日,我收到山东省掖县曲家乡宋家集村长兄长勋的来信:"说实在的,自从您说八四年可以回家来,我得知后特别高兴,可后来您因某些原因,使您只能到达哈市而不能回老家,我真是失望得很。长林弟您可曾知道人上了年岁,他是怎样的想念自己的兄弟姐妹,甚至昼夜思念。"信中哥哥还告诉我,他已经退休,不在汽车修理厂上班,被公社农具厂聘为顾问,家中丰衣足食,哥哥的两个孩子已经工作。

母亲在晚年有病住在医院,我日夜在床前侍奉。1987年5月,兄长长勋来信表示歉意,说自己不能待候行孝,只能劳烦我行孝,希望母亲出院后一家人回国探亲。可是,由于通信不便,远在国内的哥哥哪里知道,1986年母亲已经去世。母亲离开中国就再也没有回国,父母致死都没有见面,这是她一生的遗憾。

我与同父异母的哥哥长勋保持联系,哥哥告诉我,大姐宋颖于1984年12月17日回到山东老家,给父亲立碑,了却我多年的心愿。哥哥来信还告诉我,"1984年,宋颖姐曾回家住了几天,我们全家都特别高兴,她说今年夏天,可能还回家住些天,所以现在我们家都在盼着她。您托她捎给我们的被单、褥单还有100元钱,我都收到了,请放心……"1984年,大姐宋颖来到哈巴罗夫斯克。看见分别多年的女儿,母亲兴奋不已,紧紧拉着姐姐的手,生怕离开再也看不到,我们在一起述说近二十年发生的变化。

20世纪80年代末,我在哈巴罗夫斯克中国餐厅做经理,1990年,中苏边贸刚刚开启,为增进中苏友谊和促进餐饮业的交流,我就迫不及待促成哈尔滨大酒家与苏中合资企业哈巴罗夫斯克市哈尔滨餐厅互派工作人员,同年10月29日,双方达成协议互派工作人员。哈尔滨大酒家派往苏联哈巴罗夫斯克市哈尔滨餐厅工作人员14名,其中管理人员1名、厨师11名、白案2名;苏联哈尔滨餐厅派往哈尔滨大酒家工作人员13名,其中管理人员1名、厨师4名、面点师2名、服务员4名、冰糕制作人员2名;在薪金和待遇上:双方互派人员,享受当地同等级最高工资待遇,并享受本企业的奖金;派出的工作人员每年享受两次探亲假,每次探亲假为12天;双方相互负担对方工作人员的食宿费和探亲路费。

我还积极投入到边境贸易中,促成哈尔滨国际经济技术合作开发公司与哈巴罗夫斯克边区执委会饮食局签署合作协议,苏方占 51% 的份额,中方占 49% 的份额,董事会决定确定 1990 年哈尔滨餐厅的计划分配利润为 26 万卢布,董事会确定餐厅工作人员编制为 85 人。我担任公司翻译,筹划中俄边境贸易项目,积极促成在绥芬河开设第一家中苏合资餐厅。

在俄罗斯生活五十多年,我依旧牵挂着国内的亲人,我是一个怀旧的人,家中留下许多中国印记。始终保留国内的小学、初中毕业证、出生证明、回国证明,还有百年来家族成员的老照片等,这些是我生命中最大的财富,看到它们,就勾起我对往事的许多回忆。如今我退休在家,患有脑梗,身体状况较差。我对俄罗斯和中国有深厚的感情,中国养育了我,有我的魂和根;俄罗斯培养了我,有我的梦,我身边有许多俄罗斯朋友,我已经融入俄罗斯社会,我期待身体康复后回到哈尔滨看望亲人,看望我的老同学。

多才多艺的谢树　炫美如花的宋颖

谢斐告诉笔者,他的爷爷名字叫谢树,一个富有诗意的名字。他的一生,亦如树,郁郁葱葱,余荫蔽人。生前,不仅自己创作了大量的散文、小说、随笔等文艺作品,还扶持、培养了大量龙江青年作者。

爷爷是中共党员,1947 年毕业于东北军政大学政治系。1946 年他参加解放军,历任军大吉林分校政治部宣传干事,军大总校编辑,黑龙江日报社副刊主编,黑龙江人民出版社文艺编辑室小说组长、文艺编辑室副主任,北方文艺出版社社长、编审,中国作家协会黑龙江分会理事、名誉理事。爷爷喜欢写作,1949 年开始发表作品,1979 年加入中国作家协会,著有长篇小说《咆哮的松花江》(合作)、《诱敌出山》、《惊雷》(合作),短篇小说集《野菊花》、《追击路上》、《渡江前后》,散文集《雪莲》、《槐花冠》、《冰灯虹影》等。《有情人难成眷属》(合作)获黑龙江省 1986—1987 年文艺大奖二等奖、哈尔滨天鹅文艺大奖赛创作一等奖。

当代黑龙江文学史,爷爷是绕不过去的人物,是不容忘却的记忆。因为黑龙江很多作家作品的诞生与他有千丝万缕的联系,他长期担任黑龙江日报副刊编辑、黑龙江人民出版社文艺编辑室负责人、北方文艺出版社社长,经他手编发或签发的作品不计其数。

20世纪50年代初期,在齐齐哈尔市步兵学校政治部任宣传干事的爷爷,在中苏友好协会主办的俄语学习班上,与有着一半俄罗斯血统的女孩、我的奶奶宋颖成了同桌。奶奶当时是齐齐哈尔公安局户政科负责外侨工作的科员。那个时候,爷爷经常去奶奶家喝茶,吃一种叫"别列斯克"的油炸包。两个年轻人在一起谈理想、谈人生,共同的爱好和兴趣使他们渐生情愫。

奶奶说,爷爷最吸引她的,就是他身上的军人气质和文学才华。那个时候,爷爷开始写作,经常投稿给东北的《文学战线》、黑龙江的《黑龙江文艺》。

爷爷细心,有一次,奶奶无意中提起自己曾在龙沙公园的劳动湖参加过劳动,爷爷就邀请她一起去划船,后来爷爷还写了一篇《劳动湖上泛轻舟》的散文,发表在当时的《齐齐哈尔日报》上。

1953年9月5日,爷爷和奶奶结婚。奶奶回忆,结婚当天他们花5角钱照了一张2吋的结婚照,现有的结婚照是后来放大的。1959年12月,爷爷转业到黑龙江日报文艺部,奶奶也随之调到黑龙江省政府交际处。两个人的工作都非常忙,爷爷当时不仅要负责副刊编辑,还要经常下基层采访,年节都不在家里过。

奶奶形容两个人结婚后的状态,就是"聚少离多"。"文革"中,爷爷成了黑龙江日报社第一批被揪出来的"黑帮",被下放到清河五七干校。奶奶也被怀疑是"苏修特务",被从政府部门撵到幼儿园,经常接受批斗。奶奶始终没有屈服,虽然几经审查证明了清白,但她还是被下放到双城插队。在那个动荡的年代,一家人各奔东西,但彼此的牵挂却从无间断。

离休之后,两人依然恩爱如初。奶奶爱好广泛,能歌善舞,还经常拉着爷爷一起练剑。奶奶画了一幅《双犬图》,爷爷题了四句诗,这首夫妻合璧的作品被《老年报》发表在春节的特刊上,成为他们爱情的又一见证。

中苏边境贸易的大门开启后,爷爷和奶奶惦念远在苏联的舅爷。1991年7月23日,爷爷一家老小四人从绥芬河出境,到了葛城,已经大雨滂沱,全家人带着十几件行李,由于没有搬运工,把行李从车上卸下来,再搬进候车室,一家人已经淋成落汤鸡。经过 17 小时的旅途颠簸,他们来到远东中心城市哈巴罗夫斯克。1992 年 5 月 1 日,爷爷在《北方经济报》上发表《逛商店——哈巴罗夫斯克见闻》,详细记录他和奶奶在当地商店购物的情形,"在马克思大街的各类商店里,货架上的货物并不十分匮乏,准确地说,东西是有的,并非空空如也;只不过品种单一,大路货多,而且有些货物像是清仓的积压品。"爷爷奶奶二人想买水貂领、蓝狐领的棉衣,他们兴冲冲来到马克思大街最大的服装商店,可是进去一看,大失所望,商店里两类服装居多,一类是童装,另一类是连衣裙,棉大衣有的是,都是人造毛的。夫妇两人坐了四十多分钟的有轨摩电,来到郊区的商店才买到羊皮领棉大衣。爷爷奶奶看见在商店里,无论购买什么商品,都需要排队,日用品奇缺,在与苏联老妇人攀谈中,了解她的退休金才六十多卢布,不敢买鱼和肉,一块糖点心由几分钱涨到六七毛钱,吃不起,买副食需要票证,由于买不起,无奈之下,老妇人卖掉票证,换几个卢布勉强生活。

爷爷热爱生活,离休在家笔耕不辍,把生活的片段都一一记录下来。1995 年 9 月 30 日,在《东北亚经济报》上刊载的《邻居》记录爷爷奶奶二人到哈巴罗夫斯克与 70 岁的邻居中学地理教师玛莉亚的友谊,记述了邻居之间互相关心、其乐融融的景象。

爷爷一生的创作,亦如繁华满枝、硕果累累。他先后出版过《雪莲》、《槐花冠》、《冰灯虹影》等多部散文集,还有短篇小说集《野菊花》、《追击路上》,并从 1970 年以后开始从事长篇小说的创作,创作了《惊雷》、《咆哮的松花江》、《有情人难成眷属》等优秀作品。

爷爷的散文作品曾发表在《人民日报》上,并受到人民日报领导的好评。而他的《咆哮的松花江》亦曾深深地影响过一代人,1985 年,爷爷与林予再度合作,创作的长篇小说《有情人难成眷属》也风靡一时。爷爷不但自己从事创作,还指导年轻人创作,无论是在黑龙江日报社,还是后来的北方文艺出版社,都培养和发掘了一大批青年。爷爷退休后,还经常去给年轻人作讲座,甚至在家的时候,有一些业余作者找上门来,爷爷都会热情接待、认真指导。

因为是军人出身,爷爷的衣食住行都很俭朴,生活非常有规律,平时很少生病,没想到在 1997 年,爷爷游泳回家后,忽然开始咳血,后经医院确诊是肺癌。

爷爷在与病魔顽强斗争的同时,还在抓紧最后的时间,继续为挚友审阅文稿和撰写书评。爷爷当时常说的一句话就是:"没活够,还有好多事应该去做。"

2018年11月11日,笔者在哈尔滨道里区见到谢树的儿子谢华,据谢华介绍,他与母亲生活在一起,依旧住着20世纪80年代父亲单位分的老房子,由于临近松花江边,父母经常在此散步、吟诗,这里有许多父亲留下的难忘记忆,母亲一直不愿离开。母亲的离休生活依旧丰富多彩,八十多岁高龄的老母亲身体硬朗,每天还要弹钢琴、唱歌。家中摆着百年前姥姥和姥爷从苏联带回来的实木家具,通过屋里的摆设,依旧可以看出一个世纪前,姥爷在苏联打拼时的辉煌经历。桌上摆放母亲年轻时穿军装的照片,点点滴滴看出她是热爱生活、乐观向上的人。

敢闯敢干的谢华

在初冬的日子,笔者和谢会长相约在哈尔滨见面,由于对地址不熟悉,害他冒着严寒到公交车站接我。通过电话和微信几次联系谢会长,知晓他很忙,夏天一直在哈巴罗夫斯克的比金农场工作。见面近距离接触后,发现他平和亲切,像邻居家的长者,慈祥、质朴、忠孝,他向笔者详细介绍舅舅宋长林以及母亲宋颖、父亲谢树的情况以及个人在俄罗斯的打拼经历。

谢华1957年出生,是中苏通婚第三代,身上有四分之一的俄罗斯血统,相貌与俄罗斯人相同。"文革"期间,一副俄罗斯人面孔让他备受歧视,经常受到同学欺负。他告诉我,在他童年记忆中,上学时书包里经常装着一块大砖头,以备打架之需。20世纪80年代他在哈尔滨工业工储总公司医药联营分公司工作,是正科级干部。

1990年7月31日,中苏刚刚打开尘封已久的贸易大门,他放弃令人艳羡的工作,带着妻子儿子来到哈巴罗夫斯克投奔舅舅。那时儿子谢斐年仅4岁,一家人住在舅舅家里。苏联的物价很便宜,一个鸡蛋5分钱,一公升牛奶一角五分钱,一个面包5分钱,一箱蟹腿仅250卢布,那里医疗条件好,住院费用全免,优越的物质生活和亲人的招唤深深吸引了他,他决定扎根哈巴罗夫斯克开拓事业。同年11月,在舅舅的介绍下,他在一家乌苏里餐厅做厨师,由于他喜欢烹饪技术,平时在家的时候经常做几样拿手小菜与家人品尝,到了苏联他发挥特长,开始试做各种凉菜,包饺子。经过一段时间的磨练,一家人逐渐熟悉并适应异国的生活,便在外租房子居住。

1993年,他已经掌握餐饮业的管理经验和经营方式,不满足生活现状,开设公司对俄进行易货贸易。刚开始的时候,他还不习惯出售商品,在周六、周日时把国内的运动服等商品拿到哈巴罗夫斯克南区的旧货市场去出售,平时送当地寄卖商店,一星期取一次货,获取利润。在1995年初,由于俄罗斯居民对日用品的需求大,赴俄经商的中国人不断增多,哈巴罗夫斯克建立"阿里"大市场,上千个摊位,全是中国业户。他抢抓先机,从哈尔滨购进价格低廉的30万双鞋,由轮船运输到哈巴罗夫斯克出售,商品在大市场供不应求,待商品接近饱和时,他采取以货换货的方式换取玻璃、钢材等,转手出售获取更多利润。妻子则在大市场经营服装,积攒一些钱财,日子逐渐富裕起来。

2000年是他人生的转折年,在俄罗斯生活九年,积累一定经验,小有积蓄的他计划大干一场,在距离哈巴罗夫斯克186公里的赫哲族自治区,投入资金20万美元承包山林。当时交通不便,砍伐的木材运不出来,他还投资修路、建桥,力求顺利把木材运输出去。由于盲目投资,对俄罗斯的政策和业务知识掌握的不全面,项目刚上马,就处处遇阻,3万公顷的木材运不出来,大型机械设备资金投入过大,资金周转不灵活。尽管他起早贪黑的工作,公司还是入不敷出,资不抵债,五年的时间,他赔光了50万美元。这次惨败经营,留给他深刻的教训。他总结投资要了解当地的政策和行情,要充分论证才能实施,不能盲目上马。

谢华具有吃苦耐劳的品质,在俄罗斯打拼多年,什么工作都尝试过,从事商品批发、倒包、经营钢材、承包工程,开饭店、办农场。2008年,他出任哈巴罗夫斯克第五任华商会会长,当年有会员140余人。他躬行慈善,乐于助人,积极组织华商参加各种义务捐赠活动,如在萨哈林地震时,他组织华商为俄罗斯灾民捐款、捐物,满满两辆大卡车的货物送到俄罗斯灾民手中,华商对旅居地的回馈和爱心引起当地媒体的竞相报道。他们给孤儿院送衣服,送食品,送去温暖,还为同胞的生老病死捐款、捐物。汶川地震后,他组织当地的商铺捐款,每家最少捐50卢布,最多捐2万卢布,一份份捐款代表华商的一份心意,华商们共计为汶川地震捐款 2.3 万多美元,他将捐款直接汇到中国民政部。

2015 年,他在河北承德人投资 2100 万元人民币购买的比金农场负责管理业务。如今,他获得 5 级厨师证件,拥有俄罗斯定居证,每月领取 1 万—1.1 万卢布退休金。为了给年轻人创造历练的机会,2016 年,他卸任哈巴罗夫斯克华商会会长。

谢斐的母亲 1960 年出生,如今,她在俄罗斯奔波二十余年,叶落归根的想法促使她回到哈尔滨,冬天到三亚金水湾做物业管理,从事六十余套房子的出租业务,她每天仍旧忙忙碌碌。

谢华有两个姐姐,二姐已经去世,大姐退休在国外生活。父亲去世后,赡养母亲的责任落在他肩上。冬天他从比金农场回到哈尔滨,就在家陪伴老母亲,每天给老母亲做饭,陪老母亲聊天散心。每年开春时节他都要到俄罗斯工作一段时间,俄罗斯已经成为他生命中不可分割的部分,那里有舅舅、儿子、孙子,还有太多的记忆。他在俄罗斯打拼近三十年,俄罗斯是他生命中难以忘却的记忆。

敢于创新的谢斐

谢斐,男,1986 年出生于哈尔滨。四岁时,他跟随父母来到俄罗斯哈巴罗夫斯克,投奔早年在此地生活的舅爷。刚到苏联,面对新环境、语言的生疏、陌生的人群,他一时很难适应,一直到小学三年级,他才逐渐适应俄罗斯的生活。

2005 年,母亲带着他开始承包建筑工程项目。由于工程全包所需资金大,风险高,他们负责土建工程项目,如地基、瓦工、木工、混凝土等,谢斐负责合同的起草、签订,一干就是三四年。他经常与开发商打交道,选地址、购买土地,挂靠有资质的公司,融资,到哈巴罗夫斯克市政府跑审批手续,进行工程规划。他年轻,有活力和干劲,每天忙忙碌碌,日子很充实。他善于接受新事物,把人生的磨练看作学习的过程。一分耕耘一分收获,他熟练掌握了工程建筑的技能,积累了丰富的建筑管理经验,也丰富了人生的阅历。

2006 年,20 岁的谢斐在哈巴罗夫斯克经济法律学院学习,由于从小生活在俄罗斯,养成独立意识,与俄罗斯孩子一样喜欢独立分析、处理一些问题。他业余爱好广泛,喜欢散打,曾经加入哈巴罗夫斯克散打协会,两次参加远东地区散打比赛均荣获第三名。他边学习,边实践,利用业余时间在一家中国物流公司做保安。

2008 年,俄罗斯出现经济危机,卢布从 1∶3 跌到 1∶5,对建筑行业影响很大。当时很多中国人的生意亏损,转而返乡回国。多年的异国打拼,母亲身心疲惫,放弃了继续留居哈巴罗夫斯克的打算,回国安度晚年。谢斐独自支撑公司一年多,一边学习一边负责工程的收尾工作。由于在经商中过于诚实,曾经被骗 30 万元人民币。虽然被骗,但是他坦然说,自己也积累了经验。他认为做人要老老实实,做事要认认真真。

2011 年,他承包工程项目,不慎赔钱。可是他没有退缩,作为年轻人,他跌倒马上爬起来。在大学期间,他率先在哈巴罗夫斯克开设培训班,培训中国人俄语、历史、法律知识,时间为两周,每人只收费 3.5 万卢布,并与铁路大学签订协议,培训证五年有效。五年之后,考试不合格,没有经过培训的华人将无法获得俄罗斯的劳动大卡。2013 年,他开始负责为华侨、华人办理移民、务工手续。2015 年,哈巴罗夫斯克电视台第四频道报道了他的培训班。同年,他把培训班开设到国内,在俄罗斯移民局注册,实行小班授课,培训时间三天,第一天以讲授为主,第二天以书写为主,第三天的学习内容是考试。每三小时培训 12 人,每天培训不少于 50 人,三天共计培训 270 人。办理培训班和移民手续,不仅获利,还为更多的中国人提供热心服务,方便了赴俄人员的语言培训,为中俄文化的对接和交流贡献力量。

为了推介中国的饮食文化,2015 年,他与国内外合作伙伴开设金荷花饺子厂,国内合作伙伴投入 30 万元人民币,俄罗斯合作伙伴投入 700 万卢布。俄罗斯对食品要求很高,需要达到卫生防疫等部门的检验标准方能进入超市。他雇佣中国厨师负责调料等核心技术工作,雇用十余名俄罗斯、乌兹别克斯坦工人负责零活,解决当地就业问题。在他的辛勤努力下,金荷花饺子厂开始运营,已经打入俄罗斯最大的超市,产品销往哈巴罗夫斯克等地,并在远东各地开设分店。令人意想不到的是,工厂刚刚运营,已经看到市场美好前景,又遭遇俄罗斯经济危机,人民币与卢布的汇率降为 1∶10,工厂启动资金大幅缩水,国内合作伙伴资金从 300 万卢布贬值到 150 万卢布,产品利润低,中方合作伙伴撤回全部资金。企业发展遇到瓶颈,资金链断裂,饺子厂无法继续运营,剩下的设备只能由他承担,在无情的商海中他再次折翼。

他仁厚淳朴,总是善待周围的人,看到别人有困难,绝不能袖手旁观,一定要伸出援助之手。在他幼小的记忆中,看到一些中国人在哈巴罗夫斯克经常受欺负,商品被偷、遭遇抢劫,人身安全得不到保护,便萌发保护同胞的想法。1994年,四川人陈玉言成立哈巴罗夫斯克华商会。江堪哲任华商会会长后,组织华侨为萨哈林地震灾民捐款捐物,华商们纷纷奉献爱心。他们的爱心行动不仅得到俄罗斯市民及媒体的高度赞誉,还在谢斐幼小的心灵里留下深深的记忆。

2016年,他就任哈巴罗夫斯克华商会会长后,积极为华商谋福祉。2017年11月,他在清华大学参加第五十五期国侨办侨领学习班,在七天时间里,他深入学习中国传统文化知识,并参观体验中国文化。在培训班里,他认识全球许多知名侨领,拓宽了视野,开阔了思路,明确了方向,为下步工作打下坚实基础。

他熟悉俄罗斯法律,在俄罗斯打拼和生活多年,积累一定的资源和人脉,了解俄罗斯人处理事情的方式方法。如今谢斐在俄罗斯生活三十多年,已经融入俄罗斯的生活。谢斐的妻子是俄罗斯人,儿子11岁,已经上小学五年级,他希望孩子学习汉语,了解熟悉中国文化。谈到未来,他希望打开俄罗斯远东市场,建立网络信息平台,拓展建材、咖啡、物流市场,实现与俄罗斯核心技术的对接,利用国外的资源,帮助国内朋友寻求合作商机。他还计划开设中国孔子学校,教授俄罗斯人汉语,传播中国文化,并与孤儿院联系,免费教授孩子们学习汉语。

在俄罗斯生活三十余年,但是他一直没有加入俄罗斯国籍的主观愿望。他深知在中国发展的机遇更多,平台更大,计划在俄罗斯打拼几年后再回到国内发展,他深知自己的根还在中国。

人物小传二:旅俄华侨周光甲及其俄罗斯后裔

2015年5月8日,笔者陪同原八十八旅老兵李敏同志,参加在俄罗斯布拉戈维申斯克举行的世界反法西斯胜利70周年的纪念活动。在文化中心观看大型文艺演出时,笔者刚刚落座,一个慈祥和蔼的东方人面孔出现在笔者眼前,"您是中国人吗?"一名老妇人问笔者,在异国他乡听到熟悉的母语,让笔者异常激动和兴奋,笔者使劲地点点头,"我叫金娜",耳边传来老妇人温和的声音。笔者好奇地抬头仔细打量眼前的人,熟悉的黄皮肤、黑眼睛,一副典型的东方人面孔,笔者礼貌地朝她微笑。她身穿一件灰色带黑点的普通呢大衣,岁月的沧桑镌刻在她的脸上,额头上满是皱纹,虽然背有点驼,但是身体很硬朗。熟悉的面孔和声音一下子拉近了我们的距离。我们前后排紧挨着聊起家常,周金娜阿姨已经八十多岁,她用不太流利的汉语述说家庭历史。

红色特工周光甲的传奇人生

1903 年阴历八月十五日,周金娜的父亲周光甲出生在黑龙江省嫩江县一个贫苦的农民家庭,家中兄弟三人,他排行老二。他出生的时候,正值沙俄侵占东北,他从小跟着大人们"跑反",颠沛流离、穷苦万分,看到沙俄军队在黑龙江的土地上烧杀掠夺,无恶不作,对俄国人非常痛恨!

他从小身体单薄,无法从事重体力劳动,12 岁那年,过继给本家三叔。三叔对他疼爱有加,尽管生活艰苦,还是省吃俭用供他高小毕业。读书改变贫苦农家子弟的命运,读书经历为他今后的生活奠定了文化基础。

背井离乡赴苏谋生

1919 年 5 月,周光甲高小毕业后,为了摆脱贫困,减轻家里的经济压力,他选择背井离乡赴俄国务工谋生。当年中俄边境开放,赴俄务工赚钱比国内容易,他和千千万万个贫苦华工一样,春去冬回,像候鸟一样穿梭在黑河与苏联布拉戈维申斯克之间。几年来,为了养家糊口,他先后在苏联布拉戈维申斯克靴子铺做学徒工、在富裕的华侨家里放羊、在大车店里打杂。他从事又脏又累的工作,在逆境中磨练了意志,在后来的岁月里,无论生活多么艰苦,他从不抱怨,总是乐观积极地面对。那时候他最简单的愿望就是能吃饱饭,可是在那个颠沛流离的岁月里,海外侨胞生活在水深火热中,这最朴实的心愿也难以实现。

接触马克思主义

1923 年 8 月,他再次踏上苏维埃的土地,来到阿穆尔州丹伯夫县一家皮靴店学徒,这次出国他在苏联侨居二十余年。为了减少不必要的麻烦,在办理护照时,周光甲没有透露自己的真实姓名,而是用了姥姥家的张姓,这是他第一次更改姓名。

苏联实行新经济政策后,华侨在苏联的政治生活待遇明显提高。他的生活安定,不再颠沛流离。由于在工作中频繁和苏联工人接触,周光甲已经融入苏联的生活,有了苏联名字米沙,他强化俄语训练,与苏联工人劳动时逐渐接触一些马列主义思想。因为具有高小文化基础,俄语娴熟,他参加"东方工人俱乐部"的各项活动,逐渐成为俱乐部中的积极分子,还曾经两次参加远东边疆省工业联合会在哈巴罗夫斯克举办的马列主义理论学习班,系统学习《西方革命史》、《俄国近代史》、《列宁主义问题》、《社会发展史》、《手工业产品的生产》等课程。通过系统学习他对苏维埃政权有较全面的认识,对马列主义思想体系有深刻了解,坚定了共产主义的政治信仰。

此时,周光甲已经在苏联生活七年多,从一个生活在社会最底层四处务工谋求生活的华工,成长为阿穆尔州"萨格拉斯"集体所有制皮鞋厂的管理人员,成为一名苏维埃共青团员。

默默从事情报工作

抗日战争爆发后,苏联的报纸经常刊登国内抗日的消息,祖国处于危难之中,牵动着海外游子的心。当年周光甲是热血青年,他认为一名中国人在祖国最危急的时刻,不能袖手旁观,一定要为民族解放和抗战胜利做力所能及的工作。

1938 年,他参加了苏联红军远东情报组织,成为一名情报员,组织上派他与另一名抗联同志在布拉戈维申斯克培训六个月后,派到黑龙江省北安市负责对日军情报搜集工作。当时由于情报组织遭到敌人的破坏,许多情报人员为了抗日战争流血甚至牺牲生命。他主要任务是想方设法领到满洲国的良民证,并在北安建立一个新的秘密革命据点,及时收集日军在当地驻守人员状况、军事物资、作战计划等情报,与抗日民主联军取得联系并及时把搜集的情报传递到苏联。

这次任务危机四伏、困难重重。由于他在苏联生活近二十年,口音发生很大的变化,回到老家在洪兴客栈刚落脚,他机警地发现在不远处两个日伪警察在偷偷跟踪、盯梢，便装作若无其事的样子告诉店主："我去到街上吃点饭，马上就回来"。当时他的行李卷在炕上还没来得及打开，携带的钱还在行李里面，为了不暴露身份，他搭上汽车迅速离开危险地带，一路东躲西藏，摆脱了跟踪的警察。几经周折，他在妹夫潘君尧的帮助下，办理了当地居民的良民证。为了便于开展工作，他再次更改姓名，改成继母周姓。后来，周光甲在黑河罕达气开设一家照相馆，作为情报人员的秘密联系地点，圆满完成了组织交办的任务。

当他第二次从苏联潜回东北执行任务时，听说自己刚刚建立的情报秘密联络点照相馆已经被日伪军发现并捣毁，他的大哥和妹夫被日伪军抓去关押拷打了很久。凶残的日本采金会社人员抓住照相馆里一名邹姓人，因为邹与周发音相似，那个无辜的邹姓人被日伪军残忍地打死，替他丢了性命，这样日本人才把周光甲的亲戚从监狱里放出来。

1938年8月到1942年3月，周光甲在苏联远东情报局做情报工作，他不顾个人安危，出生入死圆满完成组织交办的各项工作任务。他经历过两次危险都化险为夷，豁达的周光甲常说："我命大，每一次遇险，总是遇到好人相帮、贵人相助才逢凶化吉。"

由于工作需要，做情报工作期间周光甲的别名有八九个。每一次更改都有一段传奇的经历和感人的故事，最后这次他的良民证上名字是周光田，将田字中间一竖拉长就成了周光甲，此名他一直沿用到生命的最后。他的真实名字除了本人及组织和他最亲近的人之外，无人知晓。

前程受阻结束初恋

20世纪30年代，为了提高华工的文化和理论水平，苏联在远东地区开设许多扫盲班。1931—1932年，周光甲在哈巴罗夫斯克党校马列主义学习班学习，从对革命最朴素的阶级感情逐步上升为新的思想认识，他更加坚定对马列主义的政治信仰。

学习结束后，他回到布拉戈维申斯克市，在市工业联合会任政宣干事。那时他年轻，富有朝气，对工作投入满腔热情，踏实肯干，工作颇受领导赏识，在同志们眼中是一个很有发展前途的年轻人。在一次露天大会上，布拉戈维申斯克市工业联合会团委书记宣布为周光甲转党，散会后交给周光甲一张加入苏联共产党的申请表,再三叮嘱要认真填写。周光甲拿到申请表后,内心很矛盾,反复思考好几天。让其顾虑的一方面是苏联的政策,华侨加入苏联共产党的同时必须加入苏联国籍,改变华侨的身份,他无法接受,虽然在苏联侨居二十多年,但是他的内心无法割舍对祖国的热爱,无法改变中国人身份和一颗中国心,时时刻刻牵挂着家乡的父母亲人,希望有朝一日回国报效祖国,如果改变国籍,这些愿望就很难实现。

另外,当时苏共党内斗争错综复杂,有托洛茨基、季诺维也夫一派,有布哈林一派,还有斯大林一派,周光甲对于各派之间的争斗不是很清楚。为了避免卷入其中,他决定不加入苏联共产党。此时阿穆尔州外事处又送来一张中国侨民加入苏联国籍的申请表,催促他加入苏联国籍,他依旧拒绝填写。这些做法惹恼了苏联当地机关,他们认为周光甲的做法是"大逆不道",立刻改变对他的态度,认为他是不可靠的政治分子,怀疑他是中国派到苏联的间谍,由此引起苏联保安人员的注意。单位的领导和同志们都用异样的眼光看着他,身临窘境,他无法继续工作,无奈之下要求组织调换工作。

周光甲的美好前程刚开始,就遇上波折,也结束了一段美好恋情。他在丹伯夫城时,曾经获得一名苏联丹妮姑娘的青睐,姑娘成分为富农,生活条件优越,两个年轻人相爱,建立很深的感情。周光甲年轻时是一个帅小伙,身高近1.80米,相貌清秀又有文化基础,在华侨青年中是优秀分子。苏联姑娘满怀爱慕之心,追求爱情,他到阿穆尔州当工人时,丹妮强烈要求一路跟随。可是在那个"唯成分"论的年代,进步青年在政治上需要划清界限。当组织上决定派他学习时,明确要求他必须与富农的女儿断绝关系。他年轻热爱学习,思想要求进步,面对丹妮真挚的目光,只好忍痛割爱,结束了这段美好难忘的初恋。失去了爱情,政治生命受阻,他的心情非常沮丧,生活也陷入困境,厄运不断袭来。

三次出入苏联保安局

当时苏联政治运动频繁,他的做法引起苏联当局的不满和怀疑,便捏造莫须有的罪名对他进行打击陷害。第一次以莫须有的罪名把他拘留13天,释放后年轻气盛的他气愤不已,认为既然得不到组织上的信任,就选择离开阿穆尔州。这时一位朋友给他介绍一名乡村女教师,女教师许诺可以同她去伊尔库茨克继承姑姑的遗产。后来周光甲回忆说,那时年轻做事鲁莽,考虑问题不周全,便贸然决定自动离职,同女教师一起去伊尔库茨克谋生。

可是苏联保安人员认定周光甲是怀疑对象,不允许他离开阿州,他不服气便和苏联保安人员僵持起来,结果又被抓进监狱关押8天。出狱后,他气恼地和女教师来到伊尔库茨克,刚出车站,就被当地的保安人员再次抓进监狱,这一次又无故关押三个月,并且没收了他随身携带的衣物及一些财产。他回忆这段经历时说:"事后回想这件事情,那位女教师很可能是苏联保安人员以处对象的名义安插进来,用以监视、迷惑我,整个事情完全就是一个骗局。"

回想苏联大清洗运动,他说:"在苏联的这些大清洗运动中,周围有很多的华侨朋友都难逃厄运,或被关押到监狱再也没有出来,或者被流放到西伯利亚无人区。"他庆幸自己三次进出苏联保安局,虽然历经磨难,一无所有,但还活着!

告别儿女回国抗日

后来他又来到蒙古卡县,与一名俄罗斯女子结婚,重新开始新生活。他们先后有一个女儿金娜和一个儿子果力,过上了一段比较安定、富裕的生活。可是这段婚姻并不幸福,留给他的是伤痛。听金娜说,她的妈妈没有读过书,没有文化,在她很小的时候,就抛弃家庭离家出走,她和妈妈没有任何联系,没有感情,父亲一个人带着他们姐弟生活。

二十多年的旅苏生活经历坎坷波折,跌宕起伏,在他心里留下许多创伤,失败的婚姻、暗淡的人生、渺茫的前途,身在异国他乡,时刻想念国内亲人,多少次在睡梦中他都梦见自己回到家乡,他是一名徘徊在异国、孤独漂泊的人。

抗日战争爆发后,他更加坚定回国参加抗日、报效祖国的决心,将一对年幼的儿女托付给一名华侨朋友照顾,并将自己所有财产,房子、奶牛等全部留给她们。

1942年3月,他历经艰辛,辗转回到阔别多年的祖国,终于在山东与中国共产党领导下的胶东公署取得联系,于1943年末正式参加中国革命。

与苏联红军打交道的难忘经历

解放战争时期,周光甲凭借一口流利的俄语和较强的应变能力,多次为部队发展和祖国建设做出突出贡献,成为他终生难忘的记忆。

1945年春,他在胶东军区政治部从事翻译工作,后来组织派他到南满军区政治部做秘书兼翻译,在国内发挥自己的俄语特长,为党组织做事,周光甲乐此不疲。

"抠"出一列车急需军用钢管

日本投降后,我军接收了日军的大栗子军工厂,由于战争需要大量武器,开工生产需要大量的钢材、钢管等原料,可是本溪钢铁公司由苏联红军接收把守。第一次组织上派工业所所长周纯礼与苏联红军交涉,周光甲担当翻译,谈判以失败告终。兵工厂的厂长决定钢铁厂工人装一列车(十四节火车皮)的钢材、钢管,欲强行运出,但是苏联军队把守钢铁公司大门不许运出货物,双方僵持起来,时任南满军区政治部主任莫文骅安排周光甲再次与苏联红军交涉。

接到任务时,他反复思考汲取第一次与苏军红军谈判的教训,一味讲大道理行不通。他在苏联生活二十多年,熟悉苏联人重感情、好交友的性情,只要从感情上沟通,获得对方好感,才能解决问题。于是他采取感情贿赂的方式,与苏联红军拉近感情距离。第二天,他独自一人执行任务,首先找到苏军的守卫营长,闭口不谈钢材的事情。一进屋就问:"有酒吗?"苏军营长顺手拿出一瓶苏制威士忌,又拿出两大块咸大马哈鱼,二人互通了姓名,周光甲的苏联名字叫米哈伊拉。寒暄过后,两人开始对饮起来,苏军营长见他俄语说得流利纯正,非常高兴,两个人越谈越投机,大有相见恨晚的感觉。他趁机把话引到执行的任务上。这时苏军营长沉默很久,面有难色地对周光甲说:"米沙,那样做我要掉脑袋的。"他边说边用手掌做砍头的动作,他提到了《雅尔塔协定》,周光甲解释苏、英、美等国签订的《雅尔塔协定》,并没有要求苏联不能帮助中国共产党,中国共产党同苏联共产党都有共同的政治信仰,而且这些钢材都是从日本人手里缴获出来的。"你们现在不给共产党,难道还要留给国民党制造枪炮来打共产党吗?"他情绪激昂地问。苏军营长一边喝着一边听着,他用尽了在苏联学习的理论知识,讲了很多道理。苏联营长觉得他说得有道理,沉思半晌儿说:"米沙,你明天来吧!"周光甲告诉他:"为了避免承担责任,你可以不出面,只要不阻拦就可以。"他无言默许。

周光甲知道事情有转机,回到政治部,马上与有关人员商量办法,他告诉兵工厂厂长做好准备,见机行事。第二天,兵工厂厂长让火车司机把火点着,把气烧足。周光甲来到院子就气势汹汹地假装骂人，发脾气，"你们为什么偷懒，不好好干活！"苏军的营长与他的眼神对视一下，什么也没说。他一摆手，立刻走到火车中间位置，对着司机大声喊："给我开出去！"兵工厂厂长立即跳上火车头，指挥火车司机启动列车，苏军营长没有出面干预，守门的苏军士兵不清楚怎么回事，看到上司没有出面干预，没敢吱声。就这样一列满载专门制造枪炮的无缝钢管的火车迅速开出了苏军守卫的钢铁公司，一直驶向我军兵工厂。

这段难忘经历是他回到祖国投身革命后，第一次独立完成领导交给的任务，印象很深，常引以为豪，经常给孩子们讲述事情经过。如今孩子们的脑海中还会浮现出父亲当年讲述的神情和手势，边说边在屋子中间兴奋地比划着，能为祖国尽忠，为革命尽力，是他最快乐的事情，也是他一生的追求。

疏通关卡，顺利运输百万吨军粮

解放战争时期，东北地区"四保临江"战役蓄势待发，临江地处长白山一带，南接朝鲜，东临苏联，是我军的军事指挥中心。国民党把它视为重要目标，调集美械装备的十万大军压向南满，直逼临江。党中央和东北局派陈云同志任南满分局书记兼军区政委，肖劲光任军区司令员组织和坚持南满斗争。

在战争的紧急关头，我军粮食紧缺，因为国内铁路线被国民党军队占领，北面根据地筹集的百万吨军粮，只能经图们用火车运至朝鲜南阳，再经清津、吉州迂回转运到惠山，惠山镇与我国长白县城隔江相望，用汽车装运粮食通过惠山过江桥，再运到前线。当时江桥朝鲜一侧是苏联红军把守，他们不许运粮汽车过桥，结果造成惠山粮食霉烂，前线战士没有粮食吃。为了抢运这百万吨军粮，我南满军区在朝鲜惠山镇设立办事处，1947年1月，周光甲接到新任务，被组织派到南满军区驻朝鲜惠山镇办事处，专门和苏联红军交涉运粮问题。

苏军解放朝鲜后，建立了朝鲜北部临时人民委员会，并帮助其建立五万军队，朝鲜政权趋于稳定，主要防务工作还由苏联红军担任，因此从中央到地方，都驻守苏联红军，并在惠山镇建立苏军司令部。

第二天一早，周光甲身穿一件苏联的白皮袄，带着通讯员，来到惠山镇办事处，在苏军司令部拜见苏军少校。少校一副傲慢的样子，没有让座，他毫不在意，直接用俄语自我介绍："我是民主联军派来的，民主联军急需粮食，但边防军不让过桥，希望您能帮帮忙。"这位少校冷漠地说："运粮的事不归我管，我负责地方秩序，边防的事归平壤边防局领导，你找平壤边防局吧！"周光甲耐心地和他交涉，少校的态度依然很冷淡。他第一次碰了钉子，回来后反复思考解决问题的办法，决定再次从感情上入手。

第二天他又去苏军司令部，少校很不耐烦地说："你怎么又来了？"他诚恳地说："这件事还得请您帮助。"少校的态度很不友好地说："我不是告诉你，这事我管不着，你找平壤边防局吧！我再过几天就要回国了。"他一听机会来了，马上说："那太好了，您回国我求您一件事行不行？我的家也在苏联，我写封信请您回到苏联境内帮助我邮寄。"少校竟然答应了，说话的语气也缓和许多。于是周光甲马上就写了一封信，在信封上写上地址赤塔……，少校看到他的俄文写得很漂亮，俄语语音也很纯正，像见到熟悉的朋友一样，态度也转变了，温和地说："关于运粮的事，昨天晚上已经和苏军边防排长打招呼了，你去找他吧。"于是，他又找到苏军排长说起运粮的事情，排长没有拒绝，显然是苏军司令部打过招呼。苏军排长授意，白天少运点，晚上多运点，因为南朝鲜特务多，如果他们知道苏军支持民主联军，会引起国际纠纷。当时苏联政府还不能贸然公开支持中国共产党。

他回到办事处，向领导汇报情况，大家异常兴奋，商量着白天只出动三辆汽车运粮，晚上出动七八辆车，这样两三天就可以运完一列火车的粮食，尽快解决粮食供应问题，为"四保临江"战役提供物资保证。

然而100万吨军粮在运送过程中，还是遇到很多困难和麻烦。不仅要和苏联红军打交道，还反复与朝鲜保安队交涉。他几次护送部队干部和伤员过桥时，朝鲜保安队都会找麻烦，每次都是求助苏军的帮助，因此朝鲜保安队很不满意。有一次朝鲜惠山镇保安队把他告到了平壤保安部，说他侵犯朝鲜国家主权。平壤保安部副部长李春艳会同一苏军大尉和惠山镇保安署副署长找到他，气势汹汹地盘问："你来朝鲜之前从哪里来？"他回答："从民主联军政治部来。"又问："你到民主联军政治部之前从哪里来？"他说："山东。"保安队人员站起来训斥："你明明是东北人，为什么说是山东的？"他生气地回答："你没有资格盘问我的历史，惠山镇办事处是经朝鲜中央批准建立的，我是在执行军事任务,运粮食,送干部,运伤员,这些都经过朝鲜中央同意,合理合法,我没有破坏朝鲜的正常秩序,也没有侵犯朝鲜的国家主权。"他据理力争,朝鲜保安队不吱声了,惠山镇保安署副署长告诉他今后要注意工作方法和态度,他虚心地接受了批评意见。

尽管如此,在运粮过程中,惠山镇保安署还是制造许多麻烦,他通过苏联红军司令部与他们交涉。有一次,惠山镇保安署派一个班长带领几个士兵拿着枪来到办事处,让办事处成员们马上离开惠山镇。办事处领导说:"我们是受上级派遣来的,没有上级的命令是不能离开的,如果你们要撵我们,应当找我们的上级。"

朝鲜惠山镇保安队经常拿着枪撵我军办事处人员,卡我军的运粮汽车,为了解决这个事情,周光甲又先后找到苏军司令部、平壤苏军总部,通过苏军少校找到金日成同志说情,金日成亲自下令放行,前后停止一个月零五天的运粮问题才得到解决,这 100 万吨粮食直到 1947 年 11 月才全部运完,花费将近一年的时间。完成任务后他带着胜利的喜悦离开朝鲜,不久迎来了东北解放的曙光。

异国寻子,生命中永远的痛

新中国成立后,为了支援祖国建设,他被组织派到辽宁阜新。这里有当时亚洲最大火力发电厂,有苏联的援建专家,他任中苏友协会长,经常与苏联人打交道。

在这座城市里,他又组建新家庭,三个儿女都出生在 20 世纪 50 年代。1956 年,生活安顿后,看到眼前的儿女时,他想起了留在苏联的那一对儿女。他离开苏联的时候,女儿金娜才 7 岁,儿子果力只有 5 岁,离开苏联十多年了,一直牵挂着异国他乡的骨肉,虽然多次写信询问过,但是始终杳无音信。第二次世界大战,苏德交战,不知道那可爱的孩子在战争中如何生活。他迫不及待地向组织请假半年,回苏联寻找孩子。到了苏联,才知道华侨朋友对金娜姐弟俩很苛刻,不仅霸占了房子及所有财产,还经常粗暴地打骂他们,在一个寒冷的冬天,狠心将两个孩子撵出家门。他辗转通过公安户籍部门找到大女儿金娜,此时他才知道,当年金娜带着弟弟在外流浪,衣衫单薄,经常饥一顿饱一顿,6 岁的果力尚未享受人间的幸福,就在寒冷和饥饿中悲惨地离开人世,幸运的金娜被福利院收留并在那里长大,由于风湿寒冷,没有得到及时治疗,她的一条腿已弯曲伸不直,走路不灵活。当年他伤心至极,毅然决定把 20 岁的大女儿金娜带回祖国和自己生活在一起,弥补缺失的父爱。

笑看庭前花开花落

天有不测风云,20 世纪 50 年代后期,中苏关系出现裂痕。当时党内下发机密文件九评苏联共产党,他阅读后放在书房里,碰巧家里来了一个亲戚,是十几岁的高中学生,阅读后顺便拿出去,在社会上传阅,影响很坏。经组织审查是他疏忽丢失了党内机密文件,他受到党内行政处分,政治生命受到影响。

1964 年,中苏关系彻底破裂,由于他的旅苏经历以及丢失文件,被视为"特嫌",政治上一直不能重用,只任一个闲职,他的政治生命又停滞不前。塞翁失马,他幸运躲过劫难。1966 年,十年浩劫开始,大字报铺天盖地,他是牛鬼蛇神队伍里年龄最大的,胸前挂着"走资本主义道路当权派"、"苏修特务"、"修正主义分子"的牌子,戴高帽游街示众。造反派试图从他家里搜出电台,把他家的仓房、灶台等都仔细搜查一遍,结果一无所获。他被无产阶级专政,失去了人身自由,后来又下放到农村,走"五七"道路等。由于他的职务是一个闲职,因此在整个运动中,对他的打击不是最猛烈,他以六十多岁的高龄再一次挺过人生的一次劫难。

"文革"后期,他听说曾经和自己一起在惠山镇办事处工作的三个同事,只剩下他一人,那两位同事一个在山东、一个在沈阳,都在"文革"初期离世。

历经人生磨难,他对仕途之路看得很淡,他经常告诫儿女:"一生中平平淡淡才是真。"

到了晚年,他时常喜欢回忆过去的点点滴滴,一些往事总会浮现在眼前,健谈的他总是滔滔不绝地给熟悉的人讲述自己的人生经历,讲述人生感悟。他对所有往事的细节及人名、地名都记得清清楚楚。他慷慨大方、善于结交朋友。他说:"在人生旅途中几次化险为夷都是朋友相帮、贵人相助。"一生不争不抢、不贪不腐,平和的心态是他长寿因素之一。1990 年,小他十一岁的妻子先他而去,1993 年 5 月,历经磨难的周光甲无疾而终,走完了传奇的人生,享年 90 岁。

命运多舛的周金娜

1935 年 3 月 18 日,周金娜出生在苏联远东边疆区的一个乡村,俄文名字郭琪玛廖娃·吉娜。幼年时无情的母亲抛弃了金娜姐弟俩,她 7 岁时父亲周光甲离开苏联投身到国内的抗日战争中,金娜与小她两岁的弟弟在街头流浪。

1956 年,周光甲向阜新市委组织部请假去苏联寻找孩子,到苏联后费尽周折,通过公安户籍部门查找,终于找到了女儿金娜。金娜向父亲述说弟弟饿死、姐弟俩四处流浪的悲惨生活经历。

幸运的是金娜被福利院收留,得知儿子已经夭折,周光甲很伤心,内心愧疚,坚决要把女儿金娜带回祖国,弥补多年来未曾尽到的父亲责任。金娜办理护照签证需要好几个月的时间,周光甲的假期结束先行回国。21 岁的周金娜,一副东方人面孔却一句汉语也不会说,独自一人从苏联赤塔坐国际列车到沈阳下车。周光甲特意来到沈阳车站接她,并带她到商店买衣服,到理发店烫头发,去饭店吃饺子,那是周金娜第一次吃饺子,周光甲带她到北陵公园游玩,并拍照留念。

1956 年,周金娜第一次到沈阳与父亲合影

在国内周光甲尽自己最大的努力补偿父爱,把她的生活、工作都安排的妥妥当当。金娜和父亲生活在一起,她感觉到家的温暖,幸福的笑容绽放在她年轻的面庞。父亲回到中国又重新组建家庭,金娜有两个妹妹,分别在 1952 年、1959 年出生。父亲不厌其烦地做女儿的思想工作,让她改变国籍加入中国籍。周光甲的考虑不仅有儿女情长的因素,身为国家干部,他非常清楚当时中苏两国的关系逐步恶化,知道女儿金娜再回到苏联一定不会有幸福的生活。但是父亲的做法,年轻的周金娜并不理解也不愿意接受,她总是说不习惯国内的生活,不喜欢阜新。那时候,周光甲经常用俄语和女儿谈心,说到激动处,总是大声斥责,倔强的周金娜哭着也不肯听从。为了让女儿在中国长期居住,周光甲开始给女儿物色对象。

周金娜的第一次婚姻

当年,周金娜在阜新唯一的一所大学里工作,是这所大学里唯一的外籍工作人员。同父异母的妹妹韩春萍回忆:"小的时候大姐经常带我去她们学校的食堂吃饭,我记得桌上除了大姐以外,还有三个越南的留学生,我们吃的是白面馒头,其他领导也享受不到这样的待遇。"20 世纪 60 年代初,周金娜活泼开朗,漂亮大方,周围不乏有很多的追求者。

在父亲包办下,周金娜与一个根本没有爱情的男人结婚。父亲对这个男人很满意,他是黑龙江省一个县城的高中教师,书生气很浓,皮肤白净,戴个眼镜很斯文的样子。至今周金娜都不记得他的名字,因为她们在一起的时间很短暂,且没有丝毫的感情基础。周金娜唯一的记忆是他生病咳血,她非常害怕。1962 年秋,对婚姻失去信心的周金娜,一意孤行,义无反顾地离开中国,短暂、没有感情基础的第一段婚姻就这样匆匆结束。

当年周金娜的想法简单,只要自己离开中国,就可以解除和这个男人的婚姻关系,过几年她再回到中国。周金娜万万没有想到,她这一走就再也没有回头的路,由于中苏关系破裂,她无法回国,更无法回到父亲身边。后来金娜听说自己的丈夫在 20 世纪 70 年代就因肺病离世。周光甲无法说服女儿,无法阻挡女儿返回苏联的脚步,他非常生气地说:"你回去以后生活一定不会如意。"不幸的是,周光甲一语言中女儿的命运,周金娜坎坷多舛的生活开始了,这次分别待到父女相见时,时光已经整整过去 28 年了。

周金娜的第二次婚姻

这次婚姻依旧不幸。她的妹妹问她:"第一次找了一个不喜欢的中国人,为什么第二次在苏联又找了一个中国人?"她耸耸肩,两手一摊,眼睛一瞪,很无辜地说:"不知道。"婚姻问题周金娜无法解释清楚,让人又好气又好笑。周金娜说:"那时候自己年轻任性,什么也不懂。"在苏联出生并长大的周金娜,思考和处理问题非常单纯,头脑简单。

周金娜的第二任丈夫叫孙鹏,是哈尔滨人,他1929年9月出生,原籍在山东省牟平县,祖上是闯关东到东北的。1963年,他在苏联的一个火车站上工作。那时候周金娜刚从中国回到苏联时间不长,偶然在火车站的一次相遇,就注定两人不幸生活的开始,痴心的孙鹏留下周金娜的联系方式,经常寻找各种机会与金娜见面,面对孙鹏的不懈追求,金娜认为自己找到了幸福,不久两个相爱的人就在一起生活,并且还有了爱情的结晶。

1964年1月,金娜大姐唯一的儿子弗拉基米尔·郭其玛廖夫·沃尔瓦出生,小名瓦洛佳。虽然他在苏联出生并长大,但他的身体里流淌着四分之三的中国血统,是华侨后裔。他出生时,中苏两国的关系彻底破裂,赫鲁晓夫单方面撕毁合同,违约将在中国援建的苏联专家们全部撤回,在苏联工作的华侨也被驱逐出境。瓦洛佳还没有满月,他的爸爸孙鹏被苏联驱逐回到哈尔滨。周金娜独自一人既要工作,又要抚养襁褓中的儿子,生活的重担压在她一个人身上,没有亲人的帮助,缺少经济来源,独自带着襁褓中的孩子艰难生活,这段看似幸福的婚姻受政治的影响,匆匆结束。

那时候,孙鹏曾多次给周金娜的父亲写信,请求其帮助将周金娜召回中国,然而当时两国关系恶化,政治形势不允许,再加上周光甲对女儿一意孤行离家出走非常生气,他放任女儿,不理不睬。

痴心的孙鹏回到哈尔滨后,在一家工厂工作,二十多年孑然一身,远离妻子和儿子,过着寂寞孤独的生活。

20世纪80年代后期,中苏关系开始回暖,边境地区打开尘封已久的贸易大门。周光甲已到暮年,感觉自己剩下的日子不多,过去的怨恨也消失了,开始思念在苏联的大女儿,二十多年杳无音信的周金娜生活得怎么样? 他先派人到哈尔滨找到孙鹏,通过他找到周金娜和瓦洛佳。

这时孙鹏还是孤身一人,他还幻想着要与金娜复婚。固执的孙鹏认为找到儿子就找到了他的后半生希望,他欣喜地把哈尔滨的房产等一切家产都变卖了,义无反顾地到苏联投奔儿子。然而岁月改变了一切,二十多年过去了,周金娜已组建新家庭,瓦洛佳和父亲在语言上无法沟通,加上多年的分离,需要时间的弥补与磨合。物是人非,结果令他大失所望,他迷茫了,绝望了,在异国他乡,没有妻子,与儿子又无法进行语言交流,固执而偏激的孙鹏在阿穆尔州布拉戈维申斯克市的一间出租屋,用一根绳子结束了自己60岁的生命。

瓦洛佳对于父亲的死存有疑惑,不明白父亲为什么上吊自杀,他出门不在家,父亲死了好多天,邻居们发现有异味报警,警察把门撞开才发现孙鹏早已自杀。瓦洛佳说,他从小就没有见到父亲,二十多年后,父亲突然出现在眼前,他心里还无法适应,无法马上相认。周金娜的第二次婚姻,受政治因素影响,铸成人生悲剧。

周金娜的第三次婚姻

周金娜的第二次婚姻依旧不幸,两人在一起生活不到一年的时间,没有留下很深的记忆。儿子的出生,致使周金娜的生活雪上加霜,异常艰难。小时候周金娜四处流浪,腿有残疾,一条腿不能弯曲。由于从小在儿童福利院长大,没有读过多少书,文化程度不高,回到苏联后找工作非常困难,只能从事一些清洁工之类的工作。中苏关系破裂,丈夫远在中国归来无期,自己无法独自抚养儿子,无奈中又走入第三次婚姻。这一次,她遇上一个俄罗斯男人,周金娜的第三次婚姻生活维持了十年之久,不仅给她留下了永久的伤痛,也给年幼的瓦洛佳心里烙下了仇恨的伤痕。

周金娜从来不愿提起那段伤痛的婚姻,亲属们也只能从她只言片语中略知一二。十年婚姻,对于周金娜和瓦洛佳的伤害是永久的。第三任丈夫是个地道的酒鬼,喝完了酒就打老婆。当年瓦洛佳还很小,在他幼小的记忆里只有仇恨。他曾经撸起衣服给国内的亲属看他胳膊上、腿上的几处伤疤,诉说这一些都是那个可恶的人留下的。瓦洛佳曾经一边说一边比划着,从小就发誓,长大以后一定要拿枪把那个人"叭"的打死。

在痛苦中生活的周金娜根本不敢提起离婚,每天度日如年煎熬着。瓦洛佳还很小,自己无力支撑这个家,面对家庭暴力,她只能含泪默默忍受。机会终于来临,那个男人因为犯罪被关进监狱,这时候周金娜没有带走任何东西,逃离了那个给她心灵和身体太多创伤的家庭,逃离虎口,终于结束了痛苦的婚姻生活。那段创伤无法弥补,周金娜回忆,过去很长时间,再看见那个人时,身上还打哆嗦,可想而知痛苦的婚姻对她和孩子造成的心里的伤痛有多深。瓦洛佳长大了,身高1.78米,服完兵役后,那个人看见瓦洛佳也非常害怕,他知道瓦洛佳对他的仇恨有多深。

周金娜虽然文化水平不高,但是爱看书。俄罗斯是个浪漫的民族,伟大的诗人普希金的爱情诗影响了一代又一代的年轻人。周金娜喜欢普希金的诗,"我记得那美妙的一瞬,在我面前出现了你,有如昙花一现的幻想,有如纯洁之美的天仙……我的心在狂喜中跳跃,心中的一切又重新苏醒,有了倾心的人,有了诗的灵感,有了生命,有了眼泪,也有了爱情。"

周金娜经历了三次不幸的婚姻生活,但是她还在憧憬未来,没有停止追寻爱情的脚步,在人海中继续寻觅有爱情的婚姻生活。

周金娜的第四次婚姻

周金娜前半生历经坎坷,命运多舛,缺少家庭的温暖,饱尝生活的艰辛。然而这些都没有泯灭金娜对人生和爱情的向往,她渴望浪漫的婚姻,憧憬温馨的生活。当周金娜四十多岁的时候,上帝终于开始眷顾这个历经磨难的女人,她找到属于自己的爱情,也找到晚年的归宿。

20世纪80年代初,在哈巴罗夫斯克木星镇,有一座大型的木材加工厂,工厂的规模很大,有几十年出口木材的历史,职工千余人,周金娜在那里工作,经朋友介绍认识了本厂工人阿里克谢。阿里克谢比周金娜大十岁,曾经参加过第二次世界大战,退役后从事修理工作。他个子不高,体型适中,性格温和,沉默寡言,总是喜欢默默做事,是个心地善良、和蔼可亲的小老头儿。

周金娜和阿里克谢两人是一见倾心,彼此都很满意。可是阿里克谢的亲属都不同意他们交往,他们不喜欢周金娜。一是因为周金娜腿有些残疾,生活不方便;二是因为周金娜是中国人,那时一些苏联人对中国人还有些歧视。当时木星镇一万多人口中,周金娜是唯一的苏籍华人,可是对爱情执着的阿里克谢喜欢,两情相悦,他们就搬到一起生活。由于阿里克谢亲戚们的阻挠,两人生活九年后,阿里克谢才带着周金娜偷偷地到镇上办理了结婚登记正式成为夫妻。阿里克谢是周金娜的第四任丈夫,金娜是阿里克谢的第三任妻子。

阿里克谢心地善良,为人随和。金娜的中国妹妹第一次到他家,刚好金娜不在家,语言不通无法交流。阿里克谢什么都清楚,因为家里经常有中国的亲戚朋友去做客,他拿出大米、中国调料等,还有自己家里种的西红柿、黄瓜等蔬菜,全部摆到厨房,让他们自己随便做。

俄罗斯男人酷爱喝酒,阿里克谢亦如此,可是他喝完酒从不打老婆而是睡大觉,甚至可以不吃不喝地睡上两天。金娜的中国亲属每次去他家里做客,阿里克谢很高兴,他知道中国亲属一定会给他带好酒。2003 年,他身体有病,善良的金娜不愿意让他喝酒,亲属在一起聚餐的时候,他坐在那里沉默寡言,也不吃饭,无奈之下亲属们给他倒一小杯酒,他高兴地仰脖全都喝光,马上开始吃饭,叽里咕噜地说着俄语,看着他开心的样子,亲属们都哈哈大笑。

周金娜的晚年生活平淡而温馨。两人刚结合时,都是工人工资收入较少,经济拮据。随着俄罗斯经济体制的改革,对参加过第二次世界大战的老战士们提高各种福利、工资待遇,金娜的生活也就越来越好,她很满足这样的生活。每年的二战胜利纪念日,阿里克谢都会收到普京亲笔签名的贺卡,以及省、市、地方领导签名的贺卡。当亲属们讨要普京签名的贺卡作为礼物时,阿里克谢爽快地答应。

金娜和阿里克谢共同生活了 25 年,这 25 年是金娜一生中最幸福的时光。金娜说他们在一起生活从不生气,没有吵过架。他们居住的小木屋是阿里克谢一个人动手建造的,宽敞的院子周围是木头栅栏。每年春天阿里克谢亲自种下土豆、黄瓜、西红柿等,蔬菜可以自给自足。所有家务他一人承包,从来不舍得让金娜去做,他关心照顾着金娜。两位耄耋老人相互搀扶着一同走过晚年的幸福时光。2007 年 4 月,周金娜一个人在小木屋默默地陪着阿里克谢走完 82 年的人生之路。

晚年周金娜在俄罗斯老年公寓居住,她居住在第五层,有单独房间,自己做饭吃,俄罗斯的福利待遇很好,经常发电影票,组织老年人参加演出活动。儿子瓦洛佳在布拉戈维申斯克一家商店任经理,儿媳妇漂亮贤惠,她还有四个漂亮可爱的孙子。周金娜经常回到国内与妹妹们团聚。周金娜退休后每月有 1.5 万卢布的退休金,为了和国内亲人们沟通交流,她自学汉语,乐观的金娜觉得年纪大,记忆力差,需要使用汉语的机会少,但是却没有放弃学习汉语的计划。

瓦洛佳和他的儿孙们

1964 年,周金娜唯一的孩子瓦洛佳出生在苏联,俄文名字为弗拉基米尔·郭其玛廖夫·沃尔瓦。他的中国姓氏为孙姓,祖籍山东省牟平县,他的父亲曾经在哈尔滨工作。

瓦洛佳的身体内流淌着四分之三的中国人血脉。在俄罗斯的朋友圈里,人们都叫他"克达伊"(中国人)。他喜欢中国的传统文化,尤其偏爱中国的名人传记,喜欢读俄文版的《孙中山传》。

瓦洛佳从小在单亲家庭中长大,深知缺少父爱的孤单以及生活的艰难,他非常喜欢孩子,喜欢和孩子们玩耍,如今他已经是五个儿子的父亲,多年来他一直努力做一名合格的父亲。

瓦洛佳的婚姻生活与母亲一样历经坎坷。第一次婚姻是短暂的,妻子娜嘉是同学,年轻漂亮,他们有个儿子阿列纳特。可是娜嘉好吃懒惰,没有责任心,又不善于精打细算过日子。虽然有爱情的结晶,但是两人生活习惯和价值观不同,思想上无法交流,不久便结束短暂的婚姻。

他和妻子离婚后,年幼的阿列纳特和母亲一起生活。他聪明可爱,瓦洛佳是一个有责任心的男人,没有抛弃儿子,不仅要照顾好儿子阿列纳特,还帮助娜嘉解决生活中的困难。瓦洛佳像所有中国父母一样,帮助孩子解决生活和工作的难题,阿列纳特长大了,帮他安排工作,协助他成家。阿列纳特性格不像妈妈,在工厂里工作认真,是一个勤奋努力、吃苦耐劳的年轻人,深受同事们的喜爱。

阿列纳特的妻子娜达莎,两个人从小青梅竹马,结婚时他们来到中国,在姨奶奶的热心安排下,在沈阳,三亚,大连度蜜月。阿列纳特和娜达莎有一个漂亮的女儿,三人世界温馨甜蜜。这是周金娜的重孙女,亲人们都格外疼爱她,长长的睫毛,白皙的皮肤,漂亮的大眼睛,非常惹人喜爱。20 世纪 90 年代初,周金娜曾经带着儿孙们来到沈阳看望父亲。

瓦洛佳和第二任妻子娃拉结婚后,开始育人工程。几年时间里,他们先后生育三个儿子。由于俄罗斯生育率低,人口少,政府鼓励年轻人生育。虽然生育孩子政府给予生活补助,但是杯水车薪,几个孩子的成长需要花费很多钱财,瓦洛佳一家度过了生活艰苦的一段日子。二儿子尼基塔是 1994 年 9 月出生;三儿子郭沙是 1998 年 7 月出生;四儿子葛烈巴是 1999 年 12 月出生,在瓦洛佳夫妇精心照顾下,孩子们在快乐成长。

瓦洛佳注重对儿子们的培养教育,根据每个孩子的性格特点制定教育计划并规划未来生活。2004 年 11 月初,瓦洛佳把三儿子郭沙送到沈阳,让他学习汉语和中国武术。几个孩子中郭沙长的最像俄罗斯人,白皮肤、黄头发。郭沙在姨奶家住了八九个月,他在幼儿园学习汉字、数学,在学前班学习歌谣、唐诗,参加武术班。郭沙聪明好学,头脑灵活,具有语言天赋,不久就能用熟练的汉语和小朋友们交谈,还会东北方言,掌握一些中国功夫。2005 年夏天,郭沙 7 周岁时回到俄罗斯,虽然俄语生疏了,小朋友见面时无法用语言交流,但是他很快就能用俄语和小朋友们讲述在中国看到、听到的新奇故事。

小时候,郭沙是最顽皮、最倔强的孩子,受到的惩罚也是最多、最严厉的,但是他非常理解爸爸的深深爱意,如今郭沙成长为帅哥,郭沙的小女朋友正在学习汉语。俄罗斯人成熟较早,早恋,家长并不干涉。大儿子阿列纳特和娜达莎也是十几岁时就恋爱,到了二十五六岁结婚。几个孩子中,葛烈巴长得最像中国人,可惜一句汉语也不会说,贪玩贪吃,不爱学习,他曾经是哥哥们的跟屁虫、小尾巴,现在长得最高;尼基塔是最优秀的孩子,长得帅气,学习成绩好,如今他在俄罗斯一所军校学习。尼基塔军校毕业后就可以挣工薪 1 万卢布,是全家人的骄傲。

瓦洛佳经常带着儿子们一起玩,是个"孩子王"。和孩子们在一起,是他最快乐的时光。瓦洛佳对每个孩子都是既严格管教,又格外爱护,不偏不袒,每个孩子都能感受到爸爸的爱。他年轻的时候服过兵役,2015 年,他曾去乌克兰参战七八个月。

瓦洛佳只会少量汉语,国内的亲属仅会一点点俄语,虽然双方交流有语言障碍,但是亲情的交流无须太多的语言,一个眼神、一张照片就诠释了彼此的思念和担心,所有的牵挂和思念尽在不言中。

在知天命的年龄,瓦洛佳的人生出现拐点,他与娃拉离婚了,房子给了妻子,孩子们和母亲生活在一起。2015 年,瓦洛佳第三次结婚。他的妻子玛莎带来一个漂亮的女儿,这也弥补了家庭里没有女儿的缺憾。国内的亲戚们也到俄罗斯参加他们的婚礼,见证一对新人幸福的时刻。瓦洛佳和玛莎贷款买了一套面积不大的房子,2016 年 8 月 26 日,瓦洛佳的第五个儿子出生了,取名叫纳丹。五十多岁的瓦洛佳又当爸爸了,笑容写在他的脸上,亲属们笑称瓦洛佳可以获评"英雄爸爸"!

如今,86 岁的周金娜晚年生活幸福。因为她是二战老兵的遗孀,国家拨款,自己少添了一点钱买了一套房子,与儿子做邻居。离开了老年公寓,她每天都可以看到儿孙们,生活不再孤独,瓦洛佳也方便照顾妈妈。搬到新家时,她非常开心,兴奋地打电话把这个好消息告诉国内的妹妹,亲人们由衷地为她高兴。2016 年 8 月初,妹妹韩春平、韩春仪两人去俄罗斯看望周金娜。2017年姐妹三人分别在俄罗斯布拉戈维申斯克、中国黑河相聚。岁月可以抹平许多记忆,可是万水千山割不断浓浓的亲情,不能因国籍的不同而改变。

人物小传三:张思昌·别洛乌索夫家族

2017 年 6 月,笔者到俄罗斯雅罗斯拉夫尔参加学术研讨会,途径布拉戈维申斯克时,在阿穆尔国立大学博士生亚娜的带领下,走进青春洋溢、热情好客的热尼亚家,通过她了解一百年前,她的太爷、太姥爷到远东地区务工、生活,组建中俄通婚家庭以及家族发展变迁的历史。2018 年 8 月,笔者途经布拉戈维申斯克时,我们又采访热尼亚的姐姐叶琳娜。

我们走进她的小屋,虽然空间不大,但是整洁、简单、温馨,她热情地把奶奶别洛乌索娃·张思昌·瓦莲金娜·瓦西里耶夫娜也接过来,让我们详细了解她的家庭历史。1990 年出生的热尼亚是布拉戈维申斯克阿穆尔国立大学的毕业生,她聪慧、漂亮,对自己家族复杂的历史非常好奇,曾经以《多元文化生活条件下同一家庭成员的语言能力》为题,阐述百年来这个中俄通婚家庭成员语言的变迁。这个家族人员庞大亦很复杂,其母系和父系家族中都具有中俄通婚历史,由于语言障碍,加上历史久远,第一代老华侨的谢世,后代对家族历史了解甚少,给我们的调研增加了难度。历经两年时间,我们才逐渐摸清楚这个家族变迁的历史脉络。

张思昌·别洛乌索夫在俄罗斯远东地区生活很久,令人遗憾的是,他的后代中没人知道,他是哪年到俄国务工的,只知道他在 1925 年在苏联组建新家庭,与妻子共同生活 32 年,养育了五个子女。截至 2012 年 5 月,张思昌·别洛乌索夫家族共由 131 人组成,其中包括 1 岁的孩子,有 59 名男性和 72 名女性。

这个家庭的男主人公张思昌(俄文名字米哈伊尔),也是热尼亚的太爷,1890 年出生在中国山东省,1957 年因病去世。与千万个中国移民一样,他早年与他的堂弟季成·特洛芬·米哈伊洛维奇、季成·瓦西里·米哈伊洛维奇、季成·吉吉玛·米哈伊洛维奇从山东到俄国远东地区务工谋生,曾经贩卖大烟,在金矿淘金。1925 年,在俄罗斯滨海边疆区丘古耶夫卡村,由于欠账人无法偿付大烟债务,张思昌·米哈伊尔将季庆·安东妮娜·米哈伊洛夫娜以抵债的方式"买"到手里,他的妻子就是她的母亲抵大烟账的牺牲品。

女主人公安东妮娜·米哈伊洛夫娜,也是热尼亚的太奶,是远东地区的那乃族,1910 年出生在俄罗斯远东滨海边疆区 Чугуевский 区,1986 年去世。当年张思昌在中国已经结婚生子。1930 年,他的姐姐来到苏联远东地区探亲,不久就返回国内。

关于安东妮娜·米哈伊洛夫娜,我们通过她的后代只知道,她有个姥姥,在下河游泳时溺水身亡,此外,她还有三个兄弟:分别是瓦西里、库兹马、特罗非。或许是憎恶母亲的无情,她从不与后代讲述母亲的任何信息,我们只了解,当年她的母亲为了偿还大烟债务,将她卖给了张思昌·米哈伊尔。

安东妮娜·米哈伊洛夫娜 16 岁的时候,在丘古耶夫卡生下了大儿子伊万,其余的孩子出生在谢列姆金斯克。第一代孩子接受过中等教育,只有大儿子张思昌·伊万·米哈伊洛维奇在父母影响下会说汉语。张思昌五个儿女的出生日期分别是:大儿子张思昌·伊万·米哈伊洛维奇 1935 年出生,2014 年去世;二儿子张思昌·米哈伊尔·米哈伊洛维奇 1940 年出生;三儿子张思昌·费奥多尔·米哈伊洛维奇 1942—2010 年;大女儿张思昌·柳博芙·米哈伊洛维奇 1945 年出生;小女儿张思昌·娜杰日达·米哈伊洛维奇 1948 年出生。他们还有第三个女孩,但是出生不久就夭折了,他们的第一代孩子是汉族和少数民族的结合,混血儿,外表带有鲜明的亚洲人种的特征:肤色黝黑、黑色的直头发、大颧骨和眯缝眼。

在日常生活中，张思昌·米哈伊尔与妻子交谈使用汉语，和孩子们交流用俄语。安东妮娜·米哈伊洛夫娜的那乃语言随着时间的推移而逐渐消失，很多当地的土著人都说俄语。"母亲会说俄语、汉语，和父亲说话时用汉语，和我们说话时用俄语。她用俄语说，我们就用俄语回答她。"张思昌·米哈伊尔的大儿子张思昌·伊万回忆。

1936 年以前，张思昌·米哈伊尔家一直和中国亲属保持通信联系，他在中国已经成家，有一个姐姐，他曾用汉语给国内的妻子写信。他平时说汉语，在和俄国人打交道时，尽量使用俄语，但是他俄语说得很少，能够用汉语写字和读书，当时从边境地区带来一些中国报纸，他总是喜欢阅读。

1937 年，张思昌·米哈伊尔思乡心切，打算带领妻儿离开苏联，回到山东老家生活，由于斯大林肃清远东地区中国人，中俄边境线关闭，举家回国计划搁浅，于是，全家人就在谢列姆金斯克镇的科博尔多村定居，一家人在谢列姆金斯克区一直生活到 1957 年。张思昌·米哈伊尔深深疼爱孩子们，他们都有俄语名字，毕竟生活中要和俄罗斯人打交道，需要使用俄语，张思昌也亲切地叫孩子们俄文名字。

华侨张思昌于归国前病逝

那时张思昌·米哈伊尔已近暮年,迫切思念国内的亲人,他已经向莫斯科有关部门递交了回国申请。祸不单行的是,由于回乡心切和过于劳累,临行前,1957年3月31日,家里的顶梁柱张思昌·米哈伊尔突然病逝。这时离境许可证已经批复,家人伤心欲绝,含泪埋葬了张思昌·米哈伊尔。归国返乡一直是他的梦想,青年时离家谋生,在异国他乡漂泊几十年的张思昌·米哈伊尔至死也没有回到家乡。这期间缠绕安东妮娜·季庆心头,令其彻夜难眠的是如何面对丈夫在中国的妻子,她内心忐忑,总问丈夫一个问题:"在那里有你的妻子和我,我们在一起将如何相处?""你们在那就像姐妹一样相处呗!中国允许一夫多妻。"丈夫静静地回答,安东妮娜·季庆就同意了。由于张思昌·米哈伊尔突然病逝,让一家人措手不及。当时中国朋友瓦夏回国后给张思昌家写信,诉说国内的情况:"五十年代末,中国国内闹饥荒,当地人都吃野菜,许多人饿死了。"安东妮娜·季庆说:"他就该饿死,要是留在苏联会生活得很好。"

1937年,张思昌·米哈伊尔全家被驱逐到艾基姆羌小镇,然后又到了二月城费夫拉里斯克小镇。孩子们也逐渐长大,张思昌·米哈伊尔开始为孩子寻找学校。张思昌·米哈伊尔的大儿子伊万告诉我们:"我们就在当地的学校上学,我是家中长子,学习有点跟不上,学习很吃力,当时想找工作养家,谁都帮不上我,母亲没文化,父亲还不是俄罗斯人。我是第一个开始正式学习俄语的,如果父亲健在的话,可以和学校进行沟通。"

那段时间,张思昌一家生活窘迫,异常艰难。冬天张思昌收割烟草,扛着一两个麻袋的烟草去监狱,把烟草卖给狱卒,然后换回两三袋子面包。同时,家人还要惧怕苏联政府的驱逐,虽然当地政府没有驱逐张思昌一家,但是一家人一直担心害怕,处于被监视之中。苏联人从来都没有善待他们,总是以怀疑的眼神看着这些异族人,孩子们也没有权利上大学和技校。

"父亲几乎不愿意让我们学习汉语,所以偶尔能在我们的语言中听到个别汉语词汇。"张思昌·伊万说,"和俄国居民交流时,父母都用俄语对话,我们和俄国人在交流时,能够用俄语交谈,而父亲则很少说俄语,在一旁沉默。父亲常挂在嘴边的就是"什么、牛奶、面包……这些常用词"。小时候,我们非常喜欢和中国人一起庆祝中国传统节日春节。"中国的春节基本上在阳历二三月居多,这就是中国人的新年。我清楚记得,父亲常把我们叫到一起,带领我们一起去中国邻居家做客,他们会送给我们小礼物和钱,我们按照要求坐下,就吃大人们包的饺子,以及按照中国的菜谱烹饪的大烩菜和土豆。大人们做的馒头很特别,里面放上肉馅,就是包子,包子的味道好极了。大人们也不喝酒,就是在一起聊聊天,吃完饭,我们就各自回家。大人们也不唱歌,就是几个中国人聚到一起打扑克消磨时间,扑克很有趣,玩法也很多,他们玩得很高兴。只有在冬天,他们打扑克娱乐一下,在春季、夏季和秋季,大人们整天劳动。"张思昌·伊万回忆。

安东妮娜·季庆在丈夫死后,一人带着五个年幼孩子生活,最小的女儿才9岁,日子很拮据。为了生活,她又嫁给叫高发·谢尔盖的中国人,他们没有生育孩子。

从 1965 年起,全家来到了阿穆尔州的自由城区的克里莫乌茨(Климоуцы)小镇。家族中第二代混血孩子主要在 20 世纪 60 年代出生,热尼亚的父亲瓦西里出生在 1966 年,仍旧具有鲜明的亚洲人种特征,但是脸部轮廓已经具有斯拉夫民族的特点。这一代家庭的婚姻具有鲜明的特点:他们的妻子或丈夫都是纯正的斯拉夫人,即蓝眼睛、淡黄色头发。第二代混血中大部分都具有中等文化,大都从事农业,生活在农村,也有的人在城市居住,从事生产。

张思昌·伊万·米哈伊洛维奇有五个孩子:1958 年尤里出生,1960 年康斯坦丁出生,1962 年尼古拉出生,卒于 1983 年;1964 年谢尔盖出生,1966 年安德烈出生。

张思昌·米哈伊尔·米哈伊洛维奇有三个孩子:1966 年瓦列里出生,1967 年维克多出生,1968 年叶甫盖尼出生。米哈伊尔·米哈伊洛维奇的大儿子当过兵,在军事部门服役时学汉语。

张思昌·费奥多尔·米哈伊洛维奇有六个孩子:分别是加里娜、塔基亚娜、阿列克谢、奥莉加、谢尔盖和娜塔莉亚。

张思昌·柳博芙·米哈伊洛维奇有两个孩子:安德烈和亚历山大。

张思昌·娜杰日达·米哈伊洛维奇有三个孩子:叶莲娜、斯维特兰娜、弗拉基米尔。

家族中第三代混血孩子基本上是 1980—1990 年出生,年龄跨度较大,最小的年仅 1 岁,年龄大的 29 岁,大学已经毕业,受教育程度也不一样。由于对中国传统文化的热爱,第三代子女中如叶琳娜等人曾经在专门的语言学校学习汉语。

令人惊奇的是,这个家族中热尼亚的奶奶也是中俄通婚的后代。我们得知瓦莲金娜的父亲是中国人,名字叫常文昌·瓦西里,1880 年出生,卒于 1947 年;瓦莲金娜的妈妈别拉乌索娃·耶夫朵吉雅·列昂季耶夫娜是乌克兰人,1898 年出生,做家务。1936 年瓦莲金娜在滨海边疆区丘固耶夫斯基区丘固耶夫卡镇出生。瓦莲金娜的父亲老实忠厚,他什么活都干过,养牛、冬天储存白菜、做过保安、耕种、打猎,用动物的角作药材,给当地的中国人治病。照片上的常文昌·瓦西里是典型的中国农民形象,清瘦的面庞,长长的胡须,由于他朴实厚道、谦和仁让,得到村民的普遍赞誉。1938 年,常文昌带领妻子儿女们来到布拉戈维申斯克生活。瓦莲金娜有一个哥哥和一个弟弟,哥哥常文昌·阿列克谢·瓦西里耶维奇 1933 年出生,1949 年去世;弟弟杰米亚宁科·维克多·瓦西里耶维奇 1941 年 8 月 3 日出生,2012 年 3 月 27 日去世。

85 岁的瓦莲金娜不会俄语,曾经在布拉戈维申斯克市啤酒厂工作。她告诉我们,她的婚姻经历很曲折,第一任丈夫是中国人,短暂的婚姻失败后,与张思昌的儿子、1940 年出生的张思昌·米哈伊尔·米哈伊洛维奇结婚,两人养育一个儿子,别拉乌索夫·瓦西里·米哈伊洛维奇出生于 1966 年 4 月 19 日。

热尼亚告诉我们,张思昌·米哈伊尔的大儿子伊万,也就是热尼亚爷爷的哥哥曾经居住在距离布拉戈维申斯克市三小时路程的村镇,爷爷张思昌·米哈伊尔·米哈伊洛维奇在阿穆尔州自由区农村开拖拉机,距离布拉戈维申斯克市 200 公里六小时路程。爷爷和奶奶离婚后,又结过两次婚,奶奶是他第一任妻子,如今爷爷一个人独自生活。瓦莲金娜离婚后,又嫁给俄罗斯人,共同生活四十年,三次婚姻令她心力交瘁,如今身体健康的瓦莲金娜独自一个人生活。

瓦莲金娜没有回到中国,中国是她梦想的地方,她的父亲去世的时候,她只有 11 岁,许多事情说不清楚,出生证明和名字也不一样。热尼亚的爸爸是布拉戈维申斯克暖气厂工人,她的母亲在布拉戈维申斯克市医院做护士,爷爷会汉语,爸爸既不会说,也不会写。

热尼亚的姐姐叶琳娜1988年出生，阿穆尔国立大学国际关系专业毕业，在布拉戈维申斯克市对外贸易公司任经理，每月工资人民币三千多元。2013年，在阿穆尔州波雅尔科沃与中国年轻人荣建涛相识并相爱。1985年出生的荣建涛，河北人，在山东铜板厂工作，2015年两个相爱的人结婚。当年叶琳娜的父亲不同意他们结婚，因为他是中俄混血后代，小时候备受歧视，父亲固执阻挠他们结婚。年轻的叶琳娜告诉我们，自己不听爸爸的话，执意结婚。最后爱女心切的爸爸妈妈同意他们的婚事，并给热尼亚和叶琳娜分别买了房子。现在父亲已经接受叶琳娜的婚姻。叶琳娜曾经陪同丈夫回中国河北老家三次，喜欢中国的饮食和传统文化，2017年双方父母在中国三亚度假。

张思昌·别洛乌索夫家族是中俄边境地区中俄通婚的一个缩影，这个家庭拥有不寻常的历史故事，是中国人和那乃人、中国人和俄罗斯人结合的典型。这个家族在俄罗斯生活百余年，他们经历了中俄关系的风风雨雨，是中俄关系的见证者，如今第四代年轻人叶琳娜再次组建中俄通婚家庭，经常穿梭在中国和俄罗斯之间，成为联系中俄文化的纽带。

人物小传四：徐莉莉和吉马家族

穿梭在黑河与布拉戈维申斯克的徐翻译

为完成撰写《百年旅俄华侨华人研究》的任务与使命，通过阿穆尔州国立大学博士生张汝阳，我结识布拉戈维申斯克中俄通婚的后代吉马。2018年1月，我们相约在布拉戈维申斯克的咖啡厅见面。吉马是中俄通婚的第三代，五官似东方人，会简单汉语。在翻译的陪同下，他一面用汉语，一面用俄语述说自己的家族历史。由于吉马的汉语不娴熟，加上徐莉莉的口述，两人是姑侄还是姐弟关系让我在他的家族谱上颇费脑筋。2018年5月，当课题组成员在吉马的带领下，第二次走进他的家庭，与徐莉莉进行深入谈话之后，我们才了解到，徐莉莉的姥姥、姥爷是吉马的爷爷、奶奶，她是吉马姑姑的女儿，是吉马的姐姐。吉马迫切想通过笔者找到国内的亲属，可是他年龄尚小，与熟悉家族的老人没有交集，家族历史述说不清楚，我们通过徐莉莉深入了解这个父母双方都有着中俄血缘的家族故事。

莉莉娅中文名叫徐莉莉,1943 年 7 月 29 日出生于哈尔滨。她的祖父为中国人,祖母为中俄混血,早年她的曾祖父在俄罗斯经商,布拉戈维申斯克市赫赫有名的秋林公司曾有莉莉娅曾祖父的股份。20 世纪 30 年代末,苏联政府肃清远东地区的中国人,徐家的财产被没收,一家人辗转来到哈尔滨生活。

莉莉娅的祖父、祖母在苏联相识并相爱,举家迁往哈尔滨后,由于生活的变故,日子窘迫,莉莉娅的祖父习惯丰衣足食的生活,因环境的变迁,以及生活条件的落差,莉莉娅的祖父患病不久便离开人世。祖父去世,祖母为了生活离家再婚。由于祖父去世较早,祖母改嫁,莉莉娅未曾与祖母谋面,所以在莉莉娅的脑海中,关于祖母的记忆及留存的资料少之甚少。祖父祖母共同养育了三个孩子,莉莉娅的父亲徐志忠(俄文名纳维基)以及大姑和小姑。

徐莉莉(第二排左二)在苏联与同学合影

莉莉娅的外祖父瓦罗嘉为中国人,早年在阿穆尔州收购黄金,家境富裕。外祖母阿霞·阿格尼娅为乌克兰人,1905 年出生。苏联国内战争时,由于外祖父是地主富农身份,被红党抓去再也没有音信,家中财产被没收,莉莉娅的外祖母带着孩子们逃到哈尔滨。

莉莉娅和她的哥哥、妹妹都出生在哈尔滨。莉莉娅父亲是中俄混血,曾经是一名工程师,已经去世三十余年;母亲是中俄混血,从事翻译工作,已经去世二十余年。

1954 年 2 月 23 日,赫鲁晓夫在苏共中央全会上作了《关于进一步扩大苏联谷物生产和开垦生荒地及熟荒地的报告》。苏共中央作出决定,在哈萨克斯坦、西伯利亚、乌拉尔、伏尔加河流域等地区开垦大面积荒地。面对人口短缺等困难,为了解决人员和劳动力不足,苏联召回大批在国外的侨民。1954—1955 年,在中国生活多年的 11 万苏侨被遣返回国。由于莉莉娅的两个姑姑早年都嫁给了中国人,他们都选择留在哈尔滨与家人一起生活,前些年莉莉娅的两位姑姑也曾到布拉戈维申斯克探望过莉莉娅一家。现在三年多没有国内亲属的音信。

1955 年 6 月,莉莉娅的外祖母带着莉莉娅的妈妈、爸爸以及莉莉娅的两个舅舅一起回到哈萨克斯坦,投奔曾外祖母,当年莉莉娅 12 岁,哥哥 16 岁,妹妹仅出生 5 个月。三年来莉莉娅的父母一直从事普通的劳动工作,舅舅是汽车司机,承担养家重任。1958 年,外祖母带领一家人来到布拉戈维申斯克市留居。

当年由于政局动荡以及中苏通婚的特殊身份,大多数华人长期没有稳定的职业,漂泊不定,没有安全感,莉莉娅的家人也是如此。到布拉戈维申斯克后,莉莉娅的舅舅也就是吉马的爸爸继续从事司机行业,莉莉娅的父亲名字叫徐志忠,母亲名字叫那丽叶,他们不再从事令人艳羡的职业,而是靠在工厂做工来养家糊口。他们勤勤恳恳、踏实敬业。因为时局的变化,父母生活的落差及职业的变化,使他们缺乏安全感,不敢从事其他的职业,只能老老实实做工。莉莉娅的妹妹,1955 年出生在中国,现居住在莫斯科,是一家公司经理,她的生活条件优越。

小时候,莉莉娅曾在哈尔滨秋林公司附近的霓虹小学五年级读书,她的中文知识就是幼年的积累。据莉莉娅回忆,因为她是中苏混血儿,幼年时常常受到同学们的歧视,被叫作"二毛子",所以幼年时她经常问母亲,什么时候可以回到苏联,似乎这样就可以摆脱自己尴尬的身份。

回到苏联后，由于语言不通，莉莉娅又从低年级开始读书，后来也曾跳了几个年级。由于没有语言环境，回到苏联后汉语就渐渐被淡忘了。莉莉娅回忆，读书时，苏联的同学们常对她的混血身份进行指点，所以她一度对此产生困扰，这种困扰一直伴随着她的成长，由于其混血的身份、没有俄罗斯国籍，她常常需要随身携带证明身份的居留许可证，给她生活带来诸多不便。莉莉娅有时也很茫然困惑，她的丈夫和孩子们都是苏联国籍，为什么自己常处于这种尴尬境地。这种状况，一直持续到莉莉娅42岁加入了苏联国籍。

据莉莉娅叙述，当年在布拉戈维申斯克市像他们这样中苏通婚的家庭还有很多例，但第一代华侨或者华人已经离世，健在的老人大多身体不太硬朗。多年来接受的中国传统文化，使莉莉娅更喜欢与同族、同文的中国人及其后代在一起，至今仍和他们保持紧密联系。

莉莉娅工作勤奋、努力，被授予多种荣誉称号。晚年，她凭借"建筑英雄"的荣誉，被俄罗斯政府奖励一套180平方米的住房和一辆汽车，她将自己当时的住房赠送给大儿子。

莉莉娅的婚姻很坎坷，经历过两次婚姻。两任丈夫都是俄罗斯人，都从事司机行业。她与第一任丈夫共同养育了三个儿子、一个女儿。三十多年前，第一任丈夫因病去世，离开了她和年幼的孩子。那时候她一人养家，还要工作，生活很困难。莉莉娅的丈夫去世后，丈夫的朋友总是热心帮助她修理电器、维修房屋等，解决生活中难题。为了在生活上互相依靠和帮助，两个命运相同的人渐渐走到了一起，于是莉莉娅就嫁给了丈夫的好友。第二任丈夫丧偶，留有两个孩子，其中有一个孩子是残疾人，他很羡慕莉莉娅漂亮的混血儿子。当莉莉娅42岁的时候，生下最小的儿子廖莎，遗憾的是第二任丈夫也在二十年前去世。两任丈夫的离世，使得莉莉娅产生了一些"迷信"，认为自己给丈夫带来厄运，在后来的生活中，她拒绝了很多男人的爱慕之情，孀居至今。

莉莉娅的儿女众多，孙子、孙女也很多，莉莉娅开心地说，儿孙们时常过来探望她，给她的晚年生活带来很多乐趣。她每月的退休金大概有2万卢布，除去平日里支付生活上的开销，水电暖气的花费1.1万—1.2万卢布，以及给孙辈们的花费，所剩无几。50岁时，莉莉娅退休。三年后，在嫂子的支持下，她凭借熟悉汉语的优势，开始从事中俄边境的导游工作，以贴补家用，多年来经

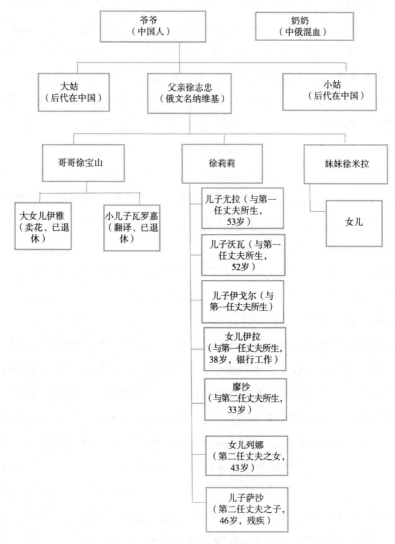

徐莉莉的家族谱

常往返于黑河、五大连池以及布拉戈维申斯克等地。

虽然在俄罗斯生活多年,但莉莉娅喜欢汉语,从事导游工作后受语言环境的影响,许多单词和语法又重新记起,所以现在她同中国人的沟通很流畅,被游客们亲切地称作"徐翻译"。同事和中国朋友都非常信任她,口碑很好。

当我们询问莉莉娅是否回到中国时,莉莉娅说她现在的境况已经很好,与儿女都生活在同一个城市,她很幸福。莉莉娅的心中也有遗憾,她笑称,特别希望自己的儿女能与中国人做伴侣,但是儿女中并没有和中国通婚的,这也是她生活中最大的憾事。莉莉娅的儿女们都有稳定的工作和收入,有的开汽车厂、有的在银行工作,儿女们也经常给她生活费、探望她,让她安度晚年生活。

如今莉莉娅与最小的儿子 33 岁的廖沙生活在一起,他会说一些汉语,经常往来于布拉戈维申斯克市与黑河之间。

莉莉娅的侄子也就是哥哥徐宝山的儿子瓦罗嘉也从事翻译工作。这个有着中俄混血的大家族,虽然离开中国多年,已经加入了俄罗斯国籍,但他们身体中还流淌中国人的血液,无法改变同中国的血缘与情感上的认同。健谈的莉莉娅正直、善良、开朗,75 岁仍旧带旅游团,二十多年来,很多人都信赖"徐翻译"带他们过境,她也在布拉戈维申斯克市与黑河之间架起友谊之桥、汉语之桥。

中俄通婚第三代吉马

吉马,属兔,1975 年出生,居住在距离布拉戈维申斯克 15 公里郊外。他会说一点汉语,但是不会写,和我们交谈时,他用汉语夹杂着俄语述说自己的家庭历史。

吉马的太奶是乌克兰人,1905 年出生,名字叫阿霞·阿格尼娅。他的太爷名字列夫·廖瓦(瓦罗嘉),姓那,是满族人,祖籍哈尔滨。当年太爷在阿穆尔河畔收购黄金,在哈尔滨出售和加工,生活上富庶。苏联国内战争时期,苏联红军来到布拉戈维申斯克,没收吉马太爷家的财产,太爷被枪毙,太奶带着爷爷,还有爷爷的两个哥哥、一个妹妹逃到哈尔滨,一家人在哈尔滨生活几十年。

吉马的爷爷名字叫那连生,在俄罗斯出生,奶奶是中国人,名字叫丽达。20 世纪 70 年代奶奶和爷爷离婚,奶奶又嫁给一个中国丈夫,在哈尔滨的养老院病逝。

吉马的父亲维嘉,中文名字那广,1954 年出生在哈尔滨,在他 4 个月大的时候,太奶带着父亲及父亲的两个哥哥、一个妹妹回到俄罗斯,父亲是布拉戈维申斯克一名电工,已经去世。父亲的两个哥哥也已经去世。吉马的妈妈叫

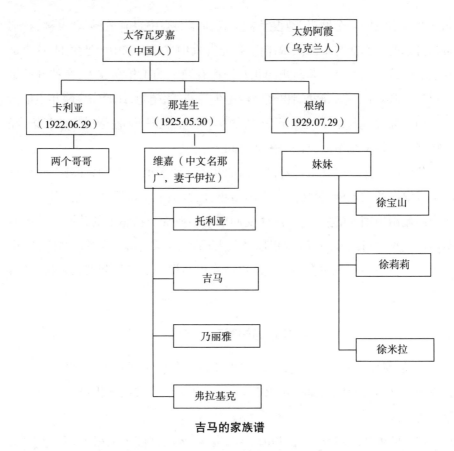

吉马的家族谱

伊拉,1954年出生,是俄罗斯人,职业是教师。他们共同养育四个孩子,吉马、托利亚(已经去世)和妹妹乃丽雅(退休教师,现在养猪卖肉)、弟弟弗拉基克。

　　吉马高中毕业后,1993年在布拉戈维申斯克坦克学校服兵役一年半,在部队实行封闭式学习,强化汉语训练,每天起早贪黑学习汉语语法和拼读,1994年复员。在1994年以前俄罗斯军校学制是两年,叶利钦上台后更改为一年半。1994年,吉马复员后在布拉戈维申斯克一家贸易公司做翻译,他肯吃苦,先后从事很多职业。2007年开始,吉马在布拉戈维申斯克一家建筑公司工作,承包建筑工程。2015年以前建筑生意效益很好,如今俄罗斯经济危机,卢布贬值,生意惨淡。吉马有一个女儿,在安多拉学校学习汉语。吉马的弟弟弗拉基克在郊外种植10垧的土豆。吉马的妻子是俄罗斯人,是一名律师。

笔者采访吉马

　　吉马迫切希望我们帮助他寻找国内的亲人，面对他期待的眼神，笔者的眼睛再次湿润。遗忘在异国的游子，多么渴求能有亲人的音讯，多么渴望能回到祖国和亲人的怀抱，可是时间过去半个世纪，由于侨二代大多不会汉语，老侨大多谢世，加上他们语言的变迁，连亲人在国内的地址、单位都叙述的不完整，茫茫人海，寻亲堪比大海捞针。可是，海外的游子，祖国没有忘记你们，亲人也在寻找你们，我们期待着你们与国内亲人尽快重逢。

后　记

　　翻开尘封的历史档案,拂去历史的尘埃,惊叹百年来旅俄华侨华人的形成发展是一部血泪史、辛酸史、拓荒史、奋斗史,这是一个令人悲之、怜之、敬之的群体,他们是俄国远东大开发的建设者和重要生力军,是远东地区经济发展不可或缺的力量,是中俄社会经济发展的推动者,是民族优秀文化的传播者,是中俄友谊的缔结者,是中国移民史中浓墨重彩的一页。

　　由于工作,近距离接触旅俄华侨,深深被他们无私、善良、勤劳、开拓的优秀品质,以及不畏艰辛、胼手胝足、拓荒不息的精神所感动,加上对家族历史的挖掘,让我萌生探究旅俄华侨历史发展全貌的想法。2015 年在华侨史专家、北大华侨华人研究中心主任周南京教授,辽宁大学李永昌教授,东北师范大学曲晓范教授等人的支持和鼓励下,我在这一领域出版了一些研究作品。虽然拙著对于旅俄华侨史的挖掘尚显肤浅,研究论述还不够深入,对于档案、文献的整理和利用还不够充分,但是初出茅庐的我仍旧把稚嫩的研究成果呈现在读者面前,力求抛砖引玉,让更多人关注旅俄华侨,为研究者提供基础资料。

　　几年来,我在旅俄华侨史研究的路上不断探索,先后主持国家社科基金项目"19—20 世纪末黑龙江中、上游中俄边境地区旅俄华侨华人后裔相关史实调查与研究"、"旅俄华侨华人的红色档案整理与研究(1921 — 2021)"21BZS079、国家社科基金重大项目"俄罗斯西伯利亚远东地区藏 1950 年前中国共产党档案文献的整理和研究"(21&ZD031)的子课题项目,中华全国归国华侨联合会项目"俄罗斯移民政策与对远东地区旅俄华侨的影响研究"、"俄罗斯远东地区华侨华人生存状况的调查研究",黑龙江省哲学社会科学项目"俄罗斯远东与中俄边境地区华侨文献整理与研究(1860—2010)"等课题项目,参与省、厅局级课题十余项;在社会科学文献出版社出版专著《黑水为证:旅俄华侨的历史记忆》,在中国社会科学出版社出版《旅俄华侨的历史与现实》《旅俄华侨史料汇编增补》,在黑龙江教育出版社出版《旅俄华侨史料汇编》《华侨在俄罗斯》,在国内外公开发表学术论文三十余篇。

由于研究的不断深入,我把关注点集中在俄罗斯档案的挖掘,先后在俄罗斯远东及西伯利亚地区的符拉迪沃斯托克、哈巴罗夫斯克、布拉戈维申斯克、尼古拉耶夫斯克等地档案馆挖掘俄文史料。通过研究,我开阔视野、拓宽了研究思路。2018年在厦门大学教授李明欢的鼓励下,尝试《百年旅俄华侨华人研究》书稿的框架写作。本书利用华侨赴俄重要通道绥芬河、海林、赤峰、满洲里、东宁、爱辉,中东铁路沿线城市长春、沈阳、大连、哈尔滨以及黑龙江边境地区黑河、呼玛、漠河、逊克、孙吴霍尔莫津卡伦等地档案馆资料,还有俄罗斯远东地区和西伯利亚地区旅俄华侨较为集中的符拉迪沃斯托克、哈巴罗夫斯克、布拉戈维申斯克、伊尔库茨克、克拉斯诺亚尔斯克、尼古拉耶夫斯克等地珍贵原始档案,参考日本档案资料,运用多元和丰富的个人档案、报纸、公文、回忆录、访谈记录、会议记录等史料,学习借鉴国内外专家的研究方法和研究成果,既拓宽旅俄华侨史研究的深度和广度,又弥补了以往一些写作的不足。本书通过对旅俄华侨史料的归纳整理,利用中俄文档案,还原百年旅俄华侨华人的历史与现实,对百年旅俄华侨华人史进行全新的总结和概括。

对于旅俄华侨华人史研究,专业人员亦感辛苦,作为一名非史学专业出身的研究人员,我备感艰辛。几年来,我利用周末和业余时间,在浩如烟海的史料中,沙里淘金,在青灯古卷中,消磨工作之余的所有可以利用的时间。秉承不虚掩、客观公正的原则,怀着敬仰之情真实记录每一历史时期旅俄华侨华人的发展变化,总结出不同历史时期旅俄华侨华人群体的特征。

本书由2020年黑河学院优秀学术著作出版基金资助出版,是在国家社科基金项目"19—20世纪末黑龙江中、上游中俄边境地区旅俄华侨华人后裔相关史实调查与研究"的结项成果基础上,两年来添加大量俄国档案资料,是国家社科基金项目"旅俄华侨华人的红色档案整理与研究(1921—2021)"(项目号21BZS079),以及国家社科基金重大项目"俄罗斯西伯利亚远东地区藏1950年前中国共产党档案文献的整理和研究"(项目号21&ZD031)的阶段成果。各章的具体写作分工是:第一章及人物小传宁艳红;第二章孟繁红;第三章姜丹;宁艳红负责总体框架结构的设计,以及修改、统稿工作。

回首十年的研究之路,感慨万千。不甘向失败低头,使我在研究的路上愈挫愈勇,敢于迎难而上,采取历史比较法、文献法、田野调查法、统计法、二重证据法、马克思主义的研究方法,不厌其烦,不畏其艰,"抠"出有历史价值和研究价值的史料,为黑河市旅俄华侨纪念馆展陈的改造提供帮助,推出一些有价值的学术成果。我是幸运的,研究的路上得到国内外史学专家、北京大学华侨华人研究中心主任周南京教授,辽宁大学李永昌教授,东北师范大学曲晓范教授,北京师范大学张建华教授,西伯利亚联邦大学达旗生教授等人的帮助和支持,尤其感谢中国原驻符拉迪沃斯托克总领事闫文滨、中国原驻哈巴罗夫斯克总领事郭志军的大力支持,使我顺利到俄罗斯远东地区调研,挖掘有价值和历史意义的护照、符拉迪沃斯托克华侨工会会议和活动记录、华侨档案等第一手史料。多年来我能心无旁骛地潜心研究学术,更要感谢家人的帮助,承揽家务,给与我更多写作时间的支持。

由于时间仓促,才学有限,虽竭尽全力,但与预想仍存在很大差距,希望起到抛砖引玉的作用,让更多学者关注旅俄华侨华人史研究,纠谬匡正,稽核补缺,推陈出新。如此书能为研究者提供点滴帮助,我已备感欣慰。

"衣带渐宽终不悔,为伊消得人憔悴"。既然选择了研究之路,我愿不惧万难而求之。

作 者

2022 年 3 月

责任编辑：马长虹

封面设计：徐　晖

图书在版编目（CIP）数据

百年旅俄华侨华人研究/宁艳红 著. —北京：人民出版社,2023.9

ISBN 978－7－01－024437－2

Ⅰ.①百…　Ⅱ.①宁…　Ⅲ.①华侨-研究-俄罗斯②华人-研究-俄罗斯

Ⅳ.①D634.351.2

中国版本图书馆 CIP 数据核字（2022）第 013334 号

百年旅俄华侨华人研究

BAINIAN LÜ'E HUAQIAO HUAREN YANJIU

宁艳红　著

人民出版社 出版发行

（100706　北京市东城区隆福寺街 99 号）

北京汇林印务有限公司印刷　新华书店经销

2023 年 9 月第 1 版　2023 年 9 月北京第 1 次印刷

开本：710 毫米×1000 毫米 1/16　印张：21.75　插页：2

字数：360 千字　印数：0,001-3,000 册

ISBN 978－7－01－024437－2　定价：68.00 元

邮购地址 100706　北京市东城区隆福寺街 99 号

人民东方图书销售中心　电话（010）65250042　65289539